남명학의 현장 권1

오이환

지은이 오이환

1949년 부산에서 출생하여, 서울대학교 철학과를 졸업하였다. 동 대학원 및 타이완대학 대학원 철학과에서 수학한 후, 교토대학에서 문학석사 및 문학박사 학위를 수여받았다. 1982년 이후 경상대학교 철학과에 재직해 왔으며, 1997년에 사단법인 남명학연구원의 제1회 학술대상을 수상하였고, 제17대 한국동양철학회장을 역임하였다. 주요 저서로는 『남명학파연구』 2책, 『남명학의 새 연구』 2책, 『동아시아의 사상』, 편저로 『남명집4종』 및 『한국의 사상가 10인—남명 조식—』, 교감으로 『역주 고대일록』 3책, 역서로는 『중국 철학사』(가노 나오키 저) 및 『남명집』, 『남명문집』 등이 있다.

남명학의 현장 권1

1판 1쇄 인쇄: 2013년 09월 20일
1판 1쇄 발행: 2013년 09월 30일

지은이: 오이환
펴낸이: 홍정표
펴낸곳: 글로벌콘텐츠
등 록_제25100-2008-24호

공급처: (주)글로벌콘텐츠출판그룹
이 사_양정섭
디자인_김미미
편 집_노경민 배소정 최민지
기획·마케팅_이용기
경영지원_안선영
주 소_서울특별시 강동구 천중로 196 정일빌딩 401호
전 화_02-488-3280
팩 스_02-488-3281
홈페이지_http://www.gcbook.co.kr
이메일_edit@gcbook.co.kr

값 28,000원
ISBN 978-89-93908-82-4 94150
978-89-93908-81-7 94150(전5권 세트)

남명학의 현장 권1

오이환 지음

글로벌콘텐츠

머리말

나는 1987년 정월 초하루부터 일기를 쓰기 시작하여 오늘에 이르기까지 계속해 오고 있다. 그 이전에도 일기 쓰기를 시도해 본 적은 몇 번 있었으나, 대체로 그다지 오래 지속되지 못했다. 그 무렵 일기를 다시 써보게 된 계기는 너무 오래 전 일이라 지금으로서는 정확하게 기억해내지 못하나, 아마도 당시 내가 『孤臺日錄』이나 『端磎家曆日記』 등 선현들의 일기를 발견하거나 혹은 그 학술적 가치를 확인하여 학계에 보고한 것이 계기가 되지 않았을까 싶다. 그렇게 시작된 일기가 지금까지 25년이 넘는 세월동안 지속된 것은 그 무렵 이후부터 나의 일상생활이 점차 규칙적으로 되어 간 데에 근본 원인이 있는 듯하다. 오후 9시에 취침하여 오전 4시에 기상하는 것을 원칙으로 삼는 생활을 시작한 지로부터도 이미 20년 정도의 세월이 지난 것이다. 그러므로 아침 8시에 출근하기 전까지 네 시간 정도의 시간적 여유가 있는 셈이다.

이미 환갑을 넘겨 정년퇴직을 얼마 남겨두지 않은 이즈음, 나는 일기의 출판을 생각해 보게 되었다. 그것은 자신이 살아서 아직 사회적 활동을 할 수 있는 여력을 어느 정도 남겨두고 있는 시기에 그렇게 하지 않고서는, 장차 이 일기가 흐지부지 사라져 버리거나 자신의 의사와는 상관없이 내용이 변개될 가능성도 배제할 수 없겠다는 우려 때문이다. 그래서 재작년 11월에 『남명학의 새 연구』 출판을 위한 작업을 모두 끝내고 난 이후부터 일기의 정리 작업에 착수하였다. 처음 노트에 적기 시작했던 부분을 컴퓨터 파일로 옮겨 입력하고, 오래된 파일도 점검하기 시작했다. 이렇게 하여 대충 정리된 파일들을 작년에 어느 출판사로 보내 보았더니, 신국판 권당 500쪽의 형태로 한다면 약 20책의 분량이 되겠다는 회답이 있었다.

자신으로서는 매일 새벽에 그 전날의 일기를 적어왔고, 혹시 못 쓰게 되는 일이 있으면 다음 기회에 반드시 보충해 넣었으므로 빠진 날이 없을 것이라고 생각했지만, 파일을 정리하다보니 빠져 있는 부분을 몇 군데 발견하게 되었다. 그러나 그런 것도 후일 다른 파일을 통하여 빠진 부분이 들어 있는 걸 발견한 경우가 있으므로, 아마도 결락이 생긴 것은 파일의 복사 과정에서 생긴 하자가 아닐까 생각된다.

일기란 사적인 기록이다. 저명인사의 자서전이라 할지라도 그다지 팔리지 않는 경우가 많다고 들었는데, 저명하지도 않은 사람이 쓴 이 정도 되는 분량의 일기를 맡아서 출판해 줄 회사를 찾기가 어려운 것은 당연한 일이다. 또한 나로서는 남길만한 가치가 있는 내용으로 판단한 부분이라 할지라도 자신과 타인의 사생활을 세상에 노출시킨다는 것은 무척 염려스러운 점이기도 하다. 그래서 생각해 본 것이 일기 중 사적인 요소보다는 사회적 성격이 보다 많은 부분만을 발췌 편집하여 출판하는 것이었다.

그 중 첫 번째로 고려해 본 것은 나의 학문적 활동이다. 1987년은 남명학연구원이 설립된 다음해이고, 나의 남명학에 관한 연구 논문이 처음 출판된 해이다. 작년에 간행된『남명학의 새 연구』서문에서 공언한 바와 같이, 나는 이제 오랫동안 계속해 온 그 분야에 관한 연구를 접으려 하고 있다. 그러므로 자신의 연구 역정을 마무리 짓고 자신이 그 현장에 참여해 온 남명학의 연구사를 정리해 본다는 것은 그런대로 시의적절하고도 의미 있는 일이리라고 생각된다. 물론 나로서는 그때부터 남명학에 관한 연구나 그것을 위한 답사 및 문헌 수집을 시작했던 것이 아니고, 또한 남명학의 연구가 반드시 남명학연구원의 설립으로부터 시작된 것도 아니다. 그러나 대체로 말하자면 이 일기가 시작된 시점은 그 초창기에 속한다고 할 수 있다.

나는 이 책 속에 반드시 남명학에 관한 내용이 아닌 것도 다소 포함시켰다. 그러므로 이 책은 나의 학문 및 저술활동 일반을 포괄한 것이라고 할 수 있겠다. 그리고 이 책에 이어 나의 해외여행에 관한 기록 및 국내 여행과 등산에 관한 기록도 출판할 것을 계획하고 있다. 『남명학의 현장』의 출판에 즈음하여, 그 출판을 선선히 수락해 주신 (주)글로벌콘텐츠출판그룹의 홍정표 대표이사님과 재정적 지원을 통해 출판을 가능케 해주신 사단법인 남명학연구원의 조옥환 부이사장님께 심심한 사의를 표한다.

2013년 5월 24일

오이환

목 차

남명학의 현장 권1

1987년

1월

4 (일)

아침에 의령으로 郭忘憂堂·郭存齋의 문집을 수집하러 갔었으나 忠翼祠에는 문헌 자료가 보관되어 있지 않고, 전화로 正谷面 石谷(돌실)의 郭正淳 씨 댁에 연락해 보았더니, 곽 씨도 부산 아들 집에 갔는지 부재중이었다. 함안 垈山面 龍華山 合江亭으로 趙澗松 문집을 구하러 갈까 했으나, 교통편이 마땅치 않아 그냥 돌아와 채점을 계속했다.

5 (월)

朴鎭圭 씨 댁에 『感樹齋集』을 우송하고, 그 제1책은 복사해 두었다. 논문 서론의 이미 써 둔 내용을 퇴고하고, 하루 종일 궁리했지만 원고용지 두 장도 채 못나갔다.

6 (화) 맑음

「南冥學關係 文獻의 硏究」 집필을 계속하다. 서론 부분을 몇 매 더 썼다.

7 (수) 비

논문 서론의 집필을 계속하다. 남명학이 무관심 속에 묻히게 된 이유까지 썼다.

밤에 池田秀三 교수에게 편지를 썼다. 나의 『中國哲學史』 譯書와 『端磎

家曆日記』에 관해 각각 지난해 ≪한국경제신문≫과 ≪조선일보≫에 보도된 내용을 카피하여 동봉했다.

8 (목) 맑음

종일 논문으로 씨름했지만 이백 자 원고지 두 장 정도를 썼다. 남명학 연구의 意義 부분이다.

퇴근해 돌아와 오랜만에 다시 『중국철학사』의 교정에 착수했다. 墨家와 法家 부분이다.

9 (금) 맑음

연구의 의의 중 사림파와의 관계까지 썼다. 교정은 先秦을 마치고 漢代로 들어갔다.

10 (토) 맑음

교정은 馬融까지 끝냈다.

11 (일) 맑음

둘째 일요일. 부산 산정현교회 張起呂 박사의 咸錫憲 선생 초청 모임이 있는 날이라, 언제나 그렇듯이 아침 식사 후 출발하여 부산 모임으로 갔다.

돌아와 懷玉이와 놀다가, 王充의 숙명론까지 교정을 끝냈다.

12 (월) 大雪

교정은 魏晋南北朝로 들어가, 經書注釋家까지 마쳤다.

13 (화) 寒

교정은 唐代로 들어가 韓愈까지 마쳤다.

14 (수) 晴

논문은 남명학과 실학과의 관계에 대한 부분으로 들어갔다. 긴장하여 고통스러울 지경이다.

2시 40분 스쿨버스로 대학병원 2층의 성경연구 모임 장소까지 갔으나, 이번에도 선교사들의 사정에 의해 쉰다고 한다.

일찍 돌아와 교정을 보았는데, 程伊川까지 마쳤다.

15 (목) 晴

논문은 평소보다 조금 더 나아간 듯하다. 남명에게 공감이 많이 간다. 남명을 옹호하자면 어쩔 수없이 퇴계를 비판해야 하게 되니 어려운 문제다. 교정은 朱子의 우주론까지 나갔다.

16 (금) 비와 안개

『山海師友淵源錄』의 「言行總錄」에 실려 있는 글을 남명의 말로 보고, 이를 남명 실학의 증거로 이용했었으나, 다시 한 번 확인해 본 결과 이는 來庵이 撰한 行狀 속에 보이는 문구를 따온 것으로서, 남명의 말이라고 보아야 할 적극적 근거가 없었다. 그래서 전날 공들여 써둔 원고 두 매를 떼어내 버리고 말았다.

17 (토) 맑음

오동나무집에 들러 어제 두고 온 우산을 찾고, 표구점에 맡겨둔 金忠烈 교수의 揮毫 '學標敬義'를 찾아왔다.

19 (월) 맑음

≪경남일보≫ 1월 13일자 7면에 남명학연구원 및 내가 지금 해제 작업을 하고 있는 資料叢刊에 관한 기사가 7단의 크기로 났다. 李月洙 기자가 썼다. 愚堂 河東根 선생이 曺玉煥 운영위원장으로부터 경제적 지원을 받아 자료 수집에 나선다고 하므로, 아직 수집되지 아니한 자료들의 목

록을 적어 부산교통 직원을 통해 전해 주었다.

교정은 明代의 薛瑄까지 마쳤다. 논문은 한 매 정도 밖에 못 썼다.

20 (화) 맑음

경북 淸道의 朴潤相 씨에게서『逍遙堂逸稿』복사본이 보내져 왔기에 감사하는 편지를 썼다.

王陽明의 心卽理說까지 마쳤다.

22 (목) 맑음

「淸의 학술과 사상」제1장 '槪說'까지 교정을 마쳤다.

학보사 기자가 찾아와 '남강 문화의 재조명'이라는 시리즈의 하나로 남명에 대한 글을 써달라고 졸라대므로, 마지못해 승낙했다.

23 (금) 한때 비

아침에 류왕표 학과장으로부터 대학원 입시 답안지 중에 동양철학 쪽의 것을 채점하지 않은 것이 있다는 연락이 있었다. 끝나고 과장실에 잠깐 앉아 있다가, 일요일에 이사하기로 대충 이야기가 모아졌다. 그래서 당장 오후에 학생들이 내 연구실로 와 짐을 꾸리기 시작해서, 저녁 무렵까지 계속해 마쳤다. 도와 준 학생 다섯 명과 함께 저녁 식사를 하고 돌아와, 黃宗羲까지 교정을 보았다.

25 (일) 맑음

연구실에 나가 온종일 책장을 정리했다. 여섯 단으로 된 폭이 좁은 책장을 둘 더 샀는데도, 오히려 다 꽂을 수가 없었다.

교정은「漢學의 예비시대」까지 나갔다.

27 (화) 맑음

오늘은 종일 서가의 책을 정리했다. 전화와 전기선을 오전에 연결했다.

교정은 戴震까지 나갔다.

28 (수) 맑음

며칠째 논문이 거의 전혀 쓰이지 않는다. 오늘도 마찬가지로, 이미 적어둔 것을 좀 읽어보고 고쳐 쓰고 하다 보니 또 하루가 지났다.

孔廣森까지 교정을 보았다.

29 (목) 맑음

舊正이라 아침에 미야와 둘이서 두 분 어머님께 차례를 올렸다.

寥平까지 교정을 보고, 저녁 무렵 처가댁에 세배를 다녀왔다.

30 (금) 맑음

교정은 끝까지 마치고, 다시 처음부터 두 번째 교정에 들어가, 第1編 第1章「중국 민족의 기원」까지 끝냈다. 여전히 고칠 데가 상당히 있다.

31 (토) 맑음

이틀 쉰 다음 학교에 나가 논문을 몇 장 적었다.

저녁 식사를 마칠 무렵 대학원생들인 김현용·김경수 군과 금년에 철학과 학부를 졸업한 신봉식 군이 세배하러 왔다. 그들이 돌아가고 난 후 자정 무렵까지 교정을 보았는데, '중국 고대의 종교사상'까지 마쳤다.

2월

1 (일) 맑음

梧林 金相朝 씨 댁에 가서 남명학 관계 자료들을 상당수 빌려왔다. 자정 무렵까지 許眉叟年譜를 읽었다. 교정은 제2편 제6장의 易 序言까지 마쳤는데, 교정은 이 정도로 끝내고 앞으로 남은 방학 중에는 빌려다 놓은

수많은 자료들을 읽는데 귀가 후의 시간을 투입할까 한다.

2 (월) 오후 한때 눈

乙酉文化社의 崔鍾漢 편집부장에게 전화하여, 교정을 본 『중국철학사』를 우송하고 새 책을 한 권 받기로 하다. 재판을 낼 때 개정본이라 표시하기는 어려우며, 대폭적인 수정은 지형이 이미 되어 있어 무리인 모양이다.

저녁 6시에 오동나무집에서 金忠烈 교수·조옥환·曺元燮·하동근 씨 등과 회식했다. 寒岡 문중의 鄭遠容 씨 및 김충렬 교수와 함께 온 외국어대 중국어과의 曺淮煥 교수도 동석했다. 회식을 마치고 김·조 교수 및 조옥환 씨와 함께 李月洙 여사가 경영하는 木香다방에 들렀다.

하동근 씨가 无悶堂 문중에서 구해 온 『山海師友淵源錄』『卞誣錄』『无悶堂遺墨』을 전해 받았다. 이 자료들은 내가 여러 차례 碧寒亭에 가서 부탁했으나 빌려오지 못했던 것인데, 우당 선생이 남명학연구원의 여비 지원을 받아 가서 결국 빌려낸 것이다.

국사편찬위원장을 김 교수가 만났더니 선선히 『端磎日記』를 내줄 의향이었다고 하며, 남명학연구원에서 端磎 관계 자료 정리를 위해 연구비를 지원하겠다고 하므로, 이 문제를 가지고 밤에 돌아와 서울대 국사학과의 崔柄憲 교수와 전화로 상의했다.

3 (화) 맑으나 쌀쌀함

오전 9시경 김 교수와 조 교수가 투숙하고 있는 성수장에서 합류하여, 조옥환 사장의 차로 함양 지방 답사에 나섰다. 조회환 교수는 한국외국어대 동양어대학 중국어과 부교수인데, 남명 후손에 해당하는 모양이다.

거창의 鄭桐溪 종택에 들러 鄭禹淳 종손을 만나고, 葛溪의 道溪亭에서 葛川·瞻慕堂 후손들을 만난 다음(이때까지는 KBS TV의 직원이 渭川 입구에서부터 동행), 거창읍 濟昌醫院에서 金泰淳 원장 및 吳煥淑 씨 등을 만나 戊申亂 관계 자료·金松菴實紀 번역본·『安義司馬案』 등을 빌렸다. 함양에서는 孝里에 있는 梁九拙 댁에서 종손을 만나 萬言疏의 원본 입수를 부탁하고, 그곳에서 蘆溪서원의 內任을 맡아 있는 鄭淳敏 씨를 만나 서원으로 가서 이 서원의 院錄·經任案·『松灘集』 등을 빌리고, 介坪으로 가서 盧相宅 씨를 만나 안내를 받아서 一蠹 종택에서 종손을 만난 다음, 朴선의 정려비를 보고서 돌아왔다.

진주에 와서 서울깍두기 집에서 梧林·曺 사장 등과 함께 저녁 식사를 했다.

4 (수) 맑음

'學標敬義' 액자를 서재 입구의 문 위에다 걸고, 방 창문에 커튼을 달았다.

아세아문화사의 李昌世 사장으로부터 내가 성경 모임에 나가 있던 동안 학교의 연구실과 집으로 전화가 왔던 모양이다. 밤까지 다시 전화가 오기를 기다리다가, 자택과 출판사의 사무실로 내 쪽에서 여러 번 전화를 걸어 보았으나, 신호는 가는데 아무도 받는 사람이 없었다.

무민당의 벽한정에서 가져온 자료들에 대한 검토를 마쳤다.

5 (목) 맑음

이창세 사장에게 전화를 해 보았더니, 논문의 진척 상황과 단계 관계 자료정리에 필요한 경비가 어느 정도인지를 알기 위해 어제 전화했다고 한다. 서울대의 최병헌 교수가 단계 관계 자료정리를 위한 연구비 지원을 요청했던 모양이다.

오후에 金容沃 씨에게서 전화가 왔다. 하동 쌍계사의 國師庵에 며칠 머무르면서 국악 관계의 모임을 가졌다가 돌아가는 길에 나를 찾아준 모양이다. 내 연구실에서 무민당 관계 자료와 새로 발견된 단계 관계 자료들을 보여주었더니 감탄을 연발하였다. 대우재단에 아는 사람이 있으니 연구비 지원을 알선해 주겠노라고 했다. 우리 집으로 와 저녁 식사를 함께 들고 자정이 가까워 올 무렵까지 대화를 했다.

식후에 靑丘서점으로 가서 그가 쓴 『동양학 어떻게 할 것인가』 개정판, 『중고생을 위한 철학 강의』, 『여자란 무엇인가』, 『루어투어 시앙쯔(駱駝祥子)』 상·하권 등을 샀고, 나는 자신이 번역한 『중국철학사』를 사서 서로 獻辭를 적어 교환했다. 그의 말은 도도한 長江水와 같았다. 진주 문화계의 안주인인 이월수 여사 등 여성문우회원들도 회옥이를 보러 왔다. 교육학과의 曺종인 교수가 와서 좀 있다가 김용옥 씨를 자기 집으로 데려갔다.

8 (일) 맑음

아침에 아내와 더불어 여행을 떠났다. 매년 겨울방학과 여름방학 중의 결혼기념일, 두 차례 여행을 하기로 정해두고 있다.

먼저 의령을 거쳐 경북 達城郡 求知에서 하차하여 점심을 먹고 道東洞에 있는 道東書院으로 갔다. 寒暄堂과 寒岡을 모신 서원으로 보물 350호로 지정되어 있다. 타고 간 버스로 되돌아 나와 率禮의 玄風郭氏 齋室에 들렀다. 『忘憂堂集』과 『存齋實紀』의 구본을 구해 나의 연구실로 좀 가져다 줄 것을 부탁하고, 李章熙 씨가 쓴 『郭再祐研究』 및 『存齋郭先生實紀』 번역본을 각 한 권씩 얻었다. 같은 마을 池洞의 한훤당 종택에 들렀으나, 종손은 출타중이어서 그냥 돌아 나왔다.

도중에 달성군 花園面 本里 1洞에 있는 壽峯 文樸의 書室에 들렀다. 나는 廣居堂에 한적들이 많이 보관되어 있는 줄 알았는데, 광거당은 거기서 좀 더 떨어진 곳에 있으며 지금은 아무도 살고 있지 않고 서실 주인은 대구에 살고 있다기에, 그냥 돌아 나와 동대구 정류장 부근에서 식사를 하고 1박했다.

9 (월) 맑음

月城郡 安康邑에 내려 버스를 갈아타서, 李晦齋의 玉山書院과 獨樂堂 그리고 독락당 뒤편의 신라시대 석탑을 둘러보았다. 옥산서원 앞의 진주상점에서 택시를 불러 陽洞으로 가서 觀稼亭·香壇·無忝堂 등을 둘렀다. 포항에서 강릉 가는 버스를 타고자 했으나 이미 막차가 떠난 후라, 동해시의

묵호까지 와서 1박했다. 버스를 타고 오는 도중 밤이 되어 차창 밖의 동해를 충분히 내다볼 수 없었던 점이 아내로서는 섭섭했을 것이다.

10 (화) 밤 한때 비

강릉까지 와서 경포대해수욕장·경포대·오죽헌 등을 택시에 앉은 채 빙 둘러보고, 오전 10시에 처와 헤어졌다. 처는 무정차 버스로 부산으로 가고, 나는 반대편인 속초로 와서 설악산 神興寺에서 열리는 동양철학회에 참가했다.

오후 3시 반 경에 서울에서 참가하는 사람들이 도착하여, 宋錫球 선생(동국대)이 「조선 조 16~17세기의 儒·佛對論」, 류인희 선생(연대)이 「유교 가족윤리와 현대」라는 주제로 발표하고 또 토론했다. 저녁 식사 후 서울서 전세 내온 버스로 속초에 내려가 일행이 술과 생선회를 들며 놀았다. 유명종·배종호·금장태·길희성·박양자 선생 등이 참석했다.

11 (수) 비

오전 10시 반 경에 신흥사를 떠나, 일행과 함께 강릉의 오죽헌에 들렀다가, 경포대해수욕장에서 전복죽과 회로 점심을 들었다. 나는 강릉에서 동해안 쪽으로 내려오는 버스로 갈아탈 예정이었으나, 버스가 강릉을 지나쳐 버렸으므로 할 수 없이 일행과 함께 서울로 왔다. 도중에 吉熙星 교수와 나란히 앉아 계속 이야기를 나누었다.

버스가 대관령을 거쳐 강남고속터미널에 닿자, 최병헌 교수께 전화하여 신림동 종점 부근의 최 교수 댁에 가서 저녁 식사를 함께 들고, 단계 관계의 자료정리 건 등을 상의하다가, 지난번에 한 번 잔 적이 있는 2층의 서재에서 1박했다.

12 (목) 맑음

아침 식사 후 최병헌 교수와 함께 聖心女大 安秉旭 교수를 만났다. 신림 사거리의 어느 제과점에서였는데, 안 교수는 작년 최 교수 및 동아일보

기자와 함께 한 번 내려와 나와 함께 丹城의 단계 관계 자료를 보러 가기도 했었다. 최 교수를 통해 듣고 기대해 왔던 바와는 달리 안 교수는 단계 관계 자료정리를 본인이 직접 맡아 할 생각은 없는 모양이었다.

아세아문화사의 이창세 사장을 만나 같이 점심을 들면서 출판에 관한 상의를 했다.

돌아오는 고속버스 안에서 우리 과의 이지수 선생을 우연히 만나, 나란히 앉아 얘기 하며 진주까지 왔다.

13일 (금) 맑음

오랜만에 학교에 나갔더니, 내 방에 커튼이 쳐져 있었다. 여러 가지 우편물과 새 책들이 와 있어서, 그것들을 검토하다 보니, 그리고 답신과 감사편지를 세 통 쓰고 나니 하루가 지났다. 점점 원고에 대한 압박감이 오고, 자료를 돌려달라는 독촉이 있어, 이 일에 손을 댄 것이 후회스럽기조차 하다.

14 (토) 맑음

오전 중 H 선생과 함께 단계관계 자료의 정리 방법에 대해 상의하였다. 퇴근하는 길에 강두상 씨를 만나 강석황 씨가 나에게 사 줄 것을 부탁했던 『俛宇集』을 전했다.

16 (월) 맑음

오랜만에 해제 논문을 몇 장 썼다. 어제도 오늘도 온종일 책이나 원고지를 대하고 있으니 스트레스가 쌓일 뿐이다. 오후에는 견딜 수가 없어 H·李芝洙·黃永國 선생 방을 다니며 잡담으로 시간을 보냈다.

18 (수) 맑음

林葛川의 종손이 『葛川集』과 『瞻慕堂集』을 가지고 찾아왔었다.

19 (목) 오후에 비

鄭鉉在 선생으로부터 鄭來庵의 『宣武原從功臣錄券』을 전해 받았다.

20 (금) 맑음

함양에서 鄭性河 씨가 찾아왔다. 영문과의 성종태 선배와 함께 점심 식사를 같이 할 약속을 했기 때문에, 내 방에 모시지 못하고 학교 앞의 식당으로 가 이야기했다. 『感樹齋集』을 반환해 달라는 요청이 그 후손들로부터 있었던 모양이고, 『龍湖集』『松灘集』 등도 돌려받았으면 하는 말씀이었다. 이런 이야기는 이제 진절머리가 난다.

21 (토) 맑음

오후 다섯 시 무렵까지 학교에 남아 논문을 손질했다. '남명학 연구의 의의' 부분을 끝냈다.

22 (일) 맑음

경북 高靈郡 雙林面 松林洞으로 가 吳竹牖(澐)의 13대 종손 吳在春 씨를 만나 『竹牖集』을 보내줄 것을 부탁하고, 고령 읍내 靈生醫院長인 劉一晟 씨를 병원에서 만난 후, 택시를 타고 桃津의 竹淵亭으로 朴潤의 종손을 찾아갔으나 만나지 못했다.

돌아오는 길에 합천읍의 中洞書院으로 春山 李相學 씨를 찾아갔다. 춘산선생과는 여러 차례 만난 구면인데, 때마침 冶爐面 倉洞에 사시는 石泉 許營 씨도 춘산선생과 함께 있었다. 이 두 분을 통하여 내암의 문인들인 花陰 權濤, 龍潭 朴而章, 暮軒 河渾과 裵月汀·鼎谷 형제의 후손들 소재를 파악할 수 있었다.

23 (월) 맑음

오랜만에 도서관에 가서 『慶南道誌』 중의 역사 부분을 복사하고, 한적실에서 金七峯·開巖 父子의 문집을 빌어 조교에게 복사를 맡겨두었다.

을유문화사의 최종한 과장으로부터 전화가 왔었는데, 내가 번역한 『중국철학사』가 재판에 들어가며, 다시 1,000부를 찍는다고 한다. 내가 적어 보낸 교정 내용은 부분적으로만 반영되는 모양이다.

24 (화) 바람과 정오에 비

현풍 솔례에서 郭存齋 방손이 『존재실기』의 복사본을 가져왔다. 상권은 이미 구해 두었으므로 하권만 받았고, 가능한 한 원본을 구해 주도록 부탁했다. 어제 현풍의 망우당 후손 郭鍾冕 씨로부터 『망우당집』 완질을 우송 받았으므로, 지난번에 받은 인쇄 상태가 좋지 못한 것은 조교를 시켜 반송하였다.

영남문화사에서 주문한 책들을 가져왔는데, 꾸러미가 너무 많아 책이 아닌 짐 같았다. 구하고자 애썼던 국회도서관 刊 『韓國古書綜合目錄』도 그 속에 포함되어 있었으므로, 도서관 受書課에서 빌어다 놓은 복사본은 반환하였다.

25 (수) 맑음

정오경에 조옥환 사장 사무실에서 전화가 와, 오동나무집에서 같이 점심을 들고자 하는 제의가 있었다. 鄭寒岡의 후손 遠容 씨가 『寒岡全書』를 구해 왔기 때문이었다. 이 책은 내가 오랫동안 구하고자 해도 입수하지 못했던 것인데, 얼마 전에 河有楫 씨로부터 한 부 얻었고 또 한 부를 얻게 되었다.

26 (목) 맑음

새 학기 학부와 대학원의 교수요목을 다시 작성 제출했다. 어제 작성해 둔 것은 예년과 같이 학생들에게 지나친 부담을 주는 듯하므로, 금년부터는 나와 학생들이 다 부담감을 덜 받는 쪽으로 수업을 운영할까 한다. 이번 학기에는 중국철학사·한국철학강독·철학, 그리고 대학원의 한국철학사특론을 맡는다. 강독에서는 張志淵의 『朝鮮儒敎淵源』 중 四七理

氣論辨과 湖洛論爭을 읽고, 특론에서는『남명집』중 書·記·跋·墓文 등을 읽는다. 철학 한 시간, 특론 두 시간, 나머지는 각 세 시간, 모두 해서 주 9시간이다.

사타구니가 곰팡이 균으로 말미암아 가려움증이 계속 가시지 않으므로, 시내의 피부과에 가서 약을 받아오는 길에 청구서림에 들러『心山遺稿』를 샀다. 스칼라피노·이정식 공저『한국공산주의운동사』2·3권도 배달 받았다. 을유문화사에서 印紙 1,020부 분을 보내 왔으므로 도장을 찍어 반송했다.

27 (금) 맑으나 쌀쌀함

한길사에서『한길역사기행』1집을 보내왔는데, 작년 그들이 德川書院에 왔을 때 찍은 사진들과 글들이 상당한 분량을 차지하고 있었고, 내 사진도 실려 있었다.

3월

1 (일) 맑으나 쌀쌀함

합천에 자료수집 차 다녀왔다. 먼저 야로에 내려 석천 허영 씨를 경로당에서 만났다. 지난 일요일 춘산 선생 계신 중동서원에서 뵈었는데, 月汀 裵明遠·鼎谷 裵亨遠 형제의 관계 문헌은 그 후손의 말에 의하면 전해오지 않는다 하며, 暮軒 河渾의 후손도 그 경로당에서 만났으나 문중에 상의하여 찾아보겠다는 것이었다.

석천 어른과 함께 점심 식사를 하고, 伽倻의 鄭相元 씨를 찾았다. 내암의 후손으로서 대부분의 유물을 보존하고 있는 분인데, 두 번째의 만남이다. 내암 관계자료 일체를 다시 조사하여, 封事·伸寃單子 등 약간의 문헌과 영남대『嶺大文化』17·19호에 남명과 내암 특집이 실린 것을 빌려왔다. 蓑村의 許從善 후손, 그리고 龍潭 朴而章·花陰 權濟의 후손을 만나러 정상원 씨와 함께 택시를 타고 갔으나, 자료가 없거나 후손을 만나지 못하거나 해서 소기의 성과를 거두지 못했다.

대구의 曉星女大 국문과에 근무한다는 竹淵 朴潤의 후손으로부터 밤늦게 전화가 걸려 왔다. 죽연에 관한 상당히 소상한 정보를 일러주면서도 전해오는 문헌은 전혀 없다는 것이며, 어투도 다소 교만한 구석이 있었다.

3 (화) 맑음

지난 일요일 내암 후손 댁에서 가져온 필사본 封事를 간행된 판본과 대조해 보았는데, 그것이 간행본의 저본이 된 것이며 후자는 상당한 삭제와 수정이 가해진 것임을 확인하였다.

4 (수) 맑음

오전 중에는 어제에 이어 『來庵集』 刊本과 필사본을 대조하는 작업을 계속하였다. 필사본 중에도 원형을 그대로 보존한 것과 삭제를 가한 것이 있었다. 모두가 내암 연구에 퍽 중요한 자료가 될 것 같다.

7 (토) 눈과 비

오전 11시 이 총장의 취임식 및 새 학기 전체교수회의가 있었고, 12시에 학생식당에서 점심 식사가 있은 다음, 오후 한 시에는 鄭佐容·강위평 두 교수의 정년퇴임식과 잇달아 교수식당에서 리셉션이 열렸다. 鄭 교수는 京都대학 유학시절부터 알던 분이며, 내가 이 대학에 올 때 서류를 받아 학교당국에 전해준 분이니, 나로서는 은혜를 입고 있는 셈이다. H 선생의 장인이시기도 하다.

10 (화) 맑음

합천에서 가져온 내암 관계 자료들을 검토하느라고 해제 작업을 중단하고 있다. 이 자료들이 상당한 가치가 있는 것은 분명하다. 그러나 시간은 자꾸 흘러가고 해제 작업은 전혀 진척되지 않은지 오래이며, 자료의 소유자들이 머지않아 반환을 요구하고 나올 것은 또 명약관화한 사실이기 때문에, 초조한 마음을 견딜 수 없는 나날이다.

11 (수) 맑음

어제 밤 서울대의 최병헌 교수로부터 전화가 왔었다 기에 아침에 최교수 댁으로 전화해 보았더니, 국사편찬위원회에서 다시 『端磎日記』를 간행하기로 한다는 것이었다. 최 교수와의 통화가 끝난 후 곧바로 김충렬 교수에게 전화를 내어 선처를 당부했다.

12 (목) 맑음

『내암집』 간본과 필사본의 비교 작업을 끝내고, 내암의 신원 관계 高·純宗實錄의 내용을 검토하였다. 伸冤 및 追復은 고종 말년이 아니라 순종 즉위 초에 이루어진 것이며, 維新의 이름하에 日人들의 입김이 많이 작용한 것을 알 수 있었다.

아세아문화사의 이창세 사장으로부터 편지를 받았다.

14 (토) 맑음

평소와 마찬가지로 출근하여 온종일 교육대학원 수업을 준비했는데, 점심 식사 후 긴 의자에 좀 누웠다가 일어나 도로 책상 앞에 앉았더니, 도무지 몸이 괴로워 지탱할 수가 없었다. 책상에 기대어 이럭저럭 준비를 마치고, 오후 4시부터 두 시간 동안 학생들과 함께 『남명집』의 「與吳御使書」를 읽었다.

15 (일) 맑음

다시 산청군 端溪에 들어갔다. 權東溪 종손 權珍赫 씨를 만나 權默翁 종손 댁으로 같이 가서, 그 댁에 보관된 서적과 고문서를 뒤져 『聯芳輯錄』 등 약간 권을 골라낸 후, 그냥 돌아오려다가 다시 朴龍潭 후손들을 찾아가 종손 댁 앞의 龍潭精舍 벽장에 쌓인 책들을 다 뒤져보았으나 『龍潭

集』은 나오지 않았고, 대신에 『東湖集』 등을 빌려왔다.

16 (월) 맑음

조옥환 사장에게서 두 번 전화가 왔다기에 부산교통으로 전화해 보았는데, 김충렬 교수로부터 모든 일이 잘 해결되었다는 연락이 있었다는 것이다. 실로 오랜만에 다시 해제의 집필을 시작했다.

19 (목) 비

출근하기 전 김충렬 교수로부터 시외전화가 왔었다. 아세아문화사의 이 사장과 만나 수집된 자료들을 가능한 한 빨리 서울로 보내어 출판을 위한 작업을 추진한다는 데 합의하였고, 국사편찬위원회 측과는 『단계일기』를 돌려받기로 타결되었다는 내용이었다. 서울로 자료를 보내기 전에 원본을 복사해 두고, 각 도서관에 소장된 자료도 영인할 무렵 한 부씩 복사하여 내게 보내주면, 나는 그 복사물을 근거로 하여 해제 집필을 계속하고, 그 작업이 끝나면 제본된 복사물을 연구원에 보관하기로 하였다.

22 (일) 흐림

산청군 단성면 召南里의 趙大笑軒 종택에 가려고 소남리 정거장에 내렸더니, 그 후손들이 진주의 결혼식에 가기 위해 거기에서 대기하고 있었다. 그 중 단성면장이라는 분과 이야기를 나누었는데, 오늘은 宗婦도 서울에 가고 없고 일족들이 대부분 결혼식에 참석하러 떠날 참이라고 하므로, 다음 주 일요일로 약속하고 돌아왔다.

도중에 培養에 내려 합천이씨 문중의 한 노인을 만나 培山書堂에 들어가 대화를 나누고, 배양 뒷산 너머 元堂에도 가 보았다. 원당 입구에 李清香堂·竹閣·日新堂·梧月軒·桐谷·松村 및 權安分堂·源堂·源塘 등 九賢을 기념하여 세운 九賢祠碑가 밭두렁에 남아 있을 뿐, 아무런 자료도 구하지 못하였다.

24 (화) 비 오고 흐림

정병훈 선생으로부터 경남지방의 5만 분의 1 및 25,000분의 1 지도를 전해 받았다. 나의 부탁으로 서울에서 사다 준 것이다.

오후에 그동안 수집해 둔 남명학 관계 자료들을 지역별로 분류하기 위해 연구실에다 잔뜩 벌려두고서, 시간이 없어 그대로 퇴근했다. 오늘 산 책 중의 『西宮日記』를 밤늦게까지 읽었다.

25 (수) 맑으나 쌀쌀함

연구실에 늘어놓았던 책들을 지역별로 분류하여 일부는 캐비닛에 다시 넣었다.

집에 돌아와서는 계속 『서궁일기』를 읽었다.

26 (목) 맑음

책들을 대충 정리하여 캐비닛 안이며 책장 위에 배열하여 얹어놓았다.

28 (토) 맑음

고령에서 月潭 후손인 鄭洙煥 씨가 찾아와 오전 한나절을 거의 보냈다. 덕천서원의 春享에 참여하기 위해 왔다고 하므로, 그 편에 曺義生 씨께 보내는 편지를 적어 보냈다. 덕천서원의 院錄과 重修任案 등을 보내달라는 부탁이었다.

29 (일) 맑음

단성 소남의 대소헌 종택에 가기로 했으나, 몸이 괴로운 데다 오후에 김충렬 교수가 오신다는 전갈이 있어, 전화를 걸어 다음 주에 방문하기로 약속을 바꾸었다.

저녁에 성수장여관에서 김 교수와 조 사장을 만나 출판에 관한 상의를 하다가, 오동나무집에 가서 같이 식사를 하며 밤 10시 가까운 시각까지 대화를 나누었다.

30 (월) 맑음

오전 10시 반경에 김충렬 교수와 조옥환 사장이 내 연구실로 방문하였기에 중문과의 H 선생도 불러와 남명학연구원의 기관지 발간 및 叢刊 간행에 관한 상의를 하고, 시내의 甲乙불고기 집에서 좀 늦은 점심을 먹은 다음 작별했다. 총간은 먼저 자료들을 두 부씩 복사하여 한 부는 연구원에 비치하고, 한 부는 내가 가진 다음, 원본을 서울로 보내어 영인 작업을 하도록 하고, 여기서 구할 수 없는 자료들은 그 목록을 내가 적어준 것을 토대로 하여 서울에서 구하여 그 복사물을 보내주면 그것들을 토대로 내가 해제를 쓰기로 했다.

31 (화) 晴

金敬洙 군을 '南冥學資料叢刊' 관계 특별조교로 쓰기로 하여 어제 조교에게 연락해 두었는데, 오늘 연구실로 찾아왔다. 김 군은 철학과를 나와 현재 교육대학원 철학교육전공 2년에 재학 중인 나의 제자이다. 조 사장과 연락하여 김 군을 부산교통 사무실로 보냈다. 지금까지 수집한 자료들을 두 부씩 복사하여 영인 작업을 본격적으로 추진하기 위해 우선 복사기가 시내에서 가장 좋은 곳을 물색토록 하고, 과 사무실에 김 군의 자리를 마련하여 상주토록 했다.

河滄洲의 후손인 振興신용금고의 河五鳳 대표이사로부터 河恒과 河仁尙의 문집인 『喬梓錄』 복사본 한 부를 전해 받았다.

4월

1 (수) 오후 한때 부슬비

김경수 군으로 하여금 수집된 자료들 가운데 인쇄 상태가 가장 좋지 못한 것 몇 점을 가지고 시내에 가 복사기가 가장 좋은 곳을 물색해 보도록 했더니, 학교 앞이 무난하겠다고 한다. 조 사장과 통화하여, 내가 수집해 온 자료들의 소장자 명부를 복사해서 거기에 수록된 사람들은 연구원의 운영위원 명단에 올리게 하고, 아울러 조의생 씨를 통하여 입수할 자료들의 목록을 한 부 조 사장에게 전하기로 하고, 그것들을 김경수 군에게 맡겼다.

2 (목) 晴

저녁에 농경제학과의 金秉택(鐸) 교수로부터 전화가 와서, 京都대학 출신의 이승규·朴鍾玄 교수를 포함한 동문 네 사람이 시내로 가서 한 잔 했는데, 돌아오자 또 서울의 聖心女大 국사학과에 근무하는 安秉旭 교수가 학생들 150명 정도와 함께 고적답사 차 진주에 들러 전화한 메모가 있었다. 숙박소인 청운호텔로 가 만나서 강변의 강변장횟집에서 소주를 마시며 오랜만에 만난 회포를 풀었다.

4 (토) 晴

김경수 군의 설명에 의하면, 애초에 복사는 매당 20원으로 이야기 되었는데, 그 후 漢籍은 규격이 보통 책보다 크므로 매당 40원으로 해야 하며, 양면복사를 해도 값은 마찬가지라는 것이었다. 그렇다면 복사비용이 어차피 200만 원에 육박할 것이므로 차라리 복사기를 한 대 사는 것이 낫지 않겠느냐는 의견이었다. 이 뜻을 조 사장과 상의했더니, 320만 원짜리 복사기 한 대와 복사 담당 사환 한 명을 제공하며, 그리고 복사에 드는 기타 비용을 부담하겠다는 것이었다. 그렇게 되면 퍽 편리한 일이기는 하지만, 내가 너무 조 사장께 신세를 지는 듯한 감이 들고, 또 철학과의 다른 선생들이 이에 동의할지 어떨지 의문이라 망설이고 있다.

덕천서원의 조의생 씨로부터 부탁한 자료가 왔다.

5 (일) 晴

단성 소남의 대소헌 종택을 방문했다. 9시 20분 소남 행 버스를 탔는데, 도중 단성에서 이월규 군과 합류하여 같이 갔다. 이 군과 경상대 농

화학과 3학년생인 대소헌 후손이 궤짝에 든 책들을 꺼내고, 나는 그 중 필요한 책들을 고른 다음 나머지는 도로 넣었다. 무엇보다도 趙之瑞의 『忠烈記』를 찾은 것이 소득이었다. 기타 『晋州鄕案』『咸安鳳鳴亭記事』『大笑軒神道碑韻』 등 8책을 빌려왔다.

택시를 불러 南沙의 河演 종택에 들러 暮軒 河渾의 문집을 부탁하고, 培養의 배산서당 앞에 있는 옛날 서당 훈장의 집에 들러 고서들을 검토해 봤으나 별로 필요한 책이 없어, 이 군과 함께 단성 장에 들러 국수에다 대포 한 잔씩을 나누고 돌아왔다.

6 (월) 雨

간밤에 잠을 이루지 못하고 새벽 네 시 반경까지 누운 채 빌려온 자료들을 다 검토한 후에야 눈을 붙였다.

아침에 조 사장에게 전화를 해 보았더니, 사환을 쓴다는 말은 한 적이 없다는 것이며, 복사기는 이번 작업이 끝나면 부산교통으로 가져가며, 김 군을 연구원 전임조교로 계속 고용한다는 데 대해서도 회의적인 태도로 보였다. 김 군이 자기 편리할 대로 해석하여 보고한 모양이다.

오후에 새 복사기가 과로 들어와 작업을 시작했다. 김경수 군을 진주박물관장에게 보내어 龍巖書院廟庭碑의 탁본을 축소 복사한 것과 이 비의 全面 사진 두 장을 얻어 왔고, 또 조의생 씨가 보내준 덕천서원 문서들이 복사본이라 영인에 적합지 못하므로 반환하고 원본을 보낼 것을 요청했다.

7 (화) 晴

'남명학자료총간'의 개별 자료들에 대한 해제에 착수하기 위해 독서카드들을 다시금 지역별로 재정리하고, 도서관에 가서 이미 간행되어 있는 자료들을 빌려왔다. 『景賢錄』『東皐集』의 번역본과 『韓溪全書』『東岳集』의 영인본이다.

8 (수) 晴

어제에 이어, 대출해 온 국역본『경현록』의 내용을 검토하고 있는데, 별로 진척이 되지 못했다.

덕천서원에서 빌려온 자료의 일부를 반환하고, 문화재로 지정되어 있는『院生錄』『院任案』및『德川書院重修任案』의 원본을 전해 받았다.

京都대학의 지도교수인 池田秀三 선생으로부터 회신을 받았다. 내년 4월경에 새 교수를 모실 예정이니 그 때부터는 학위논문을 제출할 수 있으며, 되도록 빨리 박사학위를 취득할 수 있도록 배려해 보겠다는 내용이었다.

10 (금) 晴

김경수 군을 불러 나의 개인조교로서의 임무 수행에 있어서 몇 가지 문제점을 지적했다.

11 (토) 晴

을유문화사의 崔鍾漢 편집부장으로부터 전화를 받았다. 내가 번역한『중국철학사』의 재판 인세를 보내주겠다는 것이며, 아울러 3판을 낼 때는 보다 철저한 교정을 행하겠다고 약속했다.

구내 인문사회관 대형강의실에서 있은 퇴계학회 경남분회의 첫 연구발표회에 참석했다. 사회교육과의 金德鉉, 중문과의 H, 국어교육과의 呂增東, 포항공대의 權五鳳 씨 순으로 발표가 있었는데, 발표가 끝난 후 시내에서 참석자들이 함께 저녁을 들고, 발표자 네 사람과 蓮庵工專의 李源綱 교무과장 및 나는 茶書廊에서 따로 차를 들고 헤어졌다.

13 (월) 晴

서울의 아세아문화사와 김충렬 교수께 수집을 부탁할 자료들의 목록을 정리하고 있다. 새 학기에 들어온 이후 해제의 집필은 거의 중단 상태에 있다.

14 (화) 晴

을유문화사의 인세를 받아 주택은행의 대출금 70만 원을 갚았다. 이로써 빚은 일단 청산되고, 지금부터는 흑자 인생이 시작될 것 같다.

15 (수) 晴

아세아에 보낼 목록의 정리를 거의 마쳤다.

16 (목) 晴

아세아의 이창세 사장에게 편지를 쓰다 한 통을 다 쓰지도 못하고 하루가 지났다. 이 사장께 복사해 둔 자료로써 영인에 부칠 것을 제의하는 내용이 포함되어 있는데, 지금까지 복사해 둔 것이 그다지 상태가 좋지 못한 데다, 게다가 제본해 온 것이 아주 무성의하여 도저히 이로써는 영인하기 곤란한 지경이라 실망이 크다.

17 (금) 晴

이창세 사장께 편지와 목록을 보내고, 그 사본을 동봉하여 김충렬 교수께도 편지를 부쳤다.

21 (화) 오전에 폭풍우

오후에 문득 본부 교무과장으로부턴가 연락이 와서 다섯 시에 교무처장실에서 본교 학사개혁위원회의 회의가 있으니 참석해 달라는 요청이 있었다. 나는 위원이 아니라고 말했더니, 총장과 교무처장 등이 갈리면서 위원들도 교체되는데, 李正漢 총장이 나를 새 위원으로 위촉하고자 한다는 것이었다. 교무처장실로 가 보았더니, 이 회의에는 교무처장·학생처장·본부 교무과장 및 그 외에 나까지 포함하여 6명의 교수가 참석해 있었고, 이 위원회는 경상대의 학사 및 발전에 관한 전반적 계획을 수립하는 중추적인 기관이었다. 왜 나와 같은 젊고 경력이 대수롭지 못한 자가 이와 같은 중요한 위원회의 물망에 올랐는지 의아스럽기 짝이 없다. 총장의 위촉에 따라, 첫 회의에서는 이 위원회의 명칭 중 '개혁'이라는 말을 '기획'으로 바꾸기로 결정했다.

24 (금) 晴

오랜만에 지하철을 타고 서울대 입구에서 내려 버스로 갈아타고 모교의 정문 앞에 들어서자 정문 양쪽에는 전투경찰과 사복들이 출입하는 학생들을 체크하고 있었고, 나도 수위에게 철학과의 이명현·李楠永 두 교수를 만나러 왔다는 용무를 말하고서야 통과할 수 있었다.

이명현 교수와 강사 초빙 등의 문제로 대화를 나누다가 이남영 교수 연구실에 들러 인사를 드리고 근황을 여쭌 다음, 이명현 교수의 초청으로 교수회관 식당에 올라가 삼치구이 백반을 들면서 계속 잡담을 했는데, 서로 퍽 의기투합함을 느꼈다. 이 교수 연구실로 다시 가 『보통 사람을 위한 철학』이라는 작년 7월에 간행된 이 교수의 에세이집을 한 권 기증받고 나오다가, 5동 건물 입구 부근에서 역시 점심을 들고 돌아오는 C 교수와 마주쳐 C 교수의 연구실로 가서 네 시가 넘도록 대화를 했다.

주로 단계 관계 자료에 관한 국사편찬위원회와의 교섭에 관한 내용으로서, 지금까지 이 자료를 위시한 '남명학자료총간'의 간행을 권유하고 주선해 준 장본인인 C 교수가, 나의 이익을 옹호하는 데 최선을 다하겠다고 계속 언명하면서도, 국편이 후손과 연락하여 이 자료들을 간행하기로 결정한 것이 기정사실인 다음에야 나는 이 자료들에 관해 아무것도 요구할 수 없으며, 오직 후손을 통해 이 자료를 돌려받거나 내가 스스로 이 정리의 실무 작업을 모두 맡을 수 있도록 국편 쪽과 교섭하는 수밖에 없다고 고집하는 의도가 매우 의심스러웠다. C 교수의 설명대로 후손이 국편에서 간행해 줄 것을 적극 요청하고 있다면 후손을 통해 교섭하는 것이 사실상 무의미하며, 이 방대한 자료총간의 수집·편집·해제 작업을 도맡아 있는 내가 단계 관계 자료들의 판독·표점·정리 작업을 맡을 시간적 여유가 없음도 또한 자명한 사실이기 때문이다.

C 교수와의 면담이 끝에 가서 약간 언쟁 비슷한 것으로 끝나고 난

다음 김충렬 교수에게 다시 전화하여 그 내용을 전하고, 강남고속터미널로 와서 다섯 시 발 진주 행 버스를 탔다.

25 (토) 더러 부슬비

김경수 군이 조모 喪으로 학교에 나오지 않았는데, 대신 작업하고 있는 학생에게 다른 작업을 일단 중지하고서 단계 관계 자료부터 먼저 복사하도록 지시했다. 국편에서 후손을 통해 반환을 요구해 올 경우에 대비한 것이다.

또한 조옥환 사장에게 전화하여 어제 최 교수·김충렬 교수 등과 면담 및 통화한 내용을 전하고, 내가 국편 위원장 朴永錫 씨에게 엄중 항의하는 서한을 보내어 그 회답을 요구하며, 이 두 서신의 사본을 관계되는 분들께 보낸다는 것과, 만약 단계 현손 金東俊 씨가 내가 보관 중인 자료들의 반환을 요구하더라도 이에 응하지 않고 단계 관계 자료를 원본의 상태로 우선적으로 간행하며, 저쪽에서 소송을 제기해 올 경우에는 이에 응하기로 합의했다.

26 (일) 曇

오전 8시 30분 H 선생과 진주 시외버스터미널에서 만나고, 마산 시외버스터미널에서 다시 趙平來 군과 합류하여, 함안군 代山面에 있는 龍華山의 趙澗松 유허지인 合江亭에 갔다. 돌아오는 길에 山仁面의 趙一山 종손댁에 들러 그 집안에 전해오는 고서들을 조사하였는데, 『澗松集』 등의 수확이 있었다. 자정 무렵에야 돌아왔다.

27 (월) 晴

어제 빌려온 자료들을 검토했는데, 그 중 『龍洲集』과 『西川集』은 散帙이라 반환하기로 마음먹었다.

京都대학에 다녀온 박종현 교수로부터 朋友書店 주인인 土江澄男 씨와 정헌철 교수의 편지를 전해 받았고, 아세아의 이 사장 편지도 받았다.

조 사장과 통화하여, 김경수 군 봉급은 월 20만 원, 김 군을 도와주는 학생은 월 5만 원으로 결정했다.

28 (화) 맑음
국사편찬위원회의 박영석 위원장에게 편지를 썼다.

29 (수) 맑음
국사편찬위원장 박영석 씨에게 보내는 편지를 썼다.

아내가 그동안 내가 맡긴 신문 기사들 중 직접 내 이름이 나타나지 않은 것은 스크랩하지 않은 모양이어서, 할 수 없이 김경수 군을 학교 도서관과 시립 蓮庵도서관에 보내고 김 군의 일을 보조하는 김진용 군을 ≪부산일보≫ 진주지사 등에 보내어 『端磎家曆日記』와 관련된 ≪조선일보≫ ≪부산일보≫ 등의 기사를 복사해 왔다.

편지 전문과 이러한 신문기사들, 나의 「남명집판본고 (2)」의 원고 중 註14, 『東方學會報』의 통신란에 쓴 나의 글, '남명학자료총간'에 관한 ≪경남일보≫의 기사 등을 보충자료로서 복사하여 박 위원장 외에 부산대의 柳鐸一·朴容淑 교수, H·최병헌·김충렬·이남영 교수, 김동준·조옥환·이창세 씨에게 보낼 준비를 모두 마치고, 김경수 군에게 발송을 부탁했다.

30 (목) 비
어제의 편지를 읽다 보니 햇수의 계산이 잘못된 곳이 있어 김경수 군으로 하여금 봉해둔 봉투를 모두 가져와 뜯게 했다. 때마침 H 선생이 찾아왔기에 H 선생 분을 주어 보게 했더니, 국편 위원장에게 보내는 편지 중 장래의 학위논문 관계나 후손이 반환을 요청할 경우의 소송 문제에 있어 조 사장에 대한 언급은 빼는 것이 좋겠다는 의견이었으므로, 차제에 편지를 다시 고쳐 읽으면서 좀 더 온건한 내용으로 다듬었다.

5월

1 (금) 맑고 더움

고친 편지를 다시 복사하여 지난번 편지와 대체하여 넣고, 이 사장과 김충렬 교수 앞의 봉투를 제외하고는 모두 발송하게 했다.

2 (토) 비

김충렬 교수에게 보내는 서신과 추가해서 수집해야 할 도서목록을 정리하여, 그 사본을 이창세 사장 앞으로도 보내기로 하고, 봉투에 넣어 발송하게 했다.

과 사무실에 책장이 하나 지급되었으므로 지난 날 과의 캐비닛에 들었던 물건 중 일부는 그리로 옮기고, 복사를 마친 문헌이나 머지않아 복사해야 할 문헌들은 일단 과의 캐비닛에 옮겨 넣었다. 내 연구실의 캐비닛에 모두 수용할 수가 없어 책장 위에 얹어두고 있었는데, 도난의 위험이 있기 때문이다.

3 (일) 맑음

낮 12시 40분 무궁화호를 타고 함안에서 내려, 역 앞의 다방에서 H 선생과 합류, 함안군 山仁面 安仁里의 匡西 朴震英 종택에 갔다. 이 마을은 또 晩醒 朴致馥의 출생지이기도 하다. 책이 매우 많다고 들었으나, 막상 사당 안의 캐비닛을 열어보니 서간과 고문서류들이요, 고서라 할 만한 것들은 얼마 안 되었다. 그 중 두 종류 세 책을 골라내었는데, 종손이 빌려주지 않겠다고 하므로 가야 읍내로 같이 나와 복사하고는 반환하였다. 학교 앞의 복사점에서는 매당 한적의 경우 40원 정도 하는 모양인데, 거기서는 매당 150원이라고 하므로 깜짝 놀랐다.

진주에 도착하여 H 선생과 함께 칠암동 강변의 횟집에서 술과 저녁을 들었는데, 둘이서 소주 세 병을 마시고는 비틀거리며 돌아왔다.

4 (월) 맑음

방학이 끝날 무렵부터 이리저리 바빠서 해제의 집필을 중단하고 있었는데, 오늘 오랜만에 몇 장 썼다. 기왕에 간행된 남명학 관계 문헌 목록이다.

5 (화) 맑음

온종일 다음 주 ≪경상대학보≫의 '느티나무 길목'이라는 칼럼에 낼 원고를 썼다. 시설 문제와 관련하여 학교 당국과 학생들을 꼬집는 내용이라 신경이 쓰였다.

12 (화) 맑음

아침 출근하기 전에 부산에 살고 있는 단계 현손 김동준 씨에게서 전화가 왔다. 국사편찬위원회에서는 출판 작업을 시작했다고 하면서, 국편에 가 있는 단계일기의 조속한 반환이 필요하냐는 질문이었다. 나는 국편이나 남명학연구원 어느 쪽에서 출판해도 무방하되, 국편 측의 약속위반이 옳지 못하며, 출판은 국편 측의 대응을 기다려 위원장과 상의하여 결정하겠노라고 대답했다.

13 (수) 비

어제 연암공전의 교지에 실린 남명 특집을 읽었는데, 오늘은 또 도서관에 가서 『奎章閣』에 실린 李離和 씨의 『남명집』 판본 관계 논문을 복사해 오고, 정현재 선생에게서 李佑成 씨의 『한국의 歷史像』이라는 단편논문집, 국편에서 간행한 『한국사 12』를 빌려와 온종일 읽었다.

21 (목) 맑음

모처럼 원고 몇 장을 썼다.

24 (일) 흐림

합천으로 떠났다. 妙山面 八尋里에 고서가 많이 보관되어 있다는 말을 들었기 때문이다.

묘산에 내려 尹容遠 수의사를 찾았지만 결혼식에 가고 부재중이라 그 부인에게 좀 물어보았더니, 종손(알고 보니 종손이 아님)은 서울에 있고 그 모친이 진주에서 약방을 경영하고 있으니 팔심까지 가 본들 열쇠가 잠겨 있어 책을 보지는 못하리라는 것이었다. 그냥 돌아올까 하고 버스표까지 끊었다가, 이왕 내친걸음이라 택시를 타고 산골의 마을까지 올라가 보았다. 그 마을의 칠원윤씨는 크게 두 집이 중심인데, 종손 댁에 가까운 思誠齋 후손을 만나고서 그 재실로 가『雪溪集』2책,『龜潭實記』1책,『耻齋遺稿』2책을 빌려왔다.

돌아오는 길에 三嘉面 大義에 내려 남명의 향리인 兎洞으로 들어갔다. 鷄伏堂 터에 살고 있는 이 씨를 만나 지난번 부탁해 두었던 내암 문인 朴乾甲·坤甲 형제에 관한 자료에 대해 물어보았더니, 그 후손들이 아직도 이 마을에 살고는 있으나 그 두 분에 관한 자료는 전해오지 않는다는 대답이었다.

오후 여섯 시 반 무렵에 집으로 돌아와 팔심의 崔勉庵 문인 댁 대표자가 된다는 趙 여사의 약방으로 전화해 보았는데, 책들은 이리저리 흩어져 버리고 거의 남아 있지 않다는 대답이었다.

27 (수) 흐렸다 맑음

저녁 식사 후 우리 집 근처 남강변의 강나루횟집에서 H 선생으로부터 전화가 왔는데, 연암공전 교무과장이며 퇴계 후손인 이원강 선생과 함께 있으니 오라는 것이었다. 셋이서 회와 소주를 들다가, 다시 우리 집에 와서 위스키를 마셨다.

29 (금) 맑음

오전 중 산청군 단성면 立石里에 산다는 분으로부터 전화가 걸려왔는데, 許文道 국토통일원 장관이 그 마을에 사는 한학자에게 남명에 대해 묻기 위해 사람을 보낸다는 연락이 왔으나, 이분은 연세가 많아 말을 잘못하니 내가 대신 응접해 줄 수 없겠느냐는 것이었다. 그들이 오후 세 시 경에 온다는 것이었으나, 나는 그 시간에 수업이 있으므로 오후 5시 수업이 끝난 이후라면 만날 수 있겠다고 응답했다.

5시 경에 허 장관의 보좌관으로부터 전화가 왔는데, 오후 7시 경에 우리 집으로 찾아와도 되겠느냐고 하므로, 그렇게 하시라고 했다. 집에서 기다리고 있는 동안 충무에서 조옥환 사장으로부터 전화 연락이 왔고, 결국 만날 장소를 바꾸어 시내의 오동나무집에서 여덟 시 경에 그들과 대좌했다.

보좌관의 이름은 金容在이고, 동행한 사람은 ≪조선일보≫ 편집부 차장이며 『上疏』라는 책을 낸 적이 있는 李銓文 씨였다. 아홉 시 20분경에 조 사장도 동참했다. 주로 이 차장과 내가 대화를 나누었는데, 대화 도중에 남명의 측실인 은진송씨에 대해 오래토록 언급한 것은 좀 눈치 없는 짓이었다.

30 (토) 맑음

이전문·김용재 씨가 오전 중 내 연구실을 방문했다. 그동안 수집된 자료들 중의 중요한 것들을 좀 보여주고, 기왕에 발표된 논문들 및 신문 기사들 중에서 참고 될 만한 것을 골라 복사해 드렸다.

연구실에서 대화를 나누다가, 정오 무렵에 시내 청구서림에 들러 이 선생과 나의 책들을 사서 각각 서명하여 서로 선사하고, 그 외에도 눈에 띄는 대로 책들을 좀 사서 연구실로 배달해 주도록 일러두었다. 갑을옥에서 조 사장과 넷이서 점심을 들고 헤어졌다.

6월

1 (월) 저녁에 비

단계 현손인 김동준 씨로부터 편지를 받았다. 국편으로부터 회신이 있었느냐는 것과 단계일기를 남명학연구원이 간행할 경우의 구체적인 계획을 알려달라는 내용이었다.

2 (화) 비

김동준 씨에게의 회신을 草했다. 단계 一門 외에도 경북의 羅巖 朴周大 일문에도 純祖에서 1950년대에 이르는 『渚上日月』이라는 6대에 걸친 40여 책의 일기책 草本이 남아 있음을 확인했다.

6 (토) 맑음

오후에 남명학연구원 이사회 관계로 조 사장이 차를 보내 왔기에 타고 부산교통 사무실로 가서 김충렬 교수 및 조 사장을 만나 대화를 나누고, 비봉다방으로 함께 가서 다른 이사들과 회동하여, 산천재로 가서 이사회를 가졌다.

21명의 이사 중 열댓 명 정도가 참석했는데, 작년 연구원 발족 이래의 경과를 보고받고 1987년도 예산안을 심의 통과시켰다. 발족 당시에는 일 년에 일천만 원 정도의 예산을 잡았었는데, 논문집 창간호 발간과 이에 따른 연구비 관계로 약 두 배에 해당하는 2,150만 원의 예산안이 제시되어 원안대로 통과되었다.

이사회를 마치고서 시내로 나와, 새로 옮겨진 秋思樓에서 만찬을 들고 헤어졌다.

7 (일) 오후에 비

오전 11시 시내의 서울깍두기 3층 大홀에서 남명학연구원 운영위원회가 열렸다. 연원가의 후손 및 有志者들로 구성된 운영위원들로 좌석을 거의 메울 정도의 성황을 이루었다. 평소 나와 면식이 깊은 분들도 다수 참석했다.

김충렬 교수에게도 통일원으로부터 보좌관이 파견되어 가 만난 모양인데, 김 교수는 허 장관이 관직을 내걸고서 연구원과 접촉하려는 것이

못마땅하여 냉담하게 대해 돌려보냈다고 한다. 김 교수에게, 수집된 자료는 지체 없이 나에게로 우송해 줄 것을 부탁하고서 작별하고 돌아와, 『조선유교연원』을 두 번째로 독파했다.

8 (월) 오후에 부슬비

李樹健 편저『慶北地方古文書集成』중에서 高靈 桃津의 남명 문인인 竹淵 朴潤 일문의 고문서 8건과 이에 대한 해설을 읽었다. 여기에 죽연 관계의 자료가 수록되어 있다는 것은 수개월 전 고령에 갔다 온 후 효성여대 朴恩用 교수로부터 전화를 받고서 알았었는데, 이 책에 수록된 것들은 모두 박 교수의 소장품이다. 아울러 박 교수가 말했던 광해군 복위 운동에 관련된 죽연의 후손이란 아마도 증손자인 朴宗胤을 말하는 듯하다.

부산의 김동준 씨로부터 전화를 해달라는 연락을 받고 한참동안 통화했는데, 국편으로부터 자료를 반환받아 내가 복사할 수 있도록 하겠다는 말을 들었다.

10 (수) 맑음

실록 등의 문헌을 통하여 죽연의 조카들 및 증손자들과 吳竹牖 장남의 인조반정 이후의 동향을 조사하고, 아울러 姜翼文·曺挺立에 관한 새로운 사실들을 알게 되었다. 이들은 모두 내암의 일파이며, 이들에 관한 문집의 기록들이 크게 왜곡된 것이라는 종래의 견해를 더욱 굳히게 되었다.

김동준 씨로부터 단계 필사의『三政釐正節目』이 우송되어 왔다.

21 (일) 오전에 비

진양군 二班城面 평촌리 속칭 丁樹라는 곳으로 韓釣隱(夢參)의 후손 韓敎愚 씨를 찾아갔다. 어제 오후에 전화를 걸어두었기 때문에『釣隱集』을 구해 두었을 것으로 기대했으나 보관하고 있지 않다고 한다. 이 정수는 조은이 태어나 거주한 곳으로서, 지금도 淸州韓氏들이 상당수 살고 있었다. 갈 때는 버스를 이용했었는데, 평촌역에서 기차를 타고 돌아왔다.

22 (월) 맑음

단계일기의 착종된 순서를 바로잡는 꼬리표들을 달아 김경수 군에게 복사를 맡겼다. 통일원장관의 보좌관인 김용재 씨로부터 통일원에서 간행한 책 네 권과 함께 인사 편지가 왔다.

24 (수) 밤에 부슬비

이창세 사장이 요구한다기에 지금까지 수집한 남명학 관계 자료의 목록을 만들었다.

26 (금) 맑음

김동준 씨로부터 「赤壁磨崖碑改作記」와 「荏子島南遷陪行錄」이 부쳐져 왔다. 원본을 보내주겠다고 한 줄로 알았는데 받아보니 복사한 것이며, 게다가 한 달 후에는 단계일기와 기타 관계 자료를 틀림없이 돌려달라는 단서를 달고 있다. 나에게 선심을 쓰는 체 하면서 사실은 국사편찬위원회의 각본대로 움직이고 있음을 꿰뚫어볼 수가 있었다.

수집된 문헌의 목록 작성을 마쳤고, 이를 계기로 하여 함양 편부터 시작하려던 총간의 계획을 수정하여 남명 관계 자료를 첫머리에 모으고, 그 다음은 단계 一門 편을 배치하기로 마음먹었다. 그래서 기왕에 썼던 함양 편의 해제 일부는 떼어내고, 『남명집』 己酉本의 해제를 쓰기 시작했다.

27 (토) 맑음

기유본의 해제를 쓰기 위해 지난번 함안의 趙一山 고택에서 빌려온 『남명집』과 기유본을 면밀히 대조해 보았는데, 놀랍게도 일산 고택에서 내가 찾아낸 『남명집』이 바로 甲辰本임을 확인했다. 그것은 기유본은 갑진본에다 약간의 교감을 가하고 권4의 補遺 한 권을 덧붙인 것일 뿐 목판 자체는 갑진본의 것을 그대로 사용한 것인데, 교감과 수정을 가한 부분을 비교해 보아 일산 댁의 것이 기유본보다 선행한 것임이 확실해졌기 때문이다. 김충렬 씨 소장본은 기유본의 일부임도 거의 확실해졌다. 이로써 나는 현존 最古의 『남명집』인 갑진본을 최초로 발견한 사람이 되었다.

정수의 한조은 후손을 녹지다방에서 만났는데, 그들이 가지고 온 것은 『조은집』 원본이 아니라 복사본이었다.

28 (일) 맑음

이창세 사장께 편지를 쓰고, 이병도 저 『한국유학사략』의 남은 부분을 읽어 대충 일독을 마쳤다.

7월

1 (수) 흐림

뱀사골산장 부근의 야영장에서 아침을 지어 먹고, 약 14km 거리의 뱀사골 계곡을 따라 내려오다가 반선까지 몇 km 못 미친 계곡에서 다시 중식을 지어 먹었다. 계곡 물이 하도 좋아 학생들이 식사 준비를 하는 동안 나는 아래쪽으로 조금 내려가 큰 바위 아래서 목욕을 했다. 반선에서 6.25 전후의 지리산 공비 토벌 관계 전적기념관을 나 혼자 둘러보고, 버스 정거장 부근의 상점에서 학생들에게 술과 음료수를 사 주었다.

신라 九山禪門 중 최초의 사찰인 實相寺가 반선에서 멀지 않은 山內라는 곳에 있으므로, 내가 권하여 예정에 없던 이 사찰을 방문하였다. 실상사 자체가 사적 309호로 지정되어 있을 뿐 아니라, 이 절과 부속 암자에는 국보 1점, 보물 11점, 지방문화재 이외 3점 등 모두 15점의 문화재를 보유하고 있는 유서 깊은 곳이다.

산내 일대를 통틀어 獐項里라 하고, 지금도 장항이란 마을이 있기도 한데, 남명의 「遊頭流錄」 끝머리에 "入獐項洞者一"이라 한 것은 대개 이 뱀사골 입구 부분을 말한 것이 아닌가 한다. 또한 산에서 李銓文 씨가 번역한 金濯纓의 지리산 유람기를 읽었는데, 거기에 龍遊潭이라는 지명이 나오고 그 위치가 대개 함양 부근인 것으로 짐작되었다. 남명이 "入龍遊洞者三"이라 한 것은 이를 가리킨 것이 아닐까? 이리하여 남명이 12번 지리산에 노닌 그 장소들이 대체로 모두 파악된 듯하다.

산내에서 다시 함양 행 직행버스를 탔는데, 이 길은 인월에서 서쪽으로 운봉·남원에 통하고 있어, 孤臺 鄭慶雲이 정유재란에 피난을 가고, 金端磎가 그 아버지 海寄의 임자도 유배를 陪行하여 지난 길도 이 코스가 아니었을까 생각하니 감회가 깊었다.

2 (목) 흐리고 가끔 부슬비

과 사무실에 나가 그동안 별일 없었는지를 물었더니, 아세아의 이창세 사장으로부터 시외전화가 있었는데, 본교 도서관으로부터 국립중앙도서관 앞으로 보낸 자료복사 협조요청 공문에 있는 '연구 및 영인을 위해'라는 구절 중 '영인'이란 단어 때문에 협조의 어려움이 있으니 '연구를 위해 절대로 필요'하다는 식으로 고쳐서 보내 달라는 전갈이었다 한다.

3 (금) 아침에 잠깐 부슬비

이창세 사장의 전화 내용과 관련하여 부속 도서관에다 다시 공문 발급을 요청했는데, 수서과의 담당자가 오늘이 되도록 까지 그 결과를 통보해 주지 않으므로 여러 차례 수서과에 전화를 했다. 수서과의 직원이 이 사장과 국립중앙도서관 측에 전화를 해 보고서는 양자의 말이 다르다면서 까다로운 소리를 하므로 신경질이 났다. 이 사장으로부터 다시 나에게로 전화가 와, 국립중앙도서관 열람과장과 합의가 되어 있으며, 영인 관계는 자신이 책임질 테니 나의 연구를 위해 필요하다는 명목으로 공문을 다시 발송해 줄 것을 요청해 왔다. 뒤이어 이 사장이 보낸 서신도 도착했으므로 그 사본을 부속도서관장에게 보냈다. 간단히 처리할 수 있는 일을 가지고서 괜히 수서과 직원이란 자가 문제를 어렵게 만드는듯 하여 몹시 불쾌했다.

高大의 尹絲淳 교수 연구실로부터 전화가 와, 한국사상사학회의 기관지 창간호에 투고한 「南冥集板本考 I」의 교정쇄가 나왔다 하므로, 원고를 다시 좀 손보고 싶으니 나의 원고와 교정쇄를 같이 우송해 주도록 요청했다.

4 (토) 때때로 부슬비

오전 10시에 인문대 학과장회의가 있는지라 학교에 나갔는데, 회의는 정오가 넘도록 이렇다 할 결론도 없이 계속되었다. 그런 까닭에 한국동양철학회 하계 연수회에는 예정보다 한 시간 반 이상 늦게 도착하였다.

오늘의 학술발표는 오후 2시부터 대구대 대명동 캠퍼스 본관에서 열렸는데, 주제는 '凝窩 李源祚 선생의 생애와 철학'이었다. 내가 도착했을 때는 裵宗鎬·劉明鍾 교수의 발표가 끝나고, 琴章泰 교수의 마지막 발표순서가 진행되고 있었다. 발표가 끝난 다음 대구대에서 제공한 두 대의 버스에 분승하여 星州 大浦(한개)의 凝窩·寒洲 고택을 방문하였다. 이 마을은 나로서는 두 번째 방문이 되는 셈이다.

대포를 떠나 응와의 만년 藏修地인 가야산의 해인사 반대편에 위치한 晩歸亭에 가 一泊했다. 후손들의 대접이 매우 융숭했다. 개고기 국과 수육이 나온 것이 특이했다.

5 (일) 맑으나 밤에 비

만귀정에서 조식을 마치고서 김천으로 향했다. 간밤에 금장태 교수와 더불어 眞庵 李炳憲의 遺著 간행 및 서울대 소장의 남명학 관계 자료 수집에 관해 합의하였고, 오늘 아침에는 배종호 교수로부터 延大 소장 자료의 복사에 관한 협조 약속을 얻었다. 김천에서는 예정에 없던 직지사를 탐방하였고, 成泰鏞 군을 만났다. 성 군은 서울대 철학과 시절의 친구인데, 오늘 있을 발표를 위해 뒤늦게 내려와 김천역에서 합류한 것이다.

대구대의 버스는 돌아가고, 우리를 싣고 갈 버스 두 대와 龜陽書院 설립의 중심인물인 邊敎雨 씨가 마중 나와 있었다. 역전의 식당에서 간단한 점심을 마치고, 상주·점촌·예천·영주를 거쳐 목적지인 봉화읍 巨村里의 구양서원에 도착했다. 이 서원은 여말에 지조를 지켜 死節한 大隱 邊安烈과 그 후손 두 사람을 모신 곳인데, 이 고장에 세거하는 原州邊氏들의 정신적 本家이며, 불과 수년 전인 1984년에 서원으로 승격된 좀 특이한 곳이다. 변교우 씨는 일찍이 서울에 올라가 건축업으로 거부가 된 사람인데, 서원의 조성 외에도 도로 건설, 무료 약국 및 도서실 설치 등 향리를 위해 많은 기여를 하고 있는 독지가였다.

군수를 비롯한 마을의 유림들이 많이 모였기 때문에, 봉화에 살고 있는 金七峯·開巖의 후손을 만나 그들이 간행한 『七峯·開巖·八吾軒文集』을 구하고 싶다는 뜻을 전했다. 성태용(건국대)·金容九(前 한국일보 논설위원)·金哲浩(그리스도神大 강사) 씨의 발표와 질의 토론이 있은 다음 늦은 저녁을 들었다. 이 서원 측의 접대는 만귀정의 그것보다 한층 더 극진한 바가 있었고, 내일의 귀가를 위한 노자 돈까지 만 원씩 봉투에 넣어 주었다.

6 (월) 아침에 부슬비

어제 저녁까지 상당한 회원들이 귀가하였고, 나머지 회원들은 영주를 거쳐 부석사·소수서원을 탐방한 다음, 다시 영주에 나와 이 지방 출신으로서 동아대 박사과정에 재학 중인 회원의 부친이 초대하는 점심 식사를 들고서 헤어졌다.

나는 시외버스 터미널로 가 吳竹牖의 14대 종손인 영주시 休川洞 거주 吳柱鎬 씨와 터미널 맞은편 옥다방에서 만났다. 죽유의 아들인 汝櫶·汝檖·汝橫 등과 관련된 자료를 얻고 싶다는 뜻을 전하고 긍정적인 회답을 얻었다.

안동·칠곡을 거쳐 대구로 와, 서부정류장에서 88고속도로를 경유하여 귀가했다.

7 (화) 무덥다.

오래만에 학교에 나갔다. 도서관 수서과에 전화해 보았더니 국립중앙도서관으로부터 공문이 와 있다 하므로 수서과로 가 공문 내용을 읽었는데, 예상했던 대로 나의 요청을 전체복사가 불가하다는 이유로 거절하는 내용이었다. 공문에다 쓸 데 없이 '연구 및 영인'이라는 문구를 넣어 남의 일을 망쳐놓은 수서과 측의 처사가 매우 못마땅하여 다소 항의하는 뜻을 표했다. 도서관에서 소장하기 위한 목적이라면 일부 자료의 복사가 가능하다고 적혀 있었으므로, 국립중앙도서관·규장각·연세대·장서각 기타로 분류하여 未收集 도서의 목록을 따로 정리했다.

한국사상사학회의 기관지 창간호에 투고한 「남명집판본고 (1)」의 初校刷가 투고한 지 일 년 정도가 지난 이제야 도착했다.

8 (수) 무더위

德裕敎育院의 연수부장으로 있던 吳煥淑 씨가 찾아왔다. 오 씨는 거창의 熊陽중학교 교장이 되어 본교의 교장·교감 연수에 참가 차 왔다고 한다.

이성환 선생에게 경북대 도서관에 소장된 『南冥先生請廡疏軸』을 다시 한 번 대출해 주도록 부탁했다.

김충렬 교수가 소장한 『남명집』이 과연 기유본인지 어떤지 H 선생과 상의해 보았는데, 역시 나의 견해에 동의해 주었다.

10 (금) 맑음

오전 중 도서관 수서과로부터 전화가 와, 본교 도서관으로부터 국립중앙도서관으로 재차 공문을 발송하기 위해서는 본교 경남문화연구소로부터 본교 도서관에 자료의 복사 소장을 요청하는 공문을 발송할 필요가 있다 하므로, 경남문화연구소 간사에게 연락하여 국립중앙도서관을 통해서만 입수할 수 있는 문헌을 골라 공문을 띄웠다.

서울대 종교학과의 금장태 교수와 연대를 정년퇴임한 배종호 교수에게 복사 협조를 요청하는 서신과 함께 규장각과 서울대 일반고도서 소장 및 연대 소장 도서목록을 동봉하여 발송했다.

「板本考 I」의 교정을 보고 있는데, 원고 자체를 수정해야 할 곳이 많아 오히려 간행이 이처럼 지연된 것이 다행스럽다.

11 (토) 비

여러 곳으로부터 자료를 빌려다 놓았으나, 해제작업은 생각대로 빨리 진척되지 않아 늘 심적인 압박감을 느끼고 있으므로, 기왕에 복사를 마쳐둔 문헌들은 일단 소장자에게 반환하기로 마음먹었다. 그래서 김경수 군에게 단계일기의 복사 작업까지가 끝났으니 일단 복사된 문헌들을 원본과 일일이 대조하여 빠진 곳이 없는지를 확인하고, 기왕에 복사된 것으로 영인에 부치기 어려운 부분들은 새로 복사하도록 지시했다.

12 (일) 비

오늘 오전 8시 30분쯤까지 비가 오지 않으면 闍崛山 등반을 결행하기로 약속하였으므로, 날씨가 매우 흐리기는 하나 시외버스 주차장으로 향했다. 주차장 2층의 다방에서 H 교수, 김경수·조평래 군과 회동하여 의령으로 향했다.

의령 읍내에 내려 택시를 타고 자굴산으로 향하다가, 도중에 퇴계선생의 初娶인 허 씨 부인의 친정댁, 즉 퇴계의 처가가 있던 嘉禮洞에 들러 퇴계의 친필인 '嘉禮洞天'이 새겨진 바위를 보았다. 이 마을을 등진 산에는 백로와 왜가리가 대규모로 서식하고 있어 장관을 이루고 있었다.

거기서 택시 운전사에게 퇴계를 모신 德谷書堂의 위치를 물어 왔던 길을 도로 돌아 나와 서당을 둘러본 다음, 자굴산 아래 七谷마을까지 와서 택시를 돌려보내고 등반을 시작했다. 조평래 군이 사전 답사한 결과, 남명이 29세 때 와서 棲息한 明鏡臺는 최고봉인 中峰이 아니라 上峰 근처에 있다고 하므로 상봉 쪽을 향하여 방향을 잡았으나, 도중에 길을 잃어 고생했다. 정상에 도착해 얼마가지 않아 비가 쏟아지기 시작했는데, 이리저리 헤매다 겨우 명경대인 듯한 절벽을 찾아내어 그 부근에서 우산을 받쳐 들고 준비해 온 빵과 음료수 및 소주를 들었다.

大義面 쪽으로 내려와 첫 마을인 합천이씨들 부락에 들러 그 재실에서 준비해 온 돼지고기를 굽고 소주를 마셨으며, 杏亭里를 거쳐 中村里에 와서 許眉叟를 모신 二宜亭에 들렀다. 이 이의정은 嵋淵書院이 대원군 때 훼철을 당하고 난 후 일제시기에 와서 중건된 것인데, 관리인인 許澈 씨의 설명에 의하면 우리가 얼마 전에 휴식하고 온 합천이씨들의 마을이 미수 가족들이 거처하던 곳이며, 또 동시에 陶丘 李濟臣이며 씨름의 챔피언 李萬基의 출신지이기도 하단다. 미연서원은 본시 행정리에 있었다고 한다.

廟宇에 참배하고 장판각을 둘러본 다음, 素窩 許讚의 증손자인 許元濠 씨 집에 가 미수의 親筆帖 등을 보고, 『素窩集』을 비롯한 얼마간의 자료를 빌려왔다. 나로서는 이곳이 두 번째의 방문이 된다.

13 (월) 부슬비

김경수 군을 도와 복사를 담당하기로 된 선명여자상업고등학교 야간부 2학년인 朴正愛 양이 왔으므로 오늘부터 작업을 시켰다.

과 회의를 열었는데, 특히 오전 중 학장이 전해 온 철학·독문과만 10명씩 증원한다는 학교 당국의 결정에 대해 반발이 있었다. 또한 동양철학과를 분리 설치하는 문제와 관련하여 경상대 인문과학 분야의 남명학 특성화를 추진하기 위한 중심학과로서 한문학과를 설치할 것을 구상하고 있는 발전계획안에 반대하는 문서를 제출하기로 결정하였다. 애초에 이 특성화 계획안은 나에게 위촉되었으나 내가 다시 H 선생에게 그 시안을 마련하도록 의뢰했던 것인데, H 선생이 또다시 자기 위주로 동양철학과에 우선하여 한문학과의 설치를 명문화함으로써 야기된 것이다.

14 (화) 비

발전계획안 문제와 관련하여 H 선생을 만나 불쾌한 뜻을 전했는데, H 선생의 설명에 의하면 한문학과를 동양철학과에 우선 시킨 것은 고의적인 뜻은 아니었으며, 이 문제는 85년 당시에 내가 이미 제기한 적이 있다는 것이었다. 지난 날 내가 H 선생에게 이 문제를 따진 기억은 나지 않으나, 해명을 듣고 나니 불쾌한 생각이 거의 해소되는 지라, 함께 『訒齋集』에 나오는 내암과 訒齋 崔晛의 왕복서간 내용에 대해 대화를 나누다 작별했다.

17 (금) 흐림

하루 종일 ≪대구매일신문≫에 연재된 적이 있는 '영남학맥'을 읽고 회옥이와 놀았다.

18 (토) 흐리고 밤에 비

아침에 한국동양철학회로 보낸 「남명집판본고 (2)」가 우송되어 왔다. 인쇄에 부치기 전에 다소 수정을 가하기 위해 반송을 부탁했던 것이다.

서울의 河有楫 씨에게서 시외전화가 왔었는데, 『李家源全集』 한 질을 선사하겠다고 한다.

19 (일) 흐림

H·김경수 군과 함께 합천 雙栢面 墨洞의 老栢書舍로 가 艾山(堂號 老栢軒) 鄭載圭의 구 장서를 조사했다. 서원의 내임을 맡고 있는 노백헌의 고손 鄭諄容 씨의 친절한 접대를 받았다. 노백헌은 蘆沙 奇正鎭의 대표적 문인의 한 사람인지라 기노사의 친필들도 더러 보였는데, 그 중 「納凉私議」의 친필첩을 빌려 왔다. 노백헌은 許后山과 더불어 뇌룡정 중건의 중심인물이므로 그 문집도 빌려왔지만 산질이었다.

돌아와 남강 가의 민물횟집과 장어 집에서 술을 마시고 헤어졌다.

20 (월) 맑음

『儒學近百年』과 『蘆沙集』 『老栢軒鄭先生尊慕錄』을 중심으로 서부경남지역에 있어서의 노사학파를 살펴보았다. 현재 보급되어 있는 『蘆沙集』은 노백헌 등이 중심이 되어 단성 新安精舍에서 간행된 것이며, 하동의 月皐 趙性家가 高山書院에 배향된 문인 중 首位에 거한 점, 그리고 「猥筆」은 이

월고에게 답한 글이었음도 알았다. 의령 板谷의 남씨 집안도 南秋江의 후손으로서 노백헌·農山 문인임을 알았다.

24 (금) 때때로 부슬비

이즈음은 사무적인 일들이 너무 많아 논문의 교정조차 진척이 되지 않고 있으니, 연구는 말할 것도 없다.

25 (토) 비

김동준 씨에게서 전화가 왔는데, 단계일기와 함께 단계 一門의 일기 자료 전체를 반환해 달라는 것이었다. 전화 중의 말에 의해 그가 이미 國編에 『단계집』 등을 구해다 준 것을 알았다. 나는 단계일기는 何時라도 반환할 수 있으나 다른 자료는 국편과의 합의를 요하는 것이므로 곤란하다고 했더니, 국편 측의 태도에 대해서는 자신이 알 바 아니며, 나로서는 남명과 관계되는 자료가 부분적으로 필요할 뿐이지 그 자료 전체가 소용되는 것은 아니지 않느냐는 것이었다. 화가 나서, 우리가 전체를 간행하겠다고 하는데 그렇게 말하는 것을 보니 나보다도 김 선생이 그 자료에 대해 더 잘 알고 있는 것이냐고 쏘아 주었다. 김 씨가 국편의 꼭두각시 노릇을 하고 있다는 것은 의심할 여지가 없다.

27 (월) 오전에 비

오후 5시 10분에 총장실에 불림을 받아 나갔는데, 나·H·呂增東·金容祚·공영립 교수가 참석하였다. 남명학 연구의 활성화를 위한 기금 조성 관계 협의였는데, 총장이 그런 목적으로 기금을 제공할 만한 사람들을 만날 때 내 놓을 취지서의 기초를 나와 H 선생이 상의하여 작성하기로 하였다.

28 (화) 맑음

어제 총장님으로부터 부탁받은 취지서의 기초를 김경수 군에게 의뢰

하고, 김 군이 작성해 온 것을 토대로 H 선생과 내가 손을 보기로 했다. 아울러 경상대 발전계획안 중의 남명학 분야 특성화 건과 관련하여, 한문학과를 신설하여 남명학 연구의 중심학과로 삼는다는 3개소의 조항을 모두 동양철학과로 고쳐줄 것을 요구하는 철학과 교수 일동 명의의 문서 작성도 金顯龍·김경수 두 조교가 협의하여 기초해 오도록 지시했다.

29 (수) 맑음

저녁 무렵 김동준 씨에게서 전화가 와 단계일기와 새로 발견된 단계 일문의 일기 자료들을 돌려 달라고 하므로, 김경수 군을 시켜 단계일기만을 전하고, 아울러 이들 자료들을 영인간행 하겠다는 이창세 사장의 편지를 복사하여 전달했다.

30 (목) 맑음

오전 중 김경수 군이 써 온 「남명학 분야 특성화에 즈음한 취지문」을 H 선생과 함께 검토했는데, 취지문의 내용을 일목요연하게 파악할 수 있도록 항목별로 적었으면 좋겠다는 H 선생의 의견에 따라, 대체적인 항목들을 써 주고 다시 작성해 오게 했다.

8월

3 (월) 때때로 부슬비

박사학위 취득과 남명학자료총간의 해제 작업 등에 관한 심적 부담으로 말미암아 어제부터 계속 심한 스트레스를 겪고 있다. 나로서는 해결할 방법이 없는 고민이다.

高大의 尹絲淳 교수 연구실 조교로부터 한국사상사학회 창간호에 게재될 「남명집판본고 (1)」의 초교를 빨리 보내달라는 독촉 전화가 있었다. 池田秀三 선생으로부터 이사 통지를 겸한 여름 인사장이 도착했고, 한국철학회로부터는 내가 이 학회의 이사로 선임되었다는 통지가 있었다.

4 (화) 때때로 부슬비

「판본고 I」의 교정이 거의 끝나 간다. 1년 전에 보낸 논문을 이제 손대는 지라 군데군데 너무나 수정·첨가한 곳이 많아서 거의 새로 쓰는 것과 같다.

5 (수) 맑음

「판본고 I」의 교정을 끝내어 김경수 군에게 우송하도록 부탁했다.

6 (목) 흐림

오전 7시 고속버스로 서울로 출발. 경기도 남양주군 별내면 화접리 산99번지의 佛岩 Youth Hostel에서 3박 4일간 열리는 종교친우회 서울 모임 주최의 87년도 하기수양회에 참가하기 위해서이다.

12시 30분경에 강남고속버스터미널에 도착하여, 지하철로 바꿔 타고 바로 장충동에 있는 아세아문화사로 향했다. 사장실에 도착하니 이미 김충렬 교수가 와서 이창세 사장과 함께 나를 기다리고 있었다. 국립중앙도서관에서 보낸 회답 공문과 그동안의 자료수집 경과를 보고하고, 가지고 간 몇 종류의 복사물 견본을 토대로 복사물로써 영인이 가능할지 어떨지를 상의했다. 가능하다고 하므로 원본은 소장자에게 반환하기로 하고, 단계 일문의 일기 자료는 아무래도 정리가 필요하다고 하므로 김동준 씨가 또 다시 반환을 요구하면 국편으로 넘겨주겠다는 나의 생각을 말했다. 김 교수께 규장각·延大 및 기타 소장도서의 목록을 전하고, 금장태·배종호 교수께 부탁해둔 자료도 입수가 여의치 않으면 김 교수께 부탁한다고 했다.

이 사장과 만나면 으레 들르던 근처의 일식집 2층에서 셋이서 점심을 들고, 불암산 가는 버스를 타기 위해 김 교수와 함께 종로까지 걸었다. 남명학의 특성화를 위한 이정한 총장의 구상을 말했더니, 김 교수는 의외로 퍽 환영하는 태도를 표시하며, 이원적인 운영을 하는 것보다는 경상대에 남명학 관계 연구소를 설치해서 현재의 남명학연구원은 해체하여 거기에 합치는 것이 좋겠다는 것이었고, 현재 복사를 추진하고 있는 자료도 산천재에 소장하는 것보다는 경상대도서관에 문고를 만들어 비치하는 것이 좋지 않겠느냐는 나의 의견에 대해서도 동감의 뜻을 표했다.

9 (일) 맑음

아침에 마침내 하유집 씨와 통화를 할 수 있었다. 어제 자택과 직장으로 전화를 했으나 모두 부재중이었다. 자택을 방문하는 것은 그만두기로 하고, 나에게 주겠다고 한 『이가원전집』 한 질과 남명학 관계 자료들의 카피는 우송해 주도록 부탁했다.

10 (월) 때때로 비

오후 세 시에 배석원 교수와 내가 철학과를 대표하여 총장을 면담했다. 이는 각 학과별 교수들과의 면담의 일환이다. 철학과 교직과정 설치에 관한 협조를 부탁하고, 「남명학 특성화 육성의 목적과 의의」라는 총장이 지시했던 원고와 함께 『발전계획안』 중의 남명학 특성화에 관한 철학과의 의견서를 제출했다. 그 의견서는 한문학과를 인문대학 내에 설치하여 남명학연구의 기본학과로 삼는다는 『발전계획안』의 내용을 동양철학과 설치로 변경해 달라는 내용의 것이다.

12 (수) 맑음

고려대 윤사순 교수 연구실에서 전화가 걸려왔는데, 「남명집판본고(1)」의 교정쇄가 어떻게 됐느냐는 것이었다. 이미 6일에 부쳤다고 했더니 아직 도착하지 않았다고 하므로 김경수 군을 불러 그 경위를 따져 묻고 있는데, 다시 전화가 걸려와 윤사순 교수에게 도착해 있다는 것이었다. 윤 교수가 총무처장의 일을 맡아, 바빠서 경황이 없나 보다.

桐溪 종손 鄭禹淳 씨 댁에 복사를 끝낸 책들을 우송하게 했다. 서울에서 돌아온 이후, 단계 관계 자료 등 복사가 끝난 것들은 차례차례 반환하고 있다.

「남명학 특성화의 목적과 의의」가 인쇄되어 나왔으므로, H 선생과 함께 그것을 수정한 교정쇄를 가지고 총장을 면담했다. 총장께 사고전서를 도서관에 구입할 것을 건의했더니 긍정적인 반응을 보였다. 아울러 도서관을 통한 남명학 관계 자료 복사본의 입수에 대해서도 협조해 줄 뜻을 보였다.

19 (수) 맑음

「남명집판본고 (2)」의 원고에 대한 수정에 착수했다. 이와 관련하여, 퇴계의 四七互發說이 權陽村과 柳眞一齋에게서 영향 받은 것이라는 이병도 씨의 논거를 검토하기 위해 『宋史』 鄭逈傳 등을 읽었다.

22 (토) 오전에 비

「판본고 2」의 원고 수정을 계속했다.

23 (일) 오전에 흐림

산청군 南沙에 자료수집 하러 갔다. 먼저 세종대의 영의정 河演의 종손댁에 들러 다시 한 번 暮軒 河渾의 문집 소장자를 문의하고, 이정한 총장으로부터 만나 보라는 메모를 받은 바 있는 南川 李道默, 月淵 李道樞의 후손들인 星山李氏 태규·琦相 씨 댁에도 들러보았으나 모두 부재중이라 집이 텅 비어 있었다. 다시 그 마을에 사는 본교 교육학과의 李壬相 교수댁에 들러, 이 교수와 함께 그 마을의 책이 있을 만한 집들을 몇 군데 들렀으나, 결국 오후에야 이기상 씨를 만나 蔡樊巖 다음으로 德川山長을 지낸 南皐 李志容의 문집 『南皐集』 산질 下冊과 필사본 『南皐遺稿』 한 책을 구했을 뿐이었다.

돌아오는 길에 봉곡동에 내려 『暮軒集』을 소장하고 있다는 하용문 씨에게 전화 연락을 해 보았으나 가지고 있지 않다는 대답이었다.

24 (월) 때때로 비

논문 수정을 계속했다.

오후에는 다음 학기의 수업 계획을 변경할까 하여 관계 자료들을 꺼내 보았다. 한국철학세미나에는 『남명집』 혹은 『蘆沙集』, 대학원 동양철학에는 『春秋繁露』, 불교철학에는 『弘明集』, 학부의 중국철학강독에는 『白虎通義』 혹은 『漢學師承記』를 읽을까 한다. 다음 학기부터는 강독에는 되도록 논문 자료가 아닌 원전을 읽을까 한다.

25 (화) 오전 한때 부슬비

「남명집판본고 (2)」의 원고 수정을 마쳐서 동국대학교 철학과 내의 한국동양철학회로 우송했다. 간사인 宋在雲 교수에게도 편지를 한 통 보냈다.

26 (수) 맑음

오전 10시부터 인문대 학과장회의가 있었고, 학과장회의를 마친 후에는 학장·교무과장·사학과장·국문과장·중문과장 그리고 철학과장인 나까지 포함하여 여섯 명이 도서관장을 찾아가서 차제에 원광대학교에서 영인 간행하는 사고전서를 반드시 구입하도록 당부했다.

이지수 선생이 학교 당국으로부터 지급받은 모든 물품은 학과의 소유물로 된다기에, 그것들을 모두 학과 사무실로 옮겨 김경수 군이 사용하게 했다. 이로써 철학과는 과사무실을 얻은 지 약 반 년 만에 거의 부족함이 없을 정도로 모든 물품을 갖추게 되었다.

금장태 교수로부터 서신을 받았는데, 규장각 소장 남명학 관계 자료의 복사를 위해 전적인 협조를 약속받았다고 하면서 이 달 말에 한 번 상경하여 상의함이 좋겠다는 것이었다.

밤에 김충렬 교수에게 전화하여 남명학연구원 기관지 창간호 간행 문제를 상의했더니, 11월 중순 경까지 원고를 수합하여 내년 2월에 출판할 계획이라고 한다. 잇달아 금장태 교수께 전화하여 眞庵 李炳憲全集의 정리 간행 건은 김충렬 교수 및 이창세 사장과 상의해 주도록 부탁하고, 28일 오후 1~2시에 서울대학교의 금장태 교수 연구실에서 만나 함께 李相殷 씨를 만나기로 약속했다.

27 (목) 맑음

『魏晋南北朝佛教史』 중 神滅論 부분 등 새 학기 개강에 대비한 예비적 독서를 계속하고 있다.

내일의 상경에 대비하여 이상은 씨에게 추가로 수집을 부탁할 도서목록을 작성했다.

28 (금) 오전에 비

아침 7시 고속버스로 출발하여 서울에 도착하니 12시 30분이었다. 서울대 금장태 교수 연구실로 찾아가 보았으나 오후 1시에서 2시 사이에 만나기로 약속했음에도 불구하고 연구실 문은 잠겨 있었고, 댁으로 전화해 보니 꼬마가 병원에 가셨다고 알려주었다.

할 수 없이 혼자 규장각으로 가 이상은 씨를 만났다. 처음에는 금 선생의 편지를 통해 알고 있던 것과는 달리, 내가 수고해서 자료를 수집할 필요가 없이 출판사 측에다 맡기라고 하더니, 결국 협조를 약속하였고, 복사비용의 선금으로 4만 원을 맡겼다.

국사학과의 최병헌 교수를 만나 함께 尹明老 교수 정년퇴임식장인 교수회관으로 갔다. 최 교수의 말로는 국사편찬위원회에서는 단계 일문의 일기 자료만을 일괄 간행코자 한다는 것이다.

29 (토) 밤에 폭우

사당역 부근 상업은행 지점에서 오전 10시에 심재룡·宋榮培 교수 등과 합류하여, 송 교수의 차를 타고 경기도 남양주군 天摩山에 있는 見性庵으로 갔다. 모임에는 李楠永 교수도 뒤에 나타났고, 李圭成·成泰鏞·李光虎·金守中·李正浩 등 각 대학에 재직하고 있는 옛 친구들과, 尹燦遠·韓坪秀·丁永根·許南進·方仁 등 후배들까지 모두 35명 전후의 회원이 참석했다. 高康玉 씨도 회원이 되어 있었고, 나도 그 자리에서 회원으로 가입했다. 서울대 동양철학연구회의 제1회 하계 정기발표회였는데, 서울대 철학과에 유학 중인 미국인 한 명과 아일랜드인 한 명도 참가했다.

자정 무렵까지 발표 토론이 계속되었고, 나는 매번의 발표에 대해 비판적 의견을 개진했다. 천둥·번개와 소나기가 쏟아지는 가운데 새벽이 가까워 올 무렵까지 대화를 나누며 술을 마시다가 법당에 가 잠이 들었다.

9월

1 (화) 맑음

서울의 하유집 씨가 『이가원전집』 한 질을 교육학과의 강재태 선생 편에 보내왔으므로, 받아다 김경수 군 등에게 집으로 운반해 주도록 부탁했다.

3 (목) 맑음

서울대동양철학연구회에 회비 및 도서비 4만 원을 보냈고, 아울러 이창세 사장에게 眞庵遺書의 정리 간행과 남명학 관계 나머지 자료들의 수집을 부탁하는 편지를 써서 부쳤다. 김충렬·금장태 교수에게는 그 카피를 각각 우송했다.

6 (일) 흐림

H 교수와 함께 하동군 玉宗面 月橫里의 奇蘆沙 문인 月皐 趙性家의 후손을 찾아갔다. 그러나 본손은 그 마을에 살지 않고 문집도 구할 수 없었다. 다만 傍系의 증손자 되는 이와 대화를 나누고 나와, 옥종면 斗陽里의

버스 종점에서 내려 姜民瞻 장군 사당인 斗芳齋를 찾았다. 斗芳山 중턱에 위치해 있었는데, 이제 이 齋에서 『남명집』 중간본 교정 작업이 행해진 사실을 아는 사람은 아무도 없었다. 두방산에서 내려와 두양리의 姜相昊 씨 댁에 임시로 봉안된 殷烈公 姜將軍의 영정을 보고, 택시를 불러 德山 가는 길목의 삼거리인 칠정 부락에 사는 법학과 이창호 선생 댁에 들렀다. 술잔을 나누다 부근의 德川 가 횟집에서 피라미 회와 매운탕으로 저녁을 대접 받고 밤늦게 돌아왔다.

7 (월) 맑음

김경수 군의 복사 작업이 처음 예정했던 것보다 너무도 장기간에 걸치고 있으므로 그 사정을 묻고, 또 曺 사장에게 전화하여 상의한 결과, 작업이 끝날 때까지 현 상태대로 계속해 나가기로 결정했다.

윤사순 교수 연구실의 유영희 양으로부터 「남명집판본고 (1)」의 2차 교정쇄가 도착했다.

8 (화) 맑음

「판본고 1」의 교정쇄를 우송했다.

11 (금) 맑음

심리학과 등에서 온종일 데모를 벌이고, 그 중 일부는 아무런 제재를 받지 않고 교외로 진출하였다.

철학과 학생들이 오후 3시부터 22동의 대형강의실에서 총회를 열어 과의 전반적인 문제들을 거론하였다. 남명학연구원의 작업을 다른 곳으로 옮기고 과사무실을 자치적으로 운영하는 일, 교수평가제를 실시하는 일, 지도교수제를 폐지하는 일, 커리큘럼 상에 규정된 과목들을 학년 구분 없이 자유로이 수강할 수 있게 하는 일 등이 논의되었다. 한 시간 수업을 마치고 잠시 가서 참관하였는데, 마치 학사 상의 모든 일을 자신들이 관장하겠다는 태도이다.

오후 5시부터 학사기획위원회의 회의에 참석했다. 회의를 마치고 돌아오는 길에 과 총회에서 사회를 보던 최안준 군을 만나 물어보니, 오늘의 결정 사항은 내가 요구한 바와 같이 서면으로 제출하고, 과 교수회의의 결정 내용을 공청회를 열어 직접 듣겠다는 것이다.

12 (토) 맑음

출근하는 길로 과사무실에 가 학생들이 요구하고 있는 바와 같이 사무실의 일부를 학생들을 위해 제공하는 문제의 가능성에 대해 김현용 학과 조교 및 김경수 남명학연구원 조교와 함께 상의했다.

14 (월) 맑음

아침 출근하는 길로 조교들에게 과 사무실의 일부를 학생들에게 제공할 작정이니 계획을 세워보도록 지시했다.

20 (일) 맑음

9시 30분 진주합동주차장 2층 다방에서 김경수 군과 만나 합천 雙栢으로 떠났다. 墨洞의 老栢書舍를 방문하여 蘆沙 문인 老栢軒 鄭載圭의 증손자를 만나 지난번에 빌려왔던 책들을 반환하고, 돌아 나와 平邱里의 淵齋·心石齋 및 艮齋 문인이었던 蒼樹 鄭衡圭의 강학소인 慕遠齋에 들렀다가, 평구리에서 잡화상을 하고 있는 창수의 문인 鄭鉉俊 씨를 만났다. 모원재에는 상당한 장서가 있다 하나 열쇠가 없어 조사하지 못했고, 남명 누이의 아들인 棲巖 鄭之麟에 관해 물었더니 자기 선조들의 묘소 사진과 간략한 인적 사항들이 적힌 노트를 보여주었다. 서암은 雲의 아들로 태어나 權의 양자가 되었는데, 생부인 운은 남명 큰누이의 남편이다.

진주로 돌아와 曺元燮 씨를 남강아파트의 자택으로 방문하여 남명 手筆인 四聖賢畵屛을 열람하고, 殷烈祠·蓮桂齋·蓮花寺·義谷寺·봉알자리 등을 김 군과 함께 둘러본 다음 돌아왔다.

21 (월) 맑음

『艮齋集』을 검토해 본 결과, 내가 소장하고 있는 保景文化社 영인의 초간본은 진주에서 간행된 것임을 확인하였다. 따라서 현재 영인본으로서 널리 보급되어 있는 『性齋集』『蘆沙集』『간재집』이 모두 진주에서 간행된 것이 되고, 근세에 이 右道에는 남인과 아울러 기호세력의 영향력이 상당했던 것을 확인할 수 있었다. 아울러 白雲洞의 白雲精舍에도 간재의 畵像이 안치되어 있었던 것이다.

24 (목) 맑음

저녁 무렵, 『蓮工文化』 제2집에 「남명학연구입문」이란 글을 쓴 李商元 씨가 방문해 왔으므로, 차를 대접하기 위해 조교에게 전화를 걸어보았으나 불통이었다. 과사무실로 가 이유를 물었더니 학생들이 교환실을 점거해 있다 한다. 참으로 무법천지요 無所不爲이다.

28 (월) 맑음

경북대 사학과의 석사논문으로 제출된 李在喆 씨의 「18세기 경상우도 사림과 鄭希亮亂」을 읽었는데, 내가 빌려와 복사해 둔 濫溪書院의 新舊經任案이나 덕천서원의 院生錄이 이미 이용되어 있었다.

10월

8 (목) 맑음

추석 연휴라 오늘도 종일 책을 읽었다. 「한국 혁신정당 연구」를 다시 한 번 읽고, 金敬烈 저 『智異山 1』을 읽었다. 이 책은 金宗直의 「流頭流錄」, 金馹孫의 「續頭流錄」, 조식의 「유두류록」, 李陸의 「遊山記」에 따른 저자의 여로 편력기가 제1부를 이루고, 제2부에서는 그 원문들을 번역해 수록하였는데, 저자 스스로가 원문들을 각각 수십 번씩 읽었다고 말하고 있는 바와 같이 역문이 유려하고 대체로 정확하였다. 남명의 「유두류록」에 보이는 遊山 코스 및 靑鶴·神凝·龍遊·獐項洞의 소재를 확실히 알 수 있었다. 저자는 처와 같은 학과에 근무하는 金恩心 선생의 부친이라고 한다.

9 (금) 맑음

한글날이라 어제에 이어 줄곧 『지리산 1』을 읽었다. 65,000분의 1 지리산 등산코스 안내도와 500,000분의 1 남한 지도를 꺼내 놓고 대조해 보았는데, 남명의 「유두류록」은 중간본에 근거한 것이라 소략한 점이 많았다. 그러나 김 씨의 작업은 내가 알고 싶었던 정보를 많이 싣고 있어 유익했다.

10 (토) 맑음

처와 함께 하동 지방으로 여행을 떠났다. 岳陽邑에서 면사무소 및 경로당에 들러, 남명의 「유두류록」 5월 24일 조에 보이는 東嶺, 즉 三呵息峴의 위치를 물었는데, 그곳은 김경렬 씨가 추정하고 있는 回南峙(회남재)가 아니라 훨씬 동쪽의 三花실재이며, 남명이 橫浦驛이라 한 곳은 지금의 橫川 시장 안에 橫甫라는 지명이 있고, 旌樹驛은 횡천에서 다시 황토재(頭里峴?)를 넘어 玉宗에 있는 鄭圃隱 후손들의 부락임을 확인했다.

5월 16일 조에 보이는 韓惟漢의 鍤巖이 아마도 平沙里 外屯에 있는 섭바위(薪巖)일 것이며, 그곳에 韓錄事가 노닐던 吹笛臺가 있다는 말을 듣고서 섭바위에 가 사진을 찍고, 다시 택시를 돌려 부근의 평사리 下平부락에 사는 韓潤永 씨를 찾아가 물었지만, 그의 4대조 되는 韓有煥의 호가 綠士라고 하므로 고려 말의 大悲院錄事 韓惟漢이 아님을 알았다.

하평부락 위쪽이 바로 上平부락으로서 박경리 씨의 소설 『토지』의 무대인데, 지금 TV 드라마 「토지」의 현지 로케가 진행 중인 모양이라 슬레이트 지붕 위를 다시 초가지붕으로 얽어 얹어놓은 것을 한 번 둘러보았다.

하평부락 정류소에 처가 스웨터를 두고 버스에 오른지라, 도중에 처와 헤어져 혼자서 德隱里, 즉 鄭一蠹가 수학했던 上德부락의 岳陽亭 및 德隱祠

를 거쳐, 雙磎寺 입구의 두 바위에 새겨진 '雙磎' '石門'이란 글자까지 촬영하여 돌아왔다. 악양읍에서 삼화실재를 촬영할 때 거리를 무한대로 놓아둔 것을 깜박 잊고 다시 조정하지 않았으니 사진이 만족스럽게 나오지 않을 것이 예상된다.

11 (일) 맑음

종일 집에 있으면서 池田秀三 선생에게 보내는 편지를 썼다. 京都대학에 제출할 박사학위논문의 주제에 관한 상의인데, 여러 달 동안 쓰고자 마음을 먹고 있으면서도 결국 도중에 중단한다든가 하여 심히 스트레스를 느끼고 있던 과제였다. 「남명학 관계 문헌의 연구」라는 주제로 하고 싶다는 뜻을 적었다.

12 (월) 맑음

밤에 凌虛의 종손인 朴源弘 씨를 진주여고 근처의 다방에서 만나, 지난번에 빌렸던 『凌虛集』과 『西溪集』을 반환하고 『無忝錄』 4책을 빌려왔다. 『무첨록』에는 『산해사우연원록』을 교정한 서계의 아들 漁隱 朴挺新 관계 자료들도 수록되어 있다.

池田 선생에게 보내는 편지를 부쳤다.

13 (화) 맑음

남명학연구원 운영위원장인 조옥환 사장과 통화하여 李商元·金敬烈 씨를 연구위원으로 추천했다.

19 (월) 흐림

이상원 씨가 찾아와, 그가 남명학연구원의 기관지 창간호에 투고할 원고에 대해 상의했다. 그의 원고 내용에 의해 『晋陽續誌』 및 『晋州通志』 중 남명의 佩劍에 관한 기사가 있음을 알고, 『慶尙南道輿地集成』 및 4책본 『진양지』를 비교 검토했다. 또한 조원섭 씨에게도 전화하여 조의생 씨

증언 내용의 타당성에 대해 질문했지만, 일제시기의 記述인 『진양속지』의 내용이 대체로 옳다고 생각되어 「남명집판본고 (1)」 중 해당 부분을 수정해 적어두었다.

20 (화) 맑으나 기온이 내림

오전 중 『진양지』 原·續·增補 편의 서지사항을 재차 검토했다.

21 (수) 기온이 매우 내림

배종호 교수의 지시를 받고서 연세대 철학과의 韓正吉이란 학생이 연대 도서관의 남명학 관계 자료들을 복사해 보냈는데, 부분복사일 뿐 아니라 장차 간행할 계획임을 알지 못하는지 版心이 잘려나가고 복사 상태가 좋지 못한 것이 대부분이라 실로 낙심이다.

22 (목) 맑음

아침 식사 후 서울의 배종호 교수께 전화하여 복사 상태에 대해 설명하고, 아울러 남명학연구원의 기관지 창간호에 실을 원고의 진척 상태를 여쭈었다. 한정길 씨에게 답장을 썼다.

24 (토) 맑음

복사를 도와주고 있던 야간 여고생 박정애 양이 집안 사정을 이유로 월요일부터 출근할 수 없다고 한다.

오후의 대학원 2학년 수업에서는 『남명집』 중 「書景賢錄後」를 관련된 여러 문헌들과 함께 읽었다. 대학원 1학년의 수업에서는 『한서』 「董仲舒傳」 중 두 번째 對策의 첫머리까지 읽었다.

25 (일) 맑음

이상원 씨와 함께 산청군 新安面의 三憂堂 文益漸을 모신 道川書院에 갔다가, 근처의 明洞마을에 들러 桐谷 李晁의 종손을 만났다. 소장하고 있는 자료는 별 대단한 것이 없었다.

院旨의 민물횟집에서 껍지 회로 점심을 들고, 다시 江樓里의 新安精舍에 들렀다. 향교가 있는 校洞을 지나 서재골 뒷산 골짜기에 있는데, 老栢軒 등이 奇蘆沙의 문집을 새겨 그 목판을 보존했던 곳이다. 李桐谷의 후손도 厚山 李道復 등 근세에 노사 문하에 들어간 사람들이 있는데, 신안정사의 기문은 淵齋·心石齋·勉庵 등 노론들의 것이 대부분이었고, 정사 뒤의 바위에는 宋尤庵의 글씨가 새겨져 있었다.

타고 온 택시로 다시 南沙 좀 못 미쳐 召南 들어가는 지름길에 있는 언덕 아래 부락에 살고 있는 郭俒宇의 친손자이자 종손인 곽태(郭香+兌) 노인 댁을 찾아 소장하고 있는 자료의 열람을 청하였다. 그러나 이 노인은 한학에 대한 소양이 없고 가세도 극히 한미하였다.

돌아오는 길에 시내 이현동에 살고 있는 이상원 씨 댁에 들러 소장하고 있는 자료를 열람하고, 그 중 일부를 빌려왔다.

26 (월) 맑음

철학과 학생들이 격주로 발간하는 『철학회보』 창간호가 나왔다. 펜으로 써서 과의 복사기로 찍어내는데, 내가 쓴 격려사와 류왕표 선생의 글도 실렸다.

어제부터 몸살기운이 있어 뼈마디가 쑤시는데, 집에 돌아와 보니 池田秀三 선생으로부터 답신이 와 있었다. 京都大에 제출할 박사학위논문의 주제로는 남명학이 좋겠다는 내용이었고, 山口대학 인문학부에 재직하는 內山俊彦 교수가 내년에 中哲연구실의 주임으로 올 예정임이 암시되어 있었다.

27 (화) 맑음

김동준 씨로부터 시외전화가 왔었는데, 단계 관계 이외의 자료들도 금주 내로 반환해 주기 바란다는 내용이었다.

28 (수) 맑음

오후 4시에 나를 경상대로 오도록 이끌어준 농기계공학과의 李昇揆 교수를 학과장실로 찾아가, 池田 교수에게서 온 답신을 보이고서 의견을 물었다. 이 교수는 京都대에서 논문박사를 했기 때문에, 지금까지 학위 취득에 관해서는 그와 상의해 왔었다. 이 교수의 의견으로는 內山 교수가 연구실의 주임교수로 오게 되면 그분이 전권을 가질 것이며, 池田 선생은 內山 교수가 재직하는 동안은 계속 조교수에 머물게 되고, 따라서 나의 논문심사위원으로 참여하지도 못할 것이라고 한다. 이 교수의 의견이 어느 정도 정확할 지는 판단하기 어려우나, 나에 대해 퍽 호의적인 池田 선생이 나의 학위 취득에 대해 별로 영향력을 갖지 못할 것이라는 점은 불안스럽다.

밤 8시 15분 경 교내의 경남문화연구소장인 행정학과의 李相珍 교수로부터 집으로 전화가 왔는데, 학처장회의의 결과 남명학 연구를 조건으로 동 연구소에 대해 한 건당 1년에 500만 원씩 3년 동안까지 연구비를 지급할 수 있음을 통보해 왔다고 한다. 내일 학교에서 만나 구체적인 내용을 상의하기로 했다.

29 (목) 밤에 비

이상진 교수 및 경남문화연구소 간사인 경제학과의 朴宗洙 교수와 내 연구실에서 만나 문교부 및 본교 학장회의의 결정 내용에 관한 공문을 놓고서 협의했다. 문교부 공문에는 500만 원 이내 3년까지라고 되어 있지만, 실은 1년에 한해 2~300만 원 정도가 지급되는 것이 상례인 것이다. 특성화를 육성하는 방향에서 연구소에 배정된 것이므로 남명학으로 결정된 것은 자연스럽다 하겠으나, 공동연구를 요구하고 있으므로 결국 나로서는 남명학자료총간의 해제를 분담 집필하는 방식으로 이에 응할 수밖에 없다.

저녁 무렵 H 교수를 불러 함께 협의하고, 퇴근길에는 국민윤리교육과의 손병욱 교수와 나, H 교수 세 명이 강변의 별궁이라는 횟집에서 술을 들며 공동연구의 방향을 협의했다. 내가 책임연구원이 되고 두 교수는 공동연구원이 되며, 국민윤리교육과의 공영립 교수에게도 손 교수가 연락하여 참여 여부를 타진하기로 했다.

30 (금) 비

점심 식사 후 손병욱 교수 연구실로 가 공영립 교수와 함께 공 교수의 해제 작업에의 참여를 협의했다. 공 교수는 이번에는 참여치 않고 다음부터는 자신도 남명학 관계 연구에 가담할 의사가 있다 하므로, 이번의 연구비 신청에는 나와 H·손 세 교수에다 보조연구원으로서 김경수·조평래 군을 참여시키기로 정했다.

연구비 신청서의 제출마감일이 오늘이므로, 서식 한 부를 복사하여 각각 분담 집필할 부분을 정해 나누었다. 그러나 결국 오늘 중에 작성을 완료하지는 못했기 때문에, 교무과의 담당자에게 전화하여 문교부로부터 연기 허가를 받아주도록 부탁했다.

이상진·박종수 교수가 찾아와 그들 중 한 사람도 명목상의 연구원으로 참여하여 연구비를 배분받겠다는 의사를 표명해 왔으나, H 선생을 불러 함께 상의한 결과 우리는 그것에 반대하며, 만약 군이 요구한다면 우리로서는 연구비신청서 자체를 반환하겠노라는 뜻을 표시했다.

31 (토) 흐림

어제 고려대 윤사순 교수 연구실의 유영희 양으로부터 나의 「남명집 판본고 (1)」의 3교쇄를 우송하지 않고 바로 인쇄에 부친다는 엽서가 왔으므로, 출근 직후에 수정할 내용을 적은 편지를 속달로 부쳤다.

11월

3 (화) 맑음

연구비 신청서 작성을 마치고서 H 선생과 함께 다시 검토하여 수정을 가한 뒤 김경수 군에게 정서를 맡겼다.

함양에서 逸老堂 종손 梁斗容 씨가 찾아와 梁基德 씨가 최근에 필사해서 이룬 『西溪遺稿』의 복사본 두 책을 갖다 주었다. 西溪 梁弘澍의 萬言疏 全文이 실려 있는 것으로서, 내가 전부터 꼭 구하고 싶었던 것이었다.

4 (수) 맑음

연구비 신청서를 경남문화연구소 간사를 통해 제출하고, 그 복사물을 H·손 두 교수에게 보냈다. 서계 양홍주의 「癸卯封事」 全文을 한 번 다 읽고, 그가 來庵과 절교하게 된 사정 등 一門의 원한에 관계된 뒷부분을 다시 읽기 시작했다.

시험 감독에 들어가기 전 도서관 한적실에 들렀다가, 『穌齋集』 附錄의 영인본과 『羅巖隨錄』이 눈에 띄었으므로 빌려와 검토하고, 이미 써 놓은 원고의 『穌齋集』 부분을 수정했다.

5 (목) 맑음

오전 중 「계묘봉사」 중 내암과 서계가 갈등을 초래하게 된 절교 이후의 부분을 다시 읽었다. 「남명학 관계 문헌의 연구」를 다시 읽어보았는데, 도무지 산만하여 마음에 들지 않았다.

규장각의 L 씨와 G 교수에게 각각 두 번씩 전화하여 복사작업의 진행 현황을 알아보았는데, L 씨의 말은 돈이 부족해서 작업을 진행하지 못했다는 것이고, G 선생의 말은 L 씨가 자신에게 모든 작업을 맡기려 하나 자신은 그렇게 할 여유가 없다 한다. 결국은 서로가 책임을 지려 하지 않아 전혀 작업이 시작되지도 않고 있는 모양이다.

6 (금) 맑으나 쌀쌀함

「남명학 관계 문헌의 연구」를 마저 읽고, 또 한 번 읽으면서 대폭 수정을 가해 많은 부분을 삭제했다. 복사를 맡을 야간 여고생이 새로 와 근무를 시작했다.

8 (일) 맑음

오전 중 목욕과 이발을 하고서, 점심 식사 후 琴山面 加芳里 冠坊부락으로 갔다. 이곳은 남명의 「永慕堂記」에 보이는 嘉坊 冠蓋里, 즉 남명의 자형인 李公亮과 그 아들 新庵 李俊民이 살던 곳이다.

시내에서부터 택시를 타고 加芳 南星洞을 지나는데, 언덕 위에 古風의 집이 보여 운전수에게 물으니 成氏들의 齋閣이라고 답하였다. 관방 마을에 가서 물으니 아니나 다를까 거기가 바로 浮査 成汝信의 浮査亭이었다. 관방에는 李新庵의 후손이 살고 있지 않고, 옛 사적을 아는 이도 없었는데, 다행히 노인정의 어느 팔십 노인에게서 이신암의 胎地에 臨川書院이 세워졌음을 들었다. 언덕 위에 있는 이 서원은 대원군 때 훼철된 이후 지금은 別廟도 없이 강당만 댕그랗게 중건되어 임천서당이란 명칭을 걸고 있었다. 신암 이준민·誠齋 姜應台·부사 성여신·滄洲 河憕·釣隱 韓夢參 다섯 분을 모셨던 곳이다.

돌아오는 길에 龜洞 즉 오늘날의 基洞에 있는 부사정에 들렀는데, 성부사의 伴鷗亭과 합쳐 하나의 堂으로 중건되어 있었다. 금산면 사무소가 있는 삼거리에서 행정서사를 하고 있는 부사 12대손 成煥德 씨를 만나 『浮査集』 원본을 대여해 달라고 부탁을 하고, 그분이 태워준 택시로 밤에 집으로 돌아왔다.

9 (월) 맑음

『진양지』 중 성부사의 「伴鷗亭記」와 李蘆坡의 「浮査亭上樑文」을 읽었다.

서울의 동양철학회 간사 송재운 교수에게 전화하여 「남명집판본고(2)」의 별쇄본을 내년 1월 이전까지 보내줄 것을 부탁했고, 아침에는 김충렬 교수께 전화하여 남명학연구원의 기관지 간행 건을 상의했다.

10 (화) 맑음

김경수 군에게 「남명집 관계 문헌의 연구」 정서를 맡겼다. 고대의 유영희 양으로부터 「판본고 1」의 수정이 불가능하다는 엽서가 왔다.

11 (수) 맑음

규장각의 이상은 씨에게 다시 전화하여, 십만 원을 복사요금으로 추가 송금하며, 이후 부족액이나 연락사항은 서로 알려주기로 하고 복사작업을 진행하기로 합의했다. 지난여름 내가 선금 사만 원을 지불하고서 신청해 둔 복사물 중 일부가 도착했다.

이상원 씨가 「남명 조식에 관한 野乘의 연구」라는 논문을 써 왔으므로 밤늦은 시각까지 읽고서, 수정이 필요한 부분이나 참고 사항은 연필로 기입해 두었다.

12 (목) 맑음

이상원 씨의 논문을 김경수 군에게 전하고서, 이 씨에게서 빌린 자료와 함께 반환하며, 논문은 이 씨가 직접 부산교통에 있는 남명학연구원으로 전하도록 일렀다.

13 (금) 맑음

종일 『서계유고』 중의 「계묘봉사」를 읽었다.

15 (일) 맑음

진교를 거쳐 하동군 橫川에 갔다. 남명의 「유두류록」에 나오는 橫浦驛(24일 조)이 바로 지금의 횡천인 모양인데, 횡천 장터의 古名이 橫甫였던 모양이다. 마침 오일장이 열려 있는 장터에서, 岳陽으로부터 三呵息峴(사마실재)를 넘어 횡천에 이르는 길을 묻고, 국수를 한 그릇 먹고 권하는 막걸리도 한 잔 얻어 마셨다.

충무공의 『난중일기』 정유년 8월 초3일 조에 나오는 行步驛이 李殷相 씨 주석에는 횡천면 여의리라 하였으므로, 장터에서 조금 떨어진 그 마을까지 걸어갔다가, 마침 여의부락에서 진주까지 가는 대절버스가 있었으므로 거기에 동승하여 돌아왔다.

16 (월) 맑음

충무공의 『난중일기』 중 정유년 원균의 패배에서부터 그 해 끝까지의 기록을 다시 읽고, 「계묘봉사」 중 鄭寒岡과 관련된 부분도 다시 읽었다. 梁西溪가 '魚肉之變'이라 한 것은 내암이 陰蒸에 대해 모함한 일이며, 한강의 이 사건에 대한 반응이 사실이라면 기축옥사 이전부터 내암과 한강은 불편한 관계에 있었던 것이 된다.

17 (화) 맑음

「계묘봉사」 중 金東岡과 관련된 부분을 다시 읽었다.

아세아문화사의 이창세 사장에게서 편지를 받았는데, 『眞庵全書』 건은 간행하기로 금장태 선생과 합의되었으며, 내년도 출판 계획을 수립코자 하니 총간의 해제 집필 계획을 구체적으로 알려달라는 내용이었다.

18 (수) 아침에 짙은 안개

배종호 교수께 연대 도서관의 남명학 관계 문헌 복사 관계로 편지를 썼다.

오후 세 시에 H·손병욱 교수와 함께 자료총간의 해제 집필 계획을 상의하기 위해 만날 약속이었으나, 중문과 학생들이 총장실을 점거한 관계로 H 선생은 참석치 못했다. 손 선생과 상의하여, 방학 중에 집중적으로 집필할 것을 약속했다.

19 (목) 맑음

H 선생과 만나 현재의 논문 집필이 끝나면 곧바로 해제 작업에 착수하기로 합의했다.

밤에 이창세 사장에게 답장을 썼다.

20 (금) 맑음

김충렬 교수가 臺灣에서 돌아와 來晋 했으므로 늘 만나던 오동나무집에서 조옥환 사장, 崔海甲 교수와 함께 점심을 들면서 환담했다. 연구원의 기관지 이름을 『남명학연구회보』라 하며 내년 2월 이전까지 출판한다는 것, 그리고 서울에서 호텔을 빌려 논문 발표회를 가진다는 등의 구상을 들었다.

21 (토) 맑음

교육대학원 철학전공의 2학년들이 참가하는 한국철학세미나에서는 『남명집』 중의 「題李君所贈心經後」를 읽으며 『心經』 및 李霖에 대해 講했고, 1학년의 동양철학사특론에서는 『한서』 「董仲舒傳」 중의 세 번째 對策 전반부를 읽었다.

24 (화) 맑음

「남명학 관계 문헌의 연구—자료총간의 해제를 대신하여—」의 正書가 완료되어 김경수 군이 가져왔기에, 수업 준비의 여가에 다시 한 번 읽으며 수정을 가했다. 이 논문의 제목은 애초에 개별 문헌의 해제까지 포함될 것을 예정하고서 정했던 것이므로, 별도의 논문으로서는 적절치 않다고 생각되어 「南冥學資料叢刊 解題 緖論—旣刊文獻의 소개를 겸하여—」라고 고쳤다.

재임용을 위한 제출서류 안내 공문이 왔는데, 나는 내년 3월 1일자 재임용이며, 지난번 본부 교무과에 문의했을 때는 연구실적물을 내년 1월중에 제출하면 될 것이라고 하여 그렇게 알고 준비해 왔는데, 오늘의 공문에는 금년 12월 11일까지 기일 엄수 제출하라고 하니 좀 당황했다. 이 관계로 밤에 서울의 김충렬 교수 댁에 전화했으나 부재중이었다.

25 (水) 맑음

「남명학자료총간 해제 서론」이 완성되었음을 김충렬 교수에게 전화로 알리고, 별쇄본을 빨리 보내줄 것을 부탁했다. 아울러 동국대 철학과의 송재운 교수 댁에도 전화하여 게재증명서와 별쇄본의 조속한 送付를 부탁했다. 출근하여서는 한국사상사학회의 간사인 동국대 국사학과의 洪潤植 교수 연구실로 전화하여 같은 내용의 부탁을 하려 했더니, 이미 책이 다 되었으므로 이 달 내로 보낼 수 있을 것이라는 대답이었다. 논문의 원고를 한 부 복사해 둔 다음, 시간을 절약하기 위해 부산교통을 거치지 않고 김충렬 교수 댁으로 직송했다.

이 달 6일부터 근무하던 사환 여학생이 대학 진학을 위해 근무를 계속하지 못하겠다면서 선명여상 야간부 2학년의 동급생인 申미자 양을 데려와 교체하겠다고 하므로 그렇게 하도록 했다. 신 양은 예쁘장한 소녀였다.

26 (목) 부슬비

규장각의 이상은 씨로부터 전번 여름에 신청했던 복사물 목록 중의 상당 부분이 부쳐져 왔다. 『圭菴集』『松巖集(李魯)』『龍潭集』 등이었다. 아직 받지 못한 문헌들의 복사를 위해 다시 십만 원을 송금했다.

27 (금) 비

국립중앙도서관에서 복사해 온 자료들의 제본 상태를 검토하다가 그것들을 우리가 다시 복사한 상태가 하나같이 한쪽 면은 희미하고 또 안쪽이 휘어 있음을 발견하고서 김경수 군에게 그 책임을 물어 심하게 나무랐다. 부속도서관에서 다시 그것들을 빌려와 대조해 보도록 지시했는데, 김 군의 말로는 도서관에서 제본해 놓은 것을 모두 해체하지 않고서는 이 문제를 해결할 수 없다 하므로, 부속도서관의 담당자와 전화로 협의하여 양해를 구하고, 도서관에서 제본한 것을 모두 풀도록 지시했다.

『謙齋集』 목활자본의 경우는 한 책을 빠트리고 제본하지 않았다고 하므로 차제에 그것들도 다시 체크해 보았더니 『겸재집』의 경우도 마찬가지이므로, 이미 복사해 둔 모든 문헌들을 검토하여 만족스럽지 못한 것은 다시 복사하도록 했다. 김 군은 남명학연구원으로부터 한 달에 월급을 20만 원씩이나 받고, 7만 원씩 받으면서 하루 종일 복사기 앞에 매달려 있는 사환의 지도감독 책임조차 이행하지 않으면서, 내게는 적당히 눈가림하려는 태도로 이리저리 변명만 하고 있으니 한심한 일이다.

28 (토) 맑음

대학원의 한국철학세미나에서는 『남명집』 중 「書李君原吉所贈心經後」 및 「題成中慮所贈東國史略後」를 다루었고, 동양철학특론에서는 『한서』 「동중서전」 중 제3 對策의 하반부를 읽었다.

29 (일) 맑으나 처음으로 얼음이 얾

김경수·조평래 군, 그리고 국민윤리교육과의 손병욱 교수와 함께 산청군 七亭으로 가 거기서 진주여고의 韓冑 교장선생과 합류하여, 교장선생의 차로 산청군 단성면 虎里 栢谷부락에 있는 청주한씨의 재실로 갔다. 한 교장은 釣隱 韓夢參의 13대손으로서, 그 재실에 책이 많다는 말을 듣고서 조사하고자 간 것이다. 거기 가서 알았지만, 이 마을은 또한 栢谷 陳克敬을 배출한 곳이기도 하다.

그 재실의 현판이 白雲精舍로 되어 있기에 행여나 하고 물어보았더니, 놀랍게도 그 현판은 바로 백운동에 있던 백운정사에서 옮겨온 것이었고, 그 장서도 6.25 직후 국군들이 빨치산 토벌을 위해 정사의 방화를 통보해 왔을 때, 그 정사에 田艮齋와 더불어 竝享되어 있던 한 교장의 조부 尤山 韓愉의 영정과 함께, 우산이 생시에 거처했던 이 장소로 옮겨온 것이라 한다. 그 장서 가운데서 『釣隱集』을 비롯하여 백운정사 관계의 수많은 문헌 등이 나와 네 보따리의 한적을 꾸려서 빌려왔다. 김·조 군은 우리 집에 들러 술과 저녁 식사를 들고서 돌아갔다.

30 (월) 맑으나 쌀쌀함

어제 백곡에서 빌려온 책들의 일부를 학교로 옮겨가 그 내용을 검토했다. 중국철학강독을 종강했는데, 이번 학기는 『漢學師承記』 중 閻若據항의 일부까지를 읽었다.

12월

1 (화) 맑으나 쌀쌀함

출근하자 김경수 군이 어제 한 작업을 검토했는데, 내가 지시한 원본과 복사물의 대조작업은 하지 않고 독단적으로 H 선생과 손병욱 선생이 희망하는 자료를 물어 『德川書院院生錄』이며 『德川書院院任錄』 등을 복사하고 있었으므로 크게 호통을 치며 나무랐다. 왜 그런 엉뚱한 짓을 하는 것일까?

2 (수) 맑음

종일 백운정사에서 빌려온 문헌들을 검토하여, 복사할 것과 할 필요가 없는 것을 구별했다.

3 (목) 맑음

H 선생의 논문 「南冥詩에 나타난 구세정신」을 받아서 좀 읽었다. 밤늦게까지 H 선생의 논문을 읽고 기다리면서 김종필·백기완·김영삼 씨의 TV 선거연설 방송을 시청했다.

4 (금) 맑음

H 선생의 논문을 다 읽고서 김경수 군을 통해 반환하도록 했으며, 내일의 대학원 수업에 대비하여 『남명집』 중 「東國史略跋」 및 「趙之瑞墓碣」 등을 읽었다.

5 (토) 맑음

대학원 강의의 종강을 끝으로 금년도의 수업을 모두 끝냈다. 오늘 한국철학세미나에서는 남명의 「題成中慮所贈東國史略後」와 「趙之瑞墓銘」을 읽었고, 동양철학사특론에서는 『한서』 「동중서전」을 끝까지 읽었다.

6 (일) 맑음

김경수·조평래 군과 함께 함안군 漆北面 佳淵里로 安正洙 씨를 찾아, 함께 이웃 英洞里에 있는 廣州安氏의 재실을 방문하여 그곳에 소장된 문헌들을 조사했다. 함안은 6.25 때 격전지였는데, 용케도 이 재실은 불타지 않았고, 서적도 고스란히 남아 있었다. 영동리의 安柄熹·安鎭洙 씨 등으로부터도 따뜻한 대접을 받았다. 그들은 모두 龍華山 아래의 낙동강에서 鄭寒岡·張旅軒 등과 함께 뱃놀이 했던 道谷 安侹의 후손으로서 이 영동이 바로 도곡이 살던 마을이라 한다.

책을 빌려 오다가, 김·조 군과 함께 마산의 시외버스터미널 부근에서 저녁 식사 겸 술을 마시고, 함안 사는 조 군과는 터미널에서 작별했다.

10 (목) 오전에 짙은 안개

내일이 재임용서류 제출마감 날인데, 약속한 게재증명서도 별쇄본도 보내주지 않으므로 한국동양철학회 간사인 송재운 교수에게 시외전화를 걸어 독촉을 했더니, 아직 출판사에 원고를 넘기지도 못했다면서 곧 게재증명서를 보내주겠다고 했다. 똑같은 약속이 벌써 몇 번째인가! 김충렬 교수로부터도 아무 연락이 없으므로 조 사장과 협의하여 남명학연구원의 게재증명서를 만들기로 했고, 한국사상사학회의 기관지 창간호인 『한국사상사학』 제1집이 도착하였으나, 내 논문 「남명집판본고 (1)—내암 간본을 중심으로—」의 별쇄본이 없이 책 한 권만 보내져 왔으므로 총무간사인 홍윤식 교수의 연구실로 전화해 보았더니 부재중이라, 전화를 받는 개인조교인 듯한 사람에게 당부해 두었다.

11 (금) 맑음

김충렬 교수가 남명학연구원의 기관지인 『南冥學硏究論集』 제1집에 실릴 나의 논문 「남명학자료총간 해제 서론—기간문헌의 소개를 겸하여—」의 별쇄본을 만들어 왔으므로, H 선생과 함께 부산교통 사장실로 가 조 사장과 더불어 네 명이 동석했다. H 선생의 원고도 전하고, 연구비의 잔여분 50만 원씩을 받아왔다. 재임용서류를 제출했다.

12 (토) 맑음

새 논문들의 별쇄 내지 복사본을 몇 군데 발송했다.

동양철학회에서 「판본고 (2)」의 게재증명서를 속달로 우송해 왔다.

13 (일) 맑음

金相朝 씨 댁에 가 복사를 끝낸 책 두 보따리를 반환하고, 새로 세 보따리 정도의 線裝本을 빌려왔다. 『二宜亭扶成錄』 『漁隱集』 『匡西實記』 『娥林蓮桂案』 『忠烈實錄』 『南皐集』 목판본 『松亭集』 등이 중요한 성과였다. 오전 10시 남짓에 돌아와 종일 빌려온 자료들을 검토했다.

14 (월) 맑음

오전 중 「남명학자료총간 해제 서론」의 별쇄를 읽어보았는데 오자가 매우 많았다.

15 (화) 맑음

權雲煥의 『明湖集』 중 默翁 權準과 霜嵒 權濬의 遺事를 읽고, 목판본과

石印本『匡西實記』를 비교해 본 다음 朴晩醒 찬 匡西家狀을 읽었다.

19 (토) 맑음

「남명학자료총간 해제 서론」의 1차 교정을 마쳤다.

20 (일) 맑음

김경수·조평래 군과 함께 산청군 三壯面 大浦里에 사는 덕천서원의 前內任 曺義生 옹을 방문하여, 그 마을에 있는 弦齋 曺庸相의 精舍인 小川書堂에 소장된 復庵 曺垣淳과 그 아들 弦齋의 장서를 조사했다. 李鯤變의 『疑訛拙辨』, 重齋 金榥의 『應辨』, 『學記類編刊補』 등을 찾아낸 것은 큰 수확이었다.

책들을 빌려 돌아오는 길에 大源寺 입구의 獐項洞 즉 노루목에 들렀다. 이곳은 남명의 「유두류록」 끝머리에 보이는 만년 藏修의 후보지 중 하나이다.

21 (월) 맑음

종일 어제 빌려온 책들을 검토했다. 그 중 『寡言』이라는 필사본은 曺深齋의 글들을 모은 것인데, 『深齋集』에 보이지 않는 남명 관계의 글들이 보였다.

23 (수) 맑음

「해제 서론」의 두 번째 교정에 착수했다.

24 (목) 맑음

「해제 서론」의 2차 교정을 끝내고서 김경수 군에게 발송을 지시했다. 한국동양철학회의 기관지인 『동양철학』 창간호에 실릴 나의 「판본고(2)」의 교정쇄가 도착하였다.

25 (금) 맑음

크리스마스라 온종일 집에서 「판본고 (2)」의 교정을 보았다. 한 번 교정을 끝내고 두 번째 교정에 들어갔다.

26 (토) 맑음

오전 내내 『남명집』 중에 섞여들어 있는 王陽明 및 王弇州의 시와 관련된 문헌고증을 위해 여러 책들을 꺼내 읽었다.

『남명집』 갑진본을 비롯한 趙一山 댁의 문헌을 조평래 군을 통해 반환케 하였다.

27 (일) 맑음

8시 30분 버스로 김경수 군과 함께 시외버스 주차장을 출발해, 마산에서 조평래 군과 합류하여, 김해로 金正植 씨를 찾아갔다. 한참을 묻고 다닌 끝에 결국 盆山書堂으로 찾아가 만날 수가 있었다. 김 씨는 김해향교의 典敎로서, 알고 보니 1970년의 산해정 중건 시에 亭有司를 맡았던 분이기도 한데, 80에 가까운 고령임에도 불구하고 60대 초반으로 보일 정도로 정정했다. 더불어 涵虛亭의 舊址를 찾아가 보았는데, 지금은 그 자리가 절이 되어 있었다.

김 노인의 인도에 따라 進禮面 詩禮里에 있는 安禮岡의 고택으로 가서 그 증손자의 배려로 사랑채 벽장에 있는 고서들을 조사했다. 『竹庵逸稿』 『金海邑誌』를 구한 것이 가장 큰 성과였고, 근세에 신산서원과 관련하여 중요한 역할을 수행한 예강의 문집 등도 빌렸다.

점심은 김해시내에서 재첩 회와 재첩 국을 들고, 저녁은 進永에서 유명한 진영갈비를 먹었으며, 셋이서 도합 소주 네 병을 마셨다.

28 (월) 맑음

김정식 씨에게서 어제 얻은 『育泉齋文鈔』와 『中園文鈔』 등의 내용을 검토했다.

29 (화) 맑음

「판본고 (2)」의 교정을 계속했다. 하겸재가 쓴 이정본 발문의 年記 고증에 수정을 가하고, 陽明 詩 관계의 주석 文案을 정했다.

이상원 씨가 찾아와 담화하고 간 다음 도동 자형의 막내딸 영미가 연구실로 찾아왔으므로, 오후에는 교정 작업이 별로 진척되지 못했다.

30 (수) 맑음

「판본고 (2)」의 두 번째 교정을 끝냈다.

1988년

1월

1 (금) 맑음

일본에서 『동방학회보』 No.53이 도착했는데, 「회원통신」란에 이번에도 나의 소식이 실려 있었다.

2 (토) 맑음

저녁 식사 후에 부산의 김동준 씨에게 전화를 내어, 내일 重齋 종택에 갔다 돌아오는 길에 단계에 들러 『無悶堂集』을 다시 좀 빌려오고 싶다는 편지 연락을 드렸는데 내일 만날 수 있겠느냐고 물었더니, 대뜸 불쾌한 목소리로 국사편찬위원회에서 단계 관계 자료를 반환해 온 데 대한 나의 책임을 묻는 것이었다. 지난번 김경수 군을 통해 전화 연락 했을 때 그런 말을 하더라는 것은 전해 들었지만, 요컨대 김 씨의 주장은 내가 국편 위원장에게 항의 서신을 내고 김충렬 교수가 국편 위원장을 만나 반환을 요청한 까닭에 간행이 중단되었다는 것이다. 그러나 국편이 간행 결정을 한 것은 그러한 일들이 있고 난 이후였기 때문에 노한 목소리로 그의 배은망덕을 꾸짖고서 전화를 끊었다.

3 (일) 맑음

H 선생, 김경수·조평래 군, 그리고 중문과의 학부생 두 명과 함께 산청군 新等面 奈勿里의 重齋 金榥 선생 댁으로 갔다. 도중에 단계에 내려

權東溪 종손 댁에 잠깐 들렀고, 거기서부터 걸어갔는데, 마을 입구의 坪地里 法勿에서는 勿川 金鎭祜의 종택에도 잠시 들렀고, 잇달아 麗澤堂에 가서 許性齋·金勿川의 문집 장판각 및 허성재 영정을 참배했다.

마침 그 날 저녁이 중재의 제사라 장남인 靜觀 昌鎬 씨 뿐 아니라 차남인 진주시의 사회과장 昌韓 씨도 와 있었다. 점심 식사 및 酒食을 대접받고, 중재의 장서들을 조사하기 시작했으나, 일부는 남겨두고서 오늘 빌린 책을 반환하러 올 때 다시 조사하기로 했다.

4 (월) 오전에 첫눈

어제 빌려온 책들을 분류하고, 오후에 잠깐 손병욱 교수와 만나 해제 작업의 착수에 대해 상의하고 있으니, 진주박물관장 한영희 씨로부터 전화가 왔는데, 합천 가야에 사는 내암 후손 鄭相元 씨가 와 있었다. 박물관으로 찾아가 만나고, 정 씨와 함께 내 연구실로 돌아와 담화했다.

내 나이 금년에 보통으로 40이니, 불혹의 중년에 접어든 셈이다.

5 (화) 맑음

H 선생과 함께 이 총장의 부름을 받아 총장실에 가서 뵈었는데, 남명학 관계 기금 마련을 위한 구상을 말하면서, 조만간 일본에 다녀올 계획이니 그곳 교포 단체에 기증할 휘호의 내용과 필자에 대한 의견을 묻는 것이었다. 이가원 씨에게 부탁하기로 정했다. 아울러 총장을 통해 우리가 문교부에 신청한 「남명학 관계 문헌 해제」라는 주제의 연구비 신청은 기각되었음을 알았다. 아마 연구논문이 아닌 해제라 해서 그렇게 된 모양이다.

6 (수) 맑음

어제에 이어 빌려온 책들의 분류를 계속했다. 규장각의 이상은 씨로부터 신청한 문헌들의 복사물이 2차로 부쳐져 왔다.

7 (목) 맑음

종일 작업하여 지금까지 수집된 남명 관계 문헌들의 분류를 끝냈다. 저녁 다섯 시에 내 연구실에서 H·손병욱 교수와 만나 각자가 분담 집필할 문헌을 나누고 이제부터 본격적인 해제 작업에 들어가기로 했는데, 남명 편 전체는 내가, 안의·거창 편은 H 선생이, 그리고 함양 지역은 나와 손 선생이 각각 나누어 맡기로 했다. 협의를 끝내고 난 뒤 뒤벼리에 있는 선학횟집으로 가 함께 술과 저녁을 든 뒤 헤어졌다.

8 (금) 맑음

해제에 착수하여 『남명집』 갑진본과 기유본을 마쳤다.

9 (토) 맑음

어제 썼던 원고를 다소 수정하고, 임술본에 착수했다.

狩野直喜의 손자인 狩野直禎 교수와 京都대학 中哲연구실의 주임으로 내정된 內山俊彦 교수에게서 연하장이 왔다. 內山 교수는 작년까지 山口대학에 재직 중이었는데, 漢代가 전공으로서 장차 나의 박사학위논문 주심을 맡게 될 터인 바, 서로 첫 번째의 인사가 되는 셈이다.

10 (일) 맑음

오전 10시에 김해의 시외버스주차장 앞 삼부다방에서 김해문화원 이사인 李炳泰 씨와 만나기로 되어 있으므로, 새벽 일곱 시에 아침 식사를 들고 길을 떠났다. 長有의 田艮齋 문인인 故 月軒 李普林 댁 장서를 좀 조사해 볼 예정이었으나, 그 아들이 출타중이라 하여 뜻밖에 大東面 酒府洞으로 안내되었다. 조평래 군이 동행하였다.

산해정에는 수년 전에 와 본 적이 있기 때문에 그 앞의 오미등에 있는 남명의 정실 南平曺氏의 묘소만을 구경했다. 주부동에서 안내해 준 曺氏 노인은 족보를 좀 빌려달라는 부탁에 난색을 표하므로, 결국 오늘은 아무 문헌도 수집하지 못한 셈이다.

11 (월) 맑음

규장각에서 보내온 자료들을 다시 정리하여 분류했다.

어제 이병태 씨가 메모해 준 『昌寧曺氏[南平曺氏]侍中公派譜』의 내용 중에, 남명과 曺氏夫人과의 不合한 관계를 언급한 기록이 李希顔의 문집과 鄭逑의 언행록 등에 있고, 정조가 이러한 문헌들을 참고한 후 各貫 曺姓을 창녕으로 返本케 하여 동성혼 결혼으로 말미암은 불행을 막게 한 筵敎를 내리니, 승지 曺允大가 이를 大宗에 전달했다는 기록이 『승정원일기』 정조 24년 조에 실려 있다고 했으므로, 종일 이 문헌들을 뒤적이며 그 내용을 확인했다. 『승정원일기』는 색인이 없어 효과적인 검색이 불가능했지만, 아마도 정조 24년 庚申 4월 14일 조에 정조가 行都承旨 曺允大에게 曺氏의 字劃에 관한 교시를 한 내용을 가리키는 듯 하며, 『黃江實紀』 권4에 보이는 기록은 내암이 찬한 남명행장 말미의 내용을 옮겨 적은 것이고, 「寒岡言行錄」에는 그러한 내용이 보이지 않았다.

12 (화) 맑음

도서관 한적실에 들렀더니 마침 『창녕조씨시중공파보』가 있어, 빌려와 그 내용을 검토했다.

13 (수) 맑음

어제에 이어 『창녕조씨시중공파보』를 검토하고, 점심 식사 후 대학원 입시 채점을 했다.

규장각으로부터 복사신청 한 문헌들의 잔여분이 부쳐져 오고, 이창세 사장으로부터도 편지와 함께 東京大 부속도서관에서 복사되어 온 『琴軒集』이 우송되어 왔다. 이 사장께 답신을 쓰고, 배종호 교수께도 복사물의 조속한 송부를 부탁하는 편지를 썼다.

「남명집판본고 (2)」의 再校刷가 우송되어 왔다.

15 (금) 맑음

「판본고 (2)」의 2차 교정을 끝내 동양철학회로 송부하였다.

16 (토) 맑음

부속도서관장인 축산학과의 박충생 교수와 통화하여, 사고전서를 구입하려면 원광대학교에서 영인한 것보다도 驪江출판사의 것을 구입하는 쪽이 경제적이겠다는 의견을 전했다.

勿川 증손자인 金麟煥 씨에게서 진주에 내려왔다는 전화가 왔으므로, 시내의 태양다방에서 만났다. 함께 중앙시장 안의 진주비빔밥을 잘 하는 제일식당에서 점심을 들고, 다시 태양다방으로 돌아와 晦川 崔寅巑 씨 및 마산에서 간호전문대학 학장을 지냈다는 난정이란 호를 가진 분과 함께 땅거미가 질 무렵까지 같이 이야기했다.

17 (일) 맑음

김경수 군과 함께 산청군 신등면 평지리, 즉 法勿의 勿川故宅으로 東湖 김인환 씨를 찾아갔다. 어제 약속한 바에 따라 그 댁과 물천서당의 장서를 조사했는데, 그 댁 사랑채에서 놀랍게도 萬曆丁巳年 덕천서원에서 간행한 『학기유편』 초간본을 발견했다. 내암의 서문이 붙어 있었다. 이로써 「남명집판본고 (2)」의 고증이 정확했음이 확정된 것이다. 감격 또 감격!

18 (월) 맑음

어제 빌려온 책들을 검토하여 분류했다. 『학기유편』 丁巳本은 서울대 일반고도서에 소장된 것과 동일한 목판을 사용한 것이며, 釐正本에 수록된 것도 같은 목판인데, 서울대본의 경우는 정사본에서 내암의 서문을 떼어내고 몇 군데 첨삭을 가했을 뿐이며, 이정본의 경우는 서울대본에서 版心만을 바꾼 것이다. 아울러 아세아문화사에서 영인한 이정본에 學記圖의 忠恕圖와 心統性情圖의 순서가 바뀌어 있는 것은, 단순한 제본과정에 있어서의 착오임을 확인했다. 『학기유편』의 간행 시기에 관해 내가

「판본고 (2)」에서 고증한 것은 年月까지 정확히 맞추었다.

19 (화) 맑음

아내와 함께 지난 16일 이후 미루어온 여행을 떠났다. 시외버스로 합천, 88고속도로를 경유하여 대구에 이르고, 다시 고속도로로 대전에 당도하였다. 尤庵과 同春의 유적을 찾아보기 위해 懷德에 가 보았으나 물어본 사람마다 이들의 존재조차 아는 이가 거의 없어 한심한 생각이 들었다. 다시 택시로 舊회덕까지 돌아와 우암·동춘과 더불어 三宋의 한 사람으로 꼽혔다는 宋奎濂의 霽月堂에 들렀고, 노인정에 물어 간신히 宋村에 있는 동춘당 宋浚吉의 고택에 이르렀으며, 다시 거기서 물어 대전 시내 가양동에 있는 우암의 사당과 송자대전 장판각을 둘러본 다음, 그 조금 아래에 있는 사육신의 1인인 朴彭年의 고택 遺址에도 들렀다. 이미 해가 저물었으므로 유성온천에 가서 일박했다.

20 (수) 맑음

옥천을 지나 보은 속리산의 법주사에 이르렀더니, 세운 지 그다지 오래 되지도 않은 미륵대불이 소문도 없이 철거되고, 그 자리에 세계최대의 청동대불을 세우기 위한 불사가 진행되고 있었다. 보은을 거쳐 迷院里까지 나와 한 시간 남짓이나 시골 정거장에서 기다리다가 화양동 행 버스를 탈 수 있었다. 華陽九谷과 萬東廟 및 華陽書院址, 그리고 우암 송시열이 만년을 보낸 巖棲齋와 첨성대 아래 崇禎帝의 '非禮不動' 및 우암의 '大明天地 崇禎日月'을 암각 한 것 등을 둘러보고서, 화양동 입구의 민박촌에서 일박.

21 (목) 부슬비

靑川里까지 도로 나와 우암의 묘소 및 신도비각을 둘러보고서 청주로 나왔다. 權遂庵이 거주하던 堤原里의 黃江까지 가보고 싶었으나, 遂庵 權尙夏의 거처는 충주댐 건설로 말미암아 이미 물에 잠긴 지 오래고, 날씨도 좋지 못해 그냥 돌아오기로 했다. 그렇다고는 할지라도 湖洛논쟁의 현장에 가 보는 것이 이번 여행의 최대 목적 중 하나였기 때문에 못내 아쉬움이 남았다.

22 (금) 맑음

오전 10시 학교버스 두 대를 내어 이번에 경상대 박물관의 발굴로 말미암아 또 한 차례 전국의 매스컴을 떠들썩하게 만든 합천군 雙冊面 城山里 玉田고분의 발굴현장으로 가는 교직원 일행에 참여했다. 이 성산리는 남명의 친우로서 嶺南三高의 한 사람으로 꼽히던 黃江 李希顔이 거주하던 곳이므로, 나도 1·2년 전에 한 차례 방문한 적이 있다.

배종호 교수로부터 편지를 받았는데, 연대 소장문헌의 복사물은 韓正吉 씨를 통해 20일에 우송했으며, 연대 도서관의 규정이 엄격하므로 영인할 경우 한 씨를 통해 盜寫해 낸 것임이 드러나지 않도록 연대 관계의 모든 표시를 말소해 달라는 내용이었다.

23 (토) 아침에 안개

출근하자 곧 김경수 군을 비롯하여 복사에 관계하는 朴雙善·張惠貞 양 등에게 복사작업의 지지부진함을 책망하고, 차후 좀 더 성실히 근무할 것을 지시했다.

24 (일) 금년 들어 가장 추운 날씨

김경수 군과 함께 다시 산청군 신등면 법물리의 동호 김인환 씨를 방문했다. 지난주에 부탁해 둔 『산해사우연원록』의 중간 교정을 맡은 默齋 金墩과 『덕천사우연원록』 刊役의 도유사를 맡은 重軒 金在洙의 문집을 입수했다. 이어서 같은 마을에 있는 商山金氏提學公派의 서실인 仁智齋에 가서 그 소장문헌들을 조사했는데, 그동안 입수하고자 노력했던 河忭의 『丹池集』 및 복사 상태가 좋지 못했던 『无悶堂集』, 그리고 규장각에서 복사해 온 『龍潭集』 등의 원본을 찾아냈다.

25 (월) 맑음

종일 어제 빌려온 책들을 분류했다.

배종호 교수의 배려에 의해 연대 철학과의 한정길 씨가 복사물을 보내왔는데, 내가 신청한 문헌의 전부가 아니고 우선적으로 요한다고 말해둔 것들 네 종류 만이었으며, 복사상태가 매우 좋지 못했다.

京都에서 狩野直禎 교수로부터 편지가 왔는데, 秦漢代의 郊祀에 관한 내 논문 두 편의 별쇄본에 대해 감사하는 내용이며, 아울러 狩野 씨가 京都大의 西脇常記 교수와 더불어 번역 출판한 『漢書郊祀志』 一部를 우송했다고 한다.

26 (화) 맑음

西脇常記 교수와 조재원 씨에게 엽서를 보내고, 西脇 씨에게는 郊祀에 관한 내 논문 두 편의 별쇄를 보냈다.

빌려온 책의 분류를 끝냈다.

차기 학회장 백석현 군이 나의 부탁에 따라 그가 사는 마을인 琴山面 龍潯의 成煥德 씨에게서 빌려온 臨川書院 관계 문헌을 전해주었고, 아울러 기말고사 성적 문제와 관련하여 회의를 소집할 생각임을 비추었다.

27 (수) 맑음

남명의 연보·편년 및 『金海邑誌』에 실린 「新山書院記」 「山海亭記」, 그리고 『덕천서원지』 들을 뒤적이며 신산서원 창건과 河晋寶와의 관계를 검토했다.

28 (목) 맑음

어제에 이어 신산서원 관계 기록들을 검토했다.

29 (금) 맑음

『남명집』 임술본의 해제를 중단하고, 『학기유편』 정사본의 해제에 착수했다.

狩野直禎 씨로부터『漢書郊祀志』가 우송되어 왔으므로 狩野 씨가 쓴 해제를 독파했다.

31 (일) 맑음

重齋 고택에 가 볼 예정이었지만, 며칠 전 H 선생을 통해 연락해 본 결과 오늘은 靜觀 선생이 외출한다 하므로 내일로 미루고 집에서 쉬었다.

2월

1 (월) 맑음

H 선생과 보통나이로 다섯 살 된 H 선생의 아들 正, 그리고 김경수·조평래 군과 함께 산청의 중재 고택을 방문했다. 도중에 단계에 내려 霜巖 權濬의 후손 댁에 들렀지만 외출 중이라 만나지 못했다. 중재 댁에는 그 嗣子인 정관 김창호 씨에게 방학을 이용하여 한문을 배우러 온 경상대·부산대·고려대생들이 20여 명 기숙하고 있었다.

오전 중에는 寶璜室에서 정관 선생과 술을 마시며 담소하다가 점심 식사 후 지난번에 못다 조사한 책들을 뒤져 보았는데, 해가 질 무렵에야 작업을 마쳤다. 돌아오는 길에 內塘 아랫마을의 동호 김인환 씨 댁에 잠깐 들렀는데, 이삼 일 후쯤에 상경할 예정인 모양이었다. 돌아오는 길에 다시 단계의 상암 후손 댁에 들러『鶴湖集』을 빌렸고, 진주에 도착하여서는 뒤벼리의 선학횟집에서 술과 저녁을 들고서 헤어졌다.

2 (화) 맑으나 바람이 참

종일 어제 빌려온 책들을 분류했다.

3 (수) 맑으나 쌀쌀함

빌려온 문헌의 분류를 마쳤다.

서울대 철학과의 허남진 군으로부터 시외전화가 걸려왔는데, 서울대 동양철학연구회의 금년도 겨울수양회는 이 달 27일에서 29일까지 전북 금산사에서 있을 예정이며, 나에게 발표를 해 달라는 것이었다. 「남명학 자료총간 해제 서론」을 발표하기로 합의했다. 오늘 한국동양철학회로부터 「남명집판본고 (2)」의 별쇄본 20부가 부쳐져 와 몇 군데 기증할 분들에게 우송했으므로 그 주제를 가지고서 발표할까 했으나, 허 군은 아직 간행되어 있지도 않은 그 논문을 이미 읽었다고 한다.

4 (목) 맑음

경남문화연구소장인 이상진 교수와 동 연구소 간사인 박종수 선생이 찾아와 금년 10월에 있을 개교 40주년 기념행사와 관련한 남명학 학술논문 발표대회에 관해 상의하고자 하므로, H 선생과 함께 네 명이서 의논하였다. 김충렬·이수건·이이화 그리고 내가 발표를 하고, H 선생 등 여섯 명이 논평을 맡기로 대충 의견을 모았다.

8 (월) 맑으나 퍽 쌀쌀함

鄭衡圭의 『蒼樹集』을 읽기 시작했다.

9 (화) 맑음

경북 영일군의 寶鏡寺에서 열리는 한국동양철학회의 동계 연수회 겸 정기총회에 참석하기 위해 출발했다. 대구에서 포항 가는 무정차 버스 안에서 원광대 불교학과의 한종만 교수를 만나 동행했는데, 절 입구의 술집에서 먼저 와 있던 중앙대의 양승무 교수 등을 만나 함께 보경사 계곡을 걸었다. 서울서 대절버스로 내려온 일행들은 우리보다 먼저 계곡 구경에 나섰던 모양으로 이미 구경하고 돌아오는 사람들과 많이 만났다. 이번 모임에는 교수 40명과 대학원생 10명 정도가 모인 성황이었는데,

저녁 식사 후 김충렬 교수와 성균관대 宋河璟 교수의 발표가 있었고, 잇달아 정기총회로 넘어가 87년도 결산 및 사업보고와 임원개선이 있었다. 배종호·유명종 교수에 이어 김충렬 교수가 회장으로 선임되었다. 사업보고에서는 학회지 창간호를 낼만한 원고가 도무지 모이지 않아, 기왕의 연구발표회들에서 발표된 원고를 정리하여 단행본 형식으로 간행하고, 나의 「판본고 (2)」 등 접수된 연구논문들은 부록의 형식으로 수록한다는 계획이 제시되었다.

김충렬 교수와 남명학 학술대회를 금년 10월에 경상대 개교 40주년 기념행사의 일환으로서 개최한다는 데 의견의 일치를 보았다. 밤에는 절 앞의 술집에서 여러 교수들과 술을 마셨다.

10 (수) 맑음

아침 8시에 절을 출발하여, 포항을 거쳐 대구로 오는 도중에 永川에서 내렸다. 남명의 交友인 玩龜 安嶒에 관련된 문헌과 유적을 조사하기 위해서였다. 함안 道谷의 安正洙 씨에게서 지난번 소개받은 대로 道南洞에 사는 安守煥 씨에게 전화해 보았더니, 단위농협 이사 회의에 참석해 있다 하므로, 시내의 농협은행 2층에 있는 회의장으로 찾아가 만났다. 안 씨의 전화 연락으로 도남동 虎溪 가의 玩龜亭으로 가서 사진촬영을 했으나, 남명과 鵝溪 李山海의 題詩는 플래시가 말을 듣지 않아 만족스럽게 촬영하지 못했다.

이어 臨皐面의 鄭圃隱을 모신 臨皐書院과 포은의 출생지인 愚港洞까지 택시를 달렸고, 돌아와 다시 농협 2층으로 가 보았으나, 안 씨는 회의 중이라 메모를 남겨두고서 진주로 돌아왔다.

11 (목) 맑음

『蒼樹集』 중 백운정사 관계의 글들을 읽었고, 귀가해서는 『영남학맥』 중 내가 어제 들른 경북 영천과 관계되는 포은 정몽주·蘆溪 朴仁老에 관한 부분을 읽었다.

이 달 27일에서 29일까지 전북 금산사에서 있을 예정인 서울대 동양철학연구회의 동계 연수회에서 발표하기로 되어 있는 「남명학자료총간 해제 서론」의 교정을 본 별쇄본을 복사하여 서울대 철학과로 보냈다.

12 (금) 맑음
『창수집』의 검토를 끝냈다.

15 (월) 맑음
「해제 서론」의 旣刊文獻 중 기타 항에 『창녕조씨시중공파보』와 『창수집』을 첨가했고, 기타 항의 순서를 다소 수정하였다.

밤에 조옥환 사장에게 전화하여 복사기의 드럼을 갈고, 박쌍선 양의 월급을 10만 원으로 3만 원 인상해 줄 것을 합의했다.

16 (화) 맑음
어제에 이어 「해제 서론」을 수정했다.

17 (수) 맑음
「해제 서론」 중 남명의 佩劍 부분을 수정하기 위해 『愚山集』『溪齋集』 등의 내용을 검토했다. 『계재집』의 원본은 이미 重齋 댁으로 반환했다 하므로 복사해 놓은 것을 가져오게 했는데, 예의 드럼 손상 때문에 복사된 상태에 큰 문제가 있었다. 지금까지 복사한 양의 전체 중 약 4분의 1에 이와 같은 문제가 있다 하므로, 이러한 하자를 조속히 시정하지 못한 책임을 물어 김경수 군을 호되게 나무라고, 아직 반환하지 않은 부분들은 새로 작업하게 했다. 너무나 기가 막혀 『자료총간』의 간행 계획 전체를 포기하고 싶은 마음뿐이다.

18 (목) 맑음, 민속의 날
밤이 되어 김경수 군을 그만두게 할 생각이 들었다.

19 (금) 맑음

김경수 군에게 3월 1일 새 학기의 시작과 더불어 김현용 군과 함께 교체한다는 뜻을 전하고, 조교 중 한 명인 장혜정 양에게 인수인계의 준비에 착수토록 했다.

「해제 서론」의 수정한 것을 김충렬 교수에게 우송하고, 「판본고 (2)」에 추가할 附記를 적기 시작했으나, 도중에 신산서원 창건 및 중건의 중심인물인 安熹의 문집인 『竹溪集』을 읽느라고 마치지 못했다.

20 (토) 맑고 포근함

「판본고 (2)」의 부기 중 새로 발견된 『학기유편』 정사본에 관한 부분을 거의 마쳐 가는데, 생각보다 길어질 것 같다.

21 (일) 맑고 포근함

오전 10시에 梧林 金相朝 씨 댁으로 가서 책을 빌릴 약속이 되어 있었으나, 찾아가 보니 그는 외출 중이었다. 약속을 변경하기 위해 나에게 여러 차례 전화하였으나 웬일인지 통화가 되지 않더라는 부인의 말이었다.

나선 김에 산청군 단성면 칠정에서 버스를 내려 新菴 李俊民의 후손 댁을 찾았으나, 이미 들었던 바와 같이 후손인 李漢龍 씨는 7~8년 전에 작고하고 부인도 서울에 다니러 갔다는 것이었다. 栢谷에서 버스를 타고 진양군 수곡면 元溪에서 내려 충무공 이순신이 정유년에 삼도수군통제사의 교지를 다시 받은 孫景禮의 집터와 충무공이 군사를 훈련하던 陣뱀이의 비석을 구경하였다. 비문은 鷺山 李殷相 씨가 지은 것이었다.

거기서 朝溪로 걸어 내려가서, 남명이 지리산 여행에서 돌아오다가 李龜巖과 작별한 七松亭을 찾았다. 그곳은 지금 칠송대(그 고장 사람들은 칠성대라 발음하기도 한다)라 불리며, 德川江을 가로지르는 콘크리트 보가 만들어져 있었다. 근년까지 노송 세 그루가 서 있었다고 하지만 지금은 흔적도 없었다. 다시 조계(그 고을에서는 조계머들이라고도 한다)로 돌아와, 朝溪 柳宗智가 侍墓살이 하던 집터와 그의 부친 柳諴 및 그 부인의 묘소를 둘러보고, 하동 玉宗 쪽으로 나오는 길에 拱玉臺에 올랐다. 河覺齋·河滄洲 등 24賢의 사적비가 세워져 있었다.

옥종에서 택시를 불러 知足堂 趙之瑞 및 그 증손인 趙鳳岡의 후손을 찾아 나섰다. 法大 뫼골의 이장인 조기섭 씨를 찾아가 보았으나 외출 중이었고, 그 일족이 살고 있는 下大谷의 가야(라)골로 찾아가 보았지만 그분은 늙어서 귀도 멀고 봉강에 대해서는 잘 모르는 모양이었다. 다시 타고 갔던 택시를 돌려, 옥종을 지나 지족당의 齋閣이 있다는 桐谷을 찾아가 보았지만, 동곡에서 三壯元洞으로 넘어가는 고갯길에 지족당의 정려가 있다는 말만 듣고 그냥 돌아왔다. 택시비가 만 원이나 나왔다.

날이 저물어가 삼장원동과 正水里까지 가보지 못한 것이 아쉬웠으나, 정수부락은 버스가 통과하는 도중에 있었다. 지금도 圃隱 후손인 연일정씨들이 많이 살고 있는데, 지족당의 둘째 부인도 이 마을 출신이며, 남명은 지리산에서 돌아오다 마지막 밤을 이곳의 驛에서 잤던 것이다.

22 (월) 맑음

栢谷 陳克敬의 후손인 진정현 씨가 저녁 식사에 초대하므로 시내의 서울깍두기에서 불고기와 소주를 들며 담소했다. 진씨는 30여 년간 진주시청에서 근무하다 정년퇴직한 분인데, 백곡의 재실인 永慕齋를 곧 낙성할 것인 바, 그 기념비에다 후원자로서 내 이름도 새기겠다고 한다.

24 (수) 부슬비

池田 교수에게서 회신이 왔는데, 내 논문이 한국어로 씌어져 내용을 알 수는 없으나, 내가 쓴 것이니까 "견실하고도 독창적인 역작일 것으로 생각"한다고 씌어져 있었다. 京都大 중국철학사연구실 박사과정에 재학 중인 南澤良彦 군이 편지와 함께 자신의 석사논문을 수정한 「王肅의 정치사상—〈感生帝說〉 비판의 배경—」(『중국사상사연구』 제10호 所收)의 별쇄본을 우송해 왔다. 나의 논문 「六天說의 배경」(『중국사상사연구』 제5호 소수)을 인용하고 있었다.

25 (목) 흐림

오전 10시 경 집을 막 나서려는 참에 부산교통으로부터 전화가 왔는데, 서울에서 김충렬 교수가 내려오셨다는 것이었다. 경남문화연구소장인 행정학과의 이상진 교수에게 전화를 걸어 함께 만나기로 하고, 이 교수가 차를 몰고 올 때까지 TV에서 노태우 신임대통령의 취임식 실황 중계를 잠시 지켜보았다. 제6공화국의 출발이다.

부산교통 사장실에서 김 교수·이 교수·조옥환 사장 그리고 내가 함께 남명학 관계 자료의 보관 장소 문제, 그리고 금년 10월에 있을 개교 40주년 기념 남명학 학술대회에 관한 계획을 상의하였다.

27 (토) 흐림

서울대학교 동양철학연구회의 1988년도 동계정기학술발표회(제2회)가 오늘부터 2박 3일간 전북 금산사에서 열리므로, 아침 식사 후 바로 집을 나섰다. 9시 15분 전주 행 버스를 타고, 산청-함양-인월-운봉-남원-오수-임실을 거쳐 12시 45분경 전주에 도착했다.

전북대 정문 앞에서 서울서 전세 관광버스 한 대를 대절하여 이미 도착해 있는 일행과 합류하여 함께 시내에서 점심을 들고, 금산사에 도착하여 大藏殿 뒤편에 있는 화엄학림 건물에 짐을 풀었다. 금산사의 대적광전은 작년에 화재로 전소되어, 수년 전 내가 전북대에서의 대한철학회 모임에 참석한 일행과 함께 처음 이 절을 찾았을 때와는 퍽 달라진 모습이었다. 이남영·심재룡 두 교수와 한신대의 宋榮培 교수를 비롯한 약 30여 명의 교수와 대학원생들이 참석했는데, 발표하기로 예정된 김재성·김성태 군이 나타나지 않아 일정이 약간 변경되었다.

저녁 식사 후 숙소이자 발표회장인 화엄학림에서 丁永根 군의 「원측의 一闡提成佛論」 발표와 이에 대한 趙恩秀 양의 논평, 朴海鐺 군의 「二諦義에 대한 — 고찰」과 손영식 군의 논평, 원광대 金洛必 씨의 「도교 사상과 한국철학」 및 尹燦遠 군의 논평이 있었다. 금산사 부주지 스님 및 전북대 철학과의 교수 및 대학원생들도 여러 명 참석하여 방청했다.

28 (일) 맑음

오전 중 내가 「남명학자료총간 해제 서론」을 발표하고 장원목 군이 논평했는데, 나는 '남명학 쇠퇴의 원인'과 '남명학 연구의 의의' 부분을 낭독하는 형식으로 발표를 진행했다. 생각보다 시간이 많이 걸려 도중에 잠깐 휴식했다가 다시 진행했으며, 논평자 외에도 질문하는 사람이 많아 모두 해서 세 시간 정도나 진행되었으니, 이번 모임은 나의 논문이 중추가 된 셈이다. 간밤에도 밤 두시 반 정도까지 토론을 했었는데, 모두들 나의 논문과 객관적 실증주의라고 하는 나의 방법론적 입장에 대해 관심이 많았다.

3월

1 (화) 맑음

아세아문화사의 이창세 사장에게 약속대로 새 학기에 남명학자료총간의 간행을 시작할 수 있을 만큼 해제 작업이 진척되지 못한 데 대해 양해를 구하는 편지를 썼다.

2 (수) 맑음

88년도 새 학기의 수업이 시작되었다. 이번 학기에는 중국철학사·한국철학강독·동양철학강독을 맡게 되었고, 한국철학강독에서는 『남명집』 이정본 중 碑誌 이하를 읽게 되었다.

3월 1일자로 앞으로 3년간 재임용을 받았다. 또한 을유문화사의 최과장에게서 내가 번역한 『중국철학사』의 3판이 곧 간행된다는 전화 연락을 받았다.

3 (목) 맑으나 쌀쌀함

저녁 무렵 학회장인 백석현 군과 『철학회보』 편집장인 김병만 군이 찾아왔었는데, 대화 끝에 과 사무실에서 하고 있는 남명학 관계 문헌의 복사 작업을 언제까지 끝마쳐 주겠느냐는 것이었다. 지난해의 공청회 때 내가 늦어도 새 학기가 시작되기 전까지는 이 작업을 모두 끝낼 것이라고 약속했다는 것인데, 확실한 기억은 없으나 참으로 무례하고도 이기적인 요구여서, 이런 학생들을 가르친다는 데 대해 환멸을 금할 수 없었다.

4 (금) 맑음

간밤에 백석현 군 등이 복사 작업에 대해 따져 묻던 일이 생각나서 밤 두 시 경에 잠이 깨어 뒤척이다가, 성경을 좀 읽고 다시 잠이 들었다.

출근하자 남명학 관계 논문들을 모두 복사하여 과에 비치해서 학생들이 열람할 수 있게 하라고 지시했던 것을 철회하고, 첫 시간인 한국철학 강독과 오후 1시의 중국철학사 시간에 학생들이 스스로 대학의 주인이라고 주장하고 있는 것이 타당하지 못하다는 점을 지적했는데, 강정식 군 등의 반발이 있었다.

6 (일) 맑음

교육학과의 李壬相 교수와 함께 이 교수의 종형 되시는 부산시 가야동의 가야목욕탕 주인 李一相 씨 댁을 찾았다. 이일상 씨는 施普 李龍洙의 嗣子로서 산청군 南沙 출신이신데, 십여 년 전에 부산으로 이주하여 현재 세무사의 직업을 가지고 있다. 알고 보니 나의 사촌인 백환 형과도 사업상의 일로 미묘한 경쟁관계에 있는 분이었다. 그분이 남사의 본댁에서 옮겨다 놓은 한적들을 조사했는데, 『남명집』 임술본을 인조반정 이후에 이정하여 내암 관계의 문자를 빼고 체제를 고친 4권 4책의 판본을 발견한 것이 큰 수확이었다.

7 (월) 맑음

이창세 사장으로부터 해제는 나의 편리할 때 보내주면 된다는 것과, 『이병헌전집』이 잘 추진되고 있음을 전하는 회신이 왔고, 을유문화사로부터는 3판의 인지가 보내져 왔다.

9 (수) 맑으나 바람이 쌀쌀함

남명의 부친인 判校公 묘갈에서부터 이번 학기의 한국철학강독을 시작했으므로, 종일 그것과 관련된 자료들을 읽었다.

지난 일요일 부산의 이일상 씨 댁에서 빌려온 『남명집』 4책을 임술본 3책과 비교해 보았다. 인조반정 후 내암 관계의 문자를 모두 빼고, 그 때문에 여기저기 板을 새로 짜 넣은 흔적이 있어, 임술본과 이정본의 과도적 단계에 해당하는 판본임을 확인하였다.

西脇常記 교수로부터 그림엽서를 받았는데, 내 논문에 대해 감사하며, 언젠가 한국에 와 보고 싶다는 내용이었다.

10 (목) 맑음

H 교수와 내 연구실에서 만나 개교 40주년 기념 남명학 국제학술대회의 계획안을 검토하였다. 경남문화연구소의 소장과 간사가 나와 H 교수에게 상의한 내용을 토대로 자의적으로 작성한 것이기 때문에 허술하고 불합리한 점이 매우 많았다. 토론 참가자를 첫날은 주제 당 세 명씩에서 두 명씩으로, 둘째 날은 두 명 씩에서 한 명씩으로 각각 줄이고, 토론 참가자도 발표주제의 성격에 따라 재조정한 나의 안에 H 선생도 전적으로 동감이었다.

이를 토대로 오후 다섯 시 반에 동방호텔 5층 소회의실에서 열린 본교 경남문화연구회의 평의원회의에 참석하여 나의 의견을 제시하였는데 모두들 찬성이었고, 이에 따라 수일 내에 학술대회 개최를 위한 소위원회를 구성하기로 하였다.

11 (금) 부슬비

어제 이상진 소장과 협의한 결과에 따라, 과 사무실의 책장에 보관되어 있던 남명학 관계 복사한 자료들 중 이미 정리가 끝난 것은 경남문화연구소 자료실의 캐비닛 하나와 파일 캐비닛 하나를 빌어 거기에 옮겨두도록 했다.

남명의 모친인 인천이씨의 묘갈명 등을 통해 남명의 계보를 추적해 보았는데, 남명의 증조모인 江城文氏의 父가 三憂堂 文益漸의 조카임을 비로소 알았다.

H 선생이 어제 부탁해 둔 부산산업대 정경주 교수의 「조선중기 처사문학의 경향」을 복사해 보냈기에 좀 읽어보았다.

12 (토) 맑음

새로 발견된 『학기유편』 정사본과 관련된 내용을 부기한 「판본고 (2)」의 교정쇄를 동양철학회 간사인 동국대의 송재운 교수에게 우송했다.

14 (월) 비

남명의 조부인 永과 林川趙氏의 雙墓碣銘 등을 읽었다.

H 선생과 협의하여 10월의 개교기념 남명학대회 때 첫 번째 발표자를 이수건 씨 대신 배종호 씨로 바꾸기로 했다. 배 교수는 이미 탈고된 원고가 있어 발표를 승낙하기가 쉬울 것이라 생각되기 때문이다.

15 (화) 맑음

오후 6시 25분부터 7시 50분까지 경영행정대학원에서 남명학 특강을 했다. 「남명 조식과 남명학파」라는 이수건 교수의 논문 제목을 주제로 남명학의 역사를 설명했는데, 시간의 안배가 적절치 못해 남명학파 부분은 走馬看山 격이 되고 말았다.

17 (목) 흐림

총장이 농대 학장실을 임시로 사용하며 H 선생과 나를 부르므로 가 보았더니, 남명학연구소 설치를 위한 기금조성계획을 협의하고자 하는 것이었다.

18 (금) 맑음

종일 三足堂 金大有의 묘갈과 관련된 자료를 읽었다.

경남문화연구소로부터 개교기념행사 관계 소위원회 구성을 위한 모임이 퇴근 시에 있으므로 참석해 달라는 연락이 있었지만, 나는 앞으로 이러한 모임에 참석할 의사가 없음을 밝혀 거절했다. 어제 총장 면담에서 이 총장이 H 선생을 중심으로 남명학 특성화를 추진해 나가겠다는 입장을 꽤 분명히 하고 있어, 나로서는 부당하게 무시를 당한 것이 불쾌할 뿐 아니라, 이와 같은 운동적 성격의 행사에 참여하는 것이 나의 원하는 바도 아니기 때문에, 나로서는 하루빨리 고독한 연구자의 입장으로 되돌아오고 싶은 것이다.

24 (목) 맑음

오후 4시 경남문화연구소의 정기총회가 열렸는데, 행정학과의 이상진 교수가 임기를 마치고서 퇴임하고 다음 2년간의 소장에는 국문학과의 姜熙根 교수가 선임되었다.

31 (목) 맑음

저녁 무렵 백석현 군이 전 학회장 이월규 군 등과 함께 수명의 학생들을 대동하여 내 연구실로 찾아왔다. 철학과 학생들의 교직 설치를 위해 실력행사를 하겠다는 등, 과 사무실을 24시간 학생들에게 개방해 달라는 요구 등을 한 후, 역시 내가 하고 있는 복사작업을 언제까지 끝낼 것이냐고 다그쳐 왔다. 실로 뻔뻔하고도 무례하기 짝이 없는 행동이다. 나는 더 이상 이런 문제로 학생들과 상대하고 싶지 않아 가능한 한 빠른 시일 안에 작업을 마칠 뜻을 밝혔다. 이것은 이미 스승과 제자의 관계가 아닌 것이다.

4월

1 (금) 맑음

어제 백석현 군 등과 함께 내 방에 왔던 3학년 여학생들이 제주도로 졸업여행을 가게 된 것을 알리러 내 방에 왔기에, 담화 중 나의 환멸감을 피력하고 그들의 요구가 타당치 못할 뿐 아니라 학생으로서의 도리에도 어긋나는 것임을 비판했다. 모두들 내 말에 공감을 느끼는 듯한 태도였다. 전임 학회보 편집장 김병만 군도 도중에 들어와 같이 대화했다.

남명학 관계 자료의 복사를 맡아 있는 박쌍선 양이 너무 피곤해서 그만두고 싶다는 뜻을 피력해 왔으므로, 김경수 군 등과 상의해 후임 문제가 해결되면 그렇게 하도록 했다.

3 (일) 맑음

H 선생과 함께 산청군 단성면 紫陽里의 聽江 崔道燮 嗣孫 崔熺樂 씨 댁에 소장되어 있는 한적들을 조사하러 갔다. 칠정에서 버스를 내려 다리로 덕천강을 건넌 곳에 있는데, 광해군 이전의 『남명집』 및 舊本 『진양지』 등 약간의 수확이 있었다. 부근 창촌리의 신암 이준민 후손 故 李漢龍 씨 댁에도 장서를 조사하러 갔으나, 책이 모두 흩어져 버려 남아 있지 않다는 문중 사람 李元相 씨의 설명을 듣고서 그냥 돌아왔다.

4 (월) 맑음

과사무실에 있던 남명학 관계 자료들과 복사기를 이지수 교수가 쓰던 방으로 옮기게 했다. 박쌍선 양은 월급을 다시 오만 원 올려 15만 원 받는 조건에서 계속 작업을 하겠다고 한다. 박 양은 두 달쯤 전 일을 시작할 때 7만 원을 받고서 하겠다고 원하는 걸 내가 스스로 10만 원으로 올려주었는데, 이제 그 두 배가 넘는 보수를 요구하고 있는 셈이다.

6 (수) 맑음

심순식 학장을 만나 이지수 교수의 전 연구실에서 복사작업을 하는데 대한 양해를 얻고, 과사무실에 있던 남명학 관계 자료를 모두 그리로 옮기게 했다.

출근 전 조옥환 사장과 통화하여 이 문제를 상의해서, 결국 박쌍선 양의 월급을 요구대로 인상하며, 학교 당국과 교섭하여 남명학 관계 자료의 보관을 위한 전용공간을 마련하기로 합의했다. 출근 후에도 조 사장으로부터 몇 차례 전화가 있어, 이 총장과 통화하여 남명학연구소의 설립을 위해 1천만 원을 기부하기로 약속한 것을 알려주고, 금년 가을의 행사에 일본에서 초빙할 분들에 관한 비용을 조 사장이 부담할 것을 다짐해 주었다.

9 (토) 맑음

서울대학교 최병헌 교수의 소개로 이 대학 국사학과의 석사과정을 마친 젊은 학도가 나를 찾아왔다. 순천에 왔던 길에 나를 만나러 진주에 왔다고 하는데, 석사논문 주제가 광해군 시대의 정치에 관한 것이라고 한다. 그와의 대화를 통해 국사학계에 있어서의 이 시대에 관한 연구 현황을 대충 알 수가 있었고, 내가 수집한 자료들 중 내암 관계의 것들 일부를 복사해 보내주겠노라고 약속했다. 최 교수가 『한국사상사학』 창간호에 실린 나의 「남명집판본고 (1)」을 대단하게 평가하더라고 한다.

13 (수) 맑음

경남문화연구소장인 국문과의 강희근 교수와 간사인 김유철 교수가 찾아와 전 이지수 교수의 방으로 경남문화연구소의 집기들을 옮겨다 놓고자 하였다. 회답은 과 교수회의 이후로 미루었다.

14 (목) 맑음

경남문화연구소의 집기들이 이지수 교수의 연구실로 옮겨졌다.

15 (금) 맑음

총장의 지시에 의해 작성된 「남명학연구소 설립취지문」을 최종적으로 다듬기 위해 H 선생과 협의했고, 퇴근 후 시내의 동춘그릴에서 열린 경남문화연구소의 소장이 바뀐 이후 첫 번째 평의원회의에 참석했는데, 대부분 인문·사회대 교수로 구성되어 과거와는 퍽 다른 분위기였다.

16 (토) 맑음

점심 식사 후 경남문화연구소의 소장 및 간사와 내 방에서 만나 개교 40주년 기념 남명학 국제학술회의 건을 협의했다. 내가 위원장이 되는 5인 소위원회를 구성하여 이에 관한 계획을 전담하기로 하고, 월요일에 그 첫 모임을 가지기로 했다.

17 (일) 오후에 비

아내의 연세대 선배이자 본교 간호학과의 동료이기도 한 배행자 선생 부부와 우리 부부가 동행하여 쌍계사 입구의 벚꽃구경을 갔다. 그러나 막상 도착해 보니 십리의 벚꽃 길로 유명한 화개에서 쌍계사까지에는 이미 벚꽃이 거의 져 버린 셈이어서 철 놓친 관광이 되고 말았다.

쌍계사 경내를 구경하고, 신흥과 지리산의 대성리 코스 중턱에 있는 의신마을까지 올라갔다. 신흥은 남명의 「유두류록」에 나오는 新凝寺가 있었던 곳인데, 지금의 왕성국민학교 자리가 바로 그 절터라고 하며, 新興(혹은 神凝)·義神·靈神의 이른바 三神洞이라 일컬어지는 곳으로서 모두 옛날 절이 있었던 자리이다.

18 (월) 아침까지 비, 이후 맑음

오후 다섯 시 내 연구실에서 개교기념행사와 관련한 소위원회의 첫 모임이 있었다. 일본에서 초청할 학자로서 內山 교수와 池田 교수를 예정하고서, 지난번 이상진 소장 때의 평의원회에서 나에게 일임하기로 이미 합의가 되어 있었고, 조 사장과 경비 문제도 양해가 되어 있는 바이므로 정식 결정을 위해 이 문제를 거론했더니, 철학 전공의 교수가 너무 많다는 사대 역사교육전공 김해영 선생의 지적에 따라 결국 박종현 교수에게 부탁하여 역사 쪽의 인사를 초빙하기로 결정되었다. 그동안 이 일들은 내가 거의 모두 입안하고 추진해 온 셈이지만, 그 일들이 모두 허사로 돌아가는 순간이었다. 회의를 마친 후 시내에 나가 함께 술과 식사를 들고 이어서 다방에도 들렀지만, 마음속으로 불쾌한 느낌을 금할 수 없었다.

19 (화) 바람이 세고 황사 현상

아침 출근길에 대학병원에 들러 금년도 교직원 건강진단을 받았다. 병원에서 강희근 교수를 만나 소위원회의 일로부터 일체 손을 떼겠다는 뜻을 전했다.

오후에 완성된 「남명학연구소설립취지문」을 전하러 총장을 뵈러 갔더니, 연일의 총장실 점거로 집무실 유리창이 스무 댓 장 부서져 버려, 이정한 총장은 그 옆의 소접견실에서 거처하고 있었다. 이 총장은 이 연구소설립취지문을 가지고서 재벌이나 부자들을 만나 기부금을 얻어내는 것이 목적인지라, 되도록 그들의 선조나 傍선조들이 많이 포함되도록 남명 연원의 인물들을 글 속에 줄줄 나열해 오라면서 가져간 취지문을 도로 돌려주고, 우리 과의 이지수 교수 후임 충원 건을 부탁하려 했더니 입도 떼지 못하게 막았다. 나는 이런 일로 총장의 심부름을 해주는 것이 한심한 생각이 들어, 돌려받은 취지문을 H 선생에게 전해주고서 남명학연구소 관계의 일로부터 완전히 손을 떼겠다고 언명했다.

을유문화사로부터 내가 번역한 狩野直喜의 『중국철학사』 3판 세 책이 부쳐져 왔다. 초판이 나온 지 일 년 반 만에 3판이다.

24 (일) 맑음

종일 집에서 韓明基 씨의 서울대 대학원 석사논문인 「광해군대의 대북세력과 정국의 동향」을 읽었다. 한 군은 지난 9일에 나를 찾아왔던 적이 있었는데, 그 후 서울에서 이 논문을 부쳐주었고, 나는 西溪 梁弘澍의 『西溪逸稿』를 복사하여 한 군에게 보내도록 박쌍선 양에게 지시했었다.

28 (목) 비

새 연구의 제목은 「『山海師友淵源錄』의 편찬」으로 정했다.

5월

3 (화) 오전까지 비

석사 논문으로서 제출된 조평래 군과 김경수 군의 논문을 한 번씩 다 읽었다. 둘 다 남명학에 관한 주제인데, 한심할 정도의 수준이므로 조 군에게 제출을 보류하고서 한 학기 정도 더 보완하도록 권했다.

6 (금) 맑음

종일 京都대학 중국철학사연구실의 주임으로 새로 부임한 內山俊彦 교수에게 편지를 썼으나, 박사학위논문 관계로는 처음 말을 꺼낸 참이라 쓰고 고치고 하다 결국 완성을 못했다.

7 (토) 비

조평래 군이 석사논문을 수정해 와서 이번에 꼭 제출하고 싶다 하므로 그렇게 하도록 했다.

12 (목) 맑으나 바람이 다소 강함

오후 내내 內山俊彦 교수에게 보내는 편지를 썼다.

14 (토) 흐리다 오후에 비

『남명집』 중 「宜人郭氏墓表」 「宜人李氏墓表」 「恭人牟氏之墓」 「宜人崔氏

墓碣」「孝子鄭白氷墓碣銘」을 읽었다. 前二者는 남명의 측실 은진송씨의 친정과 관련된 글이며, 後三者는 남명의 매부 鄭白氷 및 조카인 李俊民과 관련된 글이다.

15 (일) 맑음

『남명집』 이정본 권2의 「通訓大夫光州牧使辛公墓銘」의 주인인 辛崙과 그 부인인 「淑人南氏墓表」와 관련되는 자료 및 신산서원 기문을 撰하고 내암이 쓴 「南冥神道碑銘」의 글씨를 쓴 慕亭 裵大維의 『慕亭集』을 입수하기 위해 그들의 출신지인 靈山으로 떠났다.

마산에서 부곡온천 행 버스를 타고서 영산에서 내렸고, 다시 물어물어 온천 직전인 덕곡 2구의 배수만 씨를 찾았는데, 마침 盆城裵氏 문중의 선조를 기념하는 비를 낙성하는 날이라 원근에서 많은 손님을 청하고 판소리꾼도 불러 재실에서 한바탕 잔치를 벌이고 있었다. 거기서 창녕군 都泉面 都泉里에 사는 辛容甲 씨와 裵英基 씨를 만나 모정이 살았다는 도천리로 갔다. 신 씨로부터는 그 12대 선조인 辛礎의 『聞巖忠義錄』을 구하였고, 배 씨와 함께 모정의 유허지에 세워진 道泉精舍와 모정의 사당을 참배하고, 모정의 친필이 새겨진 현판들을 구경할 수는 있었으나, 문집을 비롯한 고문서들이 수장되어 있는 사당 안의 캐비닛은 결국 열쇠가 없어 조사하지 못하고, 『慕亭遺稿』 등이 번역되어 수록된 『盆城裵氏世稿 道泉遺蹟』 한 책을 빌릴 수가 있었다.

마산으로 나와 마산시 상남동에 사는 辛周德 씨를 시외버스 터미널 앞의 중앙다방에서 만나, 그 조부의 『怡雲實紀』를 얻고, 『靈山寧越辛氏世譜』 가운데의 樂水軒 辛崙 관계 기사를 열람하였으며, 요수헌 관계의 문적이 전하지 않음을 확인할 수 있었다. 신주덕 씨의 설명에 의하면 요수헌 또한 도천면 孝友村에서 생장했다고 하는데, 지금의 창녕군 중 북부의 일곱 면은 예전에는 창녕현에, 남부의 일곱 면은 영산현에 속했다고 한다. 妖僧 辛旽 역시 이곳 영산 출신으로서 桂城面에 있던 玉泉寺에서 得度했다는 것을 처음으로 알았다.

17 (화) 맑음

경북 永川市 道南洞에 사는 安守煥 씨가 그 친척 한 분과 함께 『玩龜實紀』의 복사본을 가지고서 나를 찾아왔다. 지난 겨울방학 중 포항의 보경사에서 동양철학회의 모임이 있었을 때 돌아오는 길에 영천에 들러 안수환 씨를 만났었는데, 그 때 부탁했던 책을 오늘에야 입수할 수가 있게 되었다.

마산 上南洞의 신주덕 씨로부터 엽서가 왔는데, 그저께 부탁해 둔 『모정집』 원본과 『明巖集』은 부곡에 사는 『분성배씨세고도천유적』의 編修者 裵丙基 씨가 직접 지참하고서 근일 내에 나를 방문하겠다고 한다.

종일 『盆城裵氏世稿』를 읽었는데, 서울의 白雲書院은 남명의 고택이 있던 壯義洞 부근에 세워졌다는 것과, 김해의 산해정에 「山海藏修」라는 편액이 걸려 있었던 것, 그리고 사액된 덕천서원의 편액도 모정의 筆에 의해 씌어졌음을 새롭게 알았다.

18 (수) 30°C의 초여름 날씨

종일 『慕亭集』과 『聞巖忠義錄』을 읽었다.

20 (금) 비

점심 식사를 마치고 돌아오던 길에 경남문화연구소의 간사인 김유철 선생을 만나 그의 연구실에 가서 차를 대접받았다. 어제 정현재 선생으로부터 김충렬 교수가 경상대 개교 40주년 기념 남명학 국제학술대회에 참여하는 건에 대해 별로 내키지 않아 한다는 말을 들었는지라, 그 문제에 관해 물어보았다. 김 교수는 臺灣大 철학과의 두 교수 중 한 명만 발표에 참가하게 하고 나머지 한 명은 토론 참가자의 자격으로 초청한다는데 대해 불쾌해 하는 모양이라 하며, 일본으로부터는 三浦國雄 교수 외에 藤本인가 하는 사학 전공의 교수와 또 다른 교수 중 한 명을 초빙할 계획이라 한다. 또한 H 교수가 발표에 나서고 李離和 씨는 빠기로 했다고 하니, 거의 김유철 선생의 손바닥 위에서 좌지우지 되고 있다고나 할까? H 선생은 문학 쪽도 포함되어야 한다고 주장하더니, 그것은 결국 자신이 토론 참가자로서가 아니라 국제학술회의의 발표자 자격으로 나서고 싶어 하는 뜻이었음이 확인되었다. 나는 발표자로서도 참가하지 않겠다는 입장을 표명했다.

밤늦게 김충렬 교수와 통화하여 臺灣大 교수 초빙 건이 그렇게 된 것은 나의 뜻이 아님을 밝히고, 남명학연구원의 기관지 창간호와 동양철학회에 투고한 논문의 간행 시기에 대해 물어보았다. 이 두 논문은 예정대로 6월 중에 간행될 것이라 한다.

21 (토) 맑음

H 선생을 그의 연구실에서 만나 발표자로 나서게 된 경위를 물어보았다. H 선생의 말은 자신이 나선 것이 아니라 이가원 교수에게 부탁해 보기로 했다는 것이었다.

22 (일) 비

아침에 조옥환 사장과 통화하여, 경남문화연구소에서 추진하고 있는 개교기념행사에는 김충렬 교수와 내가 참여하고 있지 않다는 사실을 알렸다. 며칠 전 경남문화연구소의 강희근 소장과 김유철 간사 그리고 진주 MBC의 한 간부가 조 사장을 찾아가 남명학 국제학술대회에의 협조를 요청해 600만 원의 원조 약속을 받았다 하며, 또 중문과 교수를 통해 臺灣大 의 張永儁 교수에게도 국제전화를 내어 초빙 교섭을 하였는데, 이들은 모두 나나 김 교수가 관계하고 있는 줄로 알고 동의하였을 것이기 때문이다.

23 (월) 흐리다 맑음

석가탄신일이라 종일 집에 있으면서 조평래 군이 고쳐서 제출한 논문을 다 읽고, 尹南漢 저 『조선시대의 양명학 연구』 중 耻齋 洪仁祐 관계의 내용을 다 읽었다.

24 (화) 맑음

어제에 이어 종일 『조선시대의 양명학 연구』를 읽었는데, 오늘은 東岡 南彦經과 慶安令 李瑤와 관련된 내용이었다.

조평래 군에게 그동안 검토한 논문을 돌려주고서, 6월 4일까지 최종 논문을 제출하도록 지시했다.

오후에 총장님이 불러서 가 보았는데, 최근에 기증받은 한적의 목록을 보여주며, 이 문헌들에 대한 나의 의견을 묻는 것이었다.

26 (목) 맑음

종일 이이화 씨의 『인물한국사』 중 광해군·정인홍·강홍립·최명길·소현세자·임경업 부분을 읽었다. 또한 폐모론에 관한 내암의 입장이 과연 어떠한 것이었던지 늘 궁금해 하고 있었는데, 『광해군일기』 9년 11월 을유 조에 좌의정인 내암이 의정부 및 이이첨에게 보낸 글이 실려 있어, 討逆을 주장하지만 母子의 명분만은 바꿀 수 없다고 하는 입장을 확인할 수가 있었다.

29 (일) 맑음

오전 10시 鳳谷洞 시외버스주차장에서 철학과 3학년 權順貞 양과 그 부친을 만나, 함께 그 부친의 고향인 산청군 단성면 立石里 文乙(中村)마을로 갔다. 마침 찾아간 곳은 작년에 허문도 장관이 보좌관과 이전문 씨를 보내어 남명에 대해 문의했던 한학자 惕窩 權宅容의 고택이었는데, 척와는 작년에 작고하여 빈소가 차려져 있었다. 척와의 장서를 조사하고서, 조금 아래쪽으로 내려온 곳에 있는 上村에서 安分堂 權逵의 후손들인 안동권씨의 재실 敬岡精舍에 들러 그곳의 장서를 조사했다.

남명과 관련된 자료들을 골라내어 빌린 다음, 재실 뒷산에 있는 안분당 권규와 그 아들인 竹亭 權文顯, 源塘 權文任, 죽정의 아들인 源堂 權濟와 그의 동생 混의 무덤에 참배했다. 이들은 모두 『德川師友淵源錄』 등에 실려 있는 남명의 종유·문인·사숙인들이며, 현대에 이르기까지 이 마을에서는 權秋帆 등 명유들이 배출되었다. 郭俔宇가 출생한 곳도 바로 이 부근에 있는 남사의 草浦마을인데, 그 아버지 道庵公이 이 선돌(立石)마을 뒤에 있는 石臺山이 방안으로 들어오는 꿈을 꾸고서 면우를 낳았다고 전해온다.

6월

3 (금) 맑음

『남명학자료총간』을 위한 해제를 H·손병욱 교수와 더불어 분담하기로 했었으나, 그 이후 상당한 시일이 지났음에도 불구하고 작업이 거의 전혀 진척되고 있지 않을 뿐 아니라, 공동 집필이 가지는 여러 약점도 고려하여 이미 H 선생에게 배정된 것들은 회수했었고, 손 선생으로부터도 오늘 모두 회수하였다.

5 (일) 맑음

저녁 무렵부터 조평래 군이 두 번째로 수정해서 제출한 석사논문을 읽기 시작했다.

6 (월) 맑음

온종일 조 군의 논문을 읽으면서, 웬만하면 내가 또 한 차례 수정해 주어 통과시키려고 했으나, 도무지 한문의 독해력이 되어 있지 않고 논문작성법의 기초도 몰라, 밤 아홉 시경에 더 읽기를 포기하였다. 소중한 시간을 낭비하는 결과가 될 뿐이다.

池田 선생에게서 편지가 오고, 武田 군이 항공편으로 다시 부친 『중국사상사연구』 제10호가 도착하였다. 池田 선생의 편지에 의하면, 內山 교수가 나의 박사학위논문 건에 대해 전향적으로 검토하고는 있지만, 여러 가지 문제도 있어 아직 수락한 상태는 아니라고 한다.

7 (화) 맑음

京都大 중철연구실의 주임으로 새로 부임한 內山俊彦 교수로부터 편지를 받았는데, 나의 학위 문제에 관해서는 10월 大正대학에서의 일본중국학회 대회에서 만나 상의하자는 내용이었다.

8 (수) 무더움

오전 10시 조평래 군의 석사학위논문 구술고사를 실시했다. 내가 주심이고 박선자·이성환 선생이 부심인데, 세 사람 모두 일치하여 불합격으로 결정했다. 나로서도 웬만하면 통과시킬 생각이었으나, 논문작성법과 정서법의 기초가 되어 있지 않고, 인용된 한문 원전의 구두와 해석이 엉망이라 부득이했다.

9 (목) 맑음

조평래 군이 찾아와 이번에 제출한 「조선조 실학의 本源에 대한 분석」이라는 석사학위논문은 교내의 신문이나 잡지 등에 게재하고, 다음 학기까지 寒岡 鄭逑에 관한 석사 논문을 새로 써서 제출하겠다고 하므로, 그보다는 현재의 논문을 수정 보완하여 보도록 지도하고, 아울러 이 논문이 왜 통과되지 못했는지를 심사용 논문에 내가 기입해 둔 내용들을 구체적으로 지적하며 설명했더니, 조 군도 충분히 납득하는 모양이었다.

18 (토) 맑음

김충렬 교수에게 전화해 보았더니, 지난달부터 그렇게 신신당부해 두었던 나의 「남명집 판본고 (2)」를 비롯한 논문들을 아직 전혀 손 써 두지 않은 모양이어서 기가 찼다. 오는 22일이 부교수 승진심사용 서류제출 마감이며, 김 교수는 그 이전에 반드시 책이 나올 것이니 염려하지 말라고 대답하고 있었던 것이다. 연세대학교의 柳仁熙 교수에게 전화하여 간사로서의 책임을 추궁하고, 21일 이전까지 게재증명서라도 보내 주도록 당부했다.

19 (일) 맑음

반바지에 모시 남방의 평소 집에서 지내는 대로의 차림으로 함양으로 떠났다. 남명이 지리산으로 들어간 장소의 하나인 馬川의 龍遊洞 일대 休川계곡을 산보하기 위함이다. 인월에서 점심을 먹고, 가지고 간 오만분의 일 지도를 보니 이성계의 荒山대첩지가 바로 이웃이었다. 버스로 마천을 거쳐 지리산 백무동까지 들어갔다가, 용유담 쪽은 다음으로 미루고 도로 인월로 나와, 택시로 전촌리에 가서 황산대첩碑殿을 둘러본 다음, 또다시 인월로 나와 남원 행 직행버스를 탔다.

남원에서 지난번 지나왔던 섬진강 코스를 정반대로 주파하여 구례에 왔고, 구례에서 버스를 고쳐 타고 하동으로, 그리고 하동에서 진주로 돌아왔는데, 도착하니 오후 여덟시 경이었다. 지리산을 한 바퀴 빙 두른 셈이다.

20 (월) 맑음

연세대의 유인희 교수로부터 게재증명서와 함께 편지가 속달로 부쳐져 왔다.

21 (화) 맑음

며칠 전부터 항문 근처에 손가락 두 마디 정도의 꽤 크고 단단한 결절이 생겨 있어 아내에게 상의했더니, 출근길에 병원에 들러보자고 했다. 대학병원의 일반외과 의사를 만나 검진을 받았는데, 주사기를 꽂아보니 고름이 섞여 나온다면서 가능한 한 빠른 시일 내에 수술을 받아야 한다는 것이었다.

학교에 가 승진서류 준비와 기말고사 문제 출제를 마치고서 그 처리를 조교에게 부탁해 놓고, 오후에 대학병원에서 수술을 받았다.

22 (수) 맑음

어제 이후 대학병원 4층 특실인 4101호실에 입원해 있는데, 경과는 좋은 편이어서 간밤에 이럭저럭 간신히 소변을 두 번 보았고, 저녁 무렵에는 대변도 보았다.

어제 거창의 熊陽중학교 교장으로 계신 吳煥淑 씨가 편지와 함께 자신이 편저한 남명, 내암 및 葛川 관계의 글 세 편과 내암에게 내려진 萬曆 연간의 교지 한 폭을 우송해 왔으므로, 종일 누워서 그것들을 읽었다.

23 (목) 비

오후에 학회장을 비롯한 과 학생들이 십여 명 문병을 왔고, 저녁에는 1학년 학생들이 열 명쯤 다녀갔다. 종일 누워서 서울대 국사학과 韓明基 군의 석사학위논문 「광해군대의 대북 세력과 정국의 동향」을 처음부터 다시 읽고 있다.

24 (금) 흐리고 때때로 비

어제부터 이어 계속 한명기 군의 논문을 읽었다. 경과는 좋은 편이어서 내일 퇴원해도 좋겠다고 한다.

26 (일) 맑음

회옥이와 함께 유아원 놀이터에 나가 있으니, 아내로부터 전화가 왔다는 전갈이 있었다. 내일 남명학연구원 이사회가 있는 관계로 서울의 김충렬 원장이 내려와 조옥환 사장과 함께 대학병원으로 나를 문병 갔다가, 퇴원했다는 것을 알고서 집으로 전화한 것이었다. 근처의 강변장다방에서 만나, 다시 우리 집으로 와서 대화를 나누다가 돌아갔다.

27 (월) 맑음

오후 일곱 시에 시내의 오동나무집에서 남명학연구원 이사회가 열렸으며, 거기에 참석한 다음 근처의 YMCA 지하다방에서 조 사장, 김충렬 교수와 내가 경상대 경남문화연구소장인 강희근 교수 및 이 연구소 간사인 김유철 교수와 만나, 그동안의 불편했던 양측의 관계를 종결짓고 10월에 있을 개교 40주년 기념 남명학 국제학술대회에 같이 협력하기로 했다.

7월

1 (금) 맑음

柏谷 陳克敬의 후손 陳正鉉 씨가 『東國氏族攷』란 책을 구했다고 연락해 와, 시내에서 만나 저녁 식사를 대접 받고 책을 빌려왔다.

9 (토) 무더움

한명기 씨의 석사논문 「광해군 대의 대북세력과 정국의 동향」을 계속 읽었다.

11 (월) 무더움

『광해군일기』와 『楸灘集』 중 이항복과 吳允謙의 내암에 의한 晦退辨斥에 대한 논박을 읽었다.

세 시 넘어서 H 선생과 함께 총장을 면담했다. 남명학연구소 설립과 관련하여 총장이 면담을 요청해 왔기 때문이다.

12 (화) 무더우나 오전 한때 비

오전 11시에 과 회의를 열어 철학과로부터 동양철학과를 분리 신설하는 문제를 협의했다. 이 문제는 수년 전부터 철학과 내에서 거론된 바 있었는데, 이번에 문교부로부터 정원조정 지침을 완화하는 공문이 내려옴에 따라, 본교에서도 과의 증설을 포함한 여러 대책들이 논의되고 있는 것이다. 분리 신설하되 입학정원은 각 30명씩으로 하고, 국민윤리교육과에 있는 공영립·손병욱 교수와 신임 인도·불교철학 분야의 교수를 포함한 기존 교수 네 명으로서 동양철학과를 구성한다는 원칙에 합의하고, 이를 건의하기로 하였다.

13 (수) 무덥고 때때로 비

동양철학과 분리신설 신청사유서를 작성했다.

14 (목) 천둥 번개와 비

종일 동양철학과 분리설치 신청 관계 서류를 작성하여 제출했다.

복사기가 지난달 18일 이후 고장으로 가동이 되고 있지 않은데, 독촉을 거듭하여 거금을 들여 부품을 교체했는데도 불구하고 여전히 상태는 개선되지 않고 있다. 조옥환 사장과 통화하여 차라리 학교 앞의 복사점에다 맡기기로 결정했으나, 그렇게 해서는 만족한 결과를 얻지 못하리라는 박쌍선 양의 견해 표시가 있고, 또 박 양이 작업이 끝날 때까지 계속 일하고 싶어 하므로, 지금과 같은 상태로 작업을 계속해 보기로 마음을 고쳐먹었다.

15 (금) 비

오전 11시부터 오후 3시 가까이까지 인문대 교수협의회 임시총회가 열려 인문대 인사위원회 구성 문제와 증과 증원 문제를 심의했는데, 인사위원회는 학장이 위원장이 되고 각과 학과장과 교무·학생과장으로 구성하기로 하고, 증과 문제는 지난번 학과장회의에서 일단 걸러진 후 넘어온 고고인류학과·동양철학과·서반아어과의 신설과 사학과를 국사학과·동양사학과·서양사학과로 분리하는 문제를 심의하여, 고고인류학과 40명과 철학과로부터 동양철학과를 분리 신설하여 그 입학정원을 각 30명씩으로 하는 안만을 승인하고, 나머지는 기각시켰다.

18 (월) 흐림

어제 학·처장회의에서 동양철학과의 분리신설이 아니라 철학과 내에 동·서 철학을 전공분리 하도록 한다고 결정된 안은 오늘 전체교수평의원회의에서 파기되고, 원안대로 분리신설하기로 결정되었다 한다.

19 (화) 맑음

오늘의 전체교수평의원회의에서 동양철학과의 분리신설이 최종적으로 확정되어, 문교부의 승인을 요청하기로 결정되었다 한다.

퇴근 무렵 H 교수와 함께 총장을 만나, 총장 관용차로 시내의 오동나무집으로 가서 남명학연구원 이사 및 운영위원들과 저녁 식사를 함께 했다. 하동근·鄭直教·김상조·하병렬·조옥환 씨가 참석했는데, 남명학연구소를 설립하기 위한 기금조성에 관한 협의였다.

26 (화) 굵은 비

삼현여고 교장인 최문석 선배가 나의 연구실을 방문했다. 溪堂 柳疇睦의 종손인 상주 사는 최 선생 장인을 위해 『喚醒齋集』에 실려 있는 「西厓柳先生去思碑銘 并序」를 복사해 가기 위해서였다.

27 (수) 비

서울의 온누리출판사에서 나의 「남명학자료총간 해제 서론」과 H 선생의 「남명 시에 나타난 구세정신」 再校刷를 보내왔으므로, 景仁文化社의 한국역대문집총서에 수록되어 최근 간행된 자료들과 『慕亭集』 관계 내용을 추가하는 작업을 시작했다.

퇴근 시에 서부시장 안의 水協에 들러 趙漢哲 씨를 만나서 『知足堂趙[之瑞]先生內外忠烈記』 중간본의 복사본을 빌려왔다.

28 (목) 맑음

종일 「해제 서론」에다 가필했는데, 특히 『鶴巖集』과 『慕亭遺稿』 부분을 새롭게 추가했다.

29 (금) 맑음

「해제 서론」의 교정을 한 차례 끝내어 박쌍선 양에게 발송을 부탁해 놓고서, 오후 3시의 고속버스로 아내와 함께 부산으로 떠났다.

30 (토) 맑음

동래에 있는 동부시외버스터미널로 가서, 청송의 주왕산으로 가기 위해 경북의 眞寶까지 표를 끊었다. 양산·경주·포항·영덕을 거쳐 진보에서 하차하여, 청송을 거쳐 주왕산에 도착했다.

개울가의 산채식당에서 늦은 점심을 들고, 그 집에다 민박을 정한 다음 짐을 두고서 아내와 함께 제3폭포까지 올라갔다가 어두워질 무렵 돌아왔다. 주왕산국립공원은 소문에 듣던 대로 절경이었고, 기암괴석과 폭포가 어우러져 기이한 경관을 이루고 있었다. 주위에서 야영하는 젊은이들의 노래 소리가 자정 너머까지 왁자지껄하였다.

31 (일) 맑음

조반 후 산채식당을 떠나, 도중에 주왕산 건너편 쪽의 달기약수터에 들러 下湯에서 上湯까지의 여러 약수 탕을 둘러보고, 진보로 나와 버스로 영양군 首比까지 갔다. 수비는 李葛庵인가 密庵의 출생지로 기억하고 있었기 때문인데, 노인정에 들러 물어보니 갈암·밀암 부자는 이곳에 살지 않았다고 한다. 수비의 강을 가로지르는 다리 건너편 언덕에 갈암의 父인 石溪 유허비가 남아 있을 따름이었다.

영양까지 도로 나와서 청량산 행 버스를 타려고 했으나, 산까지 가려면 영주 가는 버스를 타고 도중에 내려 약 20km를 걸어야 한다고 하므로 산행은 포기하고, 도로 진보를 거쳐 안동군 臨東까지 와서 하차했다.

임동에서 택시로 川前의 의성김씨 마을로 가서 靄山·九思堂 父子의 종택을 방문하여 종손과 대화를 나누고, 안동 시내에 왔다가 다시 택시로 서후면 金溪洞에 있는 金鶴峯 및 西山의 종택, 그 조금 위쪽 마을에 있는 張敬堂 종택을 방문하였고, 돌아 나오는 길에 학봉을 모신 臨川書院을 거쳐, 다시 그 길로 도로 천전을 지나 임동면 水谷2동의 속칭 한들(大坪)에 있는 柳定齋 故宅의 유허를 찾았다. 택시 기사를 비롯하여 이 한들이라는 지명을 아는 사람이 거의 없어 근처의 뭇골과 무실마을 등 柳氏들의 집성촌으로 잘못 찾아가 물었는데, 결국 한들뿐 아니라 臨河댐의 건설로 말미암아 定齋 종택을 이건해 놓은 장소까지 찾아내어 사진을 찍었다.

안동댐 아래의 민속마을에서 헛제사밥으로 저녁을 들고, 댐 부근 안동 시내로 들어오는 길목에 있는 개업한 지 일주일쯤 된다는 여관에다 숙소를 정하였다. 아내와 함께 안동에 오기는 이번이 두 번째이다.

8월

1 (월) 무더움

一直面 소호리에 있는 李大山의 종택을 방문하기 위해 안동 시내로 나와, 조반을 들 시간도 없이 버스에서 카스텔라와 우유로 끼니를 때웠다. 대산 종택에서도 부재중이라 종손을 만날 수 없었고, 그 집 앞 도로에서 택시를 잡아 암산 유원지에 있는 大山·小山 형제를 모신 高山書院을 방문하였고, 그 길로 택시를 돌려 여기저기에 물어서 일직면 구터라고 하는 곳에 사는 소산의 종손 이일복 씨를 방문하였다. 소산은 소호리에서 태어나 이곳저곳 이사를 했기 때문에 종택을 보존하고 있지 않으며, 구터에서 소산이 거주한 적은 없다고 한다.

이일복 씨에게 趙月川이 살던 곳을 물었더니, 예안의 달애라고 가르쳐 주었으므로, 그 택시로 안동까지 돌아와, 예안 행 시내버스로 바꿔 탔다. 예안에서 택시로 장마에 흙이 패여 차량 통행이 어렵게 되어 있는 산골길을 넘어서 달애에 다다르니, 댐 가에 월천서당이 남아 있고, 그 마을 사람들이 월천의 胎室址와 禹易東이 살았던 역동 마을을 손가락으로 가리켜 주었다. 달애도 도산에서 가까운 곳이지만 역동은 바로 도산서원 맞은편으로서, 수몰되기 전에 그곳에 있던 건물을 부근의 산 위로 옮겨 놓았다 한다.

2 (화) 무더움

10월 중순 大正대학에서의 일본중국학회에 참가하겠다는 반신용 엽서를 적고, 內山俊彦 교수에게도 엽서를 썼다.

3 (수) 무더움

총장실에서 불러 가보았더니 愚堂 河東根 씨가 와 있었는데, 남명학연구소후원회의 규정을 보여주었다. 이 총장이 초를 잡고 H 선생이 손을 보았다고 한다. 총장은 오늘도 내가 쓰고 H 선생이 좀 가필한 남명학연구소발기취지문을 H 선생에게 부탁해 썼다고 하므로 좀 기분이 좋지 않았지만, 표현할 수는 없는 일이었다.

『광해군일기』에서 李德馨의 내암 비판 차자와 朴乾甲·李宗郁 등의 내암 옹호 소를 읽었다.

4 (목) 무더움

오전 중에는 학교에서 『澗松集』과 『광해군일기』를 읽고, 점심 식사 후 고속버스로 부산으로 떠났다. 동래의 금강유스호스텔에서 열리는 부산주일모임 주최 제16회 하기수양회에 참가하기 위해서였다. 4일부터 7일까지 3박4일간인데, 나는 그 중 1박2일만 참석할 예정이다.

6 (토) 맑음

아침 6시 무렵 기상하여, 세수를 마치고는 여명의 어둠 속에 유스호스텔을 떠났다. 강원도 원주 부근의 간현에 소재하는 慈元寺에서 열리는 제3회 서울대학교 동양철학연구회 하계정기학술발표회에 참석하기 위해서이다.

매년 그렇게 느꼈지만, 서동연의 연구 경향은 철학·사상을 생산력과 생산관계의 반영으로 보는 유물사관이 주류를 이루고 있는 모양이다.

발표가 끝나고서 밤 세 시가 넘도록 까지 후배 및 친구들과 술을 마시며 토론을 했는데, 그들은 나의 실증주의적 입장에 대해 관심을 가지면서도 그것이 한국의 현실 문제 해결에 힘이 되어줄 수 없는 점에 대해 아쉽게 생각하는 모양이다.

8 (월) 맑음

『澗松集』중 연보와 내암의 右贊成辭職箚와 관련하여 疏會에 보낸 편지를 읽었다.

조옥환 사장 및 김충렬 교수와 전화를 주고받았는데, 내일 있을 운영위원회에 김 교수가 참석치 못하므로 내가 대신 연구위원회의 현황 보고와 앞으로의 계획을 발표해 달라는 것이었다. 모레 있을 남명제에 되도록 많은 학생들이 참석할 수 있도록 해 달라는 조 사장의 부탁이 있었으므로, 인문사회대 게시판과 과의 게시판에 남명제에 관한 광고를 써 붙이도록 조교에게 지시했다.

9 (화) 무더움

오전 11시 將臺洞의 일신예식장에서 금년도 남명학연구원의 운영위원회가 열렸다. 김충렬 교수가 오늘 한국동양철학회의 회의 관계로 밤늦게 내려오시게 된 까닭으로, 내가 원장을 대신하여 연구원 기관지 창간호 간행 추진상황과 내년도의 연구계획, 자료총간의 간행을 위한 자료수집 및 복사작업 현황, 그리고 금년 10월의 남명학국제학술회의 개최 및 경상대에 남명학연구소를 설치하는 문제 등을 보고했다. 남명제의 일자를 현재의 8월 10일에서 18일로 옮기는 문제 및 『덕천사우연원록』 및 『德川書院靑衿錄』 국역간행 계획 등이 토의되었다.

10 (수) 무더움

오전 11시 덕천서원에서 열리는 제12회 남명제에 참석했다. 이정한 총장이 초헌관으로서 참석하고, 제사가 끝난 후 김충렬 교수의 강연이 있었다. 남명제는 해를 거듭할수록 성황을 이루어가는 느낌이다.

그곳에서 대구의 韓盛機械 대표이사인 내암의 후손 鄭琪哲 씨를 만났고, 함께 온 成校珍 효성여대 교수 및 대구매일신문의 여은경 기자를 만났으며, 서울의 공무원교육원에 근무하는 金成龍 씨와도 인사를 나누었다. 그들과 함께 봉고차로 산천재와 內塘의 중재 김황 선생 고택에 들러 그 장남인 정관 김창호 씨를 다시 만났고, 진주성의 인사동 쪽 입구까지 와서 일행과 작별했다. 남명제에는 철학과를 비롯한 인문대생들도 다수 참석했고, 강희근 교수, 이월수 여사, 삼현여고의 최문석 교장 등과도 만났다.

11 (목) 흐리다 저녁 무렵 빗방울

어제 남명제에서 성교진 교수의 논문을 받았었는데, 종일 학교에서 그것을 읽었다. 내암에 관해 성 교수가 일찍이 『嶺大文化』에 한 편 발표한 것이 있었는데, 이번에는 상당한 분량의 논문으로 『曉大論文集』에 게재했던 것을 정 사장이 그 별쇄를 다수 인쇄하여 배포한 것이다. 성 교수는 牛溪의 후손으로서 그 선조인 우계에 관한 논문으로 건국대에서 철학박사 학위를 받았었는데, 이제 그 우계를 삭탈관직토록 한 중심인물인 내암을 재평가하는 논문을 쓰게 된 것은 아이러니라 하겠다. 정 사장의 부탁에 따라, 한명기 씨의 석사논문을 한 부 복사하여 정 사장에게 우송케 하였다.

15 (월) 흐리고 때때로 빗방울

아침에 장모가 포도를 가지고 오셔서 함께 식사를 하고, 회옥이를 포함한 모두가 農專 앞 시외버스 정거장으로 가서 마산으로 가는 두리를 전송하였다. 이렇게 헤어지면 언제쯤에나 다시 만나게 될지 참으로 기약이 없다고 생각하면 마음이 아프다.

돌아온 후 내내 마루에 누워 한명기 씨의 석사논문을 읽었다.

16 (화) 흐리다가 오후부터 비

『연려실기술』 중의 明宗祖隱逸 조와 李濟臣의 『淸江先生鯸鯖瑣語』 중의 남명 관계 기사를 읽었다. 丹城疏 사건과 思政殿 入對에 관한 새로운 사실들을 알 수가 있었다.

을유문화사로부터 『중국철학사』 3판의 인세를 송금했다는 연락이 왔다.

17 (수) 비, 저녁부터 천둥 번개

2학기의 수업시간표를 작성하였다. 새 학기에는 학부 강좌에 철학·한국철학사·중국철학강독이 각각 세 시간씩에다 교육대학원의 동양철학사특론 두 시간이 배정되어 주 11시간을 맡게 된다. 중국철학강독에서는 皮錫瑞의 『經學歷史』를, 동양철학사특론에서는 陳澧의 『東塾讀書記』 중 三禮와 春秋三傳 부분을 읽을까 생각하고, 이 두 저자에 관한 기록들을 좀 읽어보았다.

京都大 중문과에 연수원으로 가 있는 정헌철 선생이 臺北에서 2개월 남짓 체재하다 학교에 들렀기에, H·박추현 선생과 함께 시내에서 같이 점심을 들었다.

퇴근 시에는 강희근 선생의 차를 우연히 얻어 탔는데, 김유철 선생과 함께 조옥환 사장의 모친상에 문상 간다기에 나도 함께 가기로 했다. 이정한 총장도 와 계셔서 얼마동안 자리를 함께 했다.

18 (목) 흐림

『清史稿』의 儒林傳 중 陳澧 조와 『경학역사』 부록의 皮錫瑞傳 및 저술목록을 읽고, 잇달아 한명기 씨의 논문 중 누르하치 토벌을 위한 출병 부분까지를 읽었다.

19 (금) 맑으나 무더움

한명기 씨의 논문을 두 번째로 마저 읽고, 중문과의 朴秋鉉 선생으로부터 李鴻鎭 씨가 번역한 皮錫瑞의 『중국경학사』(원제 『경학역사』)를 빌어, 周予同의 序言 일부까지를 읽었다.

20 (토) 무더움

11시경 산청문화원장인 吳珪煥 씨가 나의 연구실로 찾아와 자신이 쓴 「德溪 吳健 선생 人間像」이라는 원고를 전해 주었고, 함께 이야기 하다 교수식당에서 점심을 같이 들고, 퇴근버스에 나란히 앉아서 학교를 나왔다. 오 씨는 경북대 사학과의 吳周煥 교수 친형이시며 75세의 노인인데도 아직 정정하시다.

22 (월) 무더움

池田 조교수에게서 문안 편지에 대한 회신이 왔는데, 內山 교수는 내 박사논문의 주제가 자신의 전공 밖인 점을 신경 쓰고 있으나, 학위심사 자체는 전향적으로 생각하고 있으니 염려 말라는 내용이었다.

23 (화) 흐리고 오후 한때 비

제40회 일본중국학회 대회에 참가하기 위한 여권수속을 시작하기 위해 본부 교무과에서 서류를 받아왔다.

24 (수) 맑음

여권 관계 서류를 작성하여 제출했다.

정오경에 京都大에서 일시 귀국한 정헌철·류왕표·김유철 선생과 함께 예하리에 가서 보신탕을 들고, 그곳의 넓은 연못에 가득 핀 연꽃을 구경하고서 돌아왔다.

정 선생 연구실에서 오늘자 ≪한국일보≫ 4면 전체에 실린 김용옥 씨의 檮杌孤聲 난에 실린 「학생론 (1)」을 읽었다. 김 선생은 그가 조선의 慧脈이라고까지 칭송해 마지않던 자기 은사 김충렬 교수가 당분간 지방대학에 가 있으라고 권고했다 하여, "그 혜맥을 쏙 뽑아다가 어느 술집 친구에게 주어 버렸다"고 절연을 공표하고 있다.

퇴근 시에 강변의 多島횟집에서 신구 학과장 교체 및 배석원 교무과장의 학위취득 관계로 학장이 酒席을 마련했다. 국문과와 중문과의 학과장이 교체되었는데, H 선생은 박추현 선생에게 중문과장을 물려주고 신설된 한문학과에로 소속이 변경되었다.

나의 부교수 승진 건이 본부 인사위원회에서도 통과되었다 한다.

25 (목) 맑음

동국대 철학과의 송재운 교수와 고대 김충렬 교수께 전화를 내어, 나의 「판본고 (2)」가 실린 논문집을 독촉했다. 이것이 벌써 몇 번째인지 알 수가 없으니 피차 민망한 일이다.

26 (금) 맑음

오규환 씨가 쓴 「덕계 오건 선생 인간상」을 마저 읽었고, 퇴계가 덕계·남명을 가리켜 '吳曹兩君'이라 말하게 된 배경과 그 의미를 찾아보았다.

김경수 군이 이미 복사가 끝난 남명학 관계 자료들을 내 방으로 옮겨왔으므로, 책장 위에 얹혀 있던 책들은 연구실 바닥으로 내려놓고서 그 빈자리에다 쌓아 올려놓았다.

28 (일) 맑음

11시경에 집을 나서서 삼가로 갔다. 남명 선조 3대의 묘소를 탐방하기 위해서이다. 삼가 읍내에 내려 선정비들이 늘어서 있는 곁 정자의 노인들에게 下板里의 위치를 물었더니, 상세히 일러주었다. 南冥譜의 도판에는 하판리 校洞이라 되어 있었지만, 교동은 枝洞의 오류였고, 지동은 일명 갓골, 즉 冠洞이라고도 한다는 것이었다. 마침 바로 곁에 세워진 노인회관을 개관하는 날이라 권유에 못 이겨 점심을 대접 받고, 岐陽樓와 삼가향교 및 남명의 母인 인천이씨의 선조로서 고려 말에 삼가로 귀양 와 처음 정착하게 된 李作臣의 신도비를 둘러보았다. 향교는 校洞에 있는데, 后山 許愈와 老柏軒 鄭載圭 등이 여기서 강학하며 처음 뇌룡정의 중건을 논의했던 곳이며, 신도비는 읍내의 차도 옆에 있어서 버스를 타고 지나치며 자주 보았던 것이지만, 오늘 비문을 읽어보고서 남명과 무관한 것이 아님을 비로소 알았다.

신도비 부근에서 택시를 불러 타고 지동으로 가서 曺명술 노인을 찾았고, 조 노인의 종제로서 묘소 아래쪽의 재실을 관리하는 분의 안내로 산소로 올라갔다. 산소에 올라가는 길은 잡목으로 덮여 있어 낫으로 쳐

내면서 올랐다. 남명의 父인 曺彦亨의 묘 앞에는 姜麟瑞가 글씨를 쓴 남명 찬 묘갈이 있었는데, 김충렬 교수가 보았다고 하는 남명 친필의 비석은 아무 곳에도 없었다. 判敎公墓 위는 증조부 安習의 묘이며, 다시 그 위가 조부 永의 夫妻 묘가 쌍분으로 되어 있고, 안습의 왼쪽에는 남명의 아우 桓의 아들인가 손자가 되는 松齋公 부처의 쌍분이 있었다. 안습의 처인 江城文氏 묘는 동래에 있다 하며, 언형의 아우 彦卿의 묘는 삼가에서 兎洞으로 오는 도중 도로변의 언덕에 있는데, 지금 군인들이 무슨 공사를 하고 있는 곳 바로 부근이라 한다. 남명 母인 인천이씨는 선산 아래쪽 枝洞池가 있었다가 이제는 논이 되어 버린 곳 옆의 언덕 위에 있는데, 圭菴 宋麟壽가 찬한 묘갈이 역시 강인서의 필로 씌어져 있었으며, 오히려 선산보다 더 잘 다듬어져 있다는 느낌이었다. 지동으로 올라가는 도중 묘소 입구의 찻길 옆에는 송재공의 비가 서 있었는데, 송재공은 아래쪽 하판리에 거처했다 한다. 이 하판리 일대가 남명의 본댁이 있었던 곳이며, 또 萬曆 4년에 晦山書院이 세워졌다가 임란 때 소실된 晦峴은 지동 부근의 어느 곳임이 거의 틀림없을 것이다.

30 (화) 맑으나 오후 한때 비

출근 전에 연세대의 柳仁熙 교수에게 전화하여 논문집의 출간 시기에 관해 물었더니, 9월 중에는 간행될 것이라 하면서 학교 당국에서 승진을 결정했다면 문교부에서 거부할 리가 없으니 초조하게 생각지 말라는 것이었다. 회장인 김충렬 교수가 8월 중으로는 충분히 간행될 것이라 했고, 또 지난 25일에 전화했을 때도 송재운·김충렬 양 교수가 결과를 연락해 주겠다고 약속했음에도 불구하고 8월이 다 가가는 오늘까지 아무 연락이 없으므로 다시 전화하게 된 것이지만, 마치 내가 안절부절 하고 있는 듯한 모양이 되어 자존심이 상했다.

교무과에서 여권 관계 서류가 결제되었다는 연락이 왔으므로 받아 왔고, 퇴근 시 아내와 푸른극장에서 상영하는 〈차이나 걸〉을 관람한 다음, 그 부근의 칠성사진관에서 여권용 사진을 찍었다. 10월 8일자 부산 발

東京 행 KAL 편도 예약해 놓았지만, 11일자 귀국 편은 예약이 만료된 상태라 대기 신청을 해 두고서, 大阪 발 부산 행 여객선인 올림피아 호의 시간 등도 알아 두었다.

31 (수) 맑음

오전 11시에 학과장회의가 있었고, 東湖 金麟煥 씨로부터 전화가 와서 시내의 서울깍두기 집에서 함께 점심을 들었다.

9월

1 (목) 맑음

『광해군일기』에서 이이첨 등이 도성 近地에 武溪書院을 건립하는 과정에서 일어난 물의와, 任叔英이 曹溪洞에 남명 서원을 건립함을 비방한 일로 말미암아 사헌부로부터 탄핵을 받은 내용을 읽었다. 이를 통하여 동대문 밖의 白雲書院은 사액 전에 道峯書院이라는 이름을 가지고 있었고, 무계서원은 북문 밖 무계에 세워질 예정이었으나 물의로 말미암아 조계동으로 옮겨진 것이리라는 것, 그리고 이 양자는 서로 별개의 것임을 짐작할 수가 있었다.

4 (일) 흐리고 오후에 가랑비

안의에 가서 龍湫폭포와 용추사를 구경하고, 그 계곡을 산보했다. 『孤臺日錄』에 보면 정한강도 이 폭포를 보러 오고 있다. 黃石山城에 올라가 볼까 했으나, 일기가 불안하여 일찍 진주로 돌아와, 푸른극장에서 〈탑건(Top Gun)〉이라는 영화를 보았다.

7 (수) 맑음

『광해군일기』 9년 조의 尹惟謙과 鄭渾이 폐모론을 주장하는 소를 읽었다. 윤은 강진에다 남명 서원을 세우고자 하다가 물의를 일으킨 인물인데, 이 해에 大論을 首發한 연고로 인조반정 직후 처형당하였다.

박쌍선 양이 도청 여권계에서 나의 새 여권을 발급받아다 전해 주었다.

8 (목) 맑음

철학 수업을 마치고 난 후, 11시경에 부산의 일본영사관으로 비자를 받기 위해 떠났다. 초량 입구에 있는 영사관은 조선 시대에 왜관이 있던 古館 부근임을 오늘 새삼스레 깨닫고, 일인들이 그 위치를 선정함에 있어 범상하지 않았음을 알았다. 내일 오후에 다시 오라기에, 광안리 입구의 큰누나 상점으로 가서 접수증을 전하고, 받아두도록 부탁해 놓고서 돌아왔다.

9 (금) 맑음

종일 『광해군일기』 9년 조의 폐모론의 전개 과정을 읽었다. 내암이 토역을 주장하되 폐모에는 반대하는 입장이었음을 확인할 수 있었고, 기자헌·이항복이 護逆의 죄목으로 유배되는 상황, 그리고 허균이 역적으로서 기자헌의 아들에 의해 고발되는 사유를 읽었다. 허균이 김제남 등과 통해 있었다면 영창대군의 옹립 음모는 현실적으로 존재했던 것이 아닐까?

14 (수) 맑음

『광해군일기』 중 9년의 남명 請廡疏와 관련된 내용들을 읽었는데, 河仁尙 등의 최초의 청무소는 9년이 아니라 7년에 있었으며, 9년 당시 내암의 직책이 좌의정이었고, 이 상소들과 관련하여 상당한 물의가 있었음을 알았다.

KAL 진주지사에 전화해 보았더니 10월 11일에 東京으로부터 돌아오는 비행기 좌석이 확보될 수 있다 하며, 권오민 씨가 오늘 전임 발령장을 받았다.

15 (목) 가끔 빗방울

강희근 교수 연구실에서의 남명학 국제학술회의에 대비한 실무 모임에 참가하였다. 각 발표자에 대한 토론자를 정하고, 종합토론의 참가자 및 그 토론방식에 관한 협의를 했는데, 나는 김충렬 교수의 발제 다음 첫 번째 순서로서 「남명학 연구의 의의」라는 제목으로 발표하며, 고려대의 윤사순 교수가 내 발표의 토론자로 정해졌다.

16 (금) 맑음

경남문화연구소 김유철 간사의 부탁에 따라 서울의 금장태 교수와 김충렬 교수에게 시외전화를 걸어, 금 교수께는 臺灣大 張永儁 교수 논문에 대한 논평을 부탁하여 승낙을 얻고, 김 교수로부터는 국제학술회의에서 발표될 논문들을 25일까지 보내주겠다는 약속을 얻었다.

서울에서 온 法印文化社의 사장이 가져온 팸플릿에는 내가 몇 달 전에 제공한 四部叢刊正編의 견본 팸플릿이 그대로 영인 수록되어 있고, 이 총서가 조만간 완간된다는 소식을 들었다. 그러므로 사부총간의 국내 영인본은 나의 소개 및 권유에 의해 간행되게 된 셈이다.

17 (토) 맑음

『연려실기술』 권20의 廢主光海君故事本末 가운데 朴應犀之獄과 廢削節目을 읽었는데, 내암이 西宮에 관한 일을 중국에 奏聞할 것을 榻前에서 건의한 일과, 대비의 誥服을 거두어가도록 奏請하자는 觀松의 주장에 대한 收議에 있어, 領相으로 있던 내암이 이를 찬성한 사실을 확인하였다.

18 (일) 맑음

진양군 智水面 鴨寺里에 있는 金東岡의 위패를 모신 龍江書堂에 가보려 했으나, 이럭저럭 하다 버스를 놓쳐버려서, 그 대신 합천군 佳會面으로 가 滄洲 許燉의 유적을 찾았다. 吾道里에서 眞庵 許洞 선생이 살던 집과 滄洲精舍인 道山書堂이라는 김해허씨의 재실을 둘러보고, 德村里로 돌아 나와서는 滄洲의 釣磯臺와 后山 許愈의 死後에 세워진 后山書堂에 들렀다. 안내해 준 덕촌의 허씨 종손을 따라 三德齋라는 재실에 가서 소장된 책들을 좀 뒤져보다가, 시간이 어중간해서 오후 6시발 버스를 타고 진주로 돌아왔다.

19 (월) 맑음

세 시간 수업을 마치고 난 후 퇴근 시간까지 줄곧『연려실기술』권20의 廢母論과 관계된 기록들을 읽었다. 계축년에 廢母殺弟를 포함한 討逆疏를 처음 올린 李偉卿은 바로 남명의 조카인 新庵 李俊民의 손자임을 처음 알았고, 계축년 鄭寒岡과 鄭桐溪의 全恩疏에 있어서도 김제남의 역모 자체는 부정되어 있지 않으며, 문제는 대비와 영창대군에 대한 처우에 있었음도 알았다.

21 (수) 맑음

田中良子·武本民子 씨, 그리고 內山俊彦 교수께 엽서와 편지를 써서, 10월 초 東京에 갈 준비가 완료되었음을 알렸다.

22 (목) 맑음

남명학 국제학술회의에 발표할 논문의 요지를 작성하기 시작했다.

23 (금) 맑음

어제에 이어 발표논문의 요지 작성을 일단 마쳤다.「남명학 연구의 의의」라는 제목으로「남명학자료총간 해제 서론」중 쇠퇴의 원인과 연구의 의의 두 절을 요약하는 일이기 때문에 크게 시간을 요하는 작업은 아니었다.

24 (토) 흐리고 한때 빗방울

오전 중 학교에 가서 어제 써놓은 발표논문 요지를 다시 한 번 읽으면서, 워드프로세서 처리를 위해 한자로 적지 않아도 되는 부분은 모두 한글로 고치도록 표시하고, 약간의 필삭을 가했다.

25 (일) 흐림

『연려실기술』 권20의 廢主光海君故事本末을 마저 읽고, 권21의 일부도 읽었다.

26 (월) 흐렸다 갬

추석 연휴로 집에서 『연려실기술』 권19를 독파했다.

27 (화) 맑음

「남명학 연구의 의의」 발표문을 경남문화연구소 간사인 김유철 선생에게 전했다.

28 (수) 맑으나 기온이 다소 하강함

『광해군일기』 중 임자년 내암이 처음 광해군과 登對한 내용을 『내암집』 下의 登對草와 대조하며 읽었다. 사대 사회교육과의 金俊亨 선생이 연구실로 찾아와 『浮査集』 복사본을 빌려갔다.

29 (목) 맑음

출근하기 전 조옥환 사장으로부터 전화가 걸려와 남명학 국제학술회의의 준비 상황을 물으므로, 일본 富山대학의 藤本幸夫 교수가 못 오게 됐다는 사정 등을 설명하고, 김충렬 교수께 연락하여 남명학연구원 기관지 창간호의 간행을 서둘러 줄 것을 부탁했다. 조 사장은 굳이 내가 아는 사람 중에서라도 일본의 학자를 초빙해 보도록 권하므로, 內山俊彦 교수와 池田秀三 조교수를 한 번 교섭해 보겠노라고 응답했다. 학교의 김유철 선생 연구실에서 강희근 경남문화연구소장, 鄭鉉在 선생 등과 함께 앉아 그 문제를 협의하여, 일단 초청을 교섭해 보기로 합의했다.

30 (금) 맑음

아침 출근하고서 국제전화로 池田秀三 교수와 통화하였는데, 池田 선생은 회의가 있어 막 집을 나서려는 참이었으므로 용건만 간단히 말했다. 池田·內山 두 교수 모두나 혹은 한 분, 그리고 양쪽 다 여의치 않으면 西脇常記 교수에게라도 토론 참가의 형식으로 남명학 국제학술회의에 참가하도록 물어보아 줄 수 있겠는가라는 것이었는데, 예상했던 대로 전공이 아닌 관계로 올 용기가 나지 않는다고 하며, 생각해 보고서 편지 등으로 연락해 주겠다는 대답을 받았다.

오후 다섯 시부터 학과장회의가 있었으나 김유철 선생과 언쟁을 벌리노라고 참석치 못했다. 어제 김 선생 연구실에서 네 명이 회의할 때, 21동 1층으로 옮겨진 경남문화연구소의 사무실에 외부 학생의 출입을 삼가게 하고, 공간의 일부를 내어 몇 사람의 근로장학생을 배치시켜서 남명학 국제학술회의 관계의 업무를 처리한다는 데 합의했었는데, 김 선생의 요구는 박쌍선 양으로 하여금 응접세트는 물론 책상까지 비워주고 구석의 조그만 책상으로 옮겨가 지금까지 해 온 작업을 하도록 조처해 달라는 것이었다. 이 작업은 이제 막바지에 접어들어 조만간 끝나게 되어 있는 것인데, 이렇게 다그치는 것이 실상에 있어 그 방의 주도권을 잡겠다는 의도임이 분명했다.

10월

2 (일) 맑음

아침에 여관의 TV로 한국 선수가 권투에서 동독 선수를 누르고 또 하나의 금메달을 획득하는 것을 지켜본 후 구천동을 떠났다. 버스로 赤裳에 내려 조선왕조실록을 보관했던 史庫址를 보러 安國寺를 향해 산을 오르기 시작했지만, 구천동에서 여관을 나오다 사먹은 어름이라는 산열매를 잘 모르고 씨 채 씹어 삼켰던 것이 내내 속이 거북하게 된 원인이 되어, 산을 거의 삼분의 이쯤이나 오른 지점에서 모두 토해내고서 그냥 하산했다.

장수에 들러 논개의 사당인 義巖祠를 참배하고서 도로 長溪로 나와, 저녁 무렵 진주 행 버스를 탔다. 버스가 육십령을 향해 달려갈 때 길가의 논개 출생지가 있는 지역임을 알리고 있는 石標도 다시 한 번 유심히 보았다.

밤 8시 30분경 집에 도착하니, 武本民子 씨로부터 공항에 마중 나오겠으며 10일 밤에 환영회를 준비하겠다는 엽서가 도착해 있었고, 누나로부터 내일 오겠다는 전화와, 조옥환 사장으로부터 김충렬 교수와 함께 7일에 만나자는 전화가 걸려왔다.

4 (화) 맑음

출근하는 길로 경남문화연구소 사무실로 가, 박쌍선 양에게 김유철 선생이 요구한 바와 같이 큰 책상을 내어주고 작은 책상에서 작업할 것을 지시하고, 아울러 이 달 17일까지 모든 작업을 마치도록 당부했다. 또한 김경수 군을 학교로 불러와, 박쌍선 양이 할 수 없는 일들을 도와주어 기한 내에 처리하도록 타일렀다.

전시할 남명학 관계 문헌들의 목록을 뽑는 작업을 시작했다.

5 (수) 아침 한때 빗방울

KAL 진주지점에 가서 부산에서 東京까지 왕복 비행기 표를 끊고, 외환은행에서 일화 10만 엔을 바꾸어 왔다. 이로써 출국 준비는 모두 끝난 셈이다.

김유철 군에게서 전화가 걸려왔었는데, 고대의 윤사순 교수로부터 나의 논문 토론자로서 올 수 없겠다는 의사의 표명이 있었다면서, 그렇다면 대신 누가 적당하겠느냐는 의견을 묻는 내용이었다. 충북대의 柳初夏 씨가 무난하겠다는데 의견의 일치를 보았다. 지난번 다툰 일을 미안하게 생각해서인지 다소 태도가 공손했다. 전시할 남명학 관계 문헌을 선정하는 작업을 계속했다.

6 (목) 맑음

엊그제 김경수 군을 불러 이 달 17일까지 남명학 관계 문헌의 복사 정리와 자료전시 준비를 모두 끝마칠 수 있게 협력하도록 타일렀으나, 어제 경남문화연구소에 가보니 김 군이 아무 일도 하지 않고 돌아갔다 하므로, 오늘 박쌍선 양으로 하여금 김 군 집으로 전화하여 그냥 돌아간 이유를 묻게 하였다. 박 양의 보고인 즉, 김 군은 군 입대 영장도 나와 있고 석사논문을 작성 중이라 바쁘다는 것이었다. 실로 師弟의 도가 끊어져, 달면 삼키고 쓰면 뱉는 시대인가!

얼마 전 산청문화원장인 오규환 씨로부터 오덕계의 친필 일기라는 것이 부쳐져 왔으므로, 복사를 마친 후 H 선생에게 보여 감정을 부탁했는데, 표지의 篆書는 『歷季日記』라 되어 있고, 嘉靖 병인년 남명이 소명을 받아 사정전에서 명종께 登對했을 때의 기록이 보이는 등 진품이 틀림없다는 것이었다.

종일 전시할 문헌들의 목록을 만드는 작업을 계속했으나, 찾아오는 학생들이 많아 오늘도 마치지 못했다. 내 논문의 토론자로는 동아대의 劉明鍾 교수로 최종적으로 낙착되었다 한다.

7 (금) 맑음

오전 중 총장님으로부터 전화가 걸려와, 남명학연구소의 후원회 창립총회시기에 관한 의견을 물었다. 경남문화연구소의 강희근 소장과 상의하여 19일경으로 잠정적으로 정했다.

서울에서 김충렬 교수가 내려와 12시 30분에 오동나무집에서 조 사장·강희근·김유철 교수와 함께 다섯 명이 모여 점심을 함께 들었다. 『남명학연구논총』 창간호 1,000부도 인쇄하여 왔다.

전시할 남명학 관계 문헌목록을 완성하여 경남문화연구소 측에 전하였다.

8 (토) 맑음, 일본은 비

아침 여덟 시에 법학과의 강대성 교수가 부산 가는 길에 나를 태워가겠다며 자신의 차를 몰고 왔으므로, 김해공항까지 편안하고도 출발 시간에 넉넉하게 도착할 수가 있었다. 12시 10분 발 東京 행 KAL716편으로 한 시간 40분 정도 비행하여 成田 新東京국제공항에 도착하였다. 한국에서는 내일인 9일까지 서머타임 제를 실시하고 있으므로 비행기 안에서 다시 한 시간을 조정한 결과 成田까지 반시간 남짓 밖에 소요되지 않은 결과가 되었다.

成田공항에 武本民子 씨와 田中良子 씨가 마중 나와 있었으므로, 함께 京成스카이라이너 특급열차를 타고 약 한 시간 만에 上野驛에 도착하였다. 東京 지역은 비가 계속되고 있다고 한다. 숙소를 정하기 위해 열 곳 정도 전화를 걸어보았지만, 일본은 사흘 동안 연휴가 계속되는지라 호텔마다 만원이었다. 淺草觀音으로 유명한 金龍山 淺草寺를 둘러보고, 그 입구의 식당에서 스키야키와 맥주를 대접받았다. 도무지 빈 방이 있는 호텔을 찾을 수가 없어, 上野까지 도로 나와 田中 씨와는 헤어지고, 大田區 南千東 2-10-9에 있는 武本民子 씨 댁으로 가서 1박하게 되었다.

9 (일) 흐림

아침에 武本民子 씨가 전화로 겨우 호텔 방을 하나 예약하였는데, 上野 다음 정거장인 지하철 入谷 역 北口 근처의 入谷스테이션 호텔이었다. 아침 식사 후 武本 씨 남편으로부터 南千東驛까지 배웅을 받고, 일본중국학회 제40회 대회장인 西巢鴨의 大正대학으로 가는 도중에 三田線 지하철 열차 안에서 같은 대회장으로 가는 池田秀三 조교수를 만났다.

大正대학에서 등록을 마친 다음, 연구발표에는 별로 참석하지 않고서 金文京·福嶋正·西脇常記·武田時昌 등 京大의 옛 지인들과 대화를 나누었고, 휴게실에서 內山俊彦 교수와 인사를 나눈 다음, 점심시간에는 식당에서 池田·內山 교수와 도시락을 함께 들며 나의 박사학위 취득 건과 관련한 협의를 하였다. 남명학에 관한 학위논문을 장차 5년 전후하여 제출하기로 하고, 앞으로는 주로 일본어로 논문을 써서 일본의 학술지에 발표하되, 발표 전 두 교수에게 사전에 논문의 복사물을 보내어 검토를 받기로 하였다.

10 (월) 맑음

호텔 부근의 식당에서 주먹밥정식으로 아침을 들고, 原宿의 明治神宮과 신궁 안의 박물관 및 정원을 관람한 다음 代代木공원을 산보하였다. 大正대학에 도착했을 때는 이미 연구발표가 끝나 있었다. 먼저 돌아가는 池田 교수와 작별한 다음 식당에서 內山 교수와 도시락을 함께 들었고, 강당에서 열린 심포지엄을 끝으로 예정 시각보다 좀 늦게 대회가 모두 끝났다.

오후 네 시 반부터 武本 씨 댁에서 나를 환영하는 모임을 베푼다 하므로 가보았더니, 田中良子·水野키티·武藤陽一·甲斐(舊姓 早島)綾子·小林彰, 그리고 이번 여름의 부산 유스호스텔에서 열린 수양회에 참석했던 부인 한 사람이 왔다. 함께 만찬을 들면서 유쾌하게 지껄이다, 일부는 가고 나는 田中·甲斐 씨와 함께 밤 아홉 시가 지나서 그 집을 나왔다. 武本民子 씨와는 南千束 역에서, 甲斐 씨와는 上野 역에서, 그리고 田中 씨와는 北千束 역에서 각각 작별하였다. 선물을 잔뜩 받아서 짐이 많아졌다.

13 (목) 맑으나 쌀쌀함

내 논문의 논평을 맡아줄 동아대의 劉明鍾 선생께 서신과 더불어 「남명학자료총간 해제 서론」의 全文을 복사하여 우송했다. 이번에 발표할 「남명학 연구의 의의」는 이 논문에서 緖論 부분의 제2·3절을 적당한 분량으로 줄인 것이기 때문이다. 발표할 원고를 워드프로세서로 인쇄해 왔기에 한 차례 교정을 보았다.

김경수 군이 어제에 이어 학교로 와서, 학생 몇 명을 동원하여 복사된 자료들을 내 방으로 옮기고, 이 제본된 책들을 분류하여 배열하는 작업을 계속했으나, 오늘도 끝내지는 못하였다. 김 군은 17일자로 논산훈련소로 입대한다 하므로, 최근에 간행된 『남명학연구논총』 제1집을 선사했다.

14 (금) 맑음

발표 논문의 두 번째 교정을 보고, 전시자료 목록의 교정도 마쳤다. 내 방에 보관된 남명학 관계 도서의 분류를 마치고서, 김경수·조평래 군과 함께 학교 앞의 주점에서 저녁을 들며 김 군의 송별을 겸한 술을 마셨다.

15 (토) 맑음

전시할 문헌을 전시장인 도서관 2층의 향토자료실로 옮기게 하였다.

17 (월) 맑고 포근함

『남명학연구논총』 제1집 가운데서 배종호·김충렬·鄔昆如·張永儁 씨의 논문을 대충 읽고, 귀가해서는 三浦國雄 씨의 「曹南冥と老莊思想」을 읽었다.

점심 식사 후 향토자료실로 가서 전시자료들의 배치를 지도하고, 일부 자료는 복사 및 제본 상태가 좋지 못하여 박쌍선 양으로 하여금 이를 수정하게 했다.

내일부터 남명학 국제학술회의가 개최되는데, 회의 장소인 시청각관 종합강의실을 총학생회 측이 의상 쇼 및 초청강연 등의 목적으로 사용하게 되어, 국제학술회의는 17동 185강의실로 바뀌어졌다 한다. 너무나 기가 막혀 학생처장에게 전화를 걸어 놀랍고도 불쾌하다는 뜻을 표시했다. 학생처장이 아니라 총장인들 학생들의 눈치만을 살피고 비위를 맞추기에 급급한 시대이니 무슨 소용이 있겠는가만, 대학이 이럴 수는 없는 것이다.

18 (화) 맑음

아침 출근길에 도서관 향토자료실에 들러 진열된 문헌들 중 일부 복사상태가 좋지 못한 것은 보다 상태가 좋은 것으로 교체하고, 적어도 한 사람은 반드시 자리를 지키고 있어 전시된 자료가 분실되거나 훼손되는 일이 없도록 할 것을 지시했다.

오후 2시 15분경부터 17동 185강의실에서 남명학국제학술회의가 개최되었다. 강희근 경남문화연구소장 및 이정한 총장의 인사말이 있은 다음, 김충렬 교수가 『남명학연구논총』 제1집 序인 「남명학을 오해와 소외에서 바로잡자」는 논문을 기조연설로서 발표하고, 잇달아 첫 번째 발표자로서 내가 「남명학 연구의 의의」를 낭독하며 약간의 설명을 추가하였다. 내 논문의 논평을 맡아주기로 되어 있던 동아대의 유명종 교수는 학내 사태가 심각하여 오지 못하고, 대신 나의 연구실로 전화를 걸어왔는데, 다른 부분은 모두 좋으나 남명을 조선조 예학의 시조로 간주하는 것은 무리하다는 지적이었다.

잇달아서 臺灣大의 張永儁 교수가 「曺南冥之理學造詣及人格成就」라는 논문 중 神明舍圖 부분을 발표하였고, 서울대 금장태 교수의 논평이 있었다. 통역은 중문과의 柳應九 선생이 맡았는데, 유 선생은 철학이 전공이 아닐 뿐 아니라 통역할 내용이 길어 충분한 의사전달이 이루어지지 못했다.

장소가 대형 강의실이라고는 하나 좌석이 부족하여 학생들은 거의 참관하지 못하고, 청중의 대부분이 유림이라 분위기가 산만하였다. 李樹健·三浦國雄 교수 등과 인사를 나누었고, 金敬烈 씨로부터 최근에 자신이 출판한 『다큐멘터리 智異山 2』를 기증받았다.

6시 30분 무렵부터 동방호텔 대연회장에서 총장초청 만찬회가 있었는데, 나는 三浦 교수와 나란히 앉아 시종 대화를 나누었으나, 모두들 착석한 채 식사를 했으므로 대화가 거의 이루어지지 못하여, 전체적인 분위기는 무겁고 거북했던 듯하다.

19 (수) 맑음

학술회의의 2일째. 오전 중에는 원광대 배종호 교수의 「남명사상에 있어서 성학십도」와 이에 대한 한림대 지곡서당 이광호 씨의 논평이 있었고, 잇달아 大阪시립대 三浦國雄 씨의「曺南冥と老莊思想」및 성태용(건국대) 씨의 논평이 있었다.

점심 식사 후 三浦 씨와 향토자료실에 전시된 남명학 관계 자료 88종을 둘러보며 설명하느라고 오후의 첫 발표로 넘겨진 鄔昆如(臺灣大) 교수의「曺南冥之社會哲學」에는 참석치 못했고, 이에 대한 李秉休(경북대) 씨의 논평 부분부터 회장에 다시 들어갔다. 잇달아 이수건 (영남대) 씨의「남명과 남명학파」와 李泰鎭(서울대) 씨의 토론, 李離和(역사문제연구소 부소장) 씨의「정인홍의 정치사상과 현실 인식」및 文暻鉉(경북대) 씨의 토론, H(경상대) 씨의「남명 시에 나타난 구세정신」및 金周漢(영남대) 씨의 토론이 있었다. 이로써 이 날의 2·3부 발표가 모두 끝난 셈이지만, 시간이 예정을 꽤 초과하여 가므로 내가 사회자에게 거듭 신호를 보내어 겨우 6시 반경에 마칠 수가 있었다.

저녁 식사는 남명학연구원의 초대로 교수들은 오동나무집에서 술과 음식을 대접받았는데, 그 후 다시 동방호텔로 돌아와 성태용·이광호·유초하 및 이이화 씨 등과 함께 밤 한 시 무렵까지 술을 마시고 귀가했다.

20 (목) 맑음

상오 9시 30분부터 동방호텔 대회의실에서 성균관대 李佑成 교수의 사회로 종합토론이 있었는데, 이 토론을 위해 초대된 柳初夏(충북대)·李篪衡(성대)·林熒澤(성대) 및 吳主煥(경북대) 교수에게 주로 발표할 기회가 주어졌다.

교수들은 시내의 갑을불고기 집으로 가서 점심 식사를 들고, 다시 호텔로 돌아와 일반 참가희망자와 함께 두 대의 버스에 분승하여 남명유적 탐방에 나섰다. 시간 관계로 한 대는 덕산 또 한 대는 삼가와 김해로 나뉘어 가게 되었는데, 나는 아내와 나란히 덕산 쪽으로 갔다. 三浦·鄔·張 등 외국에서 온 세 교수도 모두 이 그룹에 참여하였으므로, 내가 일어와 중국어로 유적들에 대한 설명을 하였다. 덕천서원과 산천재·신도비를 둘러본 다음, 三浦 씨와 그를 수행하여 온 野崎 씨는 別廟와 묘소 등을 둘러보고서 구례로 가서 내일 지리산 유람을 하겠다고 하므로 산천재 부근에서 三浦 씨와 작별하였고, 진주 시내까지 와서 우리 부부는 버스에서 내려 귀가하였다.

25 (화) 맑음

오후 두 시경에 동호 김인환 씨가 연구실로 찾아와 퇴근 시간이 가까워 올 무렵까지 대화를 나누었다.

26 (수) 맑음

김경수 군의 석사학위 논문을 좀 읽어보았는데, 주석에 참조하라고 적혀 있는 참고문헌목록이 없을 뿐 아니라 영문 초록이 빠져 있고, 주석에도 번호만 있고 내용이 없는 곳 등이 있었다.

27 (목) 맑음

김경수 군의 논문 관계로 과 교수들과 협의해 보았지만 이러한 상태로 논문을 접수하는 것은 마땅치 않다는 의견이 지배적이었으므로, 내가 지도교수로서 김 군의 논문 제출을 허락지 않기로 결정을 내렸다.

28 (금) 맑음

조평래 군의 석사학위청구논문을 읽어보았는데, 지난 학기에 제출했던 것에 비해 달라진 것이 별로 없고, 심지어는 내가 상당한 시간을 들여 읽고서 수정하도록 지시했던 곳들도 그냥 두어둔 데가 많았다. 도대체 조 군은 반 년 동안 무엇을 했는지 모르겠다.

京都大 중문과에 연수원으로서 유학 가 있던 정헌철 선생이 영주귀국했다. 아직 기간이 남았지만, 타국 생활이 지긋지긋해서 일찍 돌아왔다고 한다.

31 (월) 맑음

오후에 조평래 군이 왔기에, 그가 제출한 논문 사본에다 내가 읽으면서 표시해 둔 곳들을 하나하나 지적하며, 논문 작성이 부실한 점과 지난 학기에 내가 지적했던 시정 내용들이 반영되지 않은 점을 힐난했다. 조 군은 다만 자신이 노력을 하지 않았다기보다 재능이 부족해서 그렇다고 변명할 따름이었다. 아! 이런 둔한 학생들을 제자라고 가르치는 내 처지가 한심하다. 맹자의 君子三樂에 '得天下之英才而敎育之樂'이 포함되어 있거늘……

문교부의 내년도 전국 각 대학 정원조정 지침이 발표되었는데, 우리 대학의 경우 수의과대학의 분리 설치와 한 과의 증설만이 인가되었을 뿐, 동양철학과 등의 신설은 모두 물거품이 되었다.

11월

2 (수) 맑음

지난번 남명학 국제학술회의에서 만난 김경렬 씨로부터 그가 쓴『다큐멘터리 智異山 2』를 선사받았었는데, 그동안 시간이 없어 틈틈이 읽다가 간밤에는 잠도 잘 오지 않았던 터라 밤 2시 반 무렵까지 그것을 읽었다. 덕분에 세 시간 남짓 밖에 수면을 취하지 못한 까닭에 온종일 수면부족으로 컨디션이 좋지 않았다.

오전 내내「남명집판본고 (1)—내암 간본을 중심으로—」를 다시 읽었는데, 몇 군데 수정할 곳이 있기는 했지만 역시 만족스러웠다.

3 (목) 맑음

오후 세 시부터 교육대학원 논문심사위원 배정 관계로 과 교수회의를 가졌고, 회의 후 조평래 군을 불러 석사학위청구논문 제출을 한 학기 더 보류하도록 지시했다. 조 군과 대화를 하느라고 퇴근버스를 놓쳐버려, 학교 입구까지 걸어 나와 시외버스를 타고 귀가했는데, 최루탄의 매운 내에 눈물콧물이 마구 흘러내렸다.

아세아문화사의 이창세 사장으로부터 며칠 전 보낸 편지에 대한 답신이 도착하였다.

4 (금) 맑음

오전 중 박선자 선생의 권유를 듣고 다시 한 번 고려한 다음, 조평래 군을 불러 논문을 인쇄에 부치기까지 앞으로 한 달 남은 기간 동안 최대한도로 수정해 보기로 하고 석사학위청구논문 제출을 승인했다.

8 (화) 맑음

어제에 이어 조평래 군의 석사학위청구논문을 읽어가며 붉은 볼펜으로 수정하고 있다. 언젠가 배종호 교수가 자신이 심사를 맡은 박사학위논문에다 일일이 수정과 가필을 해준다는 말을 성태용 군에게서 듣고 함께 웃은 적이 있었는데, 지금 내 꼴이 그렇게 되고 말았다. 그러나 이렇게라도 하지 않고서는 도저히 세상에다 내놓을 수 없는 상태이니 어찌하랴!

10 (목) 맑으나 쌀쌀함

조평래 군의 논문을 다 읽고서 수정할 곳들을 붉은 볼펜으로 표시하여 조 군에게 돌려주었다.

13 (일) 맑음

산청군 生比良面 道田里 漁隱洞으로 漁隱 吳國獻의 문집 목판을 보러갔다. 文台마을에서 버스를 내려 걸어갔는데, 마침 時祀 날이라 어은정사에는 해주오씨 문중의 사람들이 많이 모여 제사를 올리고 있었다. 이곳은 인조 조에 서인인 오국헌이 은거한 곳으로서 어은이란 당호는 宋尤庵이 붙인 것이라 한다.

시사 올리는 모습을 지켜보다 그냥 돌아 나와, 산청군 車黃面 長位里에 있는 김 씨 문중의 재실에 들러 그곳 敬信齋를 둘러보았다. 이곳은 1876년 宋淵齋가 張植과 의논하여 율곡의 『四書釋義』 80매를 새겨, 김 씨 문중의 재실에다 보관한 것이다. 역시 이 지역 노론의 유적이다.

15 (화) 맑음

『推案及鞫案』에서 계해 3월의 인조반정 후로부터 내암의 正刑에 이르기까지의 과정을 다시 읽었다.

17 (목) 맑음

부산교통에서 복사물 및 복사기를 인수하기 위해 사람 두 명과 차를 보내 왔는데, 내가 이 일을 대기하고 있으라고 각별히 지시해 둔 박쌍선 양이 경남문화연구소 사무실에 부재중일 뿐 아니라 자택에도 없어, 할 수 없이 그냥 돌아가게 했다. 게다가 박 양의 업무가 지난달로서 모두 끝났고, 내가 조 사장에게 건의하여 특별히 한 달 분 월급을 더 주도록 조처했음에도 불구하고 박 양이 부산교통에 찾아가서 이 달 분 월급을 수령해 갔다는 말에 불쾌감을 억제하기 어려웠다.

18 (금) 맑음

출근하는 길로 박쌍선 양에게 내 연구실로 오도록 전할 것을 지시하고, 박 양이 오자 어제의 일을 힐책했다. 박 양은 자신의 잘못을 인정하고 어제 수령한 이 달 분 월급을 반환할 것을 약속했으므로, 다시 부산교통에 연락하여 오늘 중 인수인계 절차를 마치도록 했다. 오후에 두 명이 와서 물건들을 수령해 감으로써 약 2년 가까이 지속된 복사작업은 일단락된 셈이다.

21 (월) 맑음

오후에 산청군 生草面 桂南里 下屯에 사는 吳智泳 씨가 연구실로 찾아와 퇴근 시까지 대화를 나누었다. 그는 본관이 함양이며, 나보다 나이가 여섯 살 위인데, 書耕夜讀을 하며 생초에서 국민학생에서 대학생에 이르기까지 한학을 가르치고 있으며, 바지저고리에 도포 차림인 구식 선비이다. 그 스승이 田艮齋의 문인이었다 하며, 草溪의 權秋淵 문하에서 배우기도 했다는데, 자녀의 교육문제도 있고 자신도 농사일에 시간을 뺏기기보다는 진주에 나와 학생들에게 한학을 가르치면서 생계를 이룰 수가 있을까 하여 나를 찾아와 상의하는 것이지만, 내가 이렇다 할 도움을 줄 수 있는 처지는 못 되는 것이다.

22 (화) 맑음

三浦國雄 씨로부터 편지와 진주에서 찍은 사진 다섯 장을 우송받았다. 가방을 도둑맞은 것은 서울의 숙박소인 YMCA 호텔에서였다고 하는데, 여권과 현금·카메라·USA 카드 등 귀중품 전부를 잃었을 뿐 아니라, 여행 중의 메모 노트를 잃어버린 것이 무엇보다도 큰 손실인 모양이다. 三浦 씨는 귀국 후 이번의 방한 보고서를 쓰기 위해 남명학 국제회의의 기록이며 나와의 대화 내용 등을 그 노트에다 가득 적어 놓았던 것이다.

27 (일) 맑음

함양·인월을 거쳐 지리산 북쪽 기슭의 馬川에 도착했다. 거기서 점심을 들고, 벽소령 쪽으로 난 군사작전도로를 따라 버스 종점인 三丁里까지 올라갔다. 보조 지눌과 眞覺 慧諶이 수도하던 上無住의 無住庵에 올라가 볼 작정이었지만, 그쪽은 눈이 깊어서 평복 차림으로는 무리라 하므로 도로 마천으로 내려왔다가, 臨川江을 따라 동쪽으로 가서 昌元里에 들어갔다.

여기는 介菴 姜翼이 만년에 거처한 곳으로서, 마을 입구에 서 있는 개암의 養眞齋遺墟碑文을 읽어보았다. 그곳에서는 눈 덮인 지리산 주능선의 장중한 모습이 곧바로 눈앞에 전개되고 있어, 개암이 이곳에 卜居한 까닭을 짐작할 수가 있었다. 아울러 이곳은 濯纓 金馹孫의 「續頭流錄」에 보이는 바와 같이 탁영과 鄭一蠹 일행이 함양에서 蹄閑驛과 悟道峙를 거쳐 통과한 곳이고, 김종직·曺偉 일행은 임천강을 따라 올라와 昌元里 아래쪽 義灘에서 강을 건너 지리산으로 들어갔던 것이며, 남명도 이 일대의 龍遊潭 쪽으로 한 번 들어온 적이 있었던 것이 각각 그들이 쓴 「유두류록」에 보이고 있다. 창원리에서 도로 마천을 거쳐, 왔던 코스를 따라 진주로 돌아오는 도중에 날이 저물었다.

12월

2 (금) 맑음

종일 『광해군일기』와 『眉叟記言』 등을 읽으며 광해조의 남명학파 동향을 추적했다. 그 결과 鄭桐溪의 계축년 상소와 그의 伸救 문제를 둘러싸고 경상우도의 유림이 분열했고, 내암의 문하에도 이탈자 그룹인 中北이 생겨난 사실을 확인할 수가 있었다.

3 (토) 맑음

한명기 씨의 석사논문 중 내가 관심을 가지는 출전들을 『광해군일기』 등과 대조해 가며 카드화하는 작업을 일단 마쳤다. 내암이 明의 징병 요구에 대해 전향적 입장에 있었던 것도 확인했다.

4 (일) 오후에 가랑비

지난주 일요일에 보지 못한 龍遊潭을 보기 위해, 다시 함양·인월을 거쳐 마천에 들어갔다. 마천의 그 식당에서 점심을 들고 休川계곡을 따라 義灘 쪽으로 터벅터벅 걸어가고 있노라니까 오늘도 때마침 柳林 행 버스가 뒤따라와서, 그 버스를 타고 지나가며 용유담을 잠깐 보았다.

함양군 유림에서 바로 이웃인 산청군 花溪까지 걸어가 駕洛國의 마지막 왕인 仇衡王陵이라고 전해 오는 고분 아래의 김해김씨 재실인 德讓殿

을 둘러보고, 진주에 돌아와 헌책방에 들러서, 얼마 전에 보아둔 『駕洛二千年史』 등을 사 가지고 귀가했다.

5 (월) 맑음

광해군 9년 1월 慶運宮의 矢書 사건은 이 해에 본격적인 폐모론이 대두하게 되는 배경이 되고, 또한 奇自獻과 許筠의 관계가 결정적인 파국으로 치닫게 되는 계기가 된 것이다. 이 사건의 주모자로서 三淸結義, 즉 三淸洞에 사는 金壍를 위시한 金尙憲·張維 등이 지목된 것을 보면, 이것이 종래에 알려져 온 것처럼 단순히 이이첨의 사주에 의한 허균의 모략이 아닐 것이라는 생각을 가지게 되었다.

6 (화) 맑음

오늘도 종일 『北渚集』 및 『광해군일기』를 읽으며, 경운궁 시서사건의 과정을 추적했다. 이번 방학 중에 「『山海師友淵源錄』의 편찬」이라는 논문을 쓰고, 그 첫 절에 '인조반정과 남명학파'라는 제목을 붙이려고 했는데, 아무래도 이 제목 하나만으로도 독립된 논문이 되어야 할 것 같다.

7 (수) 맑음

조평래 군이 또 수정한 논문이라며 가져왔는데, 역시 띄어쓰기나 문장부호를 몇 군데 고치고, 불필요한 주석을 지시에 따라 몇 개 줄인데 불과하므로, 더 이상 이 논문에 신경을 쓰는 것이 시간낭비라 생각되어 꾸중해서 돌려보냈다.

9 (금) 맑음

종일 『연려실기술』 중 광해군 시대의 기사들을 읽으며, 이이첨에 반대하던 소북·중북 및 尹善道가 일으킨 공격들을 검토했다. 내암이 대비 廢削 결정 후 明朝에 주청하자는 이이첨의 의견에 동의한 사실도 확인하였다.

15 (목) 맑음

오후 두 시 반부터 퇴근 시간까지 한문학과 교수 공채를 위한 인문대 인사위원회가 열렸는데, 응모자 아홉 명 중 세 명은 한문학과 혹은 한문교육과 출신이고, 네 명은 국문학과 출신이며, 중문과 출신자 및 불교철학 전공자도 각각 한 명씩 있었다. 응모분야는 한국한문학인데, 현재 한문학과에는 중문과로부터 전출되어 간 H 선생 한 명이 전임으로 있고, 철학과의 B 선생이 교무과장으로서 한문학과 지도교수를 겸임하고 있으므로, 1차 서류전형은 그들에 의해 이루어졌다.

그런데 그 중에는 서울대 출신이 두 명 포함되어 있고, 그 두 명 가운데 沈慶昊 씨는 서울대 국문과와 동 대학원 석사과정을 마치고, 京都大에서 중문학 전공 박사과정을 수료하였으며, 기왕에 발표된 열세 편의 논문이 하나같이 한국한문학 분야의 것인데다, 京都大에 제출되어 있는 박사학위논문도 한국한문학을 주제로 한 것임에도 불구하고 서류전형에서 이미 탈락되어 있었다. 추천된 세 명은 각각 성대·계명대·국민대에서 학부를 졸업하고 성대 한문학과 혹은 정신문화연구원 한국학 전공의 석사과정을 수료하였으며, 모두 성대 한문학과의 박사과정에 재학 중이거나 이를 수료한 사람들이었다. 이들은 모두 H 선생 혹은 B 선생의 출신교와 관련이 있는 사람들이므로 편파적인 인선으로 간주될 뿐 아니라, 앞으로 성대 한문학과 출신만으로써 과를 구성하겠다는 의도가 상당히 짙게 깔려 있는 것으로 보이므로, 내가 강력히 반대의사를 표명하여 인사위원회 출석위원 3분의 2의 찬성을 얻지 못해 한문학과로 반송시키기에 이르렀다.

H·B 두 사람은 다시 협의하여 심경호 씨를 포함한 네 명을 추천해 올렸으므로 만장일치로 이를 인준하였는데, 나는 2차 심사의 심사위원 다섯 명 중 한 명으로 위촉되어 있기도 하므로 심 씨가 선발될 수 있도록 계속 노력할 생각이다.

20 (화) 맑음

오전 11시에 H 선생 연구실에서 한문학과 교수공채 심사위원회가 있었는데, 내일 있을 서류전형 합격자 네 명에 대한 세미나에 대비하여 순위결정 방법을 협의하고, 이 네 명의 제출서류를 검토하였다.

21 (수) 맑음

오전 10시 인문대 학장실에서 한문학과 공채심사위원회가 있다는 통지를 받고서 서류심사 합격자 네 명 중 세 명과 심사위원 및 기타 관심 있는 사람들이 모였는데, 심사위원 다섯 명 중 한 사람인 김유철 선생을 기다리느라고 세미나의 실시가 45분이나 지연되었다. 응모서류 접수순으로 沈慶昊·吳壽京·崔錫起 씨가 차례로 30분 정도씩 논문 한 편을 발표하고, 각각 10분 정도씩 참석자들의 질문에 응답하는 식으로 세미나가 진행되었다.

세미나가 끝난 후 심사위원만으로써 심사에 들어갔는데, 내가 예상했던 바와 같이 H 씨는 최 씨를 지지하고, 중문과의 P, 국문과의 P 씨는 H 선생에 동조하며, 나는 심경호 씨를 지지하고, 사학과의 김유철 씨는 최석기 씨를 제외한 두 사람 중 한 명을 한문학과 전임교수인 H 선생이 선택한다면 그 사람을 지지하겠다는 입장을 표명하였다. 결국은 H 선생과 나의 입장이 팽팽히 맞서는 바람에 표결할 수밖에 없었고, 그 결과는 최석기 세 표, 심경호 한 표, 김유철은 기권으로 결말이 났다.

최석기 씨는 성균관대학을 전체 수석으로 졸업하고서 현재 민족문화추진회의 국역연수원 전문위원으로 있으므로 한문 실력이 뛰어난 것은 인정할 수 있겠지만, 금년에 겨우 성대 한문학과의 박사과정에 입학한 터여서 박사학위 소지자를 원칙으로 한다는 공채 기준에 크게 미달인 반면, 심경호 씨는 서울대 국문과 및 동 석사과정과 조교를 마치고 京都大 중문과에서 박사과정을 마쳤을 뿐 아니라, 수개월 후에는 한국한문학에 관한 주제로 박사학위를 취득하게 되어 있으며, 논문 편수에 있어서도 같은 나이인 최 씨가 세 편인데 비해 13편이나 되어 도저히 비교가 안 됨에도 불구하고, 한문학과 출신이 아니라는 이유만으로 배제된 것이다. 그러나 사실은 미리부터 H 선생이 최 씨에다 점을 찍어두고서, 그런 명분으로 고의적으로 심 씨를 배제해 왔던 것이라 할 수 있다.

22 (목) 맑음, 동지

오전 10시에 학장실에서 인문대 인사위원회가 열렸다. 어제의 심사위원회의 심사결과를 추인하는 절차인데, 만장일치로 통과시키기는 했지만, 앞으로 전임교수가 세 명 이하인 신설학과의 경우 심사위원회에서 최초의 서류심사까지 행하여 인사위원회에 추천하기로 하고, 특히 나의 요청에 의해 인사위원이 스스로를 심사위원으로 추천하지 못하게 하는 규정을 신설하기로 했다. 중문과의 P 선생의 경우, 그 과의 권호종 선생이 나의 서울대 후배이고, 정헌철 선생은 나와 친밀한 관계이며, 나머지 두 선생은 모두 H 선생과 앙숙이기 때문에, 그들을 배제하기 위해 심사위원이 되기를 자청하여, 어제와 같은 결과를 가져오는 데 결정적인 역할을 했기 때문이다. 회의를 마친 후 인사위원 전원과 H 선생이 학장의 초청으로 시내의 추사루에 가서 점심 식사를 함께 하고서 돌아왔다.

중문과의 권호종 선생이 두 차례나 내 연구실로 찾아와, H 선생이나 P 선생의 소위에 분개하여 사태를 전복시킬 방법이 없을까 하다가, 사실상 인문대 차원의 모든 절차가 끝난 셈이라는 나의 설명을 듣고서 아쉬워하며 체념했다. 국문과의 심사위원인 P 씨는 고전문학이 전공이라고는 하나 한문에는 까막눈이라고 해야 할 정도로 문외한이지만, 과거에 H 선생과 같은 연구실을 사용한 적도 있고 하여 각별한 사이이다.

23 (금) 맑음

아침 출근길에 인문대 입구에서 중문과의 정헌철 선생과 마주쳐, 정 선생의 연구실로 가서 두 시간 정도 한문학과의 공채 심사에 관한 대화를 나누었다. 정 선생은 京都에서 심 선생에 대해 좋지 않은 인상을 가지고 있었기 때문인지 처음에는 H 선생을 두둔하는 식의 말을 하다가, 오래지 않아 최석기 씨와 심경호 씨를 비교할 때 어느 면을 보더라도 심경호 씨가 훨씬 훌륭한 자격을 갖추고 있으며, 그저께의 심사위원회 결정은 공정한 것이었다기보다는 인간관계에 바탕을 두고, 게다가 P 선생의 경우 부당한 방식으로 심사위원의 자격을 얻음으로써 이루어졌다는 것에 공감을 표시했다. 분노를 털어놓고 보니 속은 다소 후련해졌다. 최석기 씨도 우수한 인재이니 본교의 전임으로 오게 되어 나쁠 것은 없지만, 심 씨와 같은 才士가 채용된다면 京都大 문학부에 유학한 젊은 학자들이 거의 모두 진주에 모이게 되어, 여기서 새로운 학풍을 일으켜 볼 수도 있을 가능성을 잃게 된 것이 아쉽다.

철학과 학회장과 학회지 편집장이 찾아와 철학회지인 『존재와 사유』 제4집을 위해 격려사를 써 달라고 하므로, 연구 외의 일에 너무 시간을 빼앗기는 듯하여 고사했지만, 결국 집필을 수락하여 거의 마쳤다.

24 (토) 맑음

격려사를 완성하여 「제4집에 부쳐서」라는 제목을 달고, 교재채택료를 적립해 두었던 것 중 13만 원을 찾아서 과 교수들의 찬조비 조로 함께 전달하도록 조교에게 지시했다.

오후에 오지영 씨로부터 전화가 와서, 그가 上鳳西洞에다 새로 개설했다는 한문교습소를 방문하고, 그의 스승인 權秋淵의 문집을 구입하기 위한 선금 조로 삼만 원을 전했다.

26 (월) 맑음

출근길에 H 선생과 같은 스쿨버스를 타게 되어, H 선생 연구실에서 이번의 인사 건에 관한 대화를 나누게 되었다. 서로 간에 감정의 응어리가 남아 있어 이 상태대로는 화목한 관계를 유지해 나가기 어려울 것으로 생각되기 때문이었다. 그러나 이번의 인사 결정이 과연 공정한 것이었다고 할 수 있겠느냐는 나의 질문에 대해, H 선생의 응답은 시종 다수의 의사에 의해 결정이 내려진 것이므로 자신으로서는 심사위원 다섯 명 중 한 명의 영향력 밖에 가지고 있지 않았다는 것이었다.

오후에 인문대 교무과 직원이 지난번 인사위원회 회의록에 날인을 받으러 왔는데, 지난번 회의에서 내가 발언하고 동의를 얻은 것으로 알고 있는, 인사위원이 스스로를 심사위원으로 천거할 수 없도록 한다는 규정에 대해서는 언급이 없고, 엉뚱하게도 인사위원은 심사위원이 될 수 없다는 등 부정확한 기술들이 보여서, 작성자인 B 교무과장이 출장에서 돌아올 때까지 회람 날인을 보류할 것을 학장에게 요청했다.

논문 작성을 위해 어제에 이어 기왕의 카드들을 분류하는 작업을 계속했다.

27 (화) 맑음

지난번 망년회 때 신세를 졌던 연세대 간호학과 동창회의 부산·경남지부 회장 부부가 자가용을 몰고 예고 없이 진주를 방문하였다. 나에게 안내를 부탁한다면서 전화를 걸어왔으므로, 아내 및 아내의 대학 선배 배행자 교수와 함께 단성의 培山書堂, 남사의 尼東書堂 그리고 덕산을 거쳐 대원사까지 드라이브를 했다.

28 (수) 맑음

카드의 분류작업을 계속했다.

중문과장 P 선생이 내 연구실로 찾아와, 그가 인사위원으로서 한문학과의 공채심사위원이 되기를 자청한 점에 대해 내가 혐의를 둔 것을 항의하였다. 아마도 회의록 수정을 요구했다는 말을 듣고서 찾아온 듯하다.

B 선생이 서울 출장에서 돌아와 나에게 전화를 하고서 회의록을 수정하여 들고 왔는데, 인사위원이 자신을 심사위원으로 천거할 수 없게 하는 규정을 신설한다는 것이 아니라, 다만 그렇게 하는 것이 좋겠다는 논의가 있었다는 정도로 기술하고 있어 불만스러웠지만, 지나간 일을 가지고서 물의를 확대하는 것이 바람직하지 못하다고 생각되어 날인해 주었다.

29 (목) 흐리다가 비

출근버스에서 중문과의 정헌철 선생과 함께 내려, 그의 연구실에 들러 대화하고 있는데, 우연히 P 선생이 방문하여 한 자리에 앉게 되었다. 조금 전 정 선생으로부터 P 선생은 인간성이 나쁜 사람이 아니라고 들은 데다, 이미 끝난 문제를 가지고서 서로 불편한 관계를 지속하는 것이 좋은 일도 못되므로, 내가 먼저 화해를 청하였다.

조평래 군이 석사학위논문인 「남명 사상의 실학적 성격」을 제본하여 가지고 왔으므로 주심 난에 서명 날인하여 주었다. 기증본 한 부를 받아 읽어보니 여태까지보다는 훨씬 마음에 들어, 이 정도면 나의 지도하에 배출되는 최초의 석사논문으로서 그다지 부끄럽지 않겠다는 생각이 들었다.

1989년

1월

3 (화) 맑음

김경수 군이 석사논문이라면서 제출해 두고서 입대한 미완성의 논문 「남명학의 유학사적 위치와 철학적 구조」를 처음부터 새로 읽으며, 붉은 볼펜으로 지도할 내용을 기입해 가는 작업을 시작했다.

4 (수) 맑음

조평래 군이 찾아왔기에 논문을 읽어본 소감을 말하면서 지금까지와는 달리 칭찬을 해주었다.

6 (금) 흐리다가 비

논문을 시작한다 하면서도 이런저런 일로 착수를 못하고 있었는데, 오늘 비로소 집필에 들어갔다. 「『山海師友淵源錄』の編纂」이라는 제목인데, 처음에는 『日本中國學會報』에 기고할 예정이었으나, 원고 마감이 이달 말일까지인지라 무리라고 판단되어 『東方學』 지에 기고하기로 계획을 바꾸고, 일어로 쓰기 시작했다.

8 (일) 짙은 안개에 때때로 부슬비

오후 세 시경 진양군 智水面 鴨寺里에 東岡 金宇顒을 추모하여 건립한 龍江書堂을 보기 위해 지수로 출발하였다. 지수에서 버스를 내려 택시가 올 때까지 면소재지 일대를 걸어보았더니, 시골 마을 치고는 상당히 큰 규모의 고가들이 눈에 띄었는데, 알고 보니 럭키그룹의 具씨네 일족들 저택이라 한다.

용강서당에는 郭俛宇·曺深齋·河晦峯·張晦堂 등의 기문 및 상량문이 눈에 띄었고, 뒤편에는 새로 지은 건물과 宏精閣이라는 장판각도 눈에 띄었다. 이곳에다 서당을 짓게 된 것은 동강의 후손들이 이 일대에 밀집해 살고 있기 때문이라 한다. 이 지방에서는 용강서당을 일러 鴨齋라고 부르고 있었는데, 이 서당은 1920년 德山碑 사건 때 남명의 후손들을 성토하는 통문을 발하는 등 남인 유림의 아지트가 되기도 하였다.

10 (화) 흐림

오늘도 논문은 거의 한 매도 나가지 못했다. 학회지의 원고 매수가 매우 제한되어 있고, 일본인들은 남명학에 대한 기본적 지식이 부족할 것이므로, 서론에서 인조반정 후의 남명학파의 동향에 대해 어느 정도까지 언급할 것인지를 고심하다 하루가 지났다.

池田秀三 선생으로부터 연하장이 와서 한시름 놓았다. 작년에 東京의 학회에 가서 비로소 알았지만, 나는 池田 씨가 턱수염을 수북하게 기르고 있어서 나보다 상당히 연장인 줄로 여겨 왔었으나, 알고 보니 불과 몇 살인가의 차이밖에 나지 않으므로, 금년의 연하장에서는 종래의 先生이란 칭호대신 님(樣)이란 표현을 썼었는데, 지금까지 답장이 없어 혹시 그 때문에 불쾌한 것이나 아닐까 하고 걱정했었다.

11 (수) 비

논문의 서론 부분 제목을 'はじめに'에서 '仁祖反正と南冥學派'로 바꾸고, 대북정권의 몰락과 남명학파와의 관계를 개괄적으로 언급하기로 작정했다.

12 (목) 흐리고 때때로 가랑비

논문의 서론이 거의 마무리 단계에 있는데, 외국인을 향해 쓰는 것임을 의식하여 지난번 논문과 다소 중복된 부분도 적었으나, 내일 그 부분은 역시 고쳐야 할 것 같은 생각이 든다.

13 (금) 맑음

점심 식사 후 도서관 외국정기간행물실에 가서 일본 天理대학에서 나오는 『朝鮮學報』를 훑어보면서 회원가입 절차에 관한 설명이 있는지를 살펴보았다. 논문 작성을 계속했으나 별로 나아가지 못했다.

14 (토) 맑음

논문의 서론 마무리 부분 중 서울의 武溪서원 즉 사액 후의 白雲서원이 인조반정 후 훼철되는 부분까지를 마쳤다.

15 (일) 오전에 첫눈

无悶堂 朴絪이 임종을 맞이한 진양군 대평면 大坪里에 있는 學圃 鄭暄의 藏修講學處인 孤山亭으로 가려고 진양호 뱃머리까지 갔으나, 이즈음은 손님이 없어 배가 떠나지 않는다 하므로, 도로 나와서 시외버스주차장을 거쳐 합동주차장까지 가 보았지만, 버스 출발시각이 마땅치 않았다.

할 수 없이 산청 읍내로 가서 오규환 씨를 만나 덕계 선생 유적지에 대한 안내를 부탁하게 되었다. 택시에 함께 타고서 먼저 今西面 紙幕里에 있는 春來亭과 덕계가 스승 남명이 밤머리재를 다 넘어 가실 때까지 바라보고 서 있었다는 謝停臺 자리, 그리고 지막리의 덕계가 살던 마을 등을 둘러보고서, 梅村里에 있던 吳僩·吳長·朴文楧을 배향했던 西湖서원 자리를 지나 車灘里 장재동의 西溪서원이 원래 있었던 서원마을에 가서, 덕계와 그 선조들을 모셨다는 家廟와 훼철 당시 위판을 봉안하여 묻었다는 무덤 및 서당 자리도 둘러보았으며, 도로 읍으로 나와서 산청종합고교 옆을 지나 다리를 건너서 좀 들어간 곳에 있는 思湖精舍 자리 및 그 맞은

편 강가에 있는 龍化巖 등을 둘러보았다.

17 (화) 맑음

학교에 나가 논문을 준비한다고는 했지만 별로 진전이 없었다.

점심 식사 후 도서관 외국정기간행물실에 가 『조선학보』를 창간호부터 최신호까지 모두 점검해 보았다.

19 (목) 비

인조반정 후 남명 신도비의 破仆와 내암 사후 그 문도들의 동향에 관한 부분을 썼다. 序論 격인 글들이 너무 길어져, 논문의 초점인 『산해사우연원록』에 관한 이야기는 아직 시작하지 못했다.

20 (금) 맑음

序論인 '仁祖反正と南冥學派'를 마쳤다. 그러나 만족스럽지 못하고 뭔가 자신이 없다.

21 (토) 맑음

논문의 제2절 '編纂の動機'를 어제부터 시작하였는데, 覺齋 河沆에 의해 임란 전에 편찬되었던 南冥師友錄에 관해 쓰고 있다.

25 (수) 흐림

금년도 본교 논문집 발간지침 공문이 왔는데, 2월 중에 발표회를 가지고, 3월 15일까지 원고를 마감하여, 6월말에 논문집을 발간한다는 것이다. 문교부 연구비의 연구 성과 제출 마감인 7월말까지의 기한을 맞추는데는 가장 적절하리라고 예상되어, 현재 일본어로 쓰고 있는 논문을 한국어로 바꾸어 여기에다 발표할까 하는 생각이 들었다.

26 (목) 맑음

한국동양철학회의 동계 연수회 겸 정기총회에 참석하기 위해 오전 10시 10분 권오민 선생과 함께 전남 麗川市에 있는 興國寺를 향해 떠났다.

저녁 식사 후 G 선생이 「현행 철학교육에 있어서의 동양철학의 과제」라는 주제로 1986년 학술원논문집 제25호에 실은 논문의 제5·6·7절을 낭독 발표하고, 이어서 K 회장이 「21세기와 동양철학」이라는 주제로 K 교수의 『中國哲學散稿 (II)』에 실린 논문을 발표한 후 얼마간의 토론이 있었다. 나로서는 두 글이 모두 너무나 계몽적인 내용일 뿐 아니라 질의 토론 하는 분위기도 마음에 들지 않아 시종 한 번도 입을 열지 않았다. 늘 느끼는 것이지만, 명색이 한국의 동양철학자를 집합한 전국적인 학회라는데 아직도 학술성 있는 논문이 발표되는 걸 본 적이 없고, 기관지 창간호를 내는 데 몇 년씩이나 끌고 있는 것을 보면 한심하기 짝이 없다. 기관지 이름도 이번에는 『동양철학사상』으로 바뀌었다 한다.

발표와 토론을 대충 마친 다음 다과를 들며 정기총회를 가졌다. 김충렬 교수는 금년 2월의 이사회에서 남명학연구원장을 사직하겠다 하며, 후임 원장에는 경북대 사학과의 文暻鉉 씨로 조 사장이 내정하고 있다고 한다.

30 (월) 맑음

준비 중인 논문을 한국어로 고쳐 본교 논문집에 발표하기로 작정하고, 그 발표요지를 작성하기 시작했다.

31 (화) 흐림

발표요지를 완성하여 조교에게 정서를 부탁했다.

행정학과의 金漢琪 선생 소개로 진주문화방송의 편성국장인 許正基 씨와 黃峻元 씨가 내 연구실을 방문하였다. 문화방송에서는 금년 4월부터 10월 초까지 26회에 걸쳐 매주 20~30분 정도씩 남명의 인생과 사상에 관한 라디오 방송을 기획하고 있는데, 직접 현장을 탐방하여 취재하고자 하니 나에게 해설을 부탁한다는 것이었다. 지금까지 잡지사나 방송국으로부터 몇 차례 원고 청탁이나 방송 출연을 교섭하여 왔었지만 번번이 사절하여 왔으나, 이번 프로그램은 내가 82년도에 경상대학교로 부임해 온 후 다년간에 걸쳐 행해온 남명 관계 현지답사의 성과를 총정리 할 수 있는 좋은 기회라고 생각하여 승낙했다. 다만 가능한 한 휴일을 이용해 줄 것과 또한 차제에 장차 TV 등에도 방영할 수 있도록 현장 녹화를 병행할 것, 그리고 남명 뿐 아니라 그 학파 전체를 조명할 것을 당부해 두었다.

2월

1 (수) 맑음

함안의 자택에 있는 조평래 군에게 연락하여 오후에 내 연구실에서 상면하였다. 어제 허정기 국장이 나의 지도하에 남명을 공부한 학생이 있으면 아르바이트로 쓰고 싶다는 말을 했으나, 김경수 군은 입대했고, 조 군은 곧 졸업인 까닭에 적당한 학생이 없다고 대답했었는데, 조 군의 졸업 후 사정을 확인해 보기 위해 불렀던 것이다. 조 군은 지금으로서는 마땅한 진로가 없다면서 기꺼이 해보겠다는 뜻을 표시하므로 허 국장에게로 보냈는데, 조 군이 맡을 일은 방송의 원고를 작성하는 이른바 스크립터의 역할이다. 매당 천 원씩으로 계산하여 40장 정도 쓰는 것으로 하고 주당 4만 원씩 받기로 합의했다 한다.

어제 허 국장에게 나의 보수에 관해 물어보았더니, 진주문화방송 측의 예산 사정이 좋지 못하여 일반적으로 충분한 보수를 지급하지 못해 왔는데, 이명길 박사와 이상원 씨가 작년인가에 '남강 따라 삼백리'라는 프로에 참여했을 때는 이 박사에게 1회 답사에 2만 원인가 3만 원 정도를 지급했으나, 사장과 협의하여 나에게는 5만 원 정도 고려될 수 있도록 노력하겠다는 답변이 있었다. 그러나 생각할 수록 이 작업은 간단한 것이 아니고, 방송을 위해서는 사전에 답사 현장과 관계되는 자료를 읽고 정리하는 등 매주 거의 내 모든 시간을 투여해야 할 가능성이 크므로, 허 국장에게 두 번째로 전화하여 1회 답사에 10만 원 이상의 보수가 지급되지 않는다면 응할 생각이 없다는 뜻을 밝혔다.

일본 東京의 동방학회에 『동방학』 논문집필요령을 보내주도록 요청하는 편지를 보낸 지 한 달은 되는 듯한데, 오늘에야 담당자인 五十嵐洋子 씨의 편지와 함께 부쳐져 왔다.

2 (목) 찬바람이 쌀쌀함

논문의 서론 부분을 한국어로 고치는 작업을 마쳤는데, 다소 수정을 가했다.

부산교통의 조 사장에게 전화하여 MBC의 남명 관계 프로그램 계획을 설명하고, 조평래 군을 통하여 상세한 내용을 듣도록 당부했다.

3 (금) 맑음

일본어로 썼던 부분 전부를 한국어로 고치고, 河覺齋가 임란 전에 편찬한 남명사우록에 관한 집필도 계속했는데, 栢谷 陳克敬이 이 작업에 관여한 사실을 확인했다. 아울러 『광해군일기』에서, 江左의 내암 추종 세력에 의해 趙月川의 도산서원 배향이 이루어졌고, 당시 예안·안동 등에 내암이 상당한 영향력을 가지고 있었음도 확인했다.

설날 선물인지 조 사장이 연구실로 고급 사과를 한 상자 보내왔다.

4 (토) 맑음

하각재의 사우록 부분을 마치고 『黃江實記』에 보이는 중종 연간의 『山海師友錄』에 관해 쓰기 시작했다.

6 (월) 설날, 맑음

점심 식사 후 21번 시내버스로 종점인 오미까지 가서, 거기서 걷기도

하고 남의 차에 얻어 타기도 하며 진양군 대평에 있는 학포 정훤의 孤山亭을 방문하였다. 고산정은 대평 마을에서 좀 떨어진 들 가운데의 작은 산기슭에 있었는데, 진양호가 생긴 이래로 그곳에 가려면 나룻배를 타야 한다. 이 고산정에서 무민당 박인은 숙환인 임질로 말미암아 58세의 생애를 마쳤던 것이다.

8 (수) 부슬비

논문은 무민당이 慕亭 曺次磨에 의해 사우록 편찬을 위촉받는 부분까지 진행했다. 복사해서 제본해 둔 『无悶堂遺墨(群賢遺墨弁附)』을 집으로 가지고 와서 『무민당집』과 대조하면서 검토해 보았다.

9 (목) 맑음

제2절의 제목을 '편찬의 유래'로 바꾸고, 조차마에 관한 설명을 마쳤다.

10 (금) 맑음

MBC의 편성부장과 PD가 찾아와 지난번 내가 제시한 조건을 수락한다고 하면서, 3월부터 본격적인 작업에 들어가자고 한다.

11 (토) 맑음

논문의 제2절을 마쳤다.

12 (일) 맑음

남명의 숙부인 曺彦卿의 묘소가 兎洞 생가 마을 앞에서 삼가 가는 국도변 군인부대 건설현장 부근에 있다는 말을 지난번 삼가 枝洞의 재실 지키는 사람에게인가 들은 적이 있기 때문에 그 묘소를 찾으러 갔다. 시외버스 종합주차장에서 지난 학기 나의 한국철학사를 수강한 국민윤리교육과 학생을 우연히 만나 함께 차를 탔는데, 그가 안내해 주겠다고 하므로 함께 大義에서 내려 토동에서 삼가 가는 언덕을 하나 넘으니 국도변의 예비군 훈련소 공사 현장이 보였다.

거기서 왼쪽으로 보이는 큰 무덤群을 찾아 산으로 올라가 보았더니, 놀랍게도 그곳이 바로 남명의 외가인 인천이씨의 선산으로서 남명의 외조부인 李菊과 그 부인 최씨, 그리고 李萱의 묘소 등을 확인했다. 이국의 묘소에는 노백헌 정재규가 지은 묘갈이 서 있었다. 거기서 얼마 떨어지지 않은 곳에 남명의 숙부인 조언경과 그 부인의 쌍분으로 보이는 무덤을 확인했는데, 화강암으로 된 묘갈이 삭고 이끼가 끼어 비문은 읽기가 어려웠으나, 비의 윗부분에 다소 크게 적힌 '吏曹佐郎曺公之墓'라는 글자는 분명히 판독할 수가 있었다. 남명 외가의 선산을 발견한 것은 뜻밖의 소득이다.

같이 갔던 학생과 작별하여 혼자 대의까지 걸어 나와, 택시를 타고 생비량을 거쳐 문태에 도착하였고, 문태에서 버스로 院旨까지 나갔다. 남명이 삼가와 덕산을 왕래할 때 늘 쉬어가곤 했다는 植杖岩을 찾기 위해서였지만, 원지에서 아는 사람이 없어, 왔던 길을 도로 걸어서 진태까지 가보았어도 길가 벼랑의 바위에 새겨져 있다는 식장암이란 글자는 눈에 띄지 않았다.

원지에서 大源寺 행 버스를 타고 明上(面上) 삼거리에 내려 요기를 하고, 남명과 오덕계가 서로 내왕하면서 쉬어 가던 곳이라는 老脚亭을 찾기 위해 洪界里 여기저기서 물었다. 노각정은 밤머리재 조금 못 미친 곳의 골짜기에 그 지명이 남아 있고, 지금은 민가가 한 채 서 있을 뿐이었다.

14 (화) 맑음

지난 토요일 이후 논문에 거의 손을 대지 못하고 있어 다소 초조하다.

15 (수) 흐리다 오후부터 비

여전히 논문은 별로 진척이 없다.

17 (금) 흐리고 때때로 비

오전 9시 30분부터 시청각관 3층의 비디오강의실에서 제44회 교수연구종합발표회가 있었는데, 나는 인문·사회 분야의 첫 번째 발표자로서 약 20분간 「『산해사우연원록』의 편찬」을 가지고서 발표하였다. 동양학분야의 박종현·袁克敏·申鉉夏 선생의 발표까지 참석했다가 연구실로 돌아왔다.

점심 식사 후 뒷산을 산보하였는데, 例의 내가 자주 이용하던 오솔길 코스를 거쳐 숲속을 천천히 걸어보니, 자연은 아름답고 삶의 행복감도 느낄 수 있었다.

월급날이라 서점 사람들이 계속 찾아와, 외상 책값을 지불하고 그들이 갖다 준 새 목록들을 검토하고서 주문을 하기도 하느라고 온종일 논문 쓸 시간이 없었다.

18 (토) 흐림

무민당과 내암의 인척 관계까지를 썼다.

동아대 강사인 김봉건 씨가 엊그제 董仲舒에 관한 박사논문을 준비하고 있는 관계로 오늘 오후 한 시쯤 나를 방문하겠노라는 전화 연락을 해 왔으므로, 약속한 대로 점심 식사를 함께 하기 위해 오후 두 시까지 연구실에서 기다렸지만 오지 않았다.

19 (일) 맑음

마산을 거쳐 창녕에 갔다. 마산서 道泉·靈山·桂城 등을 지났다. 창녕읍에서 도서관 구내에 있는 진흥왕척경비와 척화비 및 객사, 그리고 校洞 가야고분군과 석빙고 등을 둘러보고서, 등산길로 하여 화왕산성에 올랐다.

서문 쪽으로 산성에 들어가서 능선을 따라 정상을 비롯한 산성 주위를 한 바퀴 빙 둘러보고, 산꼭대기의 분지에 있는 昌寧曺氏得姓碑와 조 씨의 시조 繼龍이 출현했다는 전설이 있는 龍池를 구경했다. 창녕은 남명의 선조들이 대대로 살던 곳일 뿐 아니라, 바로 이 화왕산성은 곽망우당을 중심으로 한 의병들이 진을 치고 농성했던 저 유명한 『火旺山城同苦錄』의 현장인 것이다.

20 (월) 흐리다 오후는 맑음

오후에 동아대학의 金奉建 씨가 찾아와 퇴근시간까지 대화를 했기 때문에, 오늘은 온종일 한 자도 원고를 쓸 수가 없었다. 김 씨는 서울의 퇴계학연구원에서 2년 정도 간사로 근무하다가 금년 3월에 박사학위논문 준비 차 약 일 년 간 臺灣에 다녀오게 된 모양이다. 퇴계학연구원의 이런저런 속사정을 들을 수가 있었고, 금년 11월 北京의 人民大學에서 열릴 예정인 퇴계학국제학술대회에 나도 참가하여 논문을 발표해 보라고 하므로, 현재의 논문을 마친 다음쯤 집필을 구상하고 있는 「남명과 퇴계」를 차제에 北京에 가서 발표해 볼까 하는 생각도 들었다. 그러나 지금까지의 퇴계학회는 李東俊 이사장이 최근 작고할 때까지 퇴계학의 선전을 목표로 한 활동에 치중해 왔기 때문에, 이와 같은 미묘한 주제가 과연 그러한 모임에서 객관적으로 다루어지도록 용납될 수 있을지는 아직 의문이라 하겠다.

21 (화) 흐리고 이따금 빗방울

오늘도 논문은 별로 진전이 없었다. 桐溪 鄭蘊의 抗疏 사건으로 말미암은 내암 문인의 분열에 대해 조금 적었을 따름이다.

22 (수) 흐림

종일 논문과 씨름했지만 원고지 두어 장 정도 나아갔을 따름이다. 무민당과 中北 및 남인과의 관계에 관해 언급했다.

조평래 군이 찾아와 작년인가 마산의 MBC TV에서 방영한 남명에 관한 필름을 입수할 수가 있다기에 그 대금을 전하고, 진주 MBC에서는 일요일에 취재 나가는 것이 여러 가지로 불편하겠다고 한다 하므로 월요일에 나가도 좋겠다는 뜻을 전하라고 했다. 그렇다면 일요일에는 학교에 나가 다음 날 있을 방송 준비를 위한 자료들을 읽어두어야 할 것이다.

23 (목) 흐리다가 비

무민당의 정치적 배경에 관한 부분을 모두 마쳤다.

교육대학원 철학교육전공 2학년이 될 여균필 군이 오전 중 인사차 내 연구실에 들렀는데, 김경수 군이 휴가를 얻어 다녀갔다고 한다. 김 군은 동두천인가에서 카추샤로 근무한다고 하는데, 여 군이 왜 그런 식으로 나와 충분한 상의도 없이 미완성의 논문을 내고 갔느냐고 물으니, 그것이 원칙에 맞는 일이 아니라는 것은 나에게 이미 말했었고, 내가 그 점에 대해 양해한다는 뜻을 표명했었노라고 말하더라는 것이다. 기가 막혀 어이가 없다. 나를 어떻게 알고서 그 따위 미완성에다가 형식도 갖추지 않고 내용도 형편없이 부실한 것을 석사논문이라고 제출하며, 내가 그렇다는 사실을 알고도 통과시켜 줄 것으로 기대했단 말인가?

24 (금) 흐리고 때때로 부슬비

林谷 林眞怤에 관한 記述에 들어갔다.

25 (토) 비

林林谷의 가학의 배경에 대해 언급하고, 그의 학통에 대해 조금 들어갔다.

26 (일) 맑음

知足堂 趙之瑞의 遺址와 가마고개 못을 찾아보러 하동군 옥종으로 가서, 다시 玉宗面 正水에 이르렀다. 정수는 일제시대에 淸水로 개칭된 곳인데, 연일정씨들의 집성촌이다. 포은 정몽주를 모신 玉山서원을 먼저 둘러보았는데, 이 서원은 사액을 받았으나 대원군 때 훼철되었다가, 다시 복원되어 玉山齋라고도 부르고 있다. 고풍창연한 포은의 화상이 영당에

모셔져 있고, 장판각에는 『포은집』 및 단성에 유배 와서 삼남 일대의 여러 후손들의 시조가 된 포은의 손자 雪谷의 실기 목판이 보관되어 있었다. 金榥·權龍鉉·河禹善 등의 기문·상량문도 둘러보았다.

桐谷에서 길을 물어, 그 마을의 소년 하나를 앞세우고 마을 뒤 골짜기에 있는 지족당의 후처 연일정씨의 정려 및 지족당의 묘소를 둘러보았다. 남명이 쓴 묘갈은 화강암이라 삭고 이끼가 끼어 거의 읽을 수가 없고, 그 옆에 烏石으로 후손들이 새로 세운 비가 서 있었다. 무덤 바로 뒤쪽이 지족당이 살던 마을인 三壯里였는데, 지족당이 司馬의 兩試와 重試에 장원했다 하여 三壯元洞이라 불리던 것이 그 유래이다.

정수 버스주차장까지 도로 나와, 그 마을 故老를 찾아 이곳에 연일정씨가 정착하게 된 유래를 물어보았다. 알고 보니 지족당이 처가 쪽에 정착한 것이 아니라, 지족당은 설곡의 손녀를 후취로 맞았고, 동곡 및 정수의 연일정씨들은 모두 鄭學圃의 후손으로서 숙종 대에 처음 이리로 入鄕했던 것이다.

가마고개 못에 얽힌 남명 문인과 퇴계 문인의 대립에 관한 전설의 현장을 찾아 宗化里까지 갔으나, 돌아 나오는 버스 시간 관계로 못까지는 가지 못하고 가마고개만 바라보았을 뿐이다.

3월

1 (수) 맑으나 다소 바람이 있음

삼일절이라 집에서 쉬면서 『葛川集』과 『无悶堂集』을 읽었다.

3 (금) 비

오랜만에 한가하게 책상 앞에 앉아 논문에 집중할 수가 있었다. 임곡 임진부에 관한 설명을 일단 마친 셈이다.

4 (토) 부슬비

이번 학기의 대학원 강독 교재로 선택한 『論衡』의 北京大 주석본 일부를 검토하였다. 교육대학원의 중국철학세미나에서 다룰 것인데, 수업시간을 오후 6~8시에서 11~1시로 앞당기고, 오늘 첫 수업에 나가 교재를 소개하였다.

동아대 철학과의 유명종 교수 정년기념논문집에 기고해 달라는 통지문이 왔는데, 이 달 17일까지 현재의 논문을 탈고하기는 아무래도 무리일 것 같아, 차라리 이 논문집에 싣기로 하고 연구기간을 1년 연장하는 것이 낫겠다는 생각이 들었다.

5 (일) 진눈개비·눈·비 온 다음 개임

합천 읍내에서 점심을 들고, 龍洲面 黃溪里에 있는 황계폭포를 찾아갔다. 남명을 비롯한 남명학파의 여러 인물들이 이곳을 찾아 시를 남기고 있기 때문이다. 폭포 위쪽에서부터 바위와 산길을 타고 내려와, 물이 불어 장중하게 쏟아지는 이중의 폭포 아래 바위들도 간신히 건너뛰며 아래로 내려왔다. 황계리에서 버스를 기다리며 그곳 밭 가운데 서 있는 '黃溪先生西溪金公遺墟碑' 비문을 유심히 읽어보았는데, 바로 남명 문인인 金聃壽의 비였다.

大幷面 城里에서 버스를 내려 吾東골에 사는 삼가향교의 전교 文栢 씨를 찾아갔다. 남명의 종유인인 四美亭(湖陰) 文敬忠의 유적에 관해 물어보기 위해서였다. 문백 씨로부터 대병면 大枝里에 사미정이 남아 있고, 그곳 月如山에는 묘소도 있다는 말을 듣고서 대지리로 향했다. 과연 그곳 마을 뒤쪽의 언덕 꼭대기에 구한말에 중건된 사미정이 서 있었고, 남명과 崔守愚堂 등의 次韻詩들도 현판으로 걸려 있었다.

그 바로 아랫마을인 柳田里에 남명의 측실인 은진송씨의 조부 宋世勣과 그 아들들의 묘소, 그리고 송 씨의 재각이 서 있었다. 막차 버스를 타기 위해 서둘러 新大幷 읍내로 나와 사미정의 직계 후손인 삼양다방 주인 東明 文世勳 옹도 만났지만, 선 채로 몇 마디를 나누고는 다음을 기약하고서 버스에 올랐다.

6 (월) 맑으나 바람이 쌀쌀함

임임곡에 관한 마지막 부분을 다시 고치고, 제3절에도 각각 1. 무민당, 2. 임임곡 등의 소제목을 붙이기로 하였다.

7 (화) 맑으나 퍽 쌀쌀함

동아대 철학과에 전화하여 유명종 교수의 정년퇴임 시기와 논문집 간행 일정을 물어보았다. 내년 연말경에 간행될 예정이며, 내후년 2월에 유 교수가 퇴임할 예정이라 하므로, 거기에다 기고하는 것은 적절치 못하다고 판단했다.

시청각교육관에 가서 남명에 관한 비디오테이프를 다시 틀어 보았는데, 이번에는 대단히 선명하고 색상도 좋아서 만족했다.

10 (금) 맑음

한국철학강독 시간에 시청각관에서 「조선 유학의 거봉 남명 조식」이라는 이번에 입수한 비디오테이프를 시청했다.

12 (일) 흐림

의령 가는 버스를 기다리다 葛四 가는 버스가 먼저 오기에, 그것을 타고서 고전을 거쳐 갈사에 도착했다. 이곳은 경남의 서남쪽 끝으로서 하동 김의 생산지로 이름난 곳이었는데, 지금은 건너편 광양만에 대규모의 제철소가 들어선 이후 김은 계속하지 못하고 그저 조그마한 어항으로 남아 있을 뿐이다.

남해대교 옆을 지나 진주로 돌아와서, 다시 의령에 도착했다. 택시를 대절하여 正谷面 五方里로 가서 松巖 李魯의 『龍蛇日記』 각판을 보관한 숨輝閣을 둘러본 다음, 柳谷面 世干里로 가서 망우당 곽재우가 전국에서 처음으로 임란 의병을 일으킬 때 북을 매달고서 쳤다는 懸鼓樹 및 망우당이 출생한 집터를 보고, 그리고는 芝正面 城山里의 岐江戰域地에 가서 망우당 휘하 17將 추모비각인 報德閣과 그 옆에 세워진 後知堂 孫仁甲 장군 및 그 아들 若海의 父忠子孝에 대한 정려인 雙節閣을 둘러보았다. 이 岐江 전투는 망우당의 첫 번째 승전이며, 또한 鄭寒岡·張旅軒 등과 함께 했던 저 유명한 龍華山下 船遊의 현장이기도 하다. 건너편에 보이는 용화산에는 趙澗松의 合江亭이 있다.

13 (월) 흐림

오전 10시에 MBC의 편성부장과 TV 담당 프로듀서, 그리고 조평래 군과 내 연구실에서 만나, 남명 관계의 라디오 및 TV 프로 제작에 관한 구체적인 협의를 했다. 이 달 27일부터 제작에 착수하기로 하고, 매주 월요일 현장에 나가는 것으로 합의했다.

김경수 군으로부터 편지가 왔는데, 동두천에서 카추샤로 근무 중이라 하며, 여균필 군으로부터 지난번에 제출한 석사논문과 관련한 나의 기분을 전해 들었기 때문인지 퍽 겸손하고 자신의 잘못을 반성하는 뜻이 나타나 있어, 그에 대한 불쾌한 감정이 적이 가라앉았다.

14 (화) 아침에 짙은 안개 낀 후 흐림

MBC 편성부장으로부터 전화가 왔는데, 1회 방영에 대한 나의 수당을 세금을 제외한 실 수령액 10만 원으로 하며, 그 때 그 때의 녹화 비디오테이프를 각 두 부씩 제공할 것을 요구하는 나의 조건을 MBC 측이 수락했다고 한다. 라디오의 경우도 방송된 내용의 녹음테이프를 각 두 부씩 제공해 줄 것을 요구하고, TV 방영 시간을 1회당 7~8분으로 하면 실무상 제약이 심할 것 같으므로, TV 쪽도 방영 시간을 좀 넉넉히 잡는 것이 바람직하겠다는 의견도 제시했다.

15 (수) 맑음

오전 중 MBC 편성국장으로부터 전화가 와, 방영한 비디오테이프의 원본은 MBC 측에서 보관하며, 복사를 원할 경우에는 한 부 만 원씩인가의 대금을 받게 되어 있다는 식의 난색을 표명하는 말이 있었다. 그러나 나로서는 TV와 라디오의 방영 및 방송분을 각 두 부씩(한 부는 남명학연구원, 또 한 부는 내가 각각 보관할 분) 제공받지 못한다면 이 일에 착수할 의의를 느끼지 않는다고 말했다.

19 (일) 맑음

남명의 시에 나오는 五臺寺를 찾아보려고, 중산리 행 버스를 타서 덕천서원을 지나 外公里에서 내렸다. 거기서 內公里를 거쳐 갈치재를 넘어 하동군 青岩面에 들어섰다. 재 아래의 첫 동네인 상촌에서 主山五臺寺란 절을 찾아갔다.

스님도 떠나버린 절에 진양군 美川面 사람인 한 보살이 절을 지키고 있었다. 스물한두 살에 남편을 여의고서 사십여 년을 홀로 살며 외아들을 키워 왔는데, 그 아들은 서울에 정착해 가정을 꾸리고 있다 한다. 남들이 절에 있으면 좋다고 해 달포 전부터 여기에 와 있는데, 너무도 외로웠던 탓인지 나를 반가와 하면서 점심 대신으로 과일을 대접해 주었다. 그 할머니의 외롭고도 슬픈 일생이 너무 측은하여 마음이 아팠다. 김경렬 씨의 『智異山 1』에는 여기가 五臺寺 터라고 적혀 있지만, 이 절은 主山 남쪽의 오대에 있다가 1977년에 이리로 옮기는 공사를 착공하여 78년에 완공한 것이다.

上村에서 물어서, 긴 등을 지나 산골길을 가다 길을 잃기도 하며 고생하여 오대의 水精寺를 찾았다. 주지스님에게 물어 이 통나무로 지은 水精寺가 자리 잡고 있는 곳이 바로 五臺寺의 터이며, 뒤에 있는 主山이 五臺山임을 알았다. 『동문선』 권64에 실린 權適의 「智異山水精社記」 번역문 복사물도 얻었다. 이 글은 『동국여지승람』과 김일손의 「續頭流錄」에도 소개되어 있는 것인데, 『동문선』에 全文이 실려 있음은 오늘 비로소 알았다.

수정사에서 弓項里를 지나 길마재(질마재)를 넘어 장재기(장재터)라는 동네에 이르렀는데, 도중에 지리산의 웅장한 자태를 한껏 즐길 수가 있었다. 산에는 벌써 새 움이 돋아나고 장재기 마을에서는 활짝 핀 꽃나무들도 볼 수가 있었다.

거기서 默溪 가는 도중에 버스를 탈 수가 있었고, 묵계재 중턱에 있는 回南 마을까지 올라가 보았다. 삼거리에서 막차를 타고 하동까지 나와 진주 행 버스로 갈아탔을 때는 벌써 일곱 시 무렵이었다.

20 (월) 맑음

『동국여지승람』과 『濯纓集』『동문선』 등에 실린 五臺寺 관계 기록들을 검토해 보고, 『남명집』 己酉本과 釐正本에 실린 詩篇들도 번역본과 대조해 가며 훑어보았다.

22 (수) 맑음

점심 식사를 마치고서 진양군 鳴石面 觀旨里로 河丁逵 씨를 찾아갔다. 지난 일요일 수정사에서 작년인가 남사의 河演 정승 종택으로 暮軒 河渾의 문집을 구하러 갔을 때 뵈었던 분을 우연히 다시 만났는데, 그 당시 서울에서 제사에 참례하러 왔다던 하정규 씨가 『暮軒集』을 보관하고 있다면서, 상경하는 즉시 나에게 보내주겠다고 약속한 적이 있었다. 그러나 종내 소식이 없었고 연락할 방법도 없어 안타깝게 생각하고 있었는데, 지금 병을 얻어 관지리에 내려와 있다는 것이었다.

台溪亭에서 하정규 씨를 만날 수가 있었지만, 그는 자신도 남의 것을 빌려 가지고 있었다면서, 내가 거듭거듭 당부를 했더니 서울로 연락해 보겠다고 했다. 태계정은 台溪 河溍의 유허인데, 『태계집』 목판 등을 아직 보관하고 있었고, 돌아오는 도중에 택시에서 잠깐 내려 위당 정인보가 찬한 「台溪先生遺墟碑銘」도 잠시 둘러보았다.

24 (금) 오전에 비

엇그제 관지리에서 만난 하정규 씨가 『暮軒集』 한 질을 구하여 연구실로 전화해 주었으므로, 시청 앞 백조다방으로 나가 전해 받아서, 학교 앞의 복사점에다 두 부씩 복사하도록 맡겼다.

25 (토) 맑음

학교에서는 월요일에 있을 MBC의 남명 강좌에 쓰일 카드를 찾아내고, 관계 문헌들도 골랐다.

26 (일) 맑고 포근함

종일 집에서 남명의 연보와 편년 네 종류를 비교해 보며, 남명의 雷龍亭 시대까지를 검토해 보았다.

27 (월) 정오 후 한때 비

오전 10시에 집 옆의 칠암새마을유아원 정문 앞에서 MBC의 취재진들과 만나 첫 번째 취재 대상인 삼가의 토동으로 출발했다. 우리 일행은 모두 여덟 명으로서, 운전기사와 나, 촬영기사·녹음기사·TV와 라디오의 PD 각 1명, 그리고 스크립터 각 1명으로 구성되었고, MBC의 취재용 봉고차를 이용하게 되었다. 나와 라디오 파트 스크립터인 조평래 군의 인건비 및 기타 취재에 소요되는 경비 일체를 조옥환 사장이 부담하기로 MBC의 상무와 합의했다고 한다.

먼저 토동으로 가서, 남명의 출생지인 외조부 이국의 집터, 계부당 유허·뇌룡정·토동 입구 등에서 촬영했는데, 내가 이러한 경험이 별로 없고 또 사전에 대사 원고를 준비해 있는 것도 아니므로, 자꾸만 컷이 나와 새로 되풀이했기 때문에 하루 종일 긴장해야만 하는 고된 작업이었다.

대의에서 점심 식사를 하고, 거기서 3리 정도 떨어진 인천이씨의 선산 都豆谷으로 가서 이국과 최 씨 부인의 합장묘 및 남명의 숙부 조언경의 장인인 이국의 형제 이훤과 그 부인의 쌍분, 그리고 거기서 조금 떨어진 위치에 있는 조언경 부부의 묘소도 촬영했다. 그곳 향토예비군 훈련원의 공사 현장에 나와 있는 육군 중위가 마침 경상대 출신이라 현장사무소에서 커피를 대접받고, 인천이씨의 선산 터 일부를 매입하기까지의 고충담도 얻어 들을 수가 있었다.

삼가 읍내 진입로 변에 서 있는 이국의 6대조이자 고려 공민왕 때 삼가로 귀양 와서 토동의 인천이씨 첫 선조가 된 이작신의 신도비를 촬영하고, 지동으로 들어가 남명의 아우 환의 손자인 송재 조계명의 유허비와 선산 아래 재실인 병산재를 촬영했다. 송재 유허비 옆에서 라디오용의 녹음까지 마치니 벌써 오후 여섯 시가 넘었는지라, 다음에 다시 한 번 와서 나머지를 촬영하기로 하고서 오늘은 중단하고 돌아왔다. TV는 이번 주 오후 7시 10분부터 7~8분간, 라디오는 4월 16일부터 일요일 오전 11시 10분에서 30분까지 각각 26주간 방송한다고 한다.

28 (화) 맑음

학교 앞의 복사점에 맡겨둔『모헌집』원본 한 질과 그 복사본 두 질을 찾아서, 박쌍선 양을 통해 원본은 하정규 씨에게 반환케 하고, 복사물 한 질은 조 사장 댁에 전달하는 동시에『台溪集』중 제본에 착오가 생긴 곳을 수정케 하였다.

30 (목) 맑음

점심 식사 후 권오민 선생과 함께 학교 뒷산을 산책했다. 논문을 좀 진척시켜 보고자 했으나 뜻대로 되지 않았다.

4월

1 (토) 맑음

월요일은 촬영에 나가게 되므로 이 달부터는 토요일 오후도 평일처럼 학교에 남아 논문을 준비하기로 했다. 간송 조임도에 관한 부분을 마쳤다.

2 (일) 맑음

엊그제 船津에 바람을 쐬고 돌아왔으므로, 일요일인데도 종일 집에서 책상 앞에 앉아 무민당의 『卞誣錄』을 읽었다.

3 (월) 맑음

오후 두 시에 MBC TV의 촬영진 네 명이 연구실로 찾아와 첫 번째 방영에 쓸 남명학 전반에 관한 설명 부분을 녹화했다.

4 (화) 맑음

문교부 학술연구비의 계획변경신청서를 제출했다. 당초의 연구기간을 88년 5월에서 89년 4월까지로 잡았던 것이지만, 이를 반 년 연장하여 89년 10월까지로 신청했다.

5 (수) 맑음

식목일이라 집에서 쉬면서 TV를 보고, 회옥이와 산보하고, 三浦國雄 선생에게 조선학회에의 회원 가입 추천을 부탁하는 편지를 썼다. 논문은 어차피 기간 내에 탈고하지 못하게 된 상황이라, 기왕에 한글로 쓴 것은 적당한 매수로 줄여서 대한철학회의 『철학연구』 지에 발표하고, 처음 예정했던 대로 전체 분량을 다시 일본어로 고쳐 『朝鮮學報』에 발표해 보는 쪽으로 고려하고 있기 때문이다.

6 (목) 맑음

무민당의 벽한정에서 발견한 『변무록』을 모두 독파했는데, 무민당이 갑인년 鄭桐溪의 항소 사건이 있던 그 해에 善山試에서 5현의 從祀와 관련하여 북인 계열의 입장에 동조한 사실 등 새로운 내용을 알게 된 것이 제법 있다.

7 (금) 맑음

겸재 하홍도에 관한 부분의 집필을 시작했다.

저녁 7시 10분부터 시작되는 축석광장의 일부로서 〈남명의 인생과 사상〉이란 제목으로 MBC TV의 남명 프로가 처음으로 방영되었다. 그러나 내가 의도했던 것처럼 기왕에 내가 답사했던 남명학 관계 현장들을 기록에 남긴다는 의미보다는 PD가 자신의 구상에 따라 화면과 내레이션을 구성하고 있었으므로, 계부당이나 이국·조언경 등의 묘소 같은 것은 거의 탈락되고 말아, 나로서는 이런 작업을 계속할 필요가 있을까 하는 회의를 느꼈다.

8 (토) 맑음

아침 7시 30분 가까이 되어 MBC 편성국장에게 전화하여, 남명 관계 프로의 제작에 더 이상 참여할 생각이 없음을 전했다. 이 문제 때문에 간밤에는 거의 잠을 이루지 못했던 것이다. 오전 중 조평래 군을 불러 그러한 사정을 설명하고 나니, 얼마 후 TV의 PD로부터 사유를 묻는 전화가 왔다.

9 (일) 맑음

지난번에 우리 집에 와 나를 진찰하고서 간장 치료를 위한 한방약을 지어 준 아내의 친구가 찾아온다 하여, 외출을 못하고 집에서 하루를 보냈다. 『무민당집』을 읽고, 회옥이와 함께 남강 가에 나가 낚시꾼들을 구경하고 또 강에 돌멩이를 던지기도 하며 놀다가 보니, 강 위의 하늘에 행글라이더들이 뜨고, 얼마 후 문화예술회관 쪽에서 우렁찬 밴드의 연주 소리가 들려 그쪽으로 가 보았다. 예술회관 입구 계단에서 해군군악대가 연주를 하고 있었고, 잇달아 진주八劍舞의 공연도 있어 뜻밖의 구경거리를 만났다. 그러나 집에 손님이 와 있을 것을 생각하여 돌아오기 싫어하는 회옥이를 데리고 와, 아내의 친구와 더불어 몇 시간 대화도 나누고 진찰도 받았다.

10 (월) 맑음

촬영에 나가지 않게 된 까닭에 종일 학교에서 논문 작성에 몰두했다.

11 (화) 맑음

산보에서 돌아오니 서울대학교 대학원 동양철학전공 2학년에 재학 중인 후배 신정근 군이 집이 의령이라 석사논문 준비하러 내려왔다면서 연구실에 들렀으므로 두어 시간 그와 담화했는데, 『白虎通』에 관해 쓴다고 한다. 이제 조금씩 漢代 분야에 관해서도 후배들이 관심을 가져주니 무척 반가웠다.

12 (수) 맑음

지난번 『屈川集』을 전해 준 李秉道 씨를 퇴근길에 녹지다방에서 만나, 河經洛의 『濟南集』 한 질을 입수했다. 「德山曺氏破滅其先祖南冥先生神道碑理由書條卞」 등 이른바 덕산비 사건과 관련된 자료가 실려 있다.

13 (목) 맑음

오후 네 시의 학과 교수회의에서 다음 달 말에 본교에서 열릴 예정인 대한철학회에서 본교 교수로는 내가 발표를 맡기로 정식 결정되었다.

14 (금) 부슬비

오후 세 시 반에 다시 과 교수회의가 열려 다음 학기의 교과목 배정과 새해 예산안을 협의했는데, 나는 2학기에 한국철학사와 중국철학강독, 그리고 교양 철학의 세 과목 총 아홉 시간을 맡게 되었고, 금년도에는 나의 요구에 따라 법인문화사에서 간행하는 '四部叢刊正編' 총 100책 한 질을 과도서로서 구입키로 결정하였다. 이 사부총간은 나의 권유에 따라 법인문화사에서 영인 간행을 단행하게 된 것이며, 간행도서목록에 첨부된 이 총서의 細目과 樣張도 내가 가지고 있던 京都의 중문출판사 것을 가져가서 영인한 것이니, 나와는 특별한 인연이 있다 하겠다.

대한철학회에서 내 앞으로 춘계학술발표회 및 정기총회 개최 예정 안내의 공문이 발송되어 왔는데, 다음달 27일에 본교에서 열릴 이 학회에서는 전북대의 박전규, 이화여대의 소흥렬, 부산대의 정해왕 교수와 주관 교의 나, 이렇게 해서 모두 네 명이 발표를 맡게 되는 모양이다.

오늘 밤 MBC의 촉석광장 시간에 아나운서가 남명학 관계 프로의 취소를 발표했는데, 내가 갑자기 사양하므로 부득이하게 되었다면서 내 이름을 거명하였다.

16 (일) 흐림

마산까지 가서 다시 버스로 갈아타고 남지에 가서 내렸다. 자장면 곱빼기로 점심을 때우고, 낙동강 둑을 따라 창녕군 都泉面 友江里까지 걸어갔다. 이 마을은 옛날 要江院이라는 함안군 漆西面 쪽으로 건너는 나루가 있던 곳인데, 이 마을 앞의 滄岩에 곽재우가 만년을 보낸 망우정과 그 유허비가 있는 것이다. 망우정은 곽재우가 임종 시 외손인 벽진이씨에게 물려주어 與賢亭으로 개칭되었고, 6.25 때 소실된 것을 1972년에 재건했는데, 간송 조임도의 기문과 이가원 씨의 중건기가 걸려 있었으나 퍽 퇴락해 있었다.

마을 뒤 友江산성이 있었다는 성담산에도 올라보고, 나루터에 내려가 낙동강의 유장한 풍경도 감상하다가 다시 남지까지 걸어서 돌아와, 이번에는 반대쪽 강가를 따라 조간송의 合江亭과 망우당이 첫 전공을 세운 岐江나루까지 강가의 모래를 밟으며 걸어보았다. 이쪽은 지난 날 각각 와 보았던 곳이라 새롭지는 않지만, 강의 반대쪽에서 바라보는 경치를 즐기고 싶었던 것이다. 이 龍華山 아래의 낙동강은 지난날 정한강·장여헌 등이 뱃놀이를 한 곳으로 유명한 지라 한결 흥취가 있었다. 오후 내내 걸었더니 다리가 묵직하게 느껴졌다.

17 (월) 흐리고 한때 비

MBC 측에서 2회분을 촬영했음에도 불구하고 실제로 방영된 1회분의 보수 밖에 지급할 수 없다고 연락해 왔으므로 이를 수령하지 않겠다는 뜻을 밝히고, 조옥환 사장에게 전화하여 그동안 자료복사를 위해 통장에 넣어두었던 40만 원 정도의 액수 가운데서 2회 촬영에 대한 수당 20만 원을 공제하도록 양해를 얻었다. MBC 측에서 지급한다는 수당은 실제로는 조 사장으로부터 나오는 것이라고 알고 있기 때문이다.

1975년 미국 하와이 주에서 설립되어 현재 오하이오의 켄트주립대학 철학과에 비서국을 두고 있는 국제중국철학회(International Society for Chinese Philosophy)로부터 나를 이 학회의 韓國資訊中心學術顧問으로 초빙한다는 聘任書가 왔다. 나는 중국철학사가 전공이라고는 하지만 아직 그다지 연구 실적이 있는 것도 아닌데, 지난겨울 연대 李康洙 교수를 통해 보낸 나의 이력서를 보고서는 상당한 인물로 잘못 판단한 것이 아닌가 한다.

18 (화) 맑음

오후 두 시가 지나 총장 비서실로부터 연락을 받고서 H 선생과 함께 총장을 뵈러 갔다. 5월경에 본교의 남명학연구소 설치를 위한 발기 모임을 가지기 위해 우리를 부른 것이다. 대화 도중에 경제기획원으로부터 왔다는 一群의 손님들이 찾아왔으므로, 우리와는 내일 저녁에 다시 만나기로 하고 헤어졌다.

21 (금) 맑음

아세아문화사의 이창세 사장으로부터 새로 나온 도서목록과 함께 남명학자료총간의 해제작업 상황을 묻는 편지가 왔다.

22 (토) 맑음

오후에도 학교에 남아 있었지만, 李時馪의 『雲牕集』, 鄭暄의 『學圃集』, 朴敏의 『凌虛集』 등을 검토해 보느라고 오늘도 논문은 한 매의 진척도 없었다. 대한철학회에다 발표요지를 다음달 10일까지 제출해야 하는데,

이와 같이 답보상태이니 불안·초조하다.

23 (일) 맑음

의령군 新反 행 버스를 타고 柳谷川 가의 世干橋에서 내렸다. 거기서 조금 걸어 富林面 景山里로 가서 명망 있는 한학자였던 南谷 李泰夏의 아들인 李重基 씨 댁을 찾았다. 이 마을이 바로 『龍蛇日記』의 저자인 松巖 李魯의 향리로서, 이중기 옹은 그 후손이다. 일흔 여 세인 이 옹으로부터 崇禎 2년 이후로 계속되어 오는 『洞案』을 얻어 볼 수가 있었다. 全13권 가운데서 한 권이 빠져 있고, 중간부터는 『金蘭禊座目』이라는 제목으로 되어, 이 마을뿐만이 아닌 주변의 여러 마을과 白山 安熙濟 및 島山 安昌浩 등의 명사들까지 포함한 친목계를 이루고 있었다. 작년에 ≪동아일보≫에도 소개된 바가 있는 유서 깊은 문헌이다. 아울러 李松巖을 獨享하다가 대원군 때 훼철된 洛山서원의 攷往錄과 任司錄도 열람했고, 李南谷의 望圈帖도 보았다. 고왕록은 낙산서원 관계의 통문과 재산 등에 관한 기록이며, 임사록은 經任錄, 망권첩은 남곡이 여러 院祠의 소임을 위촉받은 당시의 문건들을 정리해 둔 것이다.

훼철 후에 다시 복원한 낙산서당과 서원의 舊址 및 金蘭亭, 그리고 유곡천을 건너 立山里에 있는 이송암 및 그 집안의 묘소들을 둘러보고, 걸어서 곽망우당의 향리인 세간리로 가서 懸鼓樹도 다시 한 번 둘러보았다. 망우당과 송암은 바로 이웃마을에 살고 있었음을 비로소 알았다.

세간리 앞길에서 지나가는 택시를 잡아 柳谷面 사무소 뒤쪽 마을인 板谷, 즉 너실마을로 들어갔다. 이 마을은 노백헌 정재규와 農山 鄭冕圭의 문하에서 수학한 노사학파의 명유인 立巖 南廷瑀와 그 형인 素窩 南廷燮, 그리고 조카인 夷川 南昌熙 등이 배출된 유서 깊은 곳이다. 이중기 씨로부터 南權祐 씨를 만나보라고 들었으나 권우 씨 및 그 아우인 升祐 씨는 모두 출타중이라, 입암의 맏형인 南瓚祐의 서실이었던 攸然亭으로 가서, 그 집 주인의 안내를 받아 이천의 고택과 마을 입구의 學稼亭·景慕齋·玉峯祠 및 입암의 서실이었던 汝山齋 등을 둘러보았다.

24 (월) 간밤에 비 온 후 흐리다가 맑음

오전 중에 『秋江集』 『紫東集』 『川齋遺稿』를 들추다가, 오후에는 논문의 河謙齋 부분을 좀 수정했다. 아무래도 한 편의 논문으로서는 충분한 논지를 전개하기가 어려울 것 같으므로, 이번에도 논문을 두 편으로 나누어 전편에는 「『산해사우연원록』의 편찬」, 후편에는 「『산해사우연원록』의 간행」이라는 제목을 붙일까 하는 생각이 났다. 「秦의 六時에 대하여」와 「漢代 郊祀의 연혁」, 「남명집판본고」의 (1), (2)도 이처럼 집필 도중에 계획을 바꾸어 각각 두 편으로 만든 것이었다.

26 (수) 맑음

3학년 강정식 군이 내가 부탁했던 월간 『경남』 지에 연재된 남명 관계 기사들을 복사해 왔으므로, 오후 시간은 주로 그것을 읽었다. 월간 『경남』은 창간 이래로 7회에 걸쳐 남명 관계의 글을 연재해 왔고, 그 주된 자료들은 나에게 와서 제공받은 것이지만, 영업 부진 때문인지 최근에 폐간했다는 소문이 있다.

30 (일) 오전에 흐리고 오후 한때 부슬비

조평래 군과 함께 오전 9시에 마산으로 출발했다. 마산에서 칠원 행 버스로 갈아타고, 칠원에서 다시 버스를 갈아타 武溪에서 내렸다. 무계는 愼齋 周世鵬의 향리로서 무계서당이 있는 곳이다.

무계서당을 둘러보고서 택시로 함안으로 가, 舊 함안 읍내로 가는 도중에 있는 無盡亭에서 내렸다. 이곳은 조 군의 선조인 趙參이 지은 곳으로서 愼齋의 기문이 걸려 있었다. 거기서 구 함안읍내까지 걸어 들어가 정한강의 공덕비, 조대소헌 등을 향사했던 德巖書院遺墟碑, 함안향교를 둘러보고서, 다시 택시로 儉巖의 星山李氏 마을에 들어가 李好誠의 東山亭과 그 고손인 篁谷 李稱의 황곡정사, 李佺의 忠順堂, 李佶의 儉溪亭을 둘러보았다.

마침 충순당에서 儒會가 있었던 참이라 문중의 장로들을 만나 이 세

형제에 관한 설명을 듣고, 『忠順堂遺事』『儉溪集』『浩溪集』도 얻었다. 황곡은 남명과 퇴계의 문인인데 문중에서는 퇴계의 연원이라 칭하고 있고, 충순당은 林葛川 문인, 검계는 남명 문인이라 한다. 또한 이들은 임갈천의 생질, 즉 갈천의 누이가 시집 와서 낳은 아들들이며, 趙澗松·朴匡西 등도 이 마을에서 태어났으므로, 함안에서는 '一儉巖'이라 하여 인물이 많이 나기로는 이 마을을 첫손까락으로 꼽는다고 했다. 함안은 한강이 3년간 군수로 재직하며 『咸州誌』를 편찬한 곳이므로 퇴계 연원을 칭하는 경우가 많고, 한강도 거의 신격화 되다시피 하여 그와 관련된 전설이 상당히 전해 오고 있다.

新邑인 가야의 낮은 산들 꼭대기 여기저기에 널려 있는 아라가야의 고분들도 오늘 처음 유심히 바라보았다.

5월

1 (월) 맑음

종일 『황곡집』과 『겸재집』을 읽었다.

지난번 박태선 군에게 주기 위해 챙겨놓았던 헌옷가지들과 헌 구두 한 켤레를 가져다가 조평래 군에게 주었다. 조 군은 금년에 보통나이로 서른다섯이라 하니 나하고는 나이 차이도 그다지 크지 않은데, 아직 장가도 못 들고 취직도 못한 채 함안의 산골에서 홀로 농사짓고 있는 칠순 노모로부터 한 달에 10만 원 정도씩 타 쓰며 고려대 동양철학전공 박사과정의 입시를 볼 목표로 진주에 와서 혼자 공부를 하고 있는 것이 안쓰럽다. 도동에 있는 崔守愚堂의 道江서당에서 기거하며, 낮에는 학교 도서관 대학원생 열람실에서 공부하고, 식사는 학교 근처의 밥집에서 두 끼, 구내식당에서 한 끼를 때운다고 한다.

2 (화) 맑음

경북대학교 철학과로부터 대한철학회의 발표요지 제출에 관한 집필 요령이 부쳐져 왔으므로, 그에 부응하는 방향으로 기왕에 써둔 논문을 요약하기 시작했다.

4 (목) 맑음

어제에 이어 발표할 원고를 몇 매 더 집필하고, 경남문화연구소에서 다음호의 『경남문화연구』에는 작년에 있었던 개교 40주년 기념 남명학 국제학술대회에서 발표된 논문과 논평 및 심포지엄의 내용으로 특집을 만든다면서 내가 발표한 「남명학 연구의 의의」 교정쇄를 가져왔기에, 한 차례 교정을 마치고서 2차 교정에 들어갔다.

퇴근버스를 타고 새 구두를 사러 시내로 가는 길에 국어교육과의 曺圭泰 선생과 나란히 앉았다. 조 선생은 창녕조씨로서 병조판서를 지낸 曺潤孫이 바로 자기 선조의 4촌 형제라고 하며, 조윤손과 그 부친의 묘소가 진양군 文山에서 금곡 가는 도중에 있고, 이 부자의 묘도문자를 가지고 있다고 하므로 참으로 뜻밖이었다. 마침 『남명집』 중의 「解關西問答」을 한국철학강독 시간에 읽고 있는 중인데, 晦齋의 서자인 李全仁은 바로 조윤손의 집안에서 玉剛이란 이름으로 자라고 있다가, 남명의 권고에 의해 회재에게로 가서 그 後嗣가 되었으며, 「關西問答錄」을 지어 江左와 江右의 학파 간에 분쟁의 한 요인을 만들었던 것이다.

6 (토) 한때 빗방울

오후에 어제 산보했던 薺德里 바닷가까지 둘러보고, 조선 시대의 개항장이었던 三浦의 하나인 薺浦 쪽을 관망해 보았다. 여러 해 전에 이곳에 와, 바닷가의 산 위에 임란 당시 일본군이 쌓았던 성의 유허를 둘러본 적이 있었다. 오후의 휴식 시간에 이발을 하며, 이곳 이발사에게서 熊川 邑城의 위치에 대해 들었다.

7 (일) 맑음

이모 댁에서 아침 식사를 하고서 웅천으로 돌아와, 웅천읍성을 한 바퀴 빙 둘러가며 관찰해 보았다. 이 성은 세종 때 삼포를 개항하면서 수군절제사 營으로 쌓은 것인데, 북면을 제외하고서는 3면의 성이 아직 상당히 남아 있었다. 삼포왜란 때는 이 성도 日人들에 의해 점령되었었고, 임란 때는 小西行長의 居城이 된 적도 있었다.

집에 돌아오니 三浦國雄 교수로부터 내 편지의 회답이 와 있었는데, 자기에게 논문을 부쳐주면 『조선학보』에 게재될 수 있도록 추천하겠다는 내용이었다.

8 (월) 맑음

「남명학 연구의 의의」 교정을 마쳤다.

오후 1시경 총장실로부터 연락을 받고 혼자 가서 총장을 만났는데, 오는 20일에 후원회의 발기회를 가지자면서 그 관계의 인쇄된 취지문이나 규약 등을 다듬어 달라는 지시를 받았다. 한데, 「남명학연구소 설립취지문」을 제외한 「남명학연구소후원회 발기취지문」과 규약은 H 선생이 기초한 모양인데, 기왕에 '남명학연구소후원회'라고 되어 있었던 명칭이 한결같이 '남명학연구후원회'로 바뀌어 있고, '소'자가 있었던 곳은 공백으로 남아 있었다. 원인을 여쭈어보니 경남문화연구소의 김유철 간사 등이 찾아와 경남문화연구소에 남명학연구실이 설치되어 있음에도 불구하고 따로 남명학연구소를 설치하는 데 대해 강력히 이의를 제기해 왔었다고 한다. 이즈음 총장의 존재가 유명무실 해지고 보니, 이런저런 눈치를 보느라고 그렇게 된 모양이다.

9 (화) 맑음

지난 1일에 이어 운동화 한 켤레와 헌 재킷 한 벌을 조평래 군에게 전했다.

2주간 연기되어 온 교양 철학의 중간고사를 실시했고, 시험을 마치고 돌아오는 길에 삼현여고의 고 崔載浩 교장이 본교에 기증한 한적들을 보러 한적실에 들렀다가, 『草溪鄭氏族譜』가 눈에 띄었으므로 빌려와서 읽었다. 남명의 누이들이 출가한 鄭雲과 鄭白氷의 가계에 관련된 부분들을 주로 검토하였다.

국어교육과의 조규태 선생으로부터 曺叔沂와 曺潤孫의 묘비명을 얻어 검토해 보았는데, 조윤손은 바로 삼포왜란 당시 제포의 向化倭人들을 진압하고 경상좌수영을 현재의 해운대 옆 水營으로 옮긴 장본인임을 알았다.

10 (수) 흐리고 때때로 빗방울

어제에 이어 『초계정씨족보』 중 정운 일족과 관련된 부분들과 화보를 면밀히 검토했다. 꼭 입수하고 싶었던 자료이기는 하지만, 학회의 발표요지 작성을 중단해 둔 채 한가하게 이런 책들을 읽고 있으니 불안한 마음을 금할 수 없다.

퇴근 직후 雨峯(友鳳) 崔永國 형으로부터 전화를 받고 나가서 다화랑에서 만났다. 월간 『茶談』을 간행하고 있는 曉東院茶禪會 원장 鄭元鎬 씨와 함께 있었고, 우연히 前 青谷寺 스님인 如然師도 만났다. 우봉은 多率寺 曉堂 崔凡述 스님의 친척으로서 毅齋 許百鍊 선생의 春雪軒에서 17년간 동양화를 수업하였고, 내가 대학생일 때 다솔사에서 만나 호형호제 해온 터이다. 그 이후 소식이 끊어졌다가 김충렬 교수를 통해 지난해에야 비로소 서로의 근황을 알아 오늘 만나게 된 것이다, 남강 변 유정장어집에서 술잔을 나누었는데, 반가운 마음을 금할 수 없었다. 우봉 형은 서울 수유리에 거주하고 있는 모양인데, 나를 만나기 위해 난초 묵화를 그려 가지고 왔다.

11 (목) 부슬비

오후 내내 발표할 원고를 작성했다.

그저께 조옥환 사장에게 전화했으나 통화하지 못했었는데, 출장에서 돌아온 모양인지 연구실로 전화를 걸어 왔으므로, 남명학연구소의 설치가 경남문화연구소 측의 반대로 말미암아 난관에 봉착하게 된 사정을 설명했다. 조 사장은 열흘 쯤 전에 서울에서 김충렬 교수를 만난 모양인데, 김 교수는 금년 8월 임기가 만료될 때까지 남명학연구원장의 직을 계속 맡겠다는 뜻을 표명했다고 한다.

14 (일) 흐리고 바람이 세서 다소 추움

조평래 군과 함께 진주역에서 기차로 함안의 院北으로 갔다. 역에 내려 생육신의 한 사람인 漁溪 趙旅를 기념하여 후학들이 세운 採薇亭과 육각정, 그리고 그 뒤 도로가에 있는 조대소헌 및 그 부인의 쌍절각과 어계 조부인 琴隱의 신도비각을 둘러보고, 근년에 복원한 西山서원에 들러 이 서원과 관련한 VTR도 시청하였다. 서원에서 나와 防禦山 아래에 위치한 어계의 고택을 둘러보고, 종택에서 종부의 배려로 향로와 어계 생시의 유품이라는 나무지팡이를 관람한 다음, 명아주와 과자를 대접 받았다.

원북에서부터 걸어서 伯夷·叔齊山 부근에 있는 明洞 마을까지 가서 어계의 胎地 유허비를 둘러보고, 이 마을에 살았던 남명 문인 篁巖 朴齊仁의 후손을 만났다. 廣州박씨의 재실에도 가 본 다음, 平廣里를 거쳐 걸어오다가 도중에 택시를 주워 타고서 군북 부근에 있는 창녕성씨들 집성촌인 모로마을에 들렀다. 疆齋 成好正과 그 부친인 鵲溪 成景琛에 대해 물어보았지만 종손도 알지 못한다 하므로, 군북까지 걸어 나와 다시 택시를 타고서 가야와 松汀을 지나 칠원 가는 도중에 있는 삼발마을의 성씨 집안에 들러 다시 물었으나, 또 다시 모른다는 대답이었다. 이 마을은 放隱 成樂熏 선생이 출생한 고향인데, 나는 대학 시절 곤양의 다솔사에서 방은 선생을 만나 한 보름간 가까이서 보낸 적이 있고, 상경한 후로는 그 인연으로 신림동의 방은 선생 댁에 철학과의 학우들과 함께 반 년 정도 한문 수업하러 다닌 적이 있다.

15 (월) 맑음

종일 발표요지의 작성에 몰두했으나 아직 탈고하지는 못했다. 경북대 철학과로부터 18일까지 원고를 보내라는 연락이 또 왔다. 처음에는 10일, 두 번째는 20일, 오늘은 18일까지라고 하니, 어느 장단에 춤을 추어야 할지 모르겠다.

김충렬 교수가 이번에는 또 圃隱사상연구원장을 맡았다고 한다. 지난 10일에 鄭元鎬 씨로부터 김 교수가 曉東院 회장을 맡고 있다는 말을 처음 들었는데, 이제 동양철학회장까지 겸임하여, 내가 알고 있는 것만 해도 네 가지의 회장 및 원장 직을 맡아 있으니, 남명학연구원에 대해 관심을 가질 여유가 있을지 모르겠다.

18 (목) 맑음

토요일에 있을 남명학연구후원회 발기 모임에서 내가 그동안의 경과 보고를 하기로 되어 있으므로, 『경남문화연구소보』와 『경상대학교사십년사』를 뒤적이며 자료를 정리해 보았다. 작년 12월에 간행된 이 40년사에도 남명학연구소 설치 건은 완전히 삭제되고, 남명학연구 특성화와 관련된 연구는 경남문화연구소 남명학연구실에서 맡아 하는 것으로 되어 있었다. 김유철 군 등이 이 40년사의 편찬위원으로 참가해 있으니, 그들의 소행임이 분명하다.

조금 일찍 퇴근하여, 조평래 군과 함께 수우당 최영경을 향사하는 도동의 도강서당에 들렀다. 내일이 채례일이라 오늘 유림이 모여 임원을 결정하는데, 최인찬 씨, 손병욱 교수의 부친인 손성모 씨, 屈川 문중의 李秉道 씨, 朴璟來 씨 등을 오랜만에 만났다. 거기서 저녁을 먹고 수우당이 거처했던 萬竹堂 유허를 찾아 나섰는데, 옛날에 한 번 가 본적이 있지만 날이 저물어 찾지 못하고, 鄭以吾·鄭苯 등 일가의 묘소만 다시 한 번 둘러볼 수가 있었다.

아침 출근 전에 조옥환 사장으로부터 전화가 와서, 서울의 KBS에서 남명 관계 취재를 하러 왔으니 토요일 오후에 시간을 좀 내 달라는 연락이 있었는데, 잠이 든 후인 밤 10시 반쯤에 KBS 측으로부터 집으로 전화가 걸려왔다. 전국일주 프로그램에서 네 차례에 걸쳐 각 20분 정도씩 산청 편을 방영하는데, 그 중 하루는 남명 관계를 다룬다고 한다. 토요일 오후 세 시쯤 산천재에서 만나기로 했다.

19 (금) 무더움

내일 있을 경과보고를 위해 관계 자료들을 뒤적이다가 수년 전에 본교에서 작성한 『장기발전계획(1987~1991)』을 들춰보았다. 40년사에 적힌 내용은 이 책자를 발췌요약 한 것에 불과함을 알았다.

20 (토) 흐리고 오후에 부슬비

오전 11시부터 총장실에서 경상대학교 남명학연구후원회 발기총회가 있었다. H 선생이 사회를 맡고, 나는 「남명학 연구의 현황과 전망」이라는 보고를 했다. 지난번 총장실에서는 본교에서의 남명학 연구의 경과와 앞으로의 계획에 대해 말해 달라는 것으로 알아듣고 그렇게 준비했었는데, 회의 한 시간 전쯤에야 남명학 전반에 관한 기조연설 조의 말을 해 달란다는 내용을 H 선생에게서 전해 들었다.

오늘 오후 2시부터 진주박물관 강당에서 퇴계학회 경남지회의 연구발표회가 열리게 되어 있는 터라, 퇴계 종손의 친동생 되는 충북대 전산학 교수 李東翰 씨가 H 선생 연구실로 와 있어서 서로 인사했다.

발기총회에서는 남명학연구소의 설치 문제로 회의 초반부터 총장에게 해명을 요구하는 등 참석자들의 입장이 단호했으나, 결국 장차 별도의 연구소를 설치한다는 전제 위에서 규정 심의 등에 착수했다.

교수식당에서 점심 식사를 마친 후, 나는 조옥환 사장의 차로 함께 조원섭 씨 댁에 들러 四聖賢遺像短屛과 佩劍의 사진을 가지고서 덕천서원으로 향했다. 덕천서원에서는 조의생 씨가 설명을 맡고, 산천재에서는 내가 설명을 했다. KBS 1TV의 〈전국일주〉는 오전 7시 45분에서 8시 5분까지 방영되는데, 5월 30일부터 6월 2일까지가 산청 편이며, 그 마지막

날에 남명 선생을 다룬다고 한다.

22 (월) 흐리고 오후 한때 부슬비

대한철학회로부터 학회 개최 안내문이 왔는데, 나의 발표 원고가 늦게 도착했는지 첫 번째 순서에 내가 「남명의 철학사상」에 관해 발표하는 것으로 되어 있었다.

23 (화) 맑음

李全仁의 『潛溪集』과 『관서문답록』을 읽고, H 선생이 지난 토요일의 퇴계학회 경남지회에서 발표한 「경남 지역의 퇴계선생 유적지」 발표 자료도 얻어 읽어보았다. H 선생은 의령에서 출생했는데, 퇴계의 初娶처가인 김해H씨 집안의 후손이라 한다. 지난번 공채 문제로 서로의 관계가 미묘해지기도 했는데, 그 때 내가 지지했던 심경호 씨는 이미 京都대학에서 박사학위를 취득하여 서울의 정신문화연구원 국문과에 조교수로 취직했다고 한다. 그와 같은 훌륭한 자격을 갖춘 인재를 예비심사에서 탈락시킨다는 것만 보아도, H 선생이 권모술수를 농하는 경향이 다분히 있음을 알 수 있다.

25 (목) 비

학교에 가 있으니 이성환 선생이 찾아와, 경북대의 河永晳 교수로부터 전화를 받았는데, 내 원고가 대구까지 와서 반송되었다가 다시 돌아오는 사태가 발송하여 나의 원고는 인쇄에 넣지 못했으므로, 내 쪽에서 별도로 인쇄물을 준비해 주어야 하겠다고 하더라는 것이었다. 모레가 발표할 날인데 이제 와서 이런 소리를 하는 것은 기가 막히는 일이다. 조교가 확인해 본 결과 진주우체국에는 나의 원고가 반송되어 온 일이 없었다는 것이었다.

대한철학회 측에서는 각종 워드프로세서로 인쇄하여 보내면 그대로 인쇄해서 책을 만들겠다는 것이었으나, 나에게는 컴퓨터도 워드프로세서도 없어 이성환 선생의 의견에 따라 그냥 원고의 상태로 보냈던 것인데, 필시 그 때문일 것이라고 생각했다. 하영석 교수의 연구실과 자택으로 여러 번 전화했으나 서울에 갔다 하므로, 경북대 철학과사무실에다 이번에는 나의 발표를 빼 달라고 전해 두었다. 한참 후 하영석 교수로부터 전화가 걸려와 그쪽에서 대학원생을 시켜 내 발표요지를 다시 요약하여 유인물을 만들도록 지시했다 하므로, 마지못해 도로 발표해 보기로 마음을 고쳐먹었다. 내 논문을 대학원생이 요약한다는 것은 도무지 안심이 안 되는 일이므로, 조교를 시켜 급히 발표요지 전체를 타이프 쳐서 백 부를 복사하도록 지시했다.

26 (금) 맑음

논문 작성을 계속하였고, 오후에는 타이프 쳐진 발표요지를 교정하여 조교로 하여금 복사 작업에 들어가도록 했다. 내일의 학회 건과 관련하여 오후 다섯 시에 과 교수회의를 가졌는데, 박선자 선생이 내일 사회를 맡기로 했다.

27 (토) 맑음

점심 식사 하러 나가다가 류왕표·이성환 선생이 소흥렬·하영석 교수를 모시고 바깥으로 식사하러 나가는 차에 어울려, 시내의 천황식당에서 진주비빔밥을 함께 들었다. 내 연구실에서 잠시 차를 들고서, 오후 두 시부터 대한철학회의 춘계학술발표회가 22동 101 대형 강의실에서 열렸다. 내가 「『산해사우연원록』의 편찬」이라는 제목으로 처음 발표한 다음, 부산대의 정해왕 교수, 전북대의 박전규 교수, 이화여대의 소흥렬 교수 순으로 발표가 있었다. 20분 정도 휴식시간을 가진 후 종합토론을 가지고서, 시내로 가서 저녁 식사와 술을 들었다. 외지에서 온 교수들은 성수장에서 숙박하게 되었으므로, 거기서 또 약간의 술을 들면서 총회까지 마친 다음, 철학과 학생들과 어울려 자정 무렵까지 술을 마시고 노래도 불렀다.

28 (일) 맑음

오후 12시 40분 무궁화호로 함안역에 가서 조평래 군과 합류하여, 다시 검암으로 가서 대포 이인권 씨를 만났다. 이인권 씨는 지난달 30일에 충순당에서 만난 老儒인데, 내가 알고자 하는 鵲溪 成景琛의 후손으로는 창녕읍 외부리에 사는 성종억 씨를 만나보라고 가르쳐 주었다.

거기서 구 함안읍으로 가서 염소불고기와 토속주로 한 시간쯤 조 군과 대화를 나누다가, 艅航面 外岩里에 사는 安洙香 씨를 찾아갔다. 이분은 신산서원 설립의 중심인물 중 한 사람인 竹溪 安熹의 후손으로서, 죽계 및 그 후손들과 관련된 유품과 고문서들을 보관하고 있으며, 죽계를 모신 杜陵서당과 그 뒷산에 있는 죽계 夫妻 및 그 아들들의 묘소에도 안내해 주었다. 죽계는 함안 茅谷里에서 태어났고, 그 선대의 묘소는 入谷里 趙一山 遺宅의 뒷산에 있다고 하는데, 죽계와 그 후예의 묘소들이 이곳에 있는 것을 보면, 죽계는 이곳에 와서 살았던 것이 아닐까 생각된다.

30 (화) 맑음

점심 식사 시간에 김유철 선생과 식당에서 만나, 남명학연구소 설치 건과 관련하여 총장을 찾아가 만난 일이 있느냐고 물었더니, 자기는 가지 않았다고 한다. 그렇다면 나의 판단이 빗나간 셈인데, 강희근 소장과 함께 총장을 찾아가 따진 사람들이 누구일까?

31 (수) 맑음

학교에서는 종일 『澗松集』을 읽었다.

6월

1 (목) 맑음

『澗松續集』을 읽었다.

한국철학강독 시간에 지금 읽고 있는 「解關西問答」을 마치면 두 시간 동안 학생들이 작성한 리포트 내용을 가지고서 발표를 하고, 한 시간 평가회를 가진 다음 종강하기로 했다.

2 (금) 맑음

종일 『남명집』 중의 「策問題」와 「遊頭流錄」을 읽었다. 지난 날 읽은 적이 있는 것들이지만, 『남명집』 강의는 이번 학기로써 마칠 예정이므로, 다시 한 번 정독코자 함이다.

오늘 아침 7시 45분부터 15분 남짓 KBS TV 〈전국일주〉 시간에 지난 달 20일에 촬영해 둔 남명 관계의 내용이 방영되었다. 비디오를 가진 정헌철 선생에게 미리 부탁해 두었으므로, 그 부분을 마산 MBC TV의 〈조선 유학의 거봉 남명 조식〉 테이프 뒷부분에 복사해 둘 수가 있었다.

3 (토) 맑음

밤에 서울의 방산시장에서 비닐 상을 하고 있는 중학 동창 김영수 군에게서 전화를 받았는데, 자기 어머니가 TV에서 내가 전국일주 프로에 나온 것을 보았다고 한다.

4 (일) 흐리고 밤에 비

한국철학강독을 수강하는 학생들과 함께 지금 읽고 있는 『남명집』 중의 「解關西問答」에 보이는 李全仁의 養父 曺潤孫 일족의 묘소를 찾아보기로 했으나, 약속한 아침 9시 무렵까지 아무도 주차장에 나온 학생이 없어 혼자 금곡 행 버스를 탔다. 진양군 文山面 魚藪마을에서 하차했는데, 묘소는 바로 이 마을 뒷산으로서, 도로에서 건너다보이는 비교적 가까운 거리에 있었다.

묘소는 꽤 큰 규모로서, 오른쪽 윗부분에 조윤손의 父인 淑沂 夫妻의 雙墳이 있고, 숙기의 묘 우측에 姜渾이 찬하고 灌圃 魚得江이 썼다고 하는 「嘉善大夫慶州府尹慶州鎭兵馬節制使曺公墓碑銘」이 큼직하게 서 있었으나,

상당히 마모되어 읽기 어려웠다. 이 묘소의 왼쪽 조금 아래에 조윤손 부처의 쌍분과 어득강이 찬한 「正憲大夫議政府左參贊兼五衛都摠管知訓練院事曺公墓碑銘」이 세워져 있고, 그 아래쪽에 조윤손의 셋째 사위인 鄭沆 부처의 묘소가 있었다. 崇禎 연호가 보이는 것으로 보아 인조 때 현재의 석물들이 만들어진 것임을 알 수 있었다.

어수마을의 故老에게서 조윤손이 이 마을에 살았고, 아들을 두지 못해 근년까지 별로 찾아오는 이가 없었으며, 바로 이웃인 金谷面 亭子里에 조숙기의 선대 묘소가 있다고 들은 것으로 미루어, 이 일대가 이들의 향리인 것을 확인할 수가 있었다. 晦齋의 유일한 親子인 이전인은 상당한 나이에 이르기까지 玉剛이란 이름으로 윤손의 嗣子 구실을 하다가, 윤손의 死後에 쫓겨나듯이 회재에게로 간 것이니, 그렇다면 이 어수 일대는 어쩌면 이전인의 향리이기도 할 것이다.

택시를 타고 금곡면 外竹里에 있는 김유신·설총·최치원을 모셨다는 南岳書院에 들렀다가, 도로 타고 문산까지 나와, 택시를 갈아타고서 진양군 寺奉面 沙谷里에 있는 隅谷亭과 그 뒤쪽 우곡마을에 있는 우곡재 및 우곡의 묘소도 둘러보았다. 우곡정은 고려 말 대사헌을 지낸 우곡 鄭溫이 은거한 곳으로서 그의 靑盲의 故事는 유명한데, 퇴계도 이곳에 들러 시를 남겼다고 한다.

사곡리 앞 삼거리에서 버스로 갈아타고서, 義昌郡 鎭東에 들러 진동해수욕장에서 회백반으로 점심을 들고, 마산에서 창녕군 南旨로 갔다. 남지 철교를 건넌 곳에 있는 함안군 漆內面 奈內까지 걸어가서 간송 조임도의 유허비와 慕賢亭, 그리고 간송이 手植했다는 은행 고목을 둘러보았다. 모현정은 정한강·장여헌 등과 더불어 용화산 아래의 船遊에 참여한 『浙洛編芳』에 수록된 명유들을 기념하는 건물이며, 간송은 광해군 시절 폐모론이 대두될 무렵 이곳 奈內로 옮겨와 살다가 후에 合江亭 맞은편의 靈山縣 龍山으로 다시 이사했던 것인데, 지금도 용산리에 종손이 살고 있다고 한다.

5 (월) 비 오다가 오후에 개임

출근 전 김충렬 교수로부터 전화가 왔었는데, 한국동양철학회의 금년도 하계 모임은 덕천서원에서 가지기로 하고, 발표자로는 나와 연세대의 李康洙 교수로 의견이 모아졌다는 것이었다. 나로서는 지금 쓰고 있는 논문은 지난번 대한철학회에서 발표를 마친 터라 사양해 보았으나, 모처럼 덕천서원에서 모이게 되었으니 남명에 관한 주제가 포함되어야 하겠다기에 마지못해 승낙했다.

학교에서 궁리해 본 끝에 기왕에 동양철학회 기관지 창간호에 투고해 두었으나 아직 출간되지 못하고 있는 「남명집판본고 (2)」 가운데서 『학기유편』 부분만 뽑아 「『학기유편』 판본고」라는 제목으로 발표하고, 마산 MBC와 KBS 1TV에서 방영된 남명 관계 프로의 비디오테이프도 관람토록 해 보는 것이 어떨까 하고 생각하여, 퇴근 후 김충렬 교수와 상의하여 그렇게 합의했다.

경남문화연구소의 강희근 소장 연구실에 들러 남명학연구소 설치에 관한 반대의견 개진의 경위에 관해 물어보았다. 강 교수도 김유철 선생과 마찬가지로 자신은 그 문제와 관련하여 총장을 면담한 사실이 없으며, 남명학연구소의 설치는 바람직하다고 본다는 것이었다.

7 (수) 맑음

논문의 '참여인물' 항목에 曺慕亭이 河謙齋에 대해 『산해사우연원록』 편찬에 참여할 것을 권유한 내용을 적을까 했으나, 이는 추측에 불과하기 때문에 빼기로 하고, 편찬 경과에 관한 마지막 절을 집필하기 위한 카드 배열 작업에 착수했다.

10 (토) 흐림

교육대학원 중국철학세미나를 끝으로 1학기 수업을 모두 마쳤다. 중철세미나에서는 王充 의 『論衡』 가운데서 「譴告篇」과 「自然篇」을 읽었다.

밤에 창녕읍 외부리에 사는 성종억 옹에게 전화하여, 지난번에 부탁한

鵠溪 成景琛과 그 두 아들인 疆齋 成好正, 性窩 成好誠과 관계되는 자료의 존재에 관해 물어 보았는데, 성 옹은 이미 나이 80이 넘은지라 기억력이 쇠했다고 하면서, 문집 같은 것은 전하고 있지 않고 알 만한 후손도 달리 없지만, 알아보아서 혹시 있으면 연락해 주겠다고 했다.

12 (월) 맑다가 오후에 흐림

지난번 조평래 군이 얻어다 준 마산 MBC 제작 〈조선 유학의 거봉 남명 조식〉 비디오테이프를 시청각교육관에서 틀어보다가, 『남명집』 初刊本海印寺版이라고 첫 장에 朱書된 부분이 녹화되어 있는 것을 보고 깜짝 놀란 적이 있었다. 당시 마산 MBC 팀이 촬영을 위해 내 연구실에 찾아와 있을 때, 계명대 도서관에 현존 最古의 판본이 소장되어 있으니 그것을 꼭 촬영하도록 내가 권유하여 수록된 것인데, 나는 당시까지 최고본이라고 알고 있었던 기유본을 말한 것이었으나 그 후 함안에서 갑진본의 일부를 발견한 바가 있었고, 또 「남명집판본고 (1)」에서 쓴 바와 같이 임인본이 갑진본보다 2년 앞선 해인사 초간본임도 알게 되었던 것이다.

비디오 화면에 비친 해인사판이라는 것이 과연 임인본인지를 확인하기 위해 시외버스를 타고 합천과 88고속도로를 거쳐 대구 서부주차장에 내려서, 계명대 대명동 캠퍼스에 있는 이 대학 중앙도서관의 5층 한적실에 들렀다. 담당자인 張仁鎭 씨를 만나 문제의 책을 열람할 수가 있었는데, 이 책은 3권 1책으로 제본되어 있으나 권2가 빠져 있었다. 「神明舍銘」 뒷부분에 17행이 더 있고, 권3 끝에 「南冥先生集」이 아닌 「南冥集」 卷之三이라고 보이는 것 등으로 미루어 기유본에 선행하는 판본임을 확인했다.

그러나 장 씨가 규칙을 내세워 한 부 복사해 가자고 하는 요청을 끝내 받아들이지 않으므로, 이 대학 인문대학장으로 있는 철학과 白承均 선생의 협조를 얻기 위해 백 교수와 통화를 하다가 도중에 웬일인지 끊어지고 말았으므로, 인문대학이 있는 성서 캠퍼스까지 가보았지만 이번에는 외출하고 없었다. 할 수 없이 臺灣대학 시절의 유학 선배인 철학과의 林秀茂 선생 연구실로 찾아가 협조를 구했다. 임 교수가 장 씨에게 전화해 보았으나 역시 대답은 마찬가지였다. 별 수 없이 도로 대명동 캠퍼스의 한적실로 올라가 두 차례에 걸쳐 기유본과 면밀히 대조해 본 결과 이것이 임인본이 아니고 갑진본임을 확인하였다. 무엇보다도 갑진년에 쓴 내암의 서문이 그 단적인 증거다.

임 교수 연구실에서 영남대 사학과의 李樹健 교수와 통화하여 오후 세 시에 한적실에서 만나기로 했으나, 이 교수로부터 집이 비어 오기가 어렵다는 전화 연락이 왔으므로 이 교수에게 부탁한 자료들을 꼭 보내줄 것을 당부하고, 갑진본 중에서 기유본과 다른 부분만 10여 장 복사하여 귀가했다. 이 갑진본은 계명대가 당시 대구 南山洞에 거주하고 있었던 李仁哉 씨 소장 한적들을 82년도에 대량으로 구입한 것 가운데 포함되어 있던 것이라고 한다.

13 (화) 맑음

어제 복사해 온 것들을 함안에서 발견한 갑진본 殘部 및 기유본·임술본 등과 대조해 보고서, 새로 발견한 갑진본에 관해 아직 未刊인 「남명집판본고 (2)」의 附記에 추가하는 작업을 시작했다.

지난달 28일에 만난 安洙香 씨로부터 부탁했던 『竹溪遺稿』의 필사본 두 부와 죽계 유품 사진들이 부쳐져 왔으므로, 『죽계유고』 두 부 중 한 부는 조옥환 사장에게 보내었다.

계대 한적실의 장인진 씨에게 나의 「남명집판본고 (1)」 한 부를 우송했다. 그러나 도서관의 역할이 연구자들에게 편의를 제공해 주는 데 있을 진데. 전공자가 책 한 권 복사해 가고자 먼 길을 갔는데도 그렇게 인색하게 군다는 것은 설사 규칙이 그렇다 할지라도 정말 돼먹지 않은 작태이다.

14 (수) 비

중국철학사의 기말시험을 치렀고, 갑진본 관계 부기를 추가하는 작업도 거의 마무리 지었는데, 『학기유편』 초간본 관계를 합하면 부기의 분량이 너무 많아진 셈이라 다소 마음에 걸린다.

16 (금) 흐림

『남명집』 중의 「遊頭流錄」을 마저 읽었다. 내년부터는 『남명집』이 아닌 다른 것을 가지고 강독할 생각이므로, 이번 학기까지 마치지 못한 작품들을 다시 한 번 정독해 본 것이다.

17 (토) 맑음

『남명집』 중의 銘文들을 갑진본·기유본·임술본을 비교해 가며 검토하였다.

18 (일) 흐리고 해 질 무렵 빗방울

정한강이 만년인 62세부터 약 10년간 거처했던 武屹精舍를 찾아 우선 합천으로 떠났다. 합천읍에서 버스를 내려 黃江 가의 涵碧樓를 찾았는데, 함벽루 바로 뒤가 大耶城址였고, 그리로 가는 어귀에 寒沙 姜大遂가 찬한 '新羅忠臣竹竹之碑'가 있었다. 내가 鶴章국민학교에 재학하고 있던 유년시절에 학예회에서 〈대야성의 밤〉이라는 연극에 출연한 적이 있었는데, 그 때의 주요 등장인물인 金品釋·竹竹장군·允忠장군 등의 이름과 그 때 불렀던 노래의 가락들이 지금도 잊히지 않고 있다.

烟湖寺를 둘러서 함벽루에 올랐는데, 뜻밖에도 누각에서 振庵 許洞 선생을 만났다. 진암은 重齋 金榥의 문인으로서 진주의 대표적 한학자인데, 또한 진주를 대표하는 서예가인 隱樵 鄭命壽 씨 및 은초의 문인 한 사람과 더불어 합천 일대의 명소를 둘러보고 있는 중이었다. 진암 옹 일행과 작별한 후 천천히 누각 위의 현판들을 읽어보았다. 남명·퇴계·鄭以吾·崔勉庵 등의 시가 보이고 姜希孟·宋尤庵의 기문도 걸려 있었다.

읍내에서 점심을 들고 고령을 거쳐 성주군 가천면 창천에서 버스를 내렸다. 창천에서 택시를 타고 무흘계곡으로 들어가, 무학을 거쳐 선바위(立石)까지 갔다가 한강의 무흘정사는 성주가 아닌 金陵郡의 증산면에 있는 修道山 중에 있다는 말을 듣고서 오늘은 무리라고 생각하여, 왔던 길을 거쳐서 밤 9시 반 경에 진주에 도착했다.

합천에서 함벽루를 둘러본 다음에는 이 지방 유림의 문집에 종종 나타나는 龍門亭까지 가 보았는데, 알고 보니 합천댐 발전소 부근으로서 지난 날 경상대 교수 일행과 함께 버스를 타고 한 번 지난 기억이 있는 곳이었다.

20 (화) 흐림

「판본고 (2)」에 덧붙일 갑진본 관계 내용의 부기를 탈고하여 편지와 함께 한국동양철학회의 간사인 연세대 유인희 교수에게 우송했다.

22 (목) 맑음

오후 1시에 과 교수회의가 있었는데, 내일 있을 인문대 교수회의에서 증과 증원에 관한 협의가 있을 터이므로 그에 대비한 의견조정을 위한 것이었다. 올해에는 정원 내의 증과는 대학 자체조정에 맡긴다고 하므로, 철학과는 현재의 한 학년 정원 40명에서 동양철학과를 분리 신설하되, 철학과와 동양철학과 정원을 각 20명씩 반분하는 방향으로 추진키로 했다. 분리신설의 필요성에 대해서는 내가 설명하기로 되었으므로, 회의에 참가하는 교수들에게 배부할 「동양철학과 분리신설 요구의 사유」라는 글을 지어서 조교에게 타이핑 및 복사를 지시했다.

23 (금) 맑음

영남대 이수건 교수가 우리대학 과학교육과에 근무하는 사위 金奉坤 교수를 통해 보내준 논문 두 편과 『松庵四姓綱目』을 전해 받았다.

오후 세 시 반부터 인문대 교수회가 열려 증과증원 문제 등을 협의했다. 동양철학과와 고고인류학과의 설치를 작년에 이어 다시 상정하기로 의견이 모아짐에 따라, 나는 준비해 간 사유서를 배부하고 설명할 필요조차 없었다.

25 (일) 흐리다 맑았다 함

엊그제 작성했던 「동양철학과 분리신설 요구의 사유」를 토대로 작년에 제출했던 사유서를 참조하여 약간의 수정을 가했다. 내일 인문대에 제출하기 위해서인데, 이것이 그대로 교수평의회의 심의에 회부될 것이다.

29 (목) 맑음

저녁 6시 20분 경 마천에서 추성리를 거쳐 함양으로 가는 마지막 버스를 탔는데, 운전수가 도중에 休川계곡의 龍遊潭에 정거해 주어서 김일손의 「續頭流錄」과 남명의 「遊頭流錄」 등에 보이는 용유담의 장관을 자세히 감상할 수가 있었다. 휴천계곡을 따라 내려가 柳林을 거쳐, 『孤臺日錄』을 발견했던 木峴里를 지나 함양에 들어갔다. 운전수가 친절하게도 목적지인 上林공원 입구까지 실어다 주었다.

30 (금) 맑음

오전 중 상림공원 내의 운동장에서 학생들이 축구 경기 하는 것을 구경하였고, 오후에는 최치원의 신도비 부근 思雲亭에서 평가회를 가진 다음, 오후 세 시 반쯤에 귀도에 올랐다. 함양 읍내를 걸어오다가 무오사화의 원인이 되었다는 學士樓도 둘러보았다.

7월

3 (월) 흐림

종일 연구실에서 이수건 씨의 논문을 읽고, 趙月川의 도산서원 배향과 관련한 안동·예안 지방에 대한 북인의 영향력과 金是樞 등의 請斬李爾瞻疏를 읽었다.

4 (화) 맑음

어제에 이어 이수건 씨의 논문을 검토하면서 『광해군일기』 중 김시추 등의 상소와 『月川集』 중 鄭桐溪 찬 신도비명에 관련된 내용들을 읽었다. 安輝濬 교수의 「안견과 몽유도원도」를 읽던 중 우연히 안평대군의 武溪精舍가 있던 서울의 付岩洞 329의 4번지 일대가 남명의 白雲서원 전신인 武溪서원이 위치했던 곳이 아닐까 하는 생각이 들었다.

5 (수) 맑음

무계서원의 예정지는 무계동에서 훨씬 북쪽인 僧伽寺 근처임과 백운서원은 東門 밖 삼각산 백운봉 下, 즉 지금의 우이동임을 확인하여 기왕에 써둔 원고를 일부 수정했다. 오랫동안 궁금하게 생각해 왔었는데, 오늘 서울의 정밀지도 등을 대조하여 마침내 알 수가 있었다.

7 (금) 아침 한때 흐림

오후 한 시 고속버스터미널에서 서울에서 내려온 한국동양철학회원 일행과 합류하여, 조옥환 사장이 마련한 버스로 오동나무집으로 가 점심을 들고서 덕천서원으로 갔다. 이번 제8회 하계연수회에는 평소보다 다소 많은 회원이 참석한 듯하였다.

오후 네 시부터 敬義堂에서 연세대의 이강수 교수가 「서화담의 기철학」이라는 제목의 발표를 하고, 잇달아 내가 「『학기유편』 판본고」를 발표한 다음 질의토론이 있었다. 나의 발표는 완전히 새로운 분야에 관한 개척적인 연구내용이었기 때문에 일반 회원들은 거의 예비지식을 갖고 있지 않아 질문은 이 교수에게 집중되었지만, 회장인 김충렬 교수도 자신의 기왕의 연구가 오류였음을 인정하였다. 발표가 끝난 다음 저녁 식사 후 젊은 회원들과 주위를 산보하다가 서원의 庫舍에서 밤늦게까지 막걸리를 마시며 대화를 나누었는데, 모두들 나에 대한 기대가 컸다.

8 (토) 오후부터 장마 비

서원에서 아침 식사를 마치고 버스로 中山里에 들어갔다가, 천왕봉을 등반하고자 하는 이강수 교수 일행을 그곳에 내려준 다음 돌아 나와 大源寺에 들렀다. 대원사 계곡을 산책하고 나와서는 산천재에 들렀고, 잇달아 하동군 옥종면 安溪里에 있는 겸재 하홍도의 慕寒齋에 들러 대기하고 있던 河有楫 씨로부터 일행은 음료수와 과일을 대접받았다. 다시 부근의 澹軒 河禹善이 거처했던 士山書堂으로 가 점심을 들고, 진주로 와서 일행과 작별하였다.

9 (일) 비

오전 11시부터 계동의 오동나무집에서 남명학연구원의 이사회가 열려 1989년도 사업계획 등을 심의했다. 김충렬 교수의 원장 임기가 7·8월 중에 끝나게 되지만, 연임을 권유하는 발언들이 있었다. 김 교수가 한국동양철학회장에다 포은사상연구원장까지 겸임해 있기 때문에 남명학연구원의 사업에 신경을 쓰지 못하는듯하여 임기만료와 더불어 새 회장을 추대하는 문제를 조옥환 사장과 상의한 적이 있었지만, 김 교수 자신이 별로 무리가 되지는 않는다고 하고 또 적당한 후임자도 찾기 어려워, 김 교수가 완강히 사퇴할 뜻을 밝히지 않는 이상 연임토록 함이 무난하겠다는 뜻을 조 사장에게 전해 두었다.

내년 10월경에 서울에서 다시 한 차례 남명학 국제학술회의를 개최하기로 하고, 그 때에 맞추어『남명학연구논총』제2집을 내기 위해 준비하되, 남명에 관한 논문 다섯 편, 남명 문하의 오덕계·최수우·김동강·정한강·정래암에 관한 논문 각 한 편씩을 준비해 모두 10편에 대한 집필진을 위촉하기로 했다. 연구비는 작년에는 내국인의 경우 각 100만 원, 외국인에게는 각 150만 원씩으로 했지만, 금년에는 김 교수의 요청에 따라 각 200만 원씩으로 인상하되, 외국인에 대해서는 다시 50만 원 정도씩을 더 주기로 했다. 서울에서의 대체적인 추세가 그렇다고는 하지만, 과연 조 사장이 이렇게 눈덩이처럼 불어나는 경비를 감당할 수 있을지 염려스럽다.

덕천서원의 배향문제에 관한 논의가 있었는데, 내가 도산서원의 月川獨配의 경우를 예로 들어 출향된 수우당 한 사람만을 다시 배향하는 선에서 매듭짓는 것이 좋겠다는 의견을 제시하였더니 모두들 수긍하였다.

이사회를 마치고 난 후, 조 사장과 함께 김 교수의 숙소인 성수장으로 자리를 옮겨 논문 위촉에 관한 협의를 하였다. 김 교수가 神明舍圖銘과 최수우에 관한 논문 각 한 편씩, 내가 『산해사우연원록』의 출판에 관한 논문을 쓰고, 內山俊彦 교수에게 學記圖, 臺灣의 蔡仁厚 교수에게 남명의 성리사상, 성태용 군에게 남명의 경세사상에 관한 논문을 각각 위촉하기로 했다. 또한 중앙대의 盧仁淑 씨에게 정한강의 예학, 경북대의 오주환 씨에게 오덕계, 국민대의 허선도 씨에게 김동강, 이이화 씨에게 정래암에 관한 논문을 각각 위촉하기로 했다.

아울러 그 자리에서 덕산의 신도비 문제에 관한 협의도 있었는데, 나는 현재대로 우암의 신도비만을 세운 상태로 두든지, 그렇지 않으면 김 교수의 의견대로 정래암·趙龍洲·허미수·송우암이 찬한 네 신도비를 모두 세우는 것이 좋겠다는 생각을 말했다.

10 (월) 맑으나 후덥지근함

아침에 서울에서 김충렬 교수로부터 시외전화가 걸려왔다. 조 사장의 견해로는 최수우에 관한 논문은 진주교육대학의 崔海甲 씨에게 맡기는 것이 좋겠다고 하니 나의 의견은 어떠냐는 것이었다. 최 교수의 능력도 문제가 되고 새로운 필진을 물색할 필요도 있다는 의견을 말하고서, 김 교수의 의향에 따라 결정하도록 권했다.

학교로 가서 재작년에 연구비의 일부를 수령하고서도 아직 논문을 제출하지 못한 국민윤리교육과의 손병욱 교수에게 이번에는 꼭 제출해 주도록 당부하고, 내가 논문 위촉을 교섭하기로 배정 받은 건국대의 성태용 교수와 중앙대의 노인숙 교수, 역사문제연구소 부소장인 이이화, 京都大의 內山俊彦 교수에게 각각 시외전화 및 국제전화를 걸어 의사 타진을 시도해 보았다. 노·이 씨는 부재중이었고, 성 선생은 내년의 학위논문 제출 때문에 관심은 있으나 어렵겠다면서 이대의 李圭成 군과 연락해 본 다음 전화해 주겠다고 하였다. 內山 교수는 고맙지만 전공이 아니기 때문에 곤란하다는 대답이었다.

내가 덕천서원에 가 있는 동안, 서울의 법인문화사에서 주문했던 四部叢刊正編의 旣刊分 각 50책씩 두 질을 과사무실에 가져다 두었으므로, 한 질은 과도서로 비치케 하고 나머지 한 질은 내 연구실로 가져왔다. 연구실로 가져다 놓은 것은 매일 조금씩 집으로 운반해 올 참이다.

11 (화) 흐리고 때때로 비

아침 식사 전에 노인숙·이이화 씨에게 전화하여 논문 위촉의 승낙을 얻고, 김충렬 선생께도 전화하여 그동안의 경과를 전한 다음, 內山 교수 대신으로 서울대 금장태 교수에게 전화하여 학기도에 관한 집필의 승낙을 얻었다. 학교에 가서 다시 이화여대의 이규성 군에게 전화해 보았더니, 자신은 이 분야에 대해 전혀 지식이 없으므로 무리라 하면서 다른 후배들을 물색해 보기로 했다 하므로, 이남영 교수에게 내가 타진해 보기로 하고 일단 보류하게 했다. 연구실에서 금장태 선생에게 보내주기로 응낙한 학기도 관계의 자료들을 점검하다보니, 내가 애써 수집한 자료들을 타인의 연구 자료로서 복사해 발송하는 친절까지 베푸는 것이 속없는 짓 같기도 하여, 이런 부질없는 일들 때문에 자신의 소중한 시간을 낭비하고 있는 것이 한심한 생각도 들었다.

김용옥 씨의 『노자철학 이것이다』 上冊의 序인 「求原諒」을 읽었다. 작년의 ≪한국일보≫ '檮杌孤聲'란에서 읽은 김충렬 교수와의 결별 사연에 관한 장황한 설명이 실려 있었다. 이런 글이 실려 있다는 말을 조평래 군에게서 듣고 청구서림에다 주문했던 것인데, 이 글에서 김용옥 씨가 매도하고 있는 홍원식 군도 이번의 덕천서원 모임에 참석하여 밤늦게까지 조 군 등과 어울렸다 한다. 조 군은 이번에 고대 철학과 박사과정 입시를 치렀는데, 내가 사전에 김충렬 교수에게 부탁해 두었음에도 불구하고 낙방하고 말았다.

12 (수) 장마 비

출근 버스에서 내려 학장과 함께 걸어가며 어제 있은 평의원회에서의 증과 증원 문제에 관한 심의 결과를 물어보았는데, 오후에 황소부 학장이 내 연구실을 방문하여 학처장회의 및 평의원회에서의 심의 경과를 소상하게 설명해 주었다. 문교부에서는 인문대의 증원을 허락하지 않고 현 정원 내에서의 증과는 대학 자체적으로 결정토록 할 방침인데, 인문대 각 과의 현 정원을 축소 조정하여 동양철학과와 고고인류학과를 신설한다는 인문대 안을 수정하여, 현 정원은 그대로 두고 두 과를 증설하는 것으로 결정했다 하니, 문교부까지 올라가 봐도 그 결과는 뻔한 것이다.

14 (금) 흐림

조평래 군이 찾아와 이야기 하던 중에, 조 군이 가진 홍명희의 『임꺽정』 제3책 양반 편에 남명에 관한 내용이 있다는 말을 듣고서 한 번 읽어보니, 뜻밖에도 남명이 武溪洞에 놀러가는 내용이 보였다. 근자에 무계서원의 위치와 관련하여 여러 문헌을 뒤지고 있던 터라 반가운 마음에 청구서림으로 전화하여 이 유명한 대하역사소설을 한 질 구입하였다.

아침에 서울로부터 본교 국민윤리교육과에 강사로 나오고 있는 권인호 씨에게서 전화가 걸려왔었다. 어제 내가 권 선생의 진주 처가를 통해 연락해 둔 때문이며, 성태용 군 등에게 타진해 보았던 「남명의 경세사상」에 관한 논문 위촉을 쾌히 승낙해 주었으나, 20일경 김충렬 교수와 협의해 본 후 확정하기로 했다.

15 (토) 오전에 소나기

吳德溪의 『歷年日記』 을축·병인 년분을 「남명연보」와 비교해본 결과, 연보 중 네 군데에서 덕계 일기를 인용하고 있는데 그 중 셋은 상기 연도의 것이어서, 无悶堂이 이 일기를 읽었음을 확인할 수가 있었다. 산청군의 5만 분의 1 정밀지도를 『山淸縣誌』 등과 대조해본 결과, 그 중 智谷寺는 지난번에 오규환 씨와 함께 吳思湖의 유허를 찾아갔던 바로 그 부근임을 확인하였다.

16 (일) 소나기에 천둥 번개

오전 열 시 마산 시외버스터미널에서 조평래 군과 만나 창녕군 계성면 桂城里로 떠났다. 火旺山城에 오르기 위해서이다. 계성에서 돼지족발과 소주로 점심을 때우고, 쏟아지는 빗속에 우산을 받치며 걸어 玉泉里 쪽으로 향했다.

밤밭섬 부근의 논가에 있는 부처의 석조광배를 보고, 냇물이 불어 聞巖亭에는 올라가 보지 못하고, 舍里에서 5만 분의 1 지도에 나타나 있는 곽망우당 城에 대해 물어보아도 아는 사람이 없었다. 소나기 속으로 옥천저수지 옆을 지나고 있을 때 누가 자가용에 태워주어 담안 마을 부근까지 타고 갔다가, 다시 걷기 시작했다. 觀龍寺 입구 가까이에서 여말 辛旽의 모친이 寺婢로 있었고 신돈도 여기서 출가했다고 하는 옥천사의 석축을 살펴보고, 관룡사를 둘러본 다음, 절 뒤의 관룡산 능선 바위 위에 우뚝 세워져 있는 觀龍寺龍船臺석조석가여래좌상을 둘러본 다음, 산성 가는 오솔길을 찾지 못해 포기하고 절 쪽으로 도로 내려왔다. 관룡사 입구에서 길을 물어 다시 산을 오르기 시작해서 힘차게 쏟아져 내리는 계곡물들을 건너고 나뭇가지에 옷을 적시며 마침내 안개 자욱한 화왕산성의 서문으로 들어섰더니, 남녀 학생들이 야영 텐트를 몇 개 쳐 놓고 카드놀이 하는 소리가 텐트 밖으로 들려왔다.

동문으로 해서 창녕읍으로 내려와 조 군을 위해 眞興王拓境碑·校洞가야고분군·석빙고 등을 둘러보았다. 마산까지 나와 오동동의 할매아귀집으로 찾아가 마산 명물 아귀찜으로 저녁을 들고, 터미널까지 돌아와 조 군과 작별하였다.

17 (월) 맑음, 제헌절

아침에 서울에서 노병례 선생으로부터 전화가 걸려왔는데, 다음 달 11일부터 14일까지 서울 불광동의 한국기독교수양관에서 열리는 서울 퀘이커 모임의 하기수양회에는 武本民子 씨 부부·田中良子 씨·水野崇 씨의 全가족·武藤陽一 씨 부부 등이 참석할 예정이라고 알려주었다. 나는 이제 함석헌 선생님도 돌아가셨으니 금년부터는 이 모임에 참석하지 않을 예정이었으나, 애초의 예정과는 달리 武本 씨·田中 씨 등 오랜 지인들이 참석한다고 하니 상경하기로 마음먹었다. 8월 9~10 양일간은 독립기념관과 제암리교회 등에 다녀올 것이며, 노선생은 14일자로 도일하여 北海道에서 열리는 日本友和會의 전국대회에 참가하고 九州 등도 거쳐 일본 전국을 여행할 것이라면서 나에게 동행을 권유하므로, 나는 동행할 의사가 있음을 말했다.

밤에 내가 다시 노병례 선생 댁으로 전화하여 상세한 일정을 묻고, 노선생께 나의 비행기 좌석도 예약해 주도록 부탁했다.

18 (화) 흐림

본부 교무과에 맡겨두었던 여권을 찾아오고, 부산의 일본영사관 및 대한항공 진주지점에 전화하여 비자와 항공편 관계를 알아보기도 하였지만, 결국 이번의 도일은 그만두기로 마음먹고 여권을 반환하였다. 무엇보다도 문교부 연구비를 수령한 「『산해사우연원록』의 편찬」을 완성하지 않으면 안 될 것이고, 아파트 중도금 관계로 경제적인 여유도 없는 형편이기 때문이다.

20 (목) 맑으나 무더움

서울에서 김충렬 교수가 오시기로 한 날이라 오전에는 집에서 內山俊彦 교수에게 보내는 편지를 쓰고, 정오에 오동나무집에서 조옥환 사장 및 김충렬 교수와 만나 점심을 들면서 내년의 국제학술회의에 대비한 논문 위촉 건을 협의했다. 나의 제안대로 권인호 씨에게 「남명의 경세사상」에 관한 주제를 위촉하기로 하고, 三浦國雄 교수에게 내년에 다시 한 번 참가해 주시도록 내가 연락해 보기로 했다. 여러 시간을 남명에 관한 新발굴자료 등의 화제로 담화의 꽃을 피웠다.

21 (금) 무더움

아침에 김충렬 교수로부터 시외전화가 걸려왔는데, 聽松 成守琛의 聽松堂이 있었던 곳은 현재의 종로구 玉仁洞에 있는 서울상업고등학교 구내라고 한다. 어제 내가 확인해 주도록 부탁했던 것이다.

일본 神戸市에 있는 三浦國雄 교수에게 국제전화를 걸어, 내년에 있을 남명학 국제학술회의에 다시 한 번 참가해 주도록 부탁했다. 고려해 본 후에 서신으로 회답해 주겠다는 대답이었다.

23 (일) 무더움

오전 9시 30분 시외버스종합터미널 2층의 합동다방에서 조평래 군과 만날 약속을 하여 함께 安義로 갔다. 안의에서 다시 버스를 갈아타고서 西下面 黃山里에서 내려 東湖亭에서 메기매운탕과 맥주로 점심을 들고 黃石山城으로 오르기 시작했다. 황석산성은 정유재란 때 함양·安陰 등지의 居民이 入據하여 왜군에 대항하다가 大笑軒 趙宗道·存齋 郭䞭 등을 비롯한 많은 軍民이 순절한 역사의 현장이기 때문이다. 산의 정상 부근은 주위의 봉우리들에 둘러싸여 분지의 형세를 이루고 있고 냇물도 흐르고 있었는데, 자연적인 지세를 이용하되 군데군데 석성을 쌓아 이를 보완한 흔적이 아직도 남아 있었다.

하산할 때는 龍湫계곡 쪽의 탁현 마을로 내려와 智雨川의 尋源亭에도 올라보고, 안의로 나와서는 면소재지인 이 마을을 한 바퀴 돌아보기도 하여, 밤 아홉 시 반경에 진주에 도착했다. 산에 오르고 내릴 때는 계곡에서 벗고 목욕을 하기도 하고 서로 등물을 쳐주기도 했다.

24 (월) 맑다가 때때로 비

『백호통덕론』의 각 조목들을 다시 한 번 면밀히 검토하였으며, 내년의 남명학 국제학술회의에 초청할 학자로서 거론된 李澤厚(北京大)씨와 蔡仁厚(臺灣 東海大)씨의 저술도 훑어보았다. 조교를 통해 학교 앞의 복사점에다 양면복사 하도록 맡겨둔 『학기유편』 관계 未公刊 자료들의 제본이 끝났다 하므로, 찾아서 금장태 교수에게 부치도록 했다.

26 (수) 집중호우

권인호 선생이 연구실로 찾아와 연구 주제에 관한 상의를 했고, 퇴근 시에는 진주박물관의 한영희 관장이 중앙박물관의 고고과장으로 전근가게 되어 선학횟집에서 학림회 회원들이 송별회를 가졌다.

27 (목) 흐리다 맑음

방학이 시작되고 난 후 아마도 처음으로 논문을 다시 집필하기 시작한 듯하다. 그동안 이런저런 일로 좀처럼 연필을 잡을 수가 없어 무척 초조한 매일매일 이었는데, 오늘은 원고지 두 장 정도를 채울 수가 있었다. '경과'의 첫 부분부터 다시 시작한다. 한결 마음이 가뿐하다.

28 (금) 저녁 무렵부터 태풍

石川 林億齡과 관계된 자료들을 찾아본 결과 그가 남명과 교유가 있었음을 발견하고, 주석에서 이 사실에 관해 설명했다.

89년 한국철학회 정기총회에서 임원개선이 있었는데, 나는 前期에 이어 이번에도 이사로 선임되었다는 통지를 받았다.

29 (토) 흐림

无悶堂·林谷·澗松과 鄭桐溪와의 관계에 관한 부분을 집필했다.

30 (일) 맑음

정한강의 武屹九曲을 찾아 조평래 군과 함께 출발했다. 거창을 거쳐 경북 金陵郡 대덕에서 내려 점심을 먹고, 대덕에서 甑山面 소재지까지 가는 버스가 도로공사 관계로 불통이라 하므로 대덕에서 평촌까지 산길을 터벅터벅 걸었다.

대덕면을 지나 증산면에 이르자 평촌리 어귀에서 佛靈山 青巖寺를 둘러보고, 증산면 소재지인 유성리에서 무흘구곡 중 제6곡인 玉流洞을 구경하였다. 도로 평촌리로 올라와 修道庵 가는 쪽으로 修道寺 계곡을 접어들어 무흘정사에 다다랐더니, 마침 갓마을에 산다는 한강 종손의 삼촌벌 되는 精舍 관리인이 장마 비로 불은 냇물에서 목욕을 하고 있었으므로, 함께 어울려 목욕을 하고서는 武屹山房이란 편액이 걸려 있는 정사를 둘러보았다. 이 정사는 원래 여기서 수백 미터 떨어진 아래쪽에 있었는데, 백수십 년 전에 현재의 위치로 옮겼다 하며, 寒洲의 삼촌인 李源祚가 쓴 현판도 걸려 있었다.

관리인의 안내를 받아 거기서 수도암 쪽으로 약 2km 올라가는 도중에 있는 평촌리의 臥龍巖과 수도리의 龍湫, 즉 제8곡과 9곡까지 올라갔다가 용추에서 도로 돌아 나와 평촌리에 있는 제7곡 滿月潭을 본 다음, 평촌 삼거리에서 택시를 타고 금수면 영천동에 있는 捨印巖까지 가보았다. 사인암은 도로공사 관계로 크게 파손되어 옛 모습을 찾아볼 수가 없게 되어 있었다.

거기서 택시를 돌려 금릉군 知禮까지 나와 김천서 오는 거창 행 막차를 간신히 얻어 타고서 거창에 당도하니 이미 버스는 끊어진지라, 거창에서 진주까지는 택시에 합승하여 밤 11시 반쯤에 집에 도착했다. 조 군은 군이 사천의 누님 댁에 가서 자겠다고 하므로 고려병원 앞에서 작별했다.

31 (월) 맑음

「檜淵及門諸賢錄」과 「寒岡年譜」를 중심으로 『寒岡全書』의 내용을 다시 한 번 훑어보았다.

8월

1 (화) 맑음

출근하는 길로 도서관 향토자료실에 들러 『慶南道誌』 등에 나오는 경상좌·우도와 상·하도의 연혁에 관한 기록들을 조사하였고, 오후에도 연구실에서 『태종실록』 등을 들치며 그러한 작업을 계속하였다. 아울러 삼포왜란과 일본의 대장경 印書 요구에 관한 이우성 교수의 설명도 읽었다. 좌·우도의 구분은 태종대에 군사행정상의 목적에서 비롯된 것이며, 이것이 실제의 행정단위로서 감사가 따로 설치된 것은 중종 기묘년에 한 차례와 임란 중 두 차례일 뿐이며, 그것도 이듬해까지는 모두 도로 통합되고 있음을 알았다.

2 (수) 흐리고 오후 한때 빗방울

『桐溪年譜』 및 『桐溪集』을 검토하였다.

서울의 汎一文化社에서 주문했던 '중국사상총서' 한 질 총 51책을 실어 왔으므로, 아직 다 옮기지 못한 사부총간의 남은 책 한 박스와 함께 집으로 운반해 주도록 부탁했다. 평소보다 한 시간쯤 일찍 퇴근하여 서가의 책들을 정리했는데, 이제 집의 서재도 거의 책으로 포화상태이다.

어제와 오늘 아침에 조 사장과 하동근 남명학연구원 이사장으로부터 전화가 왔었는데, 김충렬 원장이 滯美 중이기 때문에 18일에 있을 남명제에서 내가 강연을 맡아 달라고 청해 왔다. 그러나 나는 나이가 너무 적고 대중강연의 경험이 없다는 이유로 고사하고서, 대신 진주의 한학자 가운데 원로인 진암 허형 옹을 추천하였다. 초헌관으로는 경남지사가 나오기로 되었다 한다.

3 (목) 때때로 빗방울

학교 뒷산을 매일 산보하고 있는데, 태풍에 다 떨어진 줄 알았던 산딸기가 아직도 길가의 풀숲 여기저기에 남아 있어, 그것들을 찾아 따먹는 것도 즐거움의 하나다.

오전 중 조평래 군이 방문하여, 이번 일요일에는 수도산의 考槃洞을 비롯하여 무흘구곡 중 제4곡 아래쪽을 찾아보기로 했으므로, 김동강과 함께 고반동에 거했던 雪峰 朴㴵과 晴暉堂 李承 및 청휘당의 아들인 心遠堂 李堉의 문집 및 실기들을 읽었다. 『心遠堂集』 중에 「寒岡先生言行錄」이 실려 있는데, 이는 癸亥反正 직후에 쓰인 것으로서 매우 신빙할 만한 자료라고 판단되었다. 이에 의해 한강이 『남명집』 갑진본 편찬 과정에서 李龜巖 관계 자료의 수록 문제와 관련하여 내암과 불편한 관계로 들어간 것이 사실임을 알게 되었다.

4 (금) 맑음

예정을 변경하여 내일부터 강원도의 艮峴에서 열리는 금년도 서울대 동양철학연구회 여름 정기학술발표회에 참가하기로 작정하고, 조평래 군에게 전화하여 일요일의 수도산 방문을 연기하기로 했다. 『심원당집』을 계속 읽었다.

7 (월) 흐리고 낮 한때 부슬비

H 선생으로부터 민족문화추진회에서 10년간 계획으로 간행을 추진하고 있는 한국문집총서의 안내장 및 입회원서를 빌려서 복사하고, 金成遠의 『棲霞堂集』도 빌려서 그 내용을 검토해 본 후 역시 복사하도록 조교에게 맡겼다. 김성원은 정철이 지은 「星山別曲」의 주인공이 된 息影亭 주인으로서, 石川 金億齡의 문인이기도 하다. 李厚慶의 『畏齋集』도 읽고 있다. 한국문집총서와 같은 방대한 작업이 이루어지면 내가 구태여 남명학 자료총간의 편집 해제와 같은 수고로운 작업을 할 필요가 없겠다는 판단이 들었으며, 지금까지와 같이 많은 돈을 들여 한국의 역대문집들을 수집할 필요도 없어진 셈이다.

8 (화) 맑음

종일 『외재집』 『한강전서』 『여헌전서』 등을 읽으며 한강과 내암의 관계 및 한강이 본 퇴계·남명의 학문에 관해 검토하였다. 그 결과 한강은 선조 36년 계묘에 갑진본의 문제와 관련하여 내암과 절교한 것이 확실하며, 한강이 퇴계를 정주학의 正脈으로 간주하고 있고, 광해 朝에 있어서 영남 남인의 영수로서 북인과 대립하고 있었음을 믿을 수가 있었다. 그렇다면 내가 지금까지 쓴 남명학 관계 논문들은 세 편 모두가 중대한 오류를 범하고 있는 셈이 된다.

9 (수) 맑음

『한강전서』 중 申欽이 찬한 신도비문 등을 읽었다.

10 (화) 맑음

日原利國 교수의 「『白虎通義』研究緒論」을 마저 읽고, 仝 씨의 「白虎觀論議の思想史的位置づけ」를 읽기 시작했다. 모두 日原 씨의 死後에 편찬된 『漢代思想の硏究』에 수록된 논문이다.

11 (금) 맑음

「白虎觀論議の思想史的位置づけ」를 마저 읽고, 『한강집』에 수록된 栢谷 鄭崐壽 행장을 읽었다. 한강은 자신의 仲兄인 백곡을 확고하게 퇴계의 학통에다 소속시키고 있음을 알았다. 신병주 씨의 서울대 국사학과 석사 학위논문인 「남명 조식의 학문경향과 현실인식」이 도착하였으므로 읽기 시작했다.

12 (토) 서울지역 비

오전 9시 고속버스로 서울을 향해 출발했다. 아세아문화사의 이창세 사장께 강남고속터미널 도착 즉시 전화를 걸었지만 부재중이었으므로, 먼저 종로구 부암동 329의 4번지에 있는 무계정사 터를 찾아갔다. 자하문 터널 위쪽이었는데, 이곳은 안평대군이 거처하던 곳으로서 서울의 남명을 모신 서원인 무계서원도 여기에서 그 이름이 유래하고 있다. 바위에 '武溪洞' 석 자가 새겨져 있을 뿐 그곳은 퇴락한 민가가 들어서 있어서, 주변에서도 복덕방에 물어 겨우 찾을 수 있었을 정도로 아는 사람이 없었다.

자하문 터널을 택시로 돌아 나와 종로구 청운동 89번지에 있는 경기상업고등학교 구내의 청송당 유허를 찾아갔다. 수위의 안내를 받아 교내에 있는 청송당유지 기념비와 유지 자리의 큰 바위 아랫부분에 '聽松堂遺址'라고 새겨진 글자를 둘러보았다. 이곳은 우계의 부친인 청송 성수침이 은거하던 곳으로서, 남명도 이곳을 방문했다가 南歸를 결심했다고 율곡의 『경연일기』가 전하고 있는 바로 그 현장이다. 무계동과는 매우 가까운 거리였으며, 이곳의 옛 지명은 청송동 혹은 창녕성씨가 세거하던 곳이라 하여 昌成洞이라 불리었다고 한다.

경기상고 입구에서 다시 택시를 타고 僧伽寺를 찾아가다가 운전사가 일러주는 대로 세검정 삼거리에서 내려 걷기 시작했는데, 거기서 150m쯤 떨어진 곳에 있다던 승가사가 1km 가까이 걸어 구기터널 입구 부근에 이르도록 나타나지 않았다. 알고 보니 터널 입구에서 다시 한 시간 정도나 걸어야 한다 하므로 방문을 포기하였다. 운전사에게 속은 것이다.

14 (월) 맑고 무더움

오전 중에는 신병주 씨의 논문을 읽고, 오후에는 시청각교육관 행정실에서 노병례 씨가 준 비디오테이프 두 통을 시청했다.

16 (수) 맑음

신병주 씨의 논문을 마저 읽었다.

17 (목) 맑음

정오경부터 남명학연구원 운영위원회가 있는 까닭에, 오전 중 집에서 책을 읽다가 회의장인 시내의 일신식당 2층으로 갔다. 김충렬 교수가 도미 중인 까닭에 금년에도 내가 연구위원회를 대표하여 금년도의 연구 계획에 관한 보고를 했다.

오후에 연구실로 나가 보았더니, 부산의 영인본 판매업자가 『李炳憲全集』을 가져왔으므로 상·하 2책 한 질을 샀다. 이 책은 나의 주선에 의해 금장태 교수가 정리하여 아세아문화사에서 간행하게 된 것인데, 출판이 이루어진 것은 반가운 일이다. 그러나 금 교수의 해제에서는 나에 관해 한 마디도 언급한 곳이 없어 다소 서운했다.

池田秀三 선생으로부터 여름 문안편지에 대한 답장이 왔는데, 역시 내년의 남명학 국제학술회의에 참석하는 것은 무리라고 하는 대답이었다.

18 (금) 맑음

오전 10시 30분부터 제13회 남명제가 덕천서원에서 거행되었다. 예년 같으면 8월 10일에 열렸을 터인데, 한더위를 피하여 금년부터는 날짜를 조금 늦추게 된 것이다. 나는 금년에는 참석하지 않을 예정이었지만, 조 사장이 아침 9시 30분에 차를 보낸다고 하므로 어쩔 수 없이 보내온 차로 조 사장과 함께 서원으로 갔다.

금년에는 崔一鴻 경남지사가 초헌관으로 나왔고, 내가 연사로 추천했던 진암 허형 선생은 참석만 했을 뿐 강연 시간에는 경북대 文暻鉉 교수의 '강우학파의 형성과 그 전개'라고 하는 강연 녹음이 방송되었다. 조평래 군과 全炳允 씨의 석사학위논문을 각각 천수백 부씩 복사하여 참석자들에게 배부하고 있었다. 나는 제향이 끝나고 난 후 송 씨 소생 남명의 仲子인 次磨와 삼남인 次矴의 祠宇들을 방문하고 그들 묘소의 위치도 확인하였으며, 入德門과 濯纓臺의 刻字도 둘러본 다음, 조 사장의 차를 타고서 조평래 군 및 조 군의 친구 한 명과 함께 먼저 진주로 돌아와 연구실로 갔다.

을유문화사에서 전화 연락이 왔었는데, 내가 번역한 『중국철학사』 4판을 위한 印紙를 곧 우송해 보낸다고 한다.

19 (토) 맑음

오늘로써 여름방학이 모두 끝난 셈이지만 논문은 조금도 진척되지 못하여, 초조한 마음에 온종일 가슴이 답답하였다.

20 (일) 흐리고 때때로 비

조평래 군과 함께 거창을 거쳐 경북 금릉군 지례에 이르러 칼국수로 점심을 들었다. 지례는 조선조 때에는 현감이 있었던 곳으로, 마을 끝의 비석을 모아둔 곳에는 현감 趙絅의 송덕비도 눈에 띄었다. 또한 이곳은 임란 시에 松庵 金沔이 이끄는 의병이 대승을 거둔 곳이기도 하다. 『고대일록』에 그 전투의 상황이 소상하게 기록되어 있다.

지례에서 다시 버스를 갈아타고서, 속수를 거쳐 증산면 소재지인 수도산 중의 柳城里로 들어갔다. 그곳에서 한강의 무흘구곡 중 제6곡 옥류동과 5곡인 사인암을 지나 내려가, 김동강과 이청휘당·박설봉 등이 茅屋을 지어 놓고 지내던 고반정사를 찾아 윗선바위마을에서 왼쪽으로 꺾어들어 오르막길을 따라가니, 하고방마을에서 그 정사를 찾아낼 수가 있었다. 현재의 정사는 四未軒 張福樞가 지은 기문에 의하면 을사년에 세운 것이라고 하는데 瓦屋이며, 수호하는 사람이 없는지 형편없이 퇴락해 있었다.

상고방마을 근처까지 올라갔다가 도로 내려와 4곡인 立巖을 둘러보고서, 3곡인 舞鶴亭을 찾기 위해 여러 사람들에게 물어보았으나, 모두들 현재는 그러한 이름의 정자가 없다고 하며, 무학마을에서 훨씬 더 아래쪽으로 내려온 곳에 있는 배바위마을 지난 곳의 무학대라고 하는 바위가 그것일 것이라고 일러주었다.

무학대 옆에서 선바위(立巖)까지 갔다 돌아오는 버스를 주워 타고 倉泉洞까지 내려와서, 다시 고령 가는 버스를 갈아타고서 大伽川을 따라 내려오는 도중에 한강의 社倉精舍가 있었던 곳으로 짐작되는 午川洞의 사창마을도 차창 너머로 눈여겨 보아두었다. 고령에서 7시 버스를 타고 합천을 거쳐 진주에 도착했을 때는 밤 아홉 시가 조금 지나 있었다.

21 (월) 흐리고 때때로 비

2학기가 시작되었다. 이번 학기에는 철학, 중국철학강독, 그리고 한국철학사가 각 한 과목씩으로서 아홉 시간을 담당하게 되었는데, 내가 82년도에 경상대학교에 부임한 이래 가장 적은 시간수가 아닌가 한다.

중철강독에서는 사부총간 본『백호통덕론』을 텍스트로 하고 황청경해속편에 수록된 陳立의『백호통소증』을 부교재로 하여,「오행」편부터 읽기로 했다. 아울러 이 학기부터는 매 시간마다의 출석점검과 중간·기말시험 실시도 그만두기로 하고, 수업 중의 수시평가만으로 성적을 낼 작정이다.

22 (화) 호우에 천둥 번개

김충렬 교수가 76년 6월호『문학사상』지에 게재한「조식 門戶之爭으로 타버린 문자들」이라는 글을 읽었다. 신병주 씨로부터 부탁했던「정인홍의 의병활동과 산림기반」이라는 논문이 부쳐져 왔고, 국문과의 황병순 선생과 국어교육과의 조규태 선생으로부터『어문학』및 全白旻 선생 화갑기념논총에 각각 실린 전병윤 씨의『남명집』판본 관계 논문 (Ⅰ)과 (Ⅱ)를 각각 구해서 조교에게 주어 복사하게 했다.

23 (수) 비 오다가 저녁 무렵 그침

『중국철학사』4판의 인지에 도장을 찍어 보냈다.

『大庵集』중 정인홍에게 보낸 서신 등을 통해 갑진본 사건과 관련한 정한강과 그 주변 인물들의 입장을 좀 더 분명하게 알 수가 있었다.

24 (목) 맑음

종일『대암집』을 읽었는데, 갑진본 출간을 계기로 한 한강과 그 주변 인물들의 내암 비판과 퇴계·남명에 관한 그들의 입장을 소상하게 알 수가 있었다.

25 (금) 맑음

「정인홍의 의병활동과 산림기반」을 다 읽고, 전병윤 씨의 논문 (Ⅰ)도 다 읽고서 (Ⅱ)를 읽기 시작했다. 정인홍 관계 논문의 주석에 언급되어 있는 논문들을 찾기 위해 도서관 정기간행물 실에 들어가 보았지만, 언제나 그러한 것처럼 한 편도 발견할 수가 없었다. 지방대학의 문제점이란 특히 이런 데 있을 것이다.

26 (토) 맑음

전병윤 씨의 논문 (Ⅱ)를 마저 읽었다. 계명대 소장 『남명집』 갑진본은 전 씨가 이 논문들에서 이미 소개하고 있으므로, 갑진본의 발견과 관련하여 나의 「남명집판본고 (2)」에 추가로 附記하여 연세대의 류인희 교수에게 적어 보냈던 부분을 대체할 새로운 부기를 적기 시작했다.

서울대 철학과 동양철학전공 석사과정에 재학 중인 후배 신정근 군으로부터 『백호통』의 영역본과 표점본, 그리고 신 군이 쓴 「『백호통』에 나타난 국가질서의 일원화」라는 논문이 부쳐져 왔다. 신 군은 의령 출신으로서 지난번 내 연구실을 한 번 방문한 적이 있었는데, 이번 겨울방학 중에 자원사 모임에서 다시 만나 이 자료를 부탁한 바 있었다.

27 (일) 맑음

아침 일찍 교육대학의 최해갑 교수로부터 전화가 걸려와 시내 녹지다방에서 8시 40분경에 만났다. 그 장남을 우리 대학 한문학과에 취직시키기 위해 나의 협력을 부탁하기 위한 것이었다.

10시 남짓까지 거기에 붙들려 있다가 시외버스주차장으로 가 합천군 佳會面 龜坪里로 尹漢承 씨를 만나러 갔다. 그 선조인 내암 문인 龜山 尹鐸과 秋潭 尹銑의 문집을 빌리기 위해 미리 방문 약속을 해 두었던 것이지만, 정오경에 도착해 보니 윤 씨는 책을 가지고서 진주로 떠난 후였다. 그 일족 되는 분에게 안내를 부탁하여 마을 앞산에 있는 추담의 묘소를 둘러보았고, 그 마을에 구산과 추담의 재실들도 있다고 하지만 버스 시간 관계로 둘러보지 못했다. 가회면 道谷里 새터마을로 한학에 조예가 있다는 金煉 씨를 찾아가 보았지만, 역시 외출 중이라 만나지 못했다.

다시 버스를 타고 가 합천군 大幷面 柳田里 901번지에 사는 宋鍾燮 씨를 만났다. 송 씨는 存養齋 宋挺濂의 서원을 대원군 훼철 후 다시 복원하여 세운 新川書堂과 서당 앞뜰에 있는 永歸亭의 관리를 맡아 있다. 송 씨를 통해 근자에 간행된『恩津宋氏忠順衛公派譜』한 질도 구입할 수 있었다. 남명의 측실인 송 씨는 바로 이 마을 사람으로서, 入鄕시조인 충순위 世勣의 다섯 아들 珩·瑊·璘·瓘·琦 중 璘의 서녀로 태어나 無后 했던 珩의 집에서 자라났던 것이며, 璘의 장남 松軒 希昌은 晦峴書院 및 香川書院 창립의 중심인물이고, 차남 希紹는 珩에게 出系했다. 존양재는 바로 희소의 장손으로서 무민당의 문인이요, 반정 후 합천군에서는 거의 유일하게 문과에 급제한 인물이다.

송정섭 씨의 안내로 은진송씨 재각인 五花軒을 비롯하여 그 마을 앞산에 있는 세적 이하 형·감·린·관 및 희창·희소 등의 묘소를 둘러보았다. 기의 묘소만 대병면 소재지 부근에 있다고 하는데, 이들 5형제 중 형·린의 후손들은 후일 남인이 되고, 나머지 세 형제의 후손들은 노론을 해왔다고 한다.

『남명집』에는 세적의 부인인 청주곽씨의 묘문인「宜人郭氏墓表」와 곽씨 부인의 母인 江陽(합천)李氏의 묘문「宜人李氏墓表」가 수록되어 있는데, 곽 씨 묘표는 둘러보았으나, 막차 시간에 쫓겨 이 씨 묘표는 못보고 돌아왔다. 청주곽씨는 은진송씨보다 2대 먼저 이 마을에 입향 했는데, 세적은 당시의 관습에 따라 충청도 懷德으로부터 妻鄕인 이곳으로 이주하여 일파의 시조가 되었던 것이다.

28 (월) 맑으나 무더위는 한풀 꺾임

어제 찾아갔던 구평의 의병장 윤탁의『龜山實紀』가 이미 수집하여 복사해 둔 자료 속에 포함되어 있어, 수업을 마친 후 퇴근 시까지 그것을 읽었다.

29 (화) 흐리다 오후부터 비

갑진본과 관련한 부기를 탈고하여 유인희 교수에게 보내도록 했고, 편지도 한 통 써서 동봉했다.

30 (수) 맑음

지난 일요일 만나지 못했던 윤한승 씨가 전화를 해 왔으므로, 연구실에서 만나 중국집에서 잡채밥을 시켜 점심을 대접하고, 복사 제본하여 온『秋潭集』두 책 한 질을 구입하고 또 한 질을 부탁했다. 퇴근 시까지 읽어보았는데, 추담은 내암의 제자임이 분명함에도 불구하고 그에 관해서는 한 구절도 보이지 않고, 광해조에 있어서 임해군과 인목대비 등을 신구한 내용만 크게 강조되어 있었다.

9월

1 (금) 흐림

아세아문화사의 이창세 사장으로부터 시외전화가 걸려왔다. 지난번 서울에 갔을 때 서로 충분한 대화를 나누지 못했기 때문인데, 해제 작업의 진척 정도를 물어왔지만, 내 학위논문이 완성된 다음에나 착수할 수 있겠다는 뜻을 말하여 그렇게 하기로 양해를 얻었다.

이 사장이 현재 ≪중앙일보≫에 연재되고 있는 전 남로당 지하총책 朴甲東 씨의 회상기 이야기를 꺼내면서, 박 씨의 고향이 산청군 신등면 단계인데, 단계 김인섭의 민란과도 어떠한 사상적 연관이 있지 않을까 하면서 읽어보라고 권했다. 도서관에 가서 ≪중앙일보≫를 찾아 현재까지 연재된 7회분을 복사해 와서 읽었다.

박 씨의 회상기「환상의 터널—그 시작과 끝」에는 최근의 3회분이 단계에서의 유년시절을 적고 있는데, 그는 아마도 龍潭 朴而章의 후손임이 틀림없겠다. 지난번 용담의 종손 댁에 들러 책을 빌려올 때 그 마을의 후손이 좌익 활동을 했다는 말을 들은 듯한데, 이제 보니 바로 박갑동 씨를 가리킨 것인 듯하다. 회상기에는 남명과 金重齋에 관한 언급도 보이고 있었다.

2 (토) 맑음

신정근 군의 논문 「『백호통』에 나타난 국가질서의 일원화」를 다 읽고, 논문에 대한 소견을 적은 편지를 썼다.

3 (일) 맑음

남명이 명종 21년(1566) 66세 때 盧玉溪·姜介庵·吳德溪·金東岡·鄭梅村·鄭嶧陽·林濫溪 등 齊齊多士들과 더불어 정월 초10일부터 14일까지 머물렀던 智谷寺를 방문하기 위해 조평래 군과 함께 산청읍에 도착했다. 읍에서 鏡湖江을 따라 아래로 내려와 內里를 지나 內里堤 너머에 있는 지곡사에 다다르니, 세운지 얼마 되지 않아 단청도 새로운 아담한 절이었다.

그곳 주지인 尹正觀 스님에게 물어 지곡사의 원래 위치를 확인하고, 안내에 따라 유허를 둘러보았다. 절은 내리제 바로 옆의 지리산 熊石峰이 우측으로 바라다 보이는 전망 좋은 위치에 자리 잡고 있었다. 6.25 전쟁 무렵까지 절 건물이 존재하고 있었다고 하는 것으로 보아 빨치산의 출몰 때문에 소각된 것이 아닌가 여겨지는데, 아직도 초석과 기단, 귀부 등 많은 석조물들이 남아 있었다.

윤 스님으로부터 嘉慶 9년(1804, 순조 4년) 이 절에서 중간된 『月沙集』의 「戊戌辨誣奏」 복사본 한 부를 얻어 읍내로 도로 나오는 길에 德溪의 獨子 吳思湖의 精舍 터에 들러, 그 집터 뒤에 있다는 사호 유허임을 표시하는 석각을 찾으러 두루 바위들을 살펴보았지만 찾을 수가 없었다. 지난번 오규환 씨와 함께 이곳에 왔을 때 그것이 있다는 설명을 들었으나 택시를 타고 온 관계로 그것까지 확인해 보지는 못했었는데, 위치는 뒷들마을과 금당마을 부근의 이곳이 틀림없다고 생각된다.

읍내에서 山오리불고기로 점심을 들고, 산청향교를 둘러본 다음, 덕계가 젊은 시절 10년가량 들어가서 독서하던 淨水庵을 찾기 위해 걸어서 並亭과 內水里를 지나 淨水山 골짜기 바로 아래의 풀가실마을 너머까지에 다다랐지만, 나무 하는 농부의 말이 정수암은 아주 옛날에 없어져서 자기들도 본 적이 없고, 그 자리가 논이 되었는데, 그곳에 아주 맑은 샘이 있으며, 지금도 기왓장 같은 것이 많이 눈에 띄지만 풀이 우거지고 이제는 논도 없어져 길을 찾지 못하리라는 것이었다. 해도 저물고 하여 골짜기에서 목욕하고 내수리까지 도로 내려와 택시를 타고 산청으로 나왔다.

4 (월) 맑음

종일 지곡사와 관련된 문헌들을 뒤졌다. 정관 스님으로부터 이 절과 관련된 자료를 복사해서 우송해 달라는 부탁을 받았기 때문이다. 그 결과 이 절은 신라 때에 창건되어 고려 때에 중건하였고, 조선조 말엽의 地誌에 이미 화재로 소실되었다는 기록이 있으며, 고려 때 孫夢周가 찬한 慧月和尙碑와 王融이 찬한 眞覺和尙碑가 유명했던 선종사찰임을 알게 되었다. 『조선금석총람』에 혜월화상비로 수록된 것은 사실은 진각의 비로서, 그 全文이 규장각 소장 『경상도읍지』 및 『영남읍지』에 수록되어 있었다.

남명 등은 병인년 정월뿐만 아니라 그 전년인 을축년 10월에도 이 절에서 여러 날 동안 모이고 있고, 사호정사의 유허라고 알았던 것은 사실은 思湖亭 터였다.

5 (화) 맑음

어제 복사해 둔 지곡사 관계 자료들을 정관 주지에게 우송하였다. 서울대의 신정근 후배에게도 논문에 대한 의견을 적은 답장과 함께 보내준 자료들의 복사비를 보냈다.

내암 후손 鄭琪哲 씨로부터 내가 보내준 내암 관계 복사물에 대한 감사 편지와 함께, 안동 중앙고에 재직 중인 禹賢玖 씨의 내암에 관한 석사논문이 우송되어져 왔다. 이 논문은 영남대 국사학과에서 이수건 교수의 지도하에 이루어진 것이다.

6 (수) 맑음

종일 우현구 씨의 「내암 정인홍과 광해조 정국주도세력」을 읽었다. 착실하게 문헌을 섭렵한 위에 쓰인 논문인데, 내가 학계에 소개한 『고대일록』을 많이 인용하고 있고, 여기저기에 나의 「남명집판본고 (1)」과 공통되는 내용들이 보인다. 이수건 교수의 지도를 받았다면 나의 논문을 읽지 않았을 리도 없을 듯한데, 이에 대해서는 일언반구의 언급도 없는 점이 이상하다.

7 (목) 맑음

우현구 씨의 논문을 마저 읽었다. 근자에 내암과 대북정권에 관한 논문들이 몇 편 나왔지만, 내가 읽은 것들 중에서는 가장 공감이 가는 논문이다. 역시 이수건 교수의 지도논문답게 관계문헌들을 폭넓게 읽은 위에 그것들을 비판적으로 음미하고 있다는 점에서, 문헌고증의 차원에서 벗어나지 못한 종래의 논문보다는 한걸음 앞서고 있다. 그러나 폐모론의 직접적 계기가 된 慶運宮 投矢사건을 단순히 대북이 소북세력을 타도하기 위해 허균이 조작해낸 것으로 파악하고 있는 점은 당시 三清洞을 중심으로 벌어지고 있던 金壍 등의 불온한 동태를 간과하고 있다는 점에서 문제가 있다고 본다.

오후에 총장님으로부터 전화가 있었다. 이 달 30일에 남명학연구후원회의 이사회를 가질 예정인데, 본교 교수 중 한 명이 상임이사로서 참여하도록 하라는 요구가 있었다면서, 나와 H 교수 중 누가 적당하겠느냐는 것이었다. 총장님이 알아서 결정하라고 했더니, 그러면 나를 추천하겠다는 것이었다. 그 후 본부 총무과로부터 전화가 있어 이사 위촉장 서식을 어떻게 했으면 좋겠는지 물어왔다. 귀찮기도 할 뿐만 아니라 이런 일에 경험도 없어, H 교수에게 연락하여 학교 체면에 손상이 가지 않을 초청장을 만들어 보도록 당부했다.

8 (금) 흐리고 때때로 비

姜德雨 씨의 인하대 사학과 석사논문 「조선 명종조의 척족세력에 관한 일고찰」을 마저 읽고, 李章熙 저 『곽재우연구』의 일부를 읽은 다음, 우현구 씨의 석사논문을 처음부터 다시 읽으면서 처음 읽을 때 체크해 둔 곳들을 출전과 대조하는 작업에 들어갔다.

9 (토) 비

학교에서는 『선조실록』 임인년 조 중에서 李貴의 내암을 고발하는 소에 대한 吳汝隱의 논박 상소를 읽었고, 돌아와서는 이장희 저 『곽재우연구』를 계속 읽었다.

12 (화) 부슬비

서울대 후배 신정근 군에게 보낸 편지와 복사비가 '연립동호수기재요'라는 스탬프가 찍혀 반송되어 왔으므로, 오늘 다시 편지를 써서 송금수표를 동봉하여 우송했다. 우현구 씨의 논문을 계속 읽었다.

16 (토) 흐림

학교에 나가 우현구 씨의 논문을 마저 읽고, 관련된 항목을 실록과 대조해 보았더니, 잘못된 해석이나 억지 해석이 꽤 많았다. 역시 연구실에 나가 있으니 책을 좀 읽을 수 있었다.

17 (일) 오전에 호우, 오후에도 때때로 비

오전에는 폭우로 말미암아 외출을 못하고 집에서 곽망우당기념사업회가 간행한 『망우당곽재우연구 (1)』을 읽었고, 점심 식사 후 비가 그치고 다소 하늘이 맑아지므로, 버스를 타고 거창으로 갔다. 거창에서 다시 군내버스로 갈아타고서 神院面의 紺岳山을 보러 瓜亭里로 향했다. 감악산은 남명이 49세 되던 해인 명종 4년에 濫溪 林希茂 등과 함께 여기에 노닐며 유명한 '浴川' 시를 남긴 곳이다. 오늘부터는 내가 직접 카메라를 가지고 다니면서 답사 현장을 촬영해 두기로 마음먹었으나, 비가 오고 날씨가 흐려 산의 전체 모습을 포착하기가 어려웠는데, 마침 과정리에 도착했을 때는 잠시 비가 그치고 정상의 구름도 거의 걷혀 운 좋게 촬영할 수가 있었다.

면 소재지인 과정리는 저 악명 높은 6.25 전쟁 중의 거창양민학살사건이 있었던 현장으로서, 감악산(지도에는 甘岳山으로 적혀 있다) 꼭대기의 청연과 마을 옆의 박산, 그리고 산청 쪽으로 가는 도중에 있는 바깥탄량(외탄)의 세 곳에서 학살이 자행되었다. 양민들이 학살 장소에 끌려가기 전에 수용되었던 신원국민학교, 517명에 이르는 최다 인원이 떼죽음 당한 박산 골짜기를 둘러보고, 남자·여자 합동묘소에도 들러보았다. 이 묘소 앞에 1960년에 위령비가 세워졌었으나, 5.16 이후 그것이 글자가 훼손된 채 땅 속에 파묻혔다가, 1988년에 다시 파내어져 원래의 비석 기단 앞에 옆으로 뉘어져 있었고, 그 옆에는 비석의 복원을 요구하는 문구를 적은 팻말도 세워져 있었다.

18 (월) 오전에 빗방울, 오후에는 개임

H 선생과 함께 오후 두 시에 총장실로 불리어 갔다. 이 달 20일에 있을 예정인 남명학연구후원회의 이사회에 관한 협의였다.

『광해군일기』 등을 검토했는데, 내암의 사촌인 鄭仁耆의 장자와 鄭仁涵의 장자가 폐모론을 주장한 인물임을 새로 알았고, 韓會도 정인기의 외손임을 알았으므로, 기왕에 써 놓은 논문을 다소 수정해야 할 듯하다.

민족문화추진회로부터 주문했던 한국문집총간 1차년도 분 20책이 부쳐져 왔다.

20 (수) 맑음

아침 출근 직후에 또 총장실로 불려가 남명학연구후원회의 이사회 소집과 관련한 초대장과 동봉서류에 관한 질문을 받았다. 이렇게 번거롭게 불려 다니며 사무적인 일의 심부름을 하는 것은 정말 싫지만, 내색을 하기는 어려운 일이다.

21 (목) 흐리다가 저녁 무렵부터 부슬비

『광해군일기』 중 鄭桐溪의 계축년 상소 사건 이후 鄭潔·韓會의 館學儒疏와 이에 따른 강우 유림의 분열에 관련된 내용들을 검토했다.

22 (금) 아침 한때 빗방울

도서관 수서과장에게 전화를 걸어 민족문화추진회에서 간행하는 한국문집총간과 법인문화사의 사부총간을 구입하도록 추천했다.

문교부에 제출해야 할 학술연구조성비에 의한 연구실적물인 「『산해사우연원록』의 편찬」 연구기간을 내년 4월까지로 다시 반년을 더 연장했다.

23 (토) 맑음

계속해서 『광해군일기』 중 계축옥사 이후 中北의 대두에 관한 기록들을 읽었다.

구두밑창을 수선하러 퇴근 시에 시내에 나갔다가, 청구서림에 들러 우연히 閔成基 저 『한국농업사연구』를 발견하고서 한 권 사 왔다. 성기 아저씨는 내 생모의 고종사촌 동생으로서 부산대 사학과 교수로 있는데, 작년에 이 책을 내고서 무슨 학술상을 수상했다는 신문보도를 읽은 적이 있었다. 작년에 東京에 갔을 때 內山俊彦 교수로부터 혹시 민성기 교수를 아느냐는 질문을 받고서 바로 내 외당숙이라고 대답했더니, 여러 해 동안 서로 연하장을 주고받은 사이라고 하면서 귀국하여 만나거든 안부를 전해 달라고 했다. 內山 교수나 나나 뜻밖의 인연에 서로 놀란 바 있다. 나는 잘 몰랐었지만, 우리 대학 사학과의 김유철 교수 말로는 민 교수는 국내의 동양사학계에서 손꼽히는 존재라고 한다.

24 (일) 흐리다가 맑아짐

조평래 군과 함께 마산에 갔다. 먼저 月影洞의 최치원 유적지인 월영대에 가서 최고운의 유필이라고 전해 오는 月影臺 석각과 유허비, 구내의 감나무 등을 둘러보고, 이어서 書院谷의 鄭寒岡 유허인 觀海亭으로 갔다. 이곳은 한강이 함안군수로 있을 때 지었고, 허미수도 의령에 와 있던 시기에 들른 적이 있었다. 후에 檜原書院(檜有書院)이 세워졌던 까닭에 지금도 회원동이니 서원골이니 하는 지명이 남아 있으나, 서원은 대원군 시절에 훼철되고 지금은 관해정과 그 입구의 한강 手植樹로 일러지는 은행나무 노목이 아직 정정하게 서 있었다.

관해정 어귀에 있는 한우철재에 들러 김영원 씨와 沈基柱 노인에게 舞鶴山의 퇴계 杖屨所인 코바위(鼻巖)의 위치를 물은 다음, 서원골을 따라 산의 왼쪽 날개 쪽으로 올라가 능선을 따라 정상에 이르렀다. 정상에서 다시 학의 꼬리 쪽에 있는 시루등(甑嶝) 쪽으로 능선을 따라 가며 심 노인의 설명과 『퇴계학 부산소식』 금년 5월호에 실린 포항공대 權五鳳 교수의 「鼻巖踏査有感」이라는 답사보고에 의해 斗尺洞 쪽으로 내려가는 도중에 있다는 코바위를 찾아보려고 했지만, 나무가 우거져 찾을 수가 없고, 등산객에게 물어도 아무도 아는 이가 없었다. 시루등에 올랐다가 돌아오는 길에 두척동으로 빠지는 골짜기 왼편에 꽤 크고 깎아지른 듯한 바위가 있어 그곳을 향해 길도 없는 골짜기를 나무덤불을 헤쳐 가며 천신만고 찾아갔지만, 그것이 과연 코바위인지 어떤지는 끝내 확인할 방법이 없었다.

도로 무학산 정상에 올라 정상 바로 왼편 아랫길로 하여 하산했다. 바위가 험난하고 때때로 길을 잃어 고생도 하다가 어두워진 후에야 관해정 입구까지 도착할 수가 있었다. 무학산은 예상했던 것보다는 오염이 덜 되어 있고 풍치도 좋았다.

권오봉 교수 일행이 식사를 했다는 오동동의 아귀찜 원조식당 '초가집'을 찾아갔는데, 알고 보니 지난번 마산 왔을 때 들렀던 바로 그 할매집이었다. 초가집이 원래 이름으로서, 지금도 초가할매집이라는 간판을 걸고 있었다.

25 (월) 흐림

『망우당곽재우연구 (Ⅰ)』을 다 읽었다.

27 (수) 비

『광해군일기』 중 계축옥사와 관련된 기록들을 읽고 있는 중인데, 오늘은 朴應犀와 徐羊甲의 供招 내용을 검토했다.

퇴근해 보니 아버지가 돌아와 계셨다. 아버지가 민성기 아저씨의 전화번호를 알아 오셨으므로 오랜만에 아저씨와 통화를 해서 內山俊彦 교수를 만나 아저씨 이야기를 나눈 일도 전했다.

28 (목) 맑음

총무과에서 또 전화를 걸어와 이번 주 토요일에 있을 남명학연구후원회 이사회의 의사일정을 정해 주고, 나더러 사회도 맡아보라고 한다. 이사회에서 무엇을 논의할 지도 모르는 나에게 난데없이 이런 요구를 해오니 기가 차고 귀찮기만 하다.

29 (금) 맑음

총장실에 불려가 내일 있을 남명학연구후원회의 이사회 진행절차에 관해 협의했다.

30 (토) 맑음

대학병원 2층 회의실에서 11시부터 개최되는 남명학연구후원회의 첫 번째 이사회에 참석했다. 내가 사회를 보고 경과보고도 했는데, 총장과 조옥환 사장을 비롯한 22명의 이사가 참석했다.

10월

3 (화) 맑음, 개천절

종일 누워서 을유문고본 『계축일기』를 독파했다.

4 (수) 맑음

출근하여 지난 토요일의 이사회 회의록 抄를 작성하여 총장 부속실로 보냈다.

5 (목) 맑음

종일 『西宮日記』를 읽었다.

6 (금) 맑음

『서궁일기』를 독파했다. 역주자이며 원본의 소장자인 洪起元 씨는 3권 2책으로 된 이 필사본의 천·지권은 仁穆大妃 원작이요, 인권은 貞明公主 원작으로서, 홍 씨 소장본이 바로 인목대비의 친필이 섞여 있는 원본이며, 현존 『계축일기』는 仁顯王后에 의해 傳寫되었을 것이라고 주장하고 있다. 그러나 이 책을 姜漢永 역주 을유문고본 『계축일기』와 비교해 보면, 지권의 끝 부분과 인권이 첨가되었을 뿐 나머지는 양자가 거의 동일한 내용의 異本으로서, 양자에 다 "녜아기 삼아 보랴 ᄂᆡ인들이 잠간 긔록ᄒᆞ노라"고 적혀 있고, 인목대비에 관한 사실을 3인칭으로 서술하고 있는 것으로 보아, 홍 씨의 주장은 실로 황당한 것이다. 역주에도 오류가 많았다.

8 (일) 쾌청

아침 아홉 시 경 시외버스종합터미널 2층 다방에서 조평래 군을 만나 함께 쌍계사 행 버스를 탔다. 연휴를 맞아 지리산 등반을 하기로 한 것이다. 쌍계사 입구에서 도보로 신흥을 향해 가다가 도중에 지나가는 삼륜차를 잠깐 얻어 타기도 했다. 벼를 베고 있는 신흥 주민에게 최치원의 글씨라고 하는 三神洞의 刻字와 洗耳巖 각자, 그리고 神凝寺의 위치를 물었다.

삼신동 각자는 칠불암 쪽으로 꺾어든 곳의 새마을회관 옆 길가에 선 제법 큰 바위의 안쪽에 새겨져 있어 행인들의 눈에는 띄지 않게 되어 있었다. 세이암은 왕성국민학교 앞 영계천 건너편의 석벽에 篆體로 새겨져 있었고, 그 부근은 시내와 바위들이 어우러져 경치가 좋았다. 신응사는 바로 건너편 왕성국민학교 자리에 위치해 있었다. 김경렬 저 『智異山 2』에 의하면, 이 절은 임란 때 불탄 후 초라하게 복구되었다가 1906년 의병들이 지리산을 근거지로 하여 싸울 때 일본군에 의해 불태워졌다고 한다. 신응사는 남명이 여러 차례 와서 머물렀던 곳으로서 지리산 전체에서 남명과 가장 관계 깊은 장소 중의 하나이다. 지금은 신흥교 옆으로 옮겨져 있는 부도 하나만이 남아 있을 뿐이며, 범왕국민학교 옆 최치원이 심었다는 팽나무 고목 뒤편의 산중턱도 절터가 남아 있다고 하지만 올라가 확인해 볼 시간적 여유는 없었다.

신흥에서 버스를 타고 대성교에서 내려 대성골 코스를 등반하기 시작했다. 도중에 해가 져서 세석평전 좀 못 미친 곳에 있는 음양 약수터에서 1박했다. 밤이 되니 마구 떨려서 옷을 있는 대로 다 꺼내 입었다.

10 (화) 흐림

오랫동안 관계 자료를 읽느라고 미루어 두었던 논문 집필 작업을 다시 계속하기 위해 새로 카드를 분류하는 일을 대충 매듭지었다.

12 (목) 흐림

논문의 이미 써 둔 부분들을 다시 수정 보완하고 있다.

16 (월) 흐림

경상대신문사에서 가좌세평 난의 집필을 위촉하기 위해 기자가 찾아왔다. 사절하기가 어려워 마지못해 수락하고 말았다. 무엇을 쓸까 망설이다가, 결국 '토론식 수업의 허실'이라는 제목으로 이번 학기의 실험적 시도가 시행착오로 끝난 이유에 대한 내용을 적어보기로 하고, 두어 페이지를 메웠다.

18 (수) 맑음

'토론식 수업의 허실'을 탈고했다.

21 (토) 쾌청

오전 9시경 조평래 군과 합동주차장 2층 다방에서 만나 지리산 등반을 떠났다. 하동에서 내려 주차장에서 재첩 국 두 그릇씩을 사 마시고, 화엄사 행 버스로 갈아탔다. 화엄사 입구의 기념품 상점에다 배낭을 맡겨두고서, 도보로 泉隱寺 부근 월곡 마을로 매천 황현의 고택을 찾아갔다. 집은 텅 비어 있고, 梅泉祠 출입문에도 열쇠가 채워져 있었다.

소형 트럭 뒤에 얻어 타고 돌아와 식당에서 산채비빔밥으로 점심을 들었다. 화엄사 일주문 앞에서 南岳祠를 둘러보고, 조 군 혼자서 절 구경을 하고 오게 한 후, 화엄사 계곡 코스로 등반을 시작했다.

23 (월) 맑음

≪경상대신문≫ 제3면 '가좌세평'란에 나의 '토론식 수업의 허와 실'이 실렸다.

24 (화) 맑음

논문의 기왕에 써 둔 부분을 읽고 있다.

26 (목) 흐림

논문의 수정을 계속했다.

27 (금) 맑음

논문의 기왕에 써 둔 부분까지를 마저 읽고, 집필을 계속하기 위해 카드를 새로이 정리했다.

28 (토) 맑음

학교에 나가 좀 앉아 있다가 11시 40분발 고속버스로 부산에 갔다. 한국철학사상연구회 부산·경남지회의 결성식 및 제1회 월례발표회에 참석하기 위해 부산대 중앙도서관 3층 세미나실로 갔다.

30 (월) 맑음

어제 이규성 군이 서울에서 가져와 배부한 한국철학사상연구회 회보인 『철학사상』 제2호를 읽었다. 이 회의 회칙 제3조에는 "철학 연구를 통해 과학적 세계관을 확립하고 이를 확산, 심화시킴으로써 한국사회 발전에 이바지할 것을 그 목적으로" 한다고 규정하고 있다. 이 모임이 다만 마르크스주의를 이론적 수준에서 연구하는 데 그치는 것이 아니라, 교조적 형태는 아니라고 할지라도 이를 신봉·보급하는 자들의 모임임을 알 수 있다.

31 (화) 새벽에 비 온 뒤 개임

내년도의 전면적 교과과정 개편에 대비하여, 전공과목의 동양철학 분야 강좌를 보강하기 위해 관계 자료들을 검토했다. 금년도에 동양철학과 신설을 신청했던 것은, 지난 토요일의 문교부 발표에 의하면 국립종합대학의 경우 증원이 일체 허가되지 않아 올해에도 무위로 돌아갔다.

11월

13 (월) 맑으나 다소 쌀쌀함

일찍 퇴근했으나, 며칠 동안 밀린 우편물이며 배달된 신문·교지 등을 읽느라고 오늘도 논문에는 전혀 손을 대지 못했다.

19 (일) 맑음

아침 10시 해인사 행 버스를 타고 떠나 伽倻에서 내렸다. 삼거리상회로 鄭相元 씨를 찾았지만 대구에 가고 부재중이었다. 안방에서 혼자 『瑞山鄭氏大同譜』를 열람했다. 내암의 族類 중 대북에 동조한 淇·潔·溵·澮·灌 등의 계보를 확인하기 위해서였다. 그러나 합천에 거주한 僖의 후손들일 것이 분명함에도 불구하고 「桐溪年譜」에서 연급된 '淇·潔·溵·澮'는 하나 같이 족보에 보이지 않고, 다만 灌이 내암의 仲弟인 仁榮의 第3子임을 확인했을 뿐이다.

가야의 식당에서 정식으로 점심을 들고, 택시로 梅花山 중턱의 매표소 부근까지 올라간 다음, 차에서 내려 등반을 시작했다. 도중에 淸凉寺에 들러 보물로 지정된 석불·석등·석탑을 등을 둘러보고서, 지름길로 능선에 올라 아슬아슬하게 바위를 타고서 능선을 따라 정상인 해발 1,010m의 南山第一峰까지 올랐다. 바람이 차가웠다. 바로 건너편의 가야산을 비롯한 주변의 경관을 감상하고서, 해인사 입구의 집단시설지구 쪽으로 하산했다.

해인사 터미널에서 버스로 다시 가야에 내려와 정상원 씨를 만나 함께 孚飮亭을 둘러보고, 정 씨 댁의 궤짝 속에 구본 족보들이 여러 종류 있다 하므로 그것들을 골라서 빌려가지고 진주 행 막차로 돌아왔다.

21 (화) 맑음

지난 일요일에 빌려온 『瑞山鄭氏世譜』 등의 내용을 면밀히 검토했다.

12월

2 (토) 맑음

조남호 후배의 석사논문 「羅欽順에 있어서 보편적 원리의 문제」를 읽다가, 그 주26에서 『明史』에 인용된 薛瑄의 "自考亭以還, 斯道已大明, 無煩著作, 直須躬行耳"라는 구절을 발견했다. 이어서 '중국사상총서' 30·31책에 수록된 薛瑄의 『讀書錄』과 『讀書續錄』 등을 통하여, 남명의 이른바 著書無用論 및 『학기유편』의 선례에 대한 확증을 얻었다.

3 (일) 맑음

거창으로 가서, 군내버스로 北上面 月星里까지 들어갔다. 鄭桐溪가 병자호란 후 은거했던 某里齋에 가 볼 작정이었는데, 어디서 내려야 할지를 몰라 종점까지 가게 된 것이다. 갔던 차로 돌아 나오는 길에 農山里의 降仙臺에서 내려, 산길을 반시간쯤 걸어 정상 좀 못 미친 곳에 있는 花葉樓 입구에 당도했다. 모리재에는 정 씨가 아닌 한 젊은이가 머물러 공부를 하고 있는 모양인데, 군인 친구 두 명이 놀러와 있었다.

걸어서 북상면 소재지인 葛溪里까지 내려와, 거창 나가는 차가 올 때까지 그곳의 林葛川·瞻慕堂 정려와 瞻慕堂世家·蘆洞書堂 등을 둘러보며 사진을 찍어두었다. 갈계에는 여러 번 왔었지만, 지금은 새 건물들이 여러 채 들어서고, 도로공사를 하느라고 마을 모습이 일신되어 있었다.

6 (수) 맑음

종일 집에 있었지만, 논문에는 전혀 손을 대지 못하여 점점 불안해진다.

7 (목) 오전 한때 부슬비

오늘은 오랜만에 원고지를 몇 장 메웠다.

8 (금) 맑으나 바람 불고 추움

집에 있으니 조용해서 공부하기는 좋으나, 오늘도 논문과 관계없는 吉川幸次郎 저 『仁齋·徂徠·宣長』이나 『TIME』 지 등을 읽으며 하루를 보냈다. 미국의 아버지로부터 편지가 왔다. 오늘부터는 평소보다 한 시간 이른 새벽 다섯 시에 일어나, 아침 식사 시간까지는 자리에 누운 채 성경·신문·비전공 관계의 책을 읽고, 식사와 청소 등을 마치고 나서부터는 논문과 관련된 작업을 하기로 마음먹고 있는데, 간밤에 늦게 취침한 까닭인지 고단하여 낮잠을 좀 잤다.

10 (일) 맑음

해인사 행 버스를 타고서 정오 무렵에 가야에 도착했다. 지난달 19일에 정상원 씨로부터 빌려온 『서산정씨세보』 등을 반환하고, 주변에 있는 이 집안의 유허들을 둘러보기 위해서였다. 내가 온다는 소식을 듣고서 대구에서 직물 관계 기계를 취급하는 주식회사 韓盛機械의 회장인 鄭琪哲 씨가 미리 와서 기다리고 있었다. 이 두 분은 내암의 문중을 대표한다고 할 수 있다.

삼거리상회 아래쪽의 식당에서 잉어회로 점심을 들고, 정상원 씨의 영업용 소형 짐차에 셋이 동승하여 이곳저곳을 둘러보았다. 우선 簑村里로 가 보았다. 이곳은 『남명집』 갑진본을 필사한 文庵 鄭仁耆의 長女壻 草亭 許從善이 살던 마을 부근으로서, 내암의 손자인 鄭棱의 묘소가 있고, 그 바로 아래쪽에 있는 논이 내암이 출생한 장소로 전해 오고 있었다. 棱은 광해朝에 산청현감과 성주목사를 지냈지만 비문에는 학생이라 되어 있고, 인조반정 후에 遠竄되었으나 文籍에는 광해군 11년 4월 15일에 졸한 것으로 되어 있다.

이어서 무민당 박인이 출생한 冶爐面 下林里로 가 보았다. 이곳은 가야의 아래쪽 첫 부락으로서, 내암의 조부인 彦佑의 묘소가 도로 맞은편 산 중턱에 바라보이고, 개울가의 구정리에 내암의 사촌인 仁耆(文庵)·仁涵(琴月軒)·仁徽·仁止(樂齋) 4형제를 향사하는 재실인 伽南亭(四友亭)이 있으며, 그 옆에는 琴月軒의 유허비가 서 있었다.

그곳에서 도로 건너편인 하림리의 강당이라는 이름으로 전해오는 논터가 옛날 愚溪(일명 愚居)村이 있었던 곳으로서, 이곳에 鄭仁卿·仁涵·仁濬(後 追享 臣保·仁耆·仁洽) 등을 향사했던 雲溪書院이 있었고, 무민당이 출생한 곳도 이곳이라 한다. 무민당의 부친인 釣溪 朴壽宗은 문암의 父인 健의 第五女壻로서 이 마을 사람이라 하며, 지금도 무민당의 아우인 愚村 朴緯의 후손들이 이 마을을 지키고 있었다.

다시 황산리 즉 가야로 올라와 내암의 手植樹로 전해 오는 고목과 내암의 집터인 松川臺 그리고 부음정 터도 둘러보았다. 지금은 냇가의 바위에 송천대라고 새긴 글씨가 남아 있을 뿐이지만, 『嶧陽集』 부록에 내암의 거처를 일러 松川이라 하고 있으니 이곳이 집터임은 확실하다. 부음정은 본시 현재의 가야 주차장이 있는 언덕 위에 위치해 있었다고 한다.

가야리 쪽에 있는 내암의 묘소에는 예전에도 정상원 씨와 함께 가 본 적이 있었다. 이 묘소의 바로 위쪽에 내암의 二弟 仁榮의 묘소가 있으며, 문암의 父인 건, 入鄕시조인 成儉, 성검의 子인 彦佐의 묘소도 그 부근에 있었고, 내암의 父인 倫과 子인 沆의 묘소는 좀 떨어진 산비탈에 있다. 내암의 묘소도 원래는 그곳에 있었던 것을 현재의 위치로 옮겨 온 것이다. 성검의 자인 蓑村 鄭僖와 금월헌의 묘소는 하림리 아래쪽의 伊川里에 있다고 한다.

현재의 부음정에 다시 한 번 들러 그 뒤쪽 언덕 위에 있는 崔奎南 씨가 찬한 내암 신도비를 둘러보았다. 다방에 들러 차를 마시며 좀 쉬다가, 5시 35분 버스로 가야를 떠나 귀가 길에 올랐다.

11 (월) 맑음

어제 답사한 내용을 토대로 기왕에 써 둔 원고 중 무민당과 내암 일족과의 관계에 관한 내용과 문암 정인기 4형제 및 甘隱臺 鄭仁洽 형제에 관한 내용 일부를 수정했다.

12 (화) 맑음

점심 식사 후 슈만의 음악을 듣고 나서 원고를 쓰고자 책상 앞에 앉았으나, 운동 부족인지 정신이 집중되지 않을 뿐 아니라 막상 쓰고자 하는 부분과 관련된 자료의 카드가 집에 없었다. 몇 번 바깥에 나가 집 주위를 서성거리다가, 택시를 타고서 연구실로 가 관련된 카드와 자료들을 찾아서 회옥이가 귀가할 시간에 맞추어 도로 택시로 돌아왔다.

새벽 다섯 시에 잠을 깨는 것은 무리인 것 같아, 도로 옛날처럼 여섯 시로 바꾸었다.

14 (목) 맑으나 쌀쌀함

종일 內山俊彦·池田秀三·三浦國雄·狩野直禎·西脇常記 교수와 친구인 小林清市 군에게 연하장을 썼다. 內山 씨와 池田 씨에게 보내는 것은 나의 연구근황 보고이므로 그 내용이 거의 같지만, 아무래도 인사니까 따로 보내는 것이 무난할 듯하다. 三浦 씨에게는 내년 가을의 남명학 국제학술회의에 참가해 줄 것을 다시 한 번 부탁해 보았지만, 그 결과는 그다지 기대하기 어려울 듯하다.

20 (수) 맑고 포근함

여섯 시 자명종 소리에 잠이 깨어, 30분까지 이불 속에서 성경과 『日本の歷史』를 읽었다. 자리에서 일어나 캄캄한 가운데 전등을 켜고서 바깥과 집안 청소를 하고 난 뒤, 신문 보고 조반을 들고 8시 45분 출근버스를 타고서 아홉 시 경에 연구실에 도착했다. 오늘부터 다시 종전처럼 출근과 퇴근 시간을 지켜가며 연구실에서는 전공 관계의 공부를, 집에서는 교양 관계의 독서를 하고 휴식을 취하는 생활로 돌아가기로 했다. 모처럼 원고를 서너 장 썼다.

23 (토) 맑으나 밤에 부슬비

『安東權氏世譜』에 실린 남명의 父 曺彦亨이 찬한 權金錫의 묘갈을 검토했다.

24 (일) 맑음

시외버스를 타고 산청군 生比良面 松溪에서 내려 걸어서 法坪까지 갔다가, 다시 산길로 접어들어 上能으로 갔다. 지난 날 조옥환 사장으로부터 안동권씨의 묘 중에 남명의 부 조언형이 비문을 찬한 것이 있다는 말을 들었기 때문이다.

상능에는 해주오씨의 재실인 永慕齋와 안동권씨 재실이 있는데, 권 씨 재실로 가 관리인에게 물었으나 알지 못했다. 그 마을에 1950년대 후반에 면장을 지낸 이가 있다기에 찾아가 보았더니, 상능 栗峙에 있는 權繼祐의 묘소로 안내해 주었다. 그는 권 씨의 丹城 입향시조로서 丹溪에 살았는데, 바로 金錫의 父이다. 권금석의 묘는 거기서 재를 하나 넘은 곳인 冠洞(갓골) 아래에 있었는데, 금석과 그 제4남 時準 등 一門의 묘소가 한데 모여 있었다. 계우와 금석·시준 3대의 묘소는 모두 크게 잘 다듬어져 있고, 근년에 고쳐 세운 금석의 碑陰記에 조언형이 찬한 것임이 명시되어 있었다. 東溪·霜巖 등이 모두 시준의 후손이라고 한다.

上能·下能은 해주오씨의 집성촌인데, 색목은 모두 노론이었던 모양이다.

26 (화) 맑으나 다소 쌀쌀함

온종일 논문을 잡고 있었으나 거의 진전이 없었다. 조평래 군이 연구실에 다녀갔고, 황인찬 군과 4학년 여학생 한 명이 졸업논문 주제를 변경하겠다면서 찾아와 상의했다.

28 (목) 맑음

아내가 교과서 집필 관계로 밤 일곱 시까지 학교에 남아 있겠다고 하므로 나도 남아서 논문을 쓰다가, 처가에서 만나 회옥이와 셋이서 간밤의 제삿밥으로 저녁 식사를 하고서 귀가했다.

1990년

1월

3 (수) 맑으나 쌀쌀한 바람

三浦國雄 교수로부터 연하장이 왔다. 예상했던 대로 남명학 국제학술회의에는 다망하여 참석할 수 없다는 회답이었다.

4 (목) 맑음

논문의 제4절 '강우 사림의 남인화' 부분 집필이 거의 마무리 단계에 들어갔다.

5 (금) 맑음

제4절을 끝냈다.

6 (토) 맑음

출근하여 연구실에서 한 시간 반가량 창밖의 먼 산 능선들을 바라보며 앉아 있었다. 어떤 의미에서는 진주와 같은 한적한 지방도시에서 일생을 보낸다는 것이 나의 학문을 위해서도 바람직한 일이며, 아름다운 자연 속에서 지내는 것은 인간답게 사는 데도 보탬이 된다고 생각했다.

8 (일) 맑음

거창으로 가서 加祚를 거쳐 加北面 龍山里에서 버스를 내렸다. 정동계의 龍泉精舍는 집 앞 뜰에 큰 신도비가 두 개 서 있어서 길가에서도 곧 눈에 띄었다. 이곳은 桐溪 鄭蘊이 그 모친의 무덤 아래 움막을 짓고 삼년간 시묘한 곳인데, 그는 그 후로도 전후 약 7년간 이곳에 거처하였다.

정사 아래쪽에는 동계가 林林谷(眞忇) 曺梧溪 등과 함께 맺은 落帽臺契 기념비가 서 있고, 정사 뒤 언덕에 올라서니 동계와 그 모친·아우·아들의 묘가 눈에 들어왔다. 그곳에서 가조 벌을 바라보니 우람한 산세와 냇물 등이 전형적인 명당의 배치를 하고 있었다. 정사 어귀 부근에 茅谿 文緯의 재각인 龍源書堂이 신축되어 있었는데, 모계가 이곳 용산에서 태어난 줄은 새삼 알았다.

그곳에서 한 노인을 만나 안내를 받아서 남명의 종유인인 진양정씨의 재각에도 들렀다가, 용산리에서 택시를 불러 가북면 소재지를 거쳐 中村里로 들어갔다. 중촌리는 바로 면우 곽종석이 만년을 보낸 茶田으로서, 文茅谿의 묘소도 이 마을 산골짜기에 있다. 택시로 간지라 묘소까지는 들르지 못하고 멀리서 바라보기만 한 채 돌아와야만 했다. 면우가 강학하던 장소에는 돌로 된 表臺가 있었다. 세워진 지 얼마 되지 않는다고 하는데, 후손이 당시의 현판 등도 보존하고 있다지만, 역시 택시를 오랫동안 세워둘 수가 없어 충분한 시간을 들여 관람할 수 없는 아쉬움을 남긴 채 돌아서야 했다.

8 (월) 맑음

池田秀三 선생에게서 연하장이 왔다. 지난번 나의 연하장에 경오년을 기사년으로 잘못 적어 내심 창피해 못 견디고 있던 터에 변함없는 따뜻한 글을 받고서 조금 마음이 놓였다.

東京에서 『東方學會報』 No.57이 우송되어져 왔다. 이번 호에는 회원통신 난에 나의 소식이 실렸다.

9 (화) 흐리고 밤에는 가랑비

「俛宇年譜」와 「茅谿年譜」 및 『八松集』 등을 통하여, 지난 일요일에 다녀온 지역들과 관련한 기록을 찾아보고, 귀가한 후로는 『거창군지』를 검토하였다. 용산리의 진양정씨 재각은 八松 鄭必達의 증조로서 이곳 용산에 처음 입거한 鄭房을 향사하는 곳임을 확인했다.

12 (금) 맑음

오전 내내 방문객이 찾아오고, 오후에는 조평래 군이 찾아와 연구에 집중하기가 어려웠다.

23 (화) 쌀쌀하고 매운바람

李鯤變의 『疑訛拙辨』을 다 읽고, 이어서 曺浚明의 『反李鯤變拙辯』을 읽고 있다.

24 (수) 한겨울 추위

어제에 이어 『반이곤변졸변』을 완독했다.

25 (목) 맑음

새 학기 중국철학특강에서는 許愼의 『五經異義』와 이에 대한 鄭玄의 논박을 다루어보기로 하고, 孔廣林 편 『通德遺書所見錄』에 수록된 「駁五經異義」와 『皇淸經解』에 수록된 陳壽祺의 『五經異義疏證』을 비교 검토했다.

26 (금) 맑음

구정 연휴가 시작되는 날이다. 종일 집에서 安晋吾 교수의 학위논문인 「奇蘆沙의 理철학에 관한 연구—理一分殊의 철학체계를 중심으로—」를 읽고, TV를 보았다.

28 (일) 오후에 함박눈

종일 집에서 TV를 보고, 안진오 교수의 논문을 읽었다.

다음 학기 한국철학강독에서는 奇老沙의 「畏筆」과 「納涼私議」를 중심으로 이에 대한 田艮齋의 비판과 老栢軒 鄭載圭의 간재에 대한 반박을 읽어볼 예정이다. 안 교수의 논문은 이에 대한 준비를 위해 읽고 있는 것이다.

밤 11시에 안진오 씨의 학위논문을 독파했다.

30 (화) 흐리고 정오 무렵부터 부슬비

오전에는 『노사집』(주로 『答問類編』)의 목활자본과 목판본의 내용을 비교하고, 오후에는 논문을 썼다.

2월

1 (목) 細雪 후 오후에 개임

오후 두 시부터 학장실에서 한문학과의 공채 전형을 위한 세미나가 있었다. 금년에는 나를 심사위원 명단에서 빼고, 한문학과의 H·최석기 선생 및 지난 해 심사위원이었던 중문과의 박추현, 국문과의 박성석 선생 외에 중문과의 정헌철 선생을 새로 참여시켰다. 이들은 모두 H 선생과 의기투합 하는 사람들이다. 나는 세미나 장에 나가 보지 않았다.

2 (금) 맑음

출근버스에서 내리자 같은 차에 탔던 중문과의 권호종 선생과 함께 인문대 쪽으로 걸어가게 되었다. 어제의 한문학과 공채 세미나에 가 보았느냐고 물었더니, 참석했었는데 세미나에 단 한 명이 나왔더라는 것이었다. 배석원 선생에게 들은 바로는 열댓 명이 응모했다던데 어찌된 일인가 하여 권호종 선생 연구실에 들러 자세한 내용을 들어보았다.

두 명을 세미나에 초청했으나 한 명만 나왔으며, 그 한 명은 지난 해 서류전형에 통과하여 세미나에 참석하기 위해 학교까지 왔다가 그냥 돌아간 사람이라 한다. 박추현 선생과 같은 국민대 한문학과를 졸업하고, H 선생과 같은 정신문화연구원 석사를 마친 뒤, 성균관대에서 박사과정을 밟고 있는 사람이라고 한다. 더욱 이상한 생각이 들어 심사위원 중 한 사람인 정헌철 선생에게 전화를 걸어 심사과정을 물어보았다.

정 선생 말로는, 한국한문학사 분야에 열 명, 한문학비평론 분야에 네 명이 지원했는데, 한문학사 쪽에는 적합한 사람이 없어 비평론 쪽을 뽑기로 하고 두 명에게 세미나 참석 요청 통지를 했다. 그러나 한 명은 참석하지 못한다는 전화통보를 해 왔었는데, 모든 점에서 이번에 세미나까지 마친 尹浩鎭 씨가 가장 적임자였다는 것이다. 나더러 서울대 출신자가 뽑히지 않아서 그러느냐고 묻기에 그런 뜻은 아니라고 했더니, 나는 그렇지 않다 하더라도 권호종은 평소 그런 걸 퍽 찾는다고 내뱉는 것이었다. 권 선생이 얼마 후 마침 내 방에 들렀기에 정헌철 선생과의 통화 내용을 있은 그대로 전해주었더니 퍽 분개해 하므로, 중간에서 내 입장이 다소 난처하게 되었다.

4 (일) 흐리고 해질 무렵 눈발과 부슬비

시외버스주차장 2층의 합동다방으로 가서 조평래 군을 만나, 함께 남원 행 버스를 탔다. 곡성군의 泰安寺에서 참선을 하고 있는 우리 과의 박선자 선생을 방문하기 위해서였다.

남원에서 곡성까지 버스를 갈아 타 곡성에서 점심을 들고, 군내 버스로 태안사까지 들어갔다. 산청 근처에서부터 도처에 눈이 쌓여 있는 모습을 볼 수 있었다. 절 입구의 申崇謙 장군 출생지임을 알리는 비각에서부터 절까지 2km 길을 걸어 올라가는 동안 제법 수북이 쌓인 눈을 밟아 볼 수 있었다.

태안사는 나말의 이른바 구산선문 중 하나로서 桐裏山派이다. 6.25 때 인민군이 이 산에 잠복해 있어 경찰 병력이 소탕하느라고 산에다 불을 놓아버려 울창했던 산림과 절의 대부분이 재로 변했다고 한다. 섬진강과 보성강이 만나는 鴨綠에서부터 비포장도로로 12km나 들어가야 하는 오지인 까닭인지 절이 퍽 절다웠다. 지금은 화엄사의 말사로서 淸華라고 하는 유명한 禪伯이 駐錫하고 있다 한다.

5 (월) 짙은 안개 끼고 흐린 후 정오 무렵부터 개임

퇴근 후 조평래 군이 후배 한 명을 데리고 집으로 와 석유난로와 석유가 든 통들을 들고 갔다. 어제 난방은 어떻게 하고 있느냐고 물어보았더니, 그가 무료로 머물고 있는 道江서당에서는 군불은 때 주지 않고 혼자서 전기담요를 깔고 잔다 하므로, 평소에 별로 쓰지 않고 있는 나의 석유난로를 주기로 작정한 것이다.

16 (금) 맑음

논문 중 『산해사우연원록』의 필사본과 간본에서 '先生'으로 칭한 例와 '公'으로 칭한 예를 비교하는 주석을 적었다.

17 (토) 맑음

조평래 군이 금년도 2월 14일자 ≪신경남일보≫ 7면에 난 '남명학연구단체 활동부진'이라는 제목의 기사를 복사해 왔다. 남명학연구원이며 경상대 경남문화연구소, 남명학연구후원회가 모두 유명무실한 상태에 있다고 신랄하게 비판하고 있었다.

퇴근길에 청구서림에 들러 李泰鎭 교수의 『한국사회사연구』를 비롯한 한국사상사 관계의 책들을 눈에 띄는 대로 열 권 남짓 사 와서 그 내용을 대충 검토했다. 그 중 崔完基 저 『한국성리학의 맥』에는 '남명조식과 북인 성리학'이라는 항목도 있어 읽어보았다.

18 (일) 부슬비

조평래 군과 함께 아침 여덟시 반 고속버스로 광주를 향해 떠났다. 새 학기 한국철학강독에서 奇老沙와 田艮齋의 「納凉私議」 및 「畏筆」을 둘러싼 논쟁을 다루어 볼 예정이므로, 방학이 끝나기 전 그 현장을 답사해 두고자 해서이다.

광주에서 장성 행 직행버스를 갈아탔고, 장성에서 군내버스로 珍原面에 있는 高山서원을 찾았다. 이곳은 노사가 만년에 澹對軒을 짓고서 강학

했던 곳이다. 사우에는 하동군 옥종면 월횡리 출신의 月皐 趙性家와 합천 쌍백 출신의 老栢軒 鄭載圭 등이 배향되어 있고, 장판각에는 단성의 신안정사에서 판각한 『노사집』 목판이 옮겨져 보관되어 있는 등 서부경남지역의 유림과 밀접한 관계가 있는 곳이다.

장성 읍내로 돌아 나와 다시 河西 金麟厚를 향사하는 호남의 首서원인 筆巖서원을 방문했고, 또 다시 장성 읍내로 나와 白羊寺 행 군내버스로 갈아탔다. 백양사는 舊名이 白巖寺로서, 노사가 이 부근에서 출생하여 어린 시절을 이곳에서 공부하기도 했던 곳이다. 전라남북도의 경계를 이루는 내장사 쪽으로 연결되는 산 능선에까지 올라갔다 오니 이미 해는 저물었다.

광주까지 나와 순천 행 직행버스로 갈아타서, 순천역 부근의 기사식당에서 늦은 저녁을 들며 자정까지 맥주를 마셨다.

19 (월) 비

밤 두 시 넘어서 도착하는 慶全線의 목포 발 부산 행 열차에 올랐으나, 좌석이 없어 세 시경 진주에 도착하기까지 앉은 사람의 좌석 팔걸이에 기대앉은 채 졸면서 왔다. 진주역에서 조 군과 헤어져 집에 도착하자, 씻고서 속옷까지 갈아입은 후 다섯 시경에 자리에 들어 열 시경까지 잠을 잤다. 정오 무렵 출근하여 『노사집』의 연보를 비롯한 부록의 내용을 다시 한 번 훑어보았다.

20 (화) 맑음

『노백헌집』의 간본과 老栢書社에서 빌려와 복사해 두었던 필사본 『老栢軒文稿』를 비교 검토하였다. 『남명집』 중간본의 간행 작업이 뇌룡정의 중건 후 중건의 중심인물이었던 后山 許愈와 노백헌 정재규가 남명의 「神明舍圖」의 當否를 두고서 토론하던 데서 발단된 것임을 알게 되었다.

한문학과의 조교가 지난 토·일요일 이틀간 고령읍의 우륵음악당에서 개최된 제6회 博約會학술회의에서 발표된 내용의 요지를 가져왔기에 함께 한두 시간 담화하였다. 여증동 교수는 「퇴계 선생의 笏記撰定과 婚禮改定」이라는 주제의 발제강연을 했고, H 교수는 「망우당 곽재우 선생과 퇴계선생과의 관계」를, 금장태 교수는 「한강 정구 선생의 생애와 예학」을 발표했다. 이 외에도 鄭錫龍(단국대)·李東煥(고려대)·金光淳(경북대)·宋載卲(성균관대) 교수의 발표가 있었지만, 앞의 세 사람의 발표에 특히 유의했다. 『도산전서』 遺集, 外篇 권7에 실린 「婚禮笏記」를 통해 혼례에 관한 퇴계의 생각도 남명과 같은 것임을 확인하고서, 논문의 이 부분에 관한 언급을 일부 수정했다.

21 (수) 흐림

종일 金光淳의 『한국의인소설연구』(서울, 새문사, 1987)를 읽었다. 김 교수는 경북대 국문과에 근무하고 있는데, 『天君소설연구』(1980)라는 前著가 있고, 『天君演義』(1977), 『愁城誌』(1979), 『天君本紀』(1979) 등 心性의 의인소설들을 역주하기도 하였다. 천군소설은 남명의 「신명사도」에서 유래하는 김동강의 「天君傳」을 효시로 하여, 19세기 초에 나온 「천군실록」에 이르기까지, 양반 유자들에 의해 쓰인 한문소설群을 의미하는 것으로서, 김 교수가 그 분야의 독보적 연구자이다.

22 (목) 부슬비

논문이 거의 완결 단계에 접어들어, 내일쯤이면 탈고될 것 같다.

24 (토) 흐림

드디어 논문을 탈고했다.

25 (일) 부슬비 온 후 오후에 개임

오전 아홉 시경 조평래 군과 함께 전주 행 시외버스를 타고 함양·남원을 거쳐 세 시간쯤 후인 정오경에 전주에 도착했다. 전주에서 김제를 거쳐 부안에 도착한 다음, 부안에서 군내버스로 갈아타고서 界火島로 들어갔다. 계화도는 田艮齋가 72세 때부터 최후의 10년간을 보낸 곳인데, 원래는 섬이었으나 대규모 간척사업으로 인해 지금은 버스가 바로 들어가게 되어 있다.

陽地里의 繼華齋로 가서 繼陽祠를 둘러본 후, 부안으로 도로 나와 군내버스로 상서면 소재지에 가서 내려 동림리로 찾아갔다. 이곳의 東林서원은 磻溪 柳馨遠과 柳文遠 등을 향사하던 곳인데, 대원군 때 훼철된 후 지금은 유허비만 남아 있다. 상서 부근의 도로에서 지나가던 택시로 부안군 보안면 우동부락으로 가서 산중턱에 있는 반계가 강학하던 곳인 것 같은 건물에도 올라가 보았고, 반계의 기념비가 서 있는 宅地에도 들렀다. 유반계는 광해군 대에 서울 정릉동에서 태어나, 병자호란을 지난 후 先祖의 賜牌地가 있는 이곳 愚磻洞으로 내려와 일생을 보내면서 『磻溪隨錄』 등 실학의 선구적 업적을 남겼던 것이다.

밤에 택시로 변산반도의 남쪽 끝인 줄포(茁浦)로 내려와 늦은 저녁을 들고, 막차로 고부를 거쳐 정읍시로 들어가, 어느 호텔 같은 여관에 일박했다.

26 (월) 맑음

아침에 정주읍 下茅里 茅村으로 考巖서원을 찾아갔다. 이 서원 역시 대원군 때 훼철되어, 그 遺址에는 李陶庵이 찬한 묘정비가 있고, 그 조금 아래쪽에는 奇蘆沙가 찬한 고암서원중수비가 남아 있을 따름이었다. 이 서원은 정읍에서 사약을 받은 우암 송시열과 당시 우암에게서 만동묘 건립의 유촉을 받은 수제자 遂庵 權尙夏를 향사하기 위해 우암 사후 6년 만에 세워진 사액서원이었다. 정주 시내로 도로 걸어 나와 우암이 사약을 받은 현장인 당시의 객사에 가서 유허비문을 읽어보고, 또한 그 부근의 이충무공을 모신 충렬사에도 들렀다. 충무공은 정읍현감으로 재임 중 전라좌도수군절제사의 교지를 받았던 것이다.

다시 군내버스를 타고 정읍군 북면 寶林里에서 내려, 약 5km 정도를 걸어 보림산 아래의 南皐서원을 찾아갔다. 이곳은 서울 출신인 일재 이항이 자당을 모시고 내려와 一齋라는 편액을 걸고서 강학하던 곳이다.

그 현장에 선조 10년에 서원이 세워져 일재와 그 문인인 健齋 金千鎰을 향사했던 것이다. 역시 훼철된 후 근년에 다시 중건되어 있었으며, 강당에는 일재의 문집 목판도 보관되어 있다 한다. 이곳은 원래 태인현에 속했던 것이지만, 지금은 태인 자체가 정읍군에 편입되어 있다. 돌아 나오는 길에 일재의 묘소와 그 아래 재실에도 들러, 盧蘇齋가 찬한 묘갈명 등을 읽어보았다. 일재는 전북 유학의 개조라 일컬어져 온 존재이다.

정읍에서 전주로 가서, 어제 왔던 코스로 돌아와, 밤 여덟 시경에 진주에 도착했다.

27 (화) 맑음

『반계수록』의 목차와 序·跋을 검토하고, 반계 유형원의 傳과 행장을 읽었다.

28 (수) 흐림

탈고한 원고를 다시 읽으면서, 다 읽은 부분은 조평래 군에게 맡겨 정서하도록 했다.

3월

1 (목) 부슬비

삼일절 휴일로 집에서 쉬면서 최완기 저 『한국성리학의 맥』 중 「영남예학과 정구·정경세」 「허목과 畿學의 형성」 「이익과 기학의 발전」 부분을 읽었다. 내 논문의 원고를 일부 고쳐 읽으면서 퇴고를 했다.

2 (금) 맑음

어제 퇴고한 원고를 조평래 군에게 넘긴 다음, 그 뒷부분의 퇴고를 계속했다.

3 (토) 맑음

원고의 퇴고를 한 차례 마치고서, 조평래 군이 올 때까지 다시 한 번 읽기 시작했다.

5 (월) 맑음

논문을 퇴고하면서 '雙磎唱酬' 17인에 관한 주석 하나를 첨가하였다.

6 (화) 맑음

밤 네 시경에 잠이 깨어 서울대 이태진 교수의 『한국사회사연구』 중 「사림파의 유향소 復立운동—조선 초기 성리학 정착의 사회적 배경—」을 대충 읽었다. 근자에 틈틈이 조금씩 읽어왔던 글이다. 논문의 퇴고를 마치고서, 조평래 군이 정서해 온 원고를 처음부터 다시 검토하기 시작했다.

7 (수) 맑음

종일 조평래 군이 정서해 온 논문을 검토했다.

8 (목) 맑음

조평래 군이 정서를 완료했으므로, 오늘도 종일 검토를 계속했다. 200자 원고지로 149매이지만, 긴 각주들이 많으므로 실제로는 200매가 넘을 것으로 생각된다. 2년 이상 씨름해 온 논문이므로 나중에는 과연 논문이 될 수 있을지 자신을 잃기도 했었다. 다 써 놓고서 다소 어수선하게 체제가 갖추어지지 못한 곳을 손질하고 보니, 자신으로서도 상당히 만족이 가는 역작인 듯했다.

9 (금) 맑음

정서한 논문 「『山海師友淵源錄』의 편찬」의 검토를 마치고서, 次山安晋吾博士華甲紀念論叢 발간의 실무책임자인 전남대 철학과 崔大羽 교수에게 편지와 함께 발송했다.

11 (일) 부슬비에 오후 한때 소나기

조평래 군과 함께 산청군 신안면 文泰에서 버스를 내려 진태리 부근에 있는 영일정씨의 재실을 찾아갔다. 이곳은 鄭圃隱의 손자인 雪谷 鄭保가 사육신 사건과 관련된 일로 영일을 거쳐 여기 단성현 문태로 귀양 와서 생을 마쳤고, 그 제3자가 이곳에 계속 거주하여 오늘날 영일정씨의 大宗을 이룬 것이다. 그의 제3녀가 바로 知足堂 趙之瑞의 후처로서, 남명의 「유두류록」에 열녀로 소개된 분이다.

이 집안의 후손에 합천에서 진양군 대평면으로 이주하였고, 수십 년간 무민당 박인과 친밀한 교제를 가졌던 學圃 鄭暄이 있다. 무민당은 이 학포의 孤山精舍에서 운명했던 것이다. 학포의 묘소가 있다고 해서 찾아왔지만, 재실 뒤쪽 골짜기의 案山에는 설곡의 제3자와 그 아들, 그리고 학포의 아들 두 명의 묘소는 있었지만, 정작 학포의 묘는 부근의 산을 헤매어 보아도 찾을 수가 없었다.

문태로 돌아 나와 점심을 먹고서, 합천군 가회면 龜坪에서 다시 버스를 내렸다. 먼저 坡坪尹氏 彦禮의 강학소인 龜陰齋에 들렀다. 이곳은 추담 윤선과 구산 윤탁이 언례를 좇아 수업하던 곳이다. 그곳 관리인의 안내를 받아 작년에 한 번 왔었던 윤선의 묘소를 찾았다. 그 묘소의 아래편에 있는 師騫과 그 부인 진양강씨의 묘소를 새로 둘러보는 것이 오늘 다시 온 주목적이다. 사건은 사후에 이곳으로 이장된 것이다. 그 양자 研이 남명의 父인 조언형의 친구로서, 조언형이 진양강씨의 갈문을 찬하였다. 正德 연간(조선 중종 대)의 연기가 보이는 진양강씨묘갈은 화강암으로 된 자그마한 것이었는데, 그 옆에 근년에 새로 새긴 비석도 서 있었다.

내암 문인인 윤선을 향사하는 晦溪서당과, 임란 시 곽망우당의 진에서 가장 큰 공을 세우고 계사년 진주성에서 순절한 윤탁을 향사하는 龜山서당에도 들렀다. 이 두 사람의 문집인 『추담집』과 『구산실기』의 목판은 구음재의 장판각에 보관되어 있었다. 구평 마을의 尹漢承 씨를 다시 만나, 『파평윤씨세보』를 두 종류 빌렸고, 『夷川集』 등 기타 자료도 빌려왔다.

12 (월)

어제 빌려온 『파평윤씨(참의공파)세보』 경자(1900)·경오(1930)보의 卷首와 권1을 검토했다.

14 (수) 흐리고 비

김광순 저 『천군소설 연구』를 대충 훑어가며 필요한 부분을 카드에 수록했다.

15 (목) 맑음

종일 南昌熙의 『夷川集』을 읽었고, 李魯의 『松巖集』 중 지난 일요일에 빌려온 것은 기왕에 수집된 것과 제3책이 크게 달라서 양자를 비교 검토해 보았다.

17 (토) 맑음

오전 중 행정학과의 유낙근 선생이 연구실로 찾아와 3월부터 간행되기 시작한 주간지 ≪진주신문≫에 연재될 진주권의 전통에 관한 기획물 집필을 의뢰해 왔다. 나 자신이 아직 써야 할 논문 때문에 상당한 부담을 안고 있는 터라, 다음 기회로 미루고서 사양했다.

18 (일) 맑음

집에서 이태진 교수의 논문 「사림파의 향약보급 운동—16세기의 경제변동과 관련하여—」(『한국사회사연구』 所收)와 「사림과 서원」(『조선유교사회사론』 소수)을 대충 훑었다.

20 (화) 맑음

새 논문에 착수하기 위해 자료 카드를 정리하다보니 「『산해사우연원록』의 출판」이라는 제목으로는 다소 내용이 빈약할지도 모른다는 생각이 들었다. 「『남명집』 이정본의 간행」이라는 제목 아래 무민당 사후로부터 純祖 期에 이르기까지 남명학파의 동향을 포괄적으로 전망해 볼까 하는 뜻에서 기왕의 카드들을 전면적으로 새로 정리하여 관련 항목들을 가려내는 작업에 착수했다.

21 (수) 맑음, 춘분

오후 네 시부터 퇴근시간까지 21동 322강의실에서 개최된 인문대학 교수회의에 참석하였다. 이 회의에서 1991학년도 인문대학 증과 증원의 건도 심의되었다. 이에 앞서 학과장회의에 다녀온 정병훈 선생이 동양철학과의 분리신설에 대해서는 상당한 이견도 있었으며, 교수회에서도 그러한 논란이 있을 것이 예상되니, 나더러 사전에 충분히 대비해 두라고 일러주었다.

기왕에 세 차례에 걸쳐 분리신설을 요청했을 때 작성했던 사유서들을 다시 읽어보며 좀 준비해 갔다. 그러나 두 해에 걸쳐 이미 문교부에 상정되었던 고고인류학과와 동양철학과는 문교부 측의 입장대로 인문대의 현 정원 범위 내에서 조정하여 신설하기로 하고, 타과에서 기왕에 계속 요구해 왔던 도서관학과와 노어노문학과는 현 정원과 관계없이 증원하여 신설하도록 요청하기로 아무 이의 없이 통과되었다.

22 (목) 맑음

오후 다섯 시에 경남문화연구소의 평의원회의가 개최되었고, 여섯 시 이후에는 시내의 음식점으로 장소를 옮겨 속개되었다. 앞으로는 이 연구소의 연구 범위를 축소시켜 경남지방의 인문사회과학 분야 연구에 국한시키기로 하고, 아울러 내일의 총회에서 연구원의 범위도 제한하기로 결정했다.

철학과의 금년도 졸업생인 권순정 양이 수 년 전에 작고한 그 집안의 어른 惕窩 權宅容의 문집을 가져와 함께 담소했다.

23 (금) 부슬비

철학과 학생들이 하동의 송림으로 신입생환영야유회를 위해 떠나버린 까닭에 연구실에서 어제 권양이 가져다 준 『惕窩遺稿』를 읽었다. 권척와는 수 년 전 허문도 당시 문화공보부장관이 비서관과 작가 이전문 씨를 보내어 남명 관계를 묻도록 한 인물인데, 그 얼마 후 작고하였다. 晦峯 河謙鎭과 松山 權載奎의 문인이었다.

오전에 이정한 총장으로부터 직접 전화가 걸려왔다. 이번 학기 중 남명학연구소를 설립할 작정이라면서 발기인 명단과 발기인 대표를 정해보라고 하고, 조만간에 효성그룹의 조석제 회장을 만나 이 연구소에의 후원을 부탁할 예정이니 그 때 가져갈 만한 조 회장의 선조 大笑軒 趙宗道에 관한 자료를 준비하며, 아울러 앞으로의 연구계획을 수립하라는 것이었다. H 선생을 만나 발기인 및 연구계획 등에 관해 초안을 잡아보도록 위촉하고, 조옥환 사장과 통화하여 『대소헌집』이 수록된 아세아문화사간 『남명집』을 입수해 주도록 부탁했다. 조 사장 말에 의하면, 남명이 국민학교 6학년 국어 교과서에 정식으로 수록되었고, 거기에 대소헌에 관한 내용도 실려 있다고 한다.

오후 다섯 시에 어제의 그 장소에서 경남문화연구소 연구원총회가 개최되었다. 오늘 안건은 연구소 규정 개정과 연구소장 선출 등 중요한 내용이었지만, 750명 정도의 연구원 중 불과 스무 명 정도가 참석했다. 이로써 이 연구소가 그동안 얼마나 유명무실한 것이었는지를 알 수 있겠다.

24 (토) 흐리다가 부슬비

경희대 중문과의 金彦鍾 교수가 張源哲 선생 편에 보내준 논문 「丁茶山의 論語古今注에 수용된 古學派 經說 小考」를 읽기 시작했다. 지난 10일 정헌철 선생 부친 회갑연에서 한문학과 선생들과 어울렸을 때, 우연히 김 교수가 臺灣에서 다산의 『논어고금주』에 관한 연구로 박사학위를 받았다는 말을 듣고서 그걸 좀 입수할 수 없겠느냐고 물었던 것이다. 한문학과에 강사로 나오고 있는 장 선생이 매주 서울에도 올라가 강사 생활을 하고 있는 터라, 그 편에 김 교수가 臺灣사범대학 국문연구소에 제출한 자신의 『丁茶山論語古今注原義總括考徵』(臺北: 學海출판사, 1987) 및 간단한 인사편지와 함께 이 논문을 보내주었던 것이다.

나는 일본 고학파와 조선조 실학파와의 관계에 대해 특별히 관심을 가져 왔고, 특히 다산의 이른바 洙泗學이란 기본적으로 고학파의 이념과 일치하는 것인 까닭에 『논어고금주』에 인용된 伊藤仁齋·荻生徂徠·太宰春臺의 저술 등에 유의해, 86년도에 번역 출판한 『중국철학사』의 끝머리에 붙인 「본서에 인용된 주요 일본학자」에서 이에 대해 간략히 언급한 바 있었던 것이다.

26 (월) 맑음

김언종 선생이 보내준 『정다산논어고금주원의총괄고징』을 조금 읽었다.

H 선생이 「남명학연구소 발기취지문」의 초고를 써 보내왔으므로, 내가 이를 한 차례 수정했다.

지난번 행정학과의 유낙근 교수가 ≪진주신문≫에다 남명 관계의 글을 써 달라고 요청했으나 이를 사양한 바 있었는데, 지난 24일자 ≪진주신문≫에서부터 H 선생이 '남명학—시작하면서' 라는 첫 번째 글을 연재하기 시작했다.

27 (화) 흐리다 해질 무렵부터 빗방울

김언종 씨의 『정다산논어고금주원의총괄고징』을 계속 읽었다.

29 (목) 비

김언종 씨의 학위논문 중 관심 있는 부분들을 다 읽고서, 다시 한 번 면밀히 읽기 시작했다.

30 (금) 흐림

김언종 씨의 학위논문과 「정다산의 논어고금주에 수용된 고학파 경설 소고」를 비교 검토해 보았다. 후자는 전자를 쓰기 전에 이루어진 것인 모양으로서, 양자 간에 김 씨가 일본 고학파와 관계된다고 주장하는 '原義總括'의 내용이 크게 달랐다. 『여유당전서』에서 고학파 관계의 기록들을 면밀히 검토해 보았는데, 역시 그 글들의 작성 연대에 관한 김 씨의 주장은 퍽 근거가 박약한 것임을 알았다.

31 (토) 맑음

『여유당전서』의 고학파 관계 기록에 대한 검토를 계속했다.

4월

2 (월) 맑음

『여유당전서』의 「논어고금주」 중 다산이 太宰純을 비판하는 데 근거가 된 부분과 「十三經策」을 검토하였다.

3 (화) 흐리다가 비

「십삼경책」을 계속 읽었다.

일반교양과목은 다음 학기부터 「동양철학의 이해」라는 과목을 국민윤리교육과의 공영립 선생으로부터 넘겨받아, 권오민 선생과 내가 둘로 분반하여 개설하되, 권 선생은 인도·불교철학을, 나는 중국을 중심으로 한 동아시아철학을 강의하기로 했다.

「남명학연구소 발기문」을 수정했다.

4 (수) 맑음

「동양철학의 이해」 강의계획서를 작성해 내고, 「동양철학과 분리신설 요구의 사유」도 작년에 제출했던 내용을 수정 없이 다시 컴퓨터 처리해 제출토록 했다.

오후 다섯 시에 H 선생과 만나 「남명학연구소 발기문」의 수정고를 건네주고, 발기인 명단 및 연구계획에 관해서도 협의했다.

5 (목) 맑음

권오민 선생, 조평래 군과 함께 오전 9시 MBC 앞 로터리에서 만나, 권 선생의 차로 함양군 마천면 三丁山으로 떠났다. 마천에다 차를 세워놓고 군자동에서 三佛寺로 가는 지름길을 찾아갔다가 좀 고생도 했다. 삼불사 못 미친 곳의 계곡에서 내가 가져간 쇠고기로 소금구이를 하고, 권 선생의 김밥, 조 군의 된장찌개 등을 아울러 소주 두 병과 함께 점심을 들었다.

가파른 오르막을 헐떡이며 올라 삼불사에 이르고, 이어서 문수암을 거쳐 上無住庵에 이르렀다. 이곳은 보조 지눌이 大慧의 어록을 읽다가 대각을 이룬 곳이며, 그의 法嗣인 眞覺 惠諶도 수년 간 주석한 곳으로 전해온다. 상무주암에서 앞을 바라보면 지리산의 주능선이 정면에 펼쳐져 있고, 암자 뒤의 삼정산 정상에서는 2주 전에 우리가 올랐던 세걸산·바래봉 능선을 바라볼 수 있다. 장엄한 지리산의 깊숙한 심장부에 자리한 느낌을 갖게 하므로, 그 터전이 과연 범상치 않은 곳임을 알 수 있다.

상무주에서 정상으로는 오르지 않고 능선 길을 걷다가, 靈源寺를 거쳐 수년 전 초겨울에 한 번 들렀던 적이 있는 양정마을로 내려왔다. 그 아래 삼정리의 주막에서 쌀막걸리를 마시다가, 어둑해진 무렵에 마지막 버스로 마천에 당도했다.

7 (토) 부슬비

전남대학의 정병련 교수가 학생들을 데리고 덕천서원에 연수차 왔다가 전화를 주었다. 한국동양철학회의 학회지 창간호와 안진오 교수 화갑 기념논문집에 실릴 나의 논문에 관한 협의였다. 정병련 교수가 이 작업의 실무를 맡아 있는 모양이다.

8 (일) 황사현상에 바람

아침에 금년 10월경 서울에서 개최될 예정인 남명학국제학술회의 준비와 관련하여 조옥환 사장 및 서울의 김충렬 교수에게 전화를 했다. 김 교수는 자신이 이미 남명학연구원장의 직을 사임했노라고 하고, 조 사장에게 확인해 보니 그렇지 않다고 한다. 이런 일은 정말 환멸을 느끼게 한다.

9 (월) 심한 황사현상

『대소헌조선생사적집』을 한 부 복사해 총장을 만났는데, H 선생도 동석하였다.

오늘도 총장실이 점거된 모양이어서, 총장은 사범대학장실을 임시 집무실로 쓰고 있었다.

「남명집판본고 (2)」의 별쇄와 그 附記를 정병련 교수의 서울 주소로 등기 발송했다.

11 (수) 맑았다가 저녁 무렵 흐림

아침에 전남대의 최대우 교수에게로 전화했다. 그렇잖아도 내 논문의 교정쇄를 곧 발송하겠다는 편지를 보냈다고 하면서, 본문에는 번역문을 싣고 원문은 각주로 처리해 달라는 주문을 하기에 그것이 곤란한 사정을 설명했다. 오후에 최 교수의 서신을 입수했다. 전남대 출판부의 사정이 3월말까지는 여유가 없어 이제야 인쇄에 들어갔다는 것이었다. 늦어도 이번 주 안으로 내 손에 교정쇄가 도착되도록 하겠다는 내용과 함께, 정작 기념논총을 발간할 때는 전체적인 통일을 기하기 위해 원문은 주로 빼고 본문은 번역을 해 달라는 내용이 적혀 있었다.

최 교수의 서신이 4월 9일자로 되어 있으므로, 정병련 교수가 진주에 다녀간 다음에야 비로소 신신당부했던 내 논문의 인쇄 작업에 착수한 모양이다. 4월 말까지는 별쇄본을 제출해야 한다고 그렇게 알아듣도록 당부했는데도 불구하고 3월 9일에 발송한 논문을 한 달간이나 처박아 두었다가 이제야 작업을 시작하면서 까다로운 주문을 붙이는 데는 분통이 터진다. 밤에 다시 최대우 교수에게 전화했는데, 내일 중에 교정쇄를 발송하겠다고 한다.

12 (목) 비

『여유당전서』 중의 「논어고금주」에서 伊藤仁齋·荻生徂徠·太宰春臺의 설을 인용한 부분들을 표시하여 골라내는 일을 시작했다.

남명학연구원에서 내가 부탁했던 1990년 3월 1일 간행의 국민학교 국어 6-1 「읽기」 국정교과서를 우송해 왔다. 제4단원에 '조식'이라는 제목으로 남명에 관한 내용이 처음으로 수록되었다.

13 (금) 흐림

「논어고금주」로부터 일본 고학파의 설을 인용한 부분들을 골라내는 작업을 계속했다.

14 (토) 아침 한때 비

「논어고금주」의 작업을 마쳤다.

16 (월) 맑음

전남대에서 내 논문의 교정쇄가 오늘에야 도착했다.

17 (화) 맑음

논문의 교정을 계속했다. 한 부를 복사하여 조평래 군에게 주어 따로 교정을 보게 했다. 원고의 철한 순서가 뒤죽박죽으로 되어 있는데다 일부는 빠져 있었다. 인쇄가 끝나는 대로 잇달아 보내주겠다던 뒷부분의 인쇄 작업에 차질이 있지 않을까 염려되어 전남대 출판부와 최대우 교수에게 전화해 보았더니, 교정쇄의 나머지 부분도 차질 없이 인쇄하여 오늘 오전 중에 이미 나에게로 부쳤다 한다.

18 (수) 맑음

교정쇄의 나머지 부분이 오후에 도착했다.

19 (목) 맑음

교정을 보면서 주76의 『景賢錄』 관계 내용을 보완하고, 槐堂 李曼勝이 松巖 李魯의 嗣子인 사실도 추가했다. 내가 교정 본 부분과 조평래 군이 교정 본 부분을 교환하여 각각 추가로 교정을 가함으로써, 사실상 두 번 교정 본 셈이 되도록 했다. 조 군은 마쳤으나 나는 그다지 진척되지 않아 오늘도 집으로 가지고 와 작업을 계속했다.

20 (금) 맑음

오후에 교정을 마치고서 등기속달로 최대우 교수에게 우송했다. 이틀 동안 집에까지 가져와 작업을 했더니 피곤하다.

21 (토) 맑음

새 논문에 착수하기 위해 남명 관계의 독서카드 중 『산해사우연원록』의 출판 및 『남명집』 이정본과 관련된 것들을 골라내고, 이 양자를 또한 대충 가르는 작업을 마쳤다.

27 (금) 황사현상

저녁 무렵 정병훈 교수와 동양철학과 분리신설 관계 서류에 관한 건을 상의하였다. '한국문집총간'과 '한국불교전서'를 과도서로서 구입하는 건에 관해 다시 한 번 강조하여 그 필요성을 설명했다.

28 (土) 정오 무렵 한때 빗방울

동양철학과 분리신설 관계 서류를 작성하여 정병훈 학과장에게로 넘겼다.

30 (월) 맑음

새벽 다섯 시 반쯤에 이삿짐센터의 인부들이 왔고, 여섯 시경에 조평래 군이 도착했다. 조반을 든 후 작업을 시작하여, 그동안 결혼 이후 우리 회옥이를 낳아서 기른 칠암동 522의 2번지 전셋집을 떠나 주약동의 한주럭키타운 아파트 7동 804호의 우리 집으로 왔다.

내 나이 마흔둘에 비로소 내 집을 마련했다. 빚은 태산이지만, 44평의 널찍하고 전망 좋은 곳이라, 특별한 일이 없으면 이사하고 싶지 않을 정도로 만족이다.

5월

7 (월) 아침 한때 가랑비

한 주일 만에 학교에 나갔다. 전남대로부터 별쇄가 도착해 있었으나 오자가 많았다.

9 (水) 맑음

수업을 마친 후 H 선생과 교수식당에서 만나, 점심을 들고서 함께 교무처장실로 가 박근생 교무처장에게 남명학연구소 설립신청서류를 제출했다.

14 (월) 맑음

을유문화사에서 내가 번역한 『중국철학사』의 4판 두 부와 인세를 보내왔다. 4판은 작년 9월 10일자로 발행되었는데, 1986년에 초판을 발행한 이후 매년 한 차례씩 판을 거듭해 온 셈이다.

15 (화) 맑음, 스승의 날

H 선생의 모친이 지난 13일 별세하여 오늘 발인하는지라, 스쿨버스로 함안군 법수면 어유동 지곡의 선영까지 다녀왔다. H 선생의 고향인 법수면 윤외리에서 약 2km 정도 떨어진 곳이었다.

17 (목) 흐리다가 오후에 비

총장실로부터 전화가 걸려와, 오전 10시 남짓 되어 학교로 가서 이정한 총장을 뵈었다. 남명학연구소의 설치 건이 학처장회의를 통과하여 이제 마지막으로 평의원회의 의결을 남겨두고 있다고 한다. 연구소 규정의 일부를 수정했으면 좋겠다는 의견을 제시하므로, 총장님 뜻대로 하시라고 했다.

「『산해사우연원록』의 편찬」 별쇄본 검토를 마쳤다. 오자·탈자 등 미스가 상당히 많았다. 교정 본 것을 부산대 철학과의 이영철 교수와 전남대 철학과의 최대우 교수에게 각각 우송했다. 이 교수에게 보낸 것은 내가 다음 달 한국철학사상연구회 부산경남지회에서 이 제목으로 발표하기로 되었기 때문이요, 최 교수에게는 논총이 출판되기 전까지 가능한 한 다시 수정해 보고자 해서이다.

19 (토) 흐림

아침 여덟 시 사십 분경 조평래 군과 농전 입구 시외버스정거장에서 만나, 마산·진해를 거쳐 웅천으로 갔다. 매년 이곳에서 모이는 종들의모임 대회에 참석하기 위해서이다. 장기려·류순한 선생 등도 대회 첫날부터 참석해 있었다.

점심 식사 후 조 군 등과 함께 雄川城址와 薺德里까지 산보를 하며 이곳에서의 삼포왜란과 임란에 얽힌 사연들을 설명해 주었다.

21 (월) 맑음

한국철학사 시간에 지난 시간의 남명 조식에 대한 발표에 이어 시청각관에서 마산MBC가 만든 시리즈물 '영남의 빛' 중 〈조선 유학의 거봉 남명 조식〉 비디오를 시청토록 했다.

26 (토) 맑음

점심 식사 후 두 시간 정도 부근의 산속을 걸어 다니다가, 우연히 西溪 朴泰茂의 부인 무덤을 발견하였다.

6월

8 (금) 비

한국철학강독의 종강에 즈음하여 강독 중인 奇蘆沙의 「納凉私議」 나머지 부분을 읽고 있다. 京都대의 内山俊彦 교수로부터 내가 보낸 「『산해사우연원록』의 편찬」에 감사하는 엽서가 도착했다.

10 (일) 맑음

어젯밤 내가 영화 보러 간 동안에 어떤 중국말을 하는 사람으로부터 국제전화가 걸려 왔었다는 아내의 말을 듣고서 궁금하게 생각했었는데, 오늘 오전 중에 臺灣대학 철학과의 劉福增 교수로부터 재차 전화가 걸려 왔다. 劉 교수는 臺灣대학에서 이른바 '오이환사건'이 터졌을 때 나를 위해 진력해 주신 분이다. 금년 8월 말경 서울대 초청으로 어떤 학술모임에 참석하게 되는 바, 거기서 발표할 내용의 원고를 내가 한국말로 번역해 주었으면 좋겠다는 부탁이었다. 臺灣을 떠난 지 이미 10여 년이 되는 지라 중국어 능력에 자신이 없다고 말했지만, 劉 교수의 전공분야에 관한 것이 아닌 통속적인 내용이라 하므로 승낙했다.

11 (월) 맑음

『蘆沙集』과 『艮齋集』의 목차를 대충 다시 한 번 훑어보고, 『五經異義疏證』의 내용도 전체적으로 검토함으로써 이번 학기 수업을 마감할 준비를 마쳤다.

13 (수) 맑음

오후 두 시 무렵부터 약 네 시간 동안 내 연구실에서 권오민 선생과 대화했다. 권오민 선생은 나와 같은 동양철학 전공자일 뿐만 아니라 사실 내가 아니었다면 결코 경상대학교에 취직할 수 없었던 셈이다. 그런데도 불구하고, 지난 월요일 예산심의 때 논의된 도서구입 건과 관련하여서도 또다시 나의 의견을 무시하고 엉뚱한 소리를 하는 등 나로서는 비위가 상하는 점들이 있어, 그런 문제에 관해 솔직한 심정을 피력했다. 권 선생은 좀 미안해하는 것 같은 태도였지만, 나 외에도 자신이 아니었으면 권 선생이 이 대학에 취직하지 못했을 것이라고 말하는 사람이 있다고 하므로, 인심의 동향에 고소를 금할 수 없었다.

14 (목) 맑음

H 교수 연구실에서 약 3년 전부터 김해영 교수 등 본교 교수 몇 명이 어울려 『梅泉野錄』과 『心山集』을 읽어 왔었는데, 금년 신학기부터는 『남명집』을 읽고 있다고 하므로, 오후 다섯 시 무렵부터의 강독 모임에 나도 참석했다. 매주 목요일 오후에 모임이 있고 방학 중에는 좀 쉬기도 한다는데, 앞으로 계속 참가해 볼까 한다.

16 (토) 맑음

오후 두 시부터 부산대학교 중앙도서관 3층의 세미나실에서 한국철학사상연구회 부산경남지회의 제7회 연구발표회가 있을 예정이었으나, 30분 늦게 시작되었다. 오늘은 내가 「『산해사우연원록』의 편찬」을 주제로 발표하고, 立命館대학에 유학하여 박사과정을 마치고서 부산대 시간강사로 있는 김동기 씨가 논평을 맡았다. 군데군데 생략하여 한 시간 반 정도 발표하였는데, 모두들 참신하고 흥미로운 논문이라면서 질문이 끊이지 않았다.

나는 평소 이 모임에 참석해도 서양철학에 관한 발표뿐이기 때문에 거의 입을 다물고 있었다. 오늘은 발표가 끝나고 평소처럼 釜大 앞에서 2차까지 하고, 여덟 시 반경 자리를 뜰 때까지 거의 여섯 시간을 쉴 새 없이 지껄였던 까닭에 목이 아플 지경이었다. 평소보다 참석자는 적었으나, 이훈·이병창·이영철·김재현·김재기 등 서울대 철학과의 동문들은 거의 참석했다.

19 (화) 흐리고 바람이 다소 강했다가 밤부터 비

성대의 宋載卲 교수가 쓴 『茶山詩硏究』의 부록으로 수록된 「俟庵선생연보」를 읽었다. 이 연보는 최석기 선생이 민족문화추진회의 상임연구원으로 있을 때 H 교수와 둘이서 번역한 것이다. 이로써 최 선생이 본교에 임용되기 이전에 H 선생과 이미 깊은 인연이 있었음을 비로소 알았다.

20 (수) 부슬비

劉福增 교수로부터 편지가 왔다. 8월말 서울대에서 개최되는 국제학술회의에서 발표할 논문을 6월말까지 보내달라는 통지를 받았으나, 그때까지는 무리이니 7월 20일 이전에 중문으로 된 논문을, 그리고 잇달아 영문 원고를 내게로 보낼 테니 내가 번역하여 서울대의 한전숙 철학사상연구소장에게 보내달라는 것이었다. 한전숙 교수와 통화하여 류 선생의 뜻을 전했는데, 한 교수도 이미 이틀 전에 그러한 내용의 편지를 받았다고 한다. 정병훈 교수와 통화하여, 류 교수가 한국에 오면 경상대에도 와서 서울에서 발표한 논문을 다시 한 번 읽어주도록 청하기로 합의했다.

21 (목) 흐리고 때때로 가랑비

劉福增 교수에게 회답을 썼다. 8월 29일에서 30일까지 서울대에서 개최되는 국제학술회의에 참석하게 되면, 진주의 우리 대학에도 와서 그 논문을 읽어주고, 분석철학에 관한 토론에도 응해 달라고 청했다. 오게 되면 우리 철학과에서 진주-서울 간의 왕복항공료를 부담할 것이며, 우리 집에서 체재할 수 있겠다는 말도 첨부했다.

24 (일) 비

오후 내내 「사암선생연보」의 번역본을 원문과 대조해 가며 읽었다.

25 (월) 비

한국정신문화연구원에서 개최되는 제6회 한국학국제학술회의에 참석하기 위해, 1교시 시험 감독을 마치고서 집에 와 짐을 챙겨서 정오발 서울 행 고속버스를 탔다. 오후 다섯 시 반 강남고속터미널에 도착하여, 지하철로 갈아타 양재역 종점에 내려 다시 택시를 갈아탔다. 연구원까지 택시 요금을 만 원이나 주어야 했다.

등록하고 늦은 저녁을 들고서 식당에서 나오니, 누가 현관에 두어 둔 내 우산을 집어가고 없는지라, 본관 연구협력실로 가 우산을 하나 빌렸다. 雲中館 106호실에 방을 배정받았다.

26 (화) 비

오전 아홉 시 반부터 김종서·정해창 씨의 사회로 대강당 2층 세미나실에서 철학·종교 분과의 발표와 토론이 있었다. 오전은 불교 관계로서, 전 東京대 교수인 鎌田茂雄·金知見·沈在龍 교수가 발표를 하고 양은용·정영근·정병조 교수가 논평을 맡았다. 鎌田 교수의 것 이외에는 전혀 내용이 없는 논문들이어서 한심한 생각을 금할 수 없었다.

오후에는 유교분야(Ⅰ)로서, 뉴멕시코대학의 Archie Bahm, 臺灣대학의 Tran Van Doan, 하버드대의 Tu Wei-ming 씨가 발표를 하고, 이동준·이기동·송영배 씨가 논평을 했다. 영어로 된 발표 내용은 별로 알아듣지를 못했으나, 알치 베임 씨의 경우는 「한국의 철학」이라는 제목으로 한국 사상의 제 조류를 십여 개 열거한 데다 반 이상이 남의 논문의 인용이었다. 다른 사람들의 것도 전문적인 연구라고 말할 수는 없는 것으로서, 회의 기간에 맞추어 급조된 것이었다.

어제 입고 온 평복 차림으로 세미나장에 들어갔다가 다들 정장 차림을 하고 있는 까닭에 오전 모임이 끝나고서 옷을 갈아입었다. 그러나 저고리는 가져오지 않은 까닭에 반소매 셔츠에 넥타이만 맨 차림이라 어색했다. 게다가 이런 성대한 국제회의에 발표자와 토론자 및 약간의 방청객 외에는 참석자가 거의 없는 것도 기묘한 느낌을 주었다. 진주에서 불원천리하고 올라온 내가 처량한 생각이 들어 후회가 되기도 했다.

내가 묵은 운중관 106호실 바로 맞은편 방에 마침 부산대 국어교육과의 柳鐸一 교수가 수개월째 체재하고 있었다. 류 교수는 단계일기를 처음 발견하여 ≪부산일보≫에 소개하였고, 근자에 부산대에서 『端磎集』을 영인 간행하는 데 중심적 역할을 한 인물이기도 하다. 저녁 식사 후 원광대 대학원장인 柳炳德 씨와 함께 셋이서 대화하다가, 류병덕 씨가 돌아간 이후는 둘이서 밤 열 시경까지 대화했다. 류탁일 교수로부터 河滄洲의 손자인 河洺의 후손에게서 『남명집』 훼판사건 관계 자료를 입수하여 그 카피를 보관하고 있다는 말을 듣고서 귀가 번쩍 띄어, 그 복사물을 나에게도 좀 보내주도록 거듭거듭 당부했다. 이는 내가 곧 다룰 예정인 『남명집』 이정본의 편찬과 관련된 논문의 핵심자료가 될 듯하다. 나로서는 여기서 우연히 류탁일 교수를 만난 것을 상경의 보람으로 삼았다.

27 (수) 오후에 그쳤다가 밤부터 다시 비

류탁일·류병덕 교수와 함께 식당에서 조반을 들다가 臺灣대의 Doan 교수와도 동석했다. Doan 교수로부터 臺大 철학과의 근황을 들을 수 있었다.

오늘 오전은 유교분야(II)로서, 정해창 씨의 사회로 강원대의 조남국 교수와 금장태·방인 교수의 발표가 있었고, 정신문화연구원의 지교헌 씨와 허남진·성태용 군이 논평을 맡았다. 어제의 심재룡·정영근·송영배 교수와 마찬가지로 오늘의 이 네 사람도 모두 동문인데, 이처럼 서울대 일색이 된 데에는 무언가 학벌의식이 작용하고 있는 것 같은 감이 들었다. 첫 번째와 두 번째 발표에 대해 모처럼 입을 열어 비판적인 발언을 해보았다.

28 (목) 비

김경수 군이 군에서 휴가를 얻어 나온 김에 찾아왔다. 10월 중 석사논문을 제출할 예정이라 한다.

문학평론가 김현 씨가 어제 작고했다는 신문보도를 읽었다. 그는 본명이 김광남으로서, 내가 서울대 교양과정부에 재학 중 불어를 한 학기 수강한 적이 있다.

29 (금) 흐림

총장실로부터 전화가 걸려와 오후 두 시경에 H·정헌철 선생과 함께 총장을 만났다. H 선생은 그동안 남명학연구소 건과 관련하여 총장과 자주 접촉이 있었던 모양이었다. 평의원회의에서의 연구소 설치와 관련한 동정도 파악하여 각 평의원에게 배부할 남명학연구소설립취지문을 정헌철 선생에게 위촉하여 붓글씨로 정서케 하고, 이 문제와 관련해 회의적인 발언을 한 평의원들의 논의에 대해 해명하는 글도 준비하는 등, 상당히 주도면밀한 준비를 하고 있었다. 총장도 나는 별로 뒷전인 것 같은 분위기였다.

이 연구소의 초대 소장이 되어 퇴계학과 남명학을 아우른 실권을 장악하고자 하는 H 선생의 의도는 일찍부터 짐작하고 있던 터라 내심 가소로운 마음도 들었다. 그러나 원래 실무에 어두운 데다 이런 운동 같은 일에는 취미도 없는 나인지라, 누군가 자진해서 나에게 귀찮은 일을 맡아준다면 그나마 다행한 일이라는 생각도 들었다.

30 (토) 흐림

「俟庵선생연보」를 대충 훑고서, 『星湖全書』의 이우성 찬 해제 및 『성호집』 간행 관계 자료들을 검토했다. 유탁일 교수에게 남명 관계의 내 논문 네 편과 편지를 부쳤다.

7월

1 (일) 흐리다가 저녁부터 비

오전 아홉 시 합동다방에서 조평래 군과 만나 합천군 가회면 淵洞으로 전 경남유도회장을 지낸 重齋 문인 고 鄭弘斗 씨 댁을 찾아갔다. 정 씨는 작년 가을에 작고하고, 쌍백의 국민학교 교장으로 있다는 그 아들이 집에서 居喪 중이었다. 남명과 관련된 자료는 있지도 않으니 책을 볼 필요가 없다고 거절하므로, 끝내 헛수고하고 말았다. 중재가 덕천서원 측과 크게 싸운 관계로 그러는가 싶었다.

2 (월) 부슬비

출근길에 도서관 한적실에 들러 금년 초에 郭俒宇 출생지에 있는 尼東서당으로부터 기증된 도서를 검토하던 중에 『노백헌집』 완질이 들어 있는 것을 발견했다. 빌려와 이미 복사해 둔 것에서 빠진 부분을 복사하도록 조교에게 지시하고, 그 중 잡저의 「偶記」 부분을 정밀하게 읽으면서 카드화하기 시작했다. 이는 『남명집』 중간본의 발단과 미수 찬 남명신도비 破仆 사건의 직접적 배경이 된 매우 중요한 내용을 담고 있는 것으로서, 여태껏 얻어 보기를 간절히 원하고 있었던 터였다.

오후에 H 선생을 내 연구실로 불러 퇴근시간까지 남명학연구소 건과 관계된 내용들을 조용히 따져 물었다. 예상했던 대로, H 선생이 총장에게 건의하여 도내 각 장서가들에게 본교에다 소장도서를 기증하도록 권고한 공문은 내가 자료수집 차 답사하여 정리해 둔 소장자들의 목록에 근거한 것이었다. 또한 연구소 설치 건을 나와 일체 상의하지 않고 독단적으로 처리하고 있는 처사와 연구소 설치 발기인 명단의 끝에다 자기 이름을 기록하여 사실상 자신이 이 사업의 중심인물임을 내외에 표방하고 있는 점, 총장에게도 자기가 모든 일을 다 하고 있는 것처럼 떠벌여 나의 실적을 가로챈 점, 10월 중에 연구소 설립 기념으로 한문학회를 본교에 초치하여 남명학을 주제로 하는 학회를 열기로 총장과 협의하면서도 나에게는 일언반구의 언급조차 하지 않은 점 등을 들어 힐난했다. 말도 되지 않는 변명으로 얼버무리며 난처한 국면을 모면하려는 꼴이 가소로웠다.

H 선생과 일을 같이 했을 적마다 나로서는 여러 차례 불쾌한 경험을 겪었다. 그 첫 번째는 단계 김인섭 관계 공동연구에서 김현조 선생에게 아첨하여 내 실적을 가로챈 일이며, 둘째는 남명학특성화 대상 지정 시에 내가 계획서 작성을 위촉했더니 이를 이용하여 동양철학과를 뒷전으로 빼돌리고 한문학과를 특성화의 기본학과로 정하는 술책을 부린 일, 그리고 셋째가 이번으로서, 나를 밀어내고 자신이 남명학연구소의 중심인물이 되어 연구기금과 초대 소장으로서의 명성을 장악하려고 총장에게 아첨하여 요술을 부리는 일 등이 그것이다.

3 (화) 흐림

「偶記」의 카드화 작업을 마치고서, 밀양에서의 『성호집』 退老版 간행과 관련된 자료들의 카드화 작업도 마쳤다. 이 퇴로판은 許性齋 문인들에 의해 주도되었으며, 산청의 麗澤堂 會中과도 서로 연락이 있었음을 알았다.

퇴근 무렵 J 선생으로부터 전화를 받았다. 내가 H 선생과 싸웠느냐면서, J 선생이 남명에 대해 아무것도 모르면서 이 일에 관여한다고 내가 말했다고 들었다면서 꽤 흥분한 목소리였다. 나는 그런 말을 한 적이 없거니와 H 선생이 반성할 줄 모르고 또 그런 식으로 나를 모함하는 모양이다. 지난달 29일에 총장실로 가기 전 J 선생 연구실에 H 선생과 함께 들렀을 때, J 선생이 나도 함께 가느냐고 H 선생에게 묻던 일을 어제 언급한 적이 있었는데, 그것이 이렇게 왜곡되어 전해진 것이다.

4 (수) 맑음

『順庵全書』와 『眉叟記言』의 해제를 읽고서 카드화 작업을 마쳤다. 그저께 한문학과의 전 조교였던 강동욱 군을 불러 강 군이 몇 달 전 내가 수집한 남명학 관계 자료의 목록을 빌려간 것이 H 선생의 지시였는지를 알아보기 위해 한문학과로 연락했으나 나타나지 않았다. 그가 근무하던 경남문화연구소와 현재의 근무지인 신경남일보사 교열부로까지 연락했는데도 나타나지 않으므로 H 선생에 대한 의심이 점점 더 깊어졌다. 오늘 교열부로 두 차례 전화하여 통화가 되었는데, 강 군이 그러한 사실은 맹세코 없다고 하므로 이 점에 관해서는 오해가 풀렸다. 그러나 그저께 H 선생이 시인한 바와 같이, H 선생이 나의 소장자 목록을 이용하여 총장 명의의 공문을 띄운 것은 사실이며, 오늘 점심시간에 嶧陽 文景虎의 종손인 문선모 선생과 함께 식사를 하면서도 그 사실이 확인되었다.

5 (목) 맑음

종일 『미수기언』을 읽으면서 남명과 관련된 자료들을 카드화했다.

6 (금) 맑음

오전 중 『씨ᄋᆞᆯ의 소리』 7월호를 읽었고, 오후에는 『미수기언』을 읽었다.

7 (토) 흐림

『미수기언』 중 「答學者」 書와 관련된 자료를 어제에 이어 계속 검토했다. 이 편지는 이른바 「德山碑」의 내용과 관련된 것임과 「미수연보」의 덕산비를 지은 시기가 오류임을 알았다.

연구실을 방문한 조평래 군을 통하여 H 선생이 한문학과의 교수 및 학생들과 함께 덕천서원에 들어가 세미나를 하고 있음을 알았다. 지난달

엔가 ≪진주신문≫에서 나더러 남명에 관한 글을 연재해 달라기에 시간이 없다고 사절한 바 있었는데, H 선생이 그것을 맡아 연재소설 같은 남명의 생애에 관한 긴 글을 계속 싣고 있다. 본교 교수들과의 한문강독도 『남명집』을 택했는가 하면, 남명학을 주제로 한 한문학회의 초치를 도모하는 등, 근자에 갑자기 남명학과 관련된 일에 온 힘을 기울이고 있는 듯한 움직임이다. 모두 남명학연구소의 주도권을 잡는 일과 연관되어 있음은 매우 분명한 일이다.

8 (일) 흐림

『重齋集』 前集 권45의 「應辨」과 「應辨後記」를 읽었다.

9 (월) 흐리고 무더운 날씨

「미수연보」와 성호 찬 미수신도비, 『經禮類纂』의 序·跋, 그리고 채제공 찬 성호묘비명 등을 검토했다. 星湖의 학통이 퇴계에 확고하게 연결되어 있음을 알았다.

오전 중 조평래 군이 찾아왔었는데, 금년에도 고려대학 박사과정 입시에 낙방했다고 한다. 大阪에 친척이 있다면서 大阪시립대학에 근무하는 三浦國雄 교수에게 입학을 추천해 주었으면 좋겠다는 부탁을 했다. 그러나 지난번 김충렬 교수에게 부탁했다가 체면만 상한 경험도 있어 완곡하게 거절했다.

10 (화) 흐림

下廬 黃德吉이 찬한 順庵行狀을 검토했다.

12 (목) 개임

간밤의 숙취로 몸이 괴로워, 집에서 쉬며 『重齋集』과 『龜巖集』을 대충 훑었다.

13 (금) 맑음

『性齋集』을 읽고 있다. 근자에 寒岡 연원인 근기실학파의 학통이 남명과 어떠한 관계가 있는지를 검토하고 있는 중이다.

14 (토) 비

어제에 이어 『성재집』의 속집과 부록을 검토했다.

16 (월) 새벽까지 비 온 후 흐림

『性齋集』의 언행총록과 연보를 읽었다.

臺灣대의 劉福增 교수로부터 편지와 中文 원고가 부쳐져 왔으므로 한번 통독하였다.

오전 중 연구실로 방문해 온 정병훈 교수로부터 들은 바로는, 남명학연구소 설치 문제를 다룰 교수평의회는 방학 중이라 참석인원이 적을 것을 고려하여 다시 9월로 회의가 연기되었다고 한다.

17 (화) 맑음

劉福增 교수의 중문 원고 「開發中國家人與自然關係的若干註解—科技, 環境, 經濟與人」을 번역하기 시작했다.

18 (수) 흐림

오후의 두어 시간 劉 교수의 논문 번역을 계속했다.

19 (목) 맑음

종일 劉 교수의 논문을 번역했다.

20 (금) 맑음

종일 번역작업을 계속했다.

21 (토) 맑음

학교에 나가 번역작업을 계속했다. 劉 교수의 글씨는 잘 알아볼 수 없는 곳이 더러 있어 그럴 때마다 중문과의 정헌철 선생에게 가지고 가 물어보는데, 오늘은 정 선생 방문이 닫혀 있어 한문학과의 최석기 선생에게 물었다.

22 (일) 맑음

처가에서 돌아와 조옥환 사장에게 전화했더니, 최근에 중공에 다녀왔다면서, 김충렬 교수가 이틀 전에 진주에 다녀갔었다 하나 만나지 못했다고 한다. 남명학연구원 간사 직의 사의를 표명할 뜻으로 전화를 했었으나, 조만간 이사회가 열릴 예정이므로 그 때 김 교수가 오면 무슨 매듭이 있지 않겠느냐는 말에 그 때까지 보류하기로 동의했다.

부산대 사학과에 근무하는 나의 외5촌 아저씨 閔成基 교수가 금년도 학술원상 사회과학 부문 수상자로 결정되었다는 신문보도를 보고, 아저씨 댁으로 축하차 전화를 걸었다. 아저씨는 출타 중이시고, 아주머님이 전화를 받았다. 민 교수는 현재 부산대의 인문대학장이시기도 하며, 지난 88년도에 낸 『한국농업사연구』로 이미 斗溪학술상인가를 수상한 바가 있었다.

23 (월) 맑음

劉 교수의 중국어 논문 번역을 끝마쳤는데, 오후 다섯 시경 劉 교수로부터 같은 논문의 영문稿가 도착했다. 이것과 대조하여 번역해 놓은 것을 수정하는 작업을 시작했다.

24 (화) 맑음

오늘도 종일 劉 교수의 영문 원고와 대조하며 번역을 수정하는 작업을 계속했다. 이 영문본은 중국어본과 상당히 많이 달라, 결국 번역을 처음부터 새로 하는 꼴이 되었다. 이럴 줄 알았으면 차라리 劉 교수의 당부를 무시하고 영문 원고가 올 때까지 번역을 보류하는 편이 나았을 터이다. 남의 소중한 시간을 일주일 이상씩이나 뺏어 버려, 방학이 절반이나 지난 지금까지 정작 내 논문에는 손도 대지 못하고 있는 것을 생각하면 劉 교수가 원망스럽기까지 하다.

25 (수) 맑음

오늘도 종일 번역에 몰두했으나 작업을 마치지 못하였다.

26 (목) 맑음

영문고와 대조하여 고쳐 번역하는 작업을 끝내고서, 처음부터 다시 영어 원문과 대조하여 문장을 다듬는 작업도 거의 매듭 단계에 접어들었다.

27 (금) 맑음

번역 작업을 다 마치고서, 조교인 최안준 군에게 정서를 맡겼다.

28 (토) 맑음

최안준 군이 번역 원고를 정서해 가지고 왔기에, 다시 한 번 읽으며 최후의 검토를 했다.

29 (일) 폭염

거제읍에 들러, 이곳에 귀양 와 일 년 남짓을 보낸 우암 송시열을 主壁으로 향사하는 盤谷서원을 둘러보았다. 대원군 때 훼철된 후 일제시기에 복원되었다고는 하지만, 과거 사액서원으로서의 위풍은 전혀 찾아볼 수가 없는 초라한 모습이었다.

30 (월) 폭염

劉 교수의 논문 정서한 것에 대한 검토를 마치고서 서울대 한전숙 교

수에게 등기로 발송했다. 오후에는 어제 거제도에서 宋尤庵의 서원을 방문한 것과 관련하여 『宋子大全』 부록의 우암연보를 검토하였다.

31 (화) 찌는 더위

우암연보를 다 읽고서, 부록의 어록을 읽고 있다.

오후에는 도서관 한적실로 가서 伊東서당으로부터 금년 초에 기증받은 도서들을 검토하여, 그 중 일부를 빌려왔다.

8월

1 (수) 찜통더위

『송자대전』의 검토를 마쳤다. 도서관 한적실에서 빌려온 책들을 기왕에 수집한 자료와 대조하여 중복되는 것은 반환하고, 『柳下聯芳集』과 『下廬集』을 검토하여 카드화했다.

오전 10시에 남명학연구원의 이사회가 열렸고, 이어서 11시 반경부터는 일신식당 2층에서 운영위원회가 열렸다고 한다. 조 사장이 집으로 전화한 모양이지만 학교에 나간 후라 받지 못했고, 고령의 정수환 씨로부터 전화 연락을 받고서야 알았다. 내가 조 사장 자택으로 전화하여 상당히 오랫동안 통화했다. 오늘도 간사의 직을 사임할 뜻을 꺼내려는 참에 조 사장이 만류하여 막았다.

7 (화) 찜통더위

중앙대에서 남명의 교육사상에 관한 연구로 박사학위를 받은 논문을 조옥환 사장이 부쳐주어 오늘까지 읽어보았다. 종래의 오류들을 답습하고 있을 뿐 아니라, 한문 독해력이 엉망이었다.

도서관 한적실에 가서 순암 안정복의 『雜同散異』와 『小訥集』을 빌려와 남명 관계 기록을 검토하였고, 『성호사설』 人事門의 淫訟·退溪南冥·河受

— 조도 다시 읽어보았다. 순암은 한강을 남명 연원으로 간주하고 있으며, 성호에 있어서는 이들 기호남인의 도통관을 잘 파악할 수가 있었다.

8 (수) 무더위

『小訥集』과 『立齋集』(鄭宗魯) 중 남명 관계 기록들을 검토하고, 『月淵集』 끝부분의 「南川李道默行狀」을 읽기 시작했다.

9 (목) 흐리고 낮 한때 소나기

『월연집』 중 『남명집』 중간본 편찬 관계 기록의 검토를 마쳤다.

10 (금) 간밤 한때 비 오고 다소 시원함

『경남문화연구』 제12호에 실린 강동욱 군의 「西扉抗日詩小考」 및 부록으로서 영인된 『서비선생문집』을 읽었다. 여기에 실린 강동욱 군과 김준형 교수의 논문이 ≪신경남일보≫에 소개된 것을 읽은 지로부터 제법 날짜가 흘렀는데도 이 잡지가 배부되어 오지 않으므로, 소장인 강희근 선생에게 전화를 걸어보았다. 배부 담당의 대학원생이 없어서 그렇다면서 곧 보내주겠다는 대답이었다. 산보에서 돌아와 조교가 전해주는 이 잡지를 펼쳐보았더니, 권말의 임원현황에서 내 이름이 탈락되어 있었다.

나는 경남문화연구소 안에 남명학연구실이 설치된 이래로 계속 이 연구소의 평의원으로 위촉되어 왔었다. 금년 3월 강희근 교수가 소장으로 재선되면서 행한 임원교체에서 비로소 탈락된 것임을 알았다. 지난번 남명학국제학술회의를 전후한 시기부터 나는 강 교수나 연구소의 전임 간사였던 김유철 선생 등이 남명학에 관해 아무것도 모르면서 젠체한다고 불편한 기분을 표시한 적이 여러 번 있었다. 나의 그러한 태도가 강 교수에게 전해져 자존심을 자극한 모양이다.

12 (일) 맑음

오전 9시경 정병훈·이성환 선생이 우리 집을 방문하였다. 9시 30분에

3층에 사는 조은숙 양과 함께 정 선생의 차로 고성군 下一面 임포로 떠났다. 고성 쪽으로 해서 꺾어져 비포장도로를 얼마간 지난 후 목적지에 도착했다. 시간이 남아 임포의 이웃 마을인 鶴林里 鶴洞 마을을 둘러보고, 마을 입구의 西扉先生殉義碑文도 읽어보았다. 이 마을은 전주최씨의 세거지로서 古家들이 많으며, 西扉 崔宇淳처럼 한일합방 후 일제의 은사금을 거부하며 음독자살한 사람이랑, 두 명의 국회의원, 진주 삼현여고의 설립자인 崔載浩 씨 같은 분들을 배출한 곳이다.

14 (화) 낮 한때 비

「『산해사우연원록』의 출판」 집필을 시작했다. 200자 원고지 4매를 적었다.

서울대에서 劉福增 교수의 학위취득 여부를 묻는 전화가 걸려왔다. 확실한 것은 모르지만, 지난번 정신문화연구원에서 만난 臺灣대 철학과 교수로부터 학위가 없다는 말을 들었다고 전했다.

16 (목) 맑음

엊그제에 이어 논문 집필을 계속했으나 별로 진척은 없었다. 누님은 오후에 부산으로 돌아갔다.

누님의 당부에 따라 H 선생 연구실로 찾아가서 화해를 했다. 사실의 진상이 어떠했던 간에 서로가 불편한 관계를 지속하는 것은 바람직하지 못하며, 친구를 잃는다는 것은 자신의 인생을 실패로 이끌어가는 것이 될 뿐이다. H 선생 말로는 총장에게 남명학 관계의 일에서 일체 손을 끊겠다고 단호하게 의사를 표명했다고 한다.

18 (토) 맑음

어제 H 선생으로부터 빌린 이가원 씨의 퇴계학 관계 新著 가운데서 「退陶弟子列傳」을 읽고 있다. 오늘은 奇高峰에 관해 읽었다.

20 (월) 흐리고 때때로 비

H 선생에게서 빌린 퇴계 관계 책들을 읽고 있다.

오늘부터 개학인 줄은 전혀 알지 못하고서 책을 읽고 있었는데, 11시 15분경에 학생이 연구실로 찾아왔으므로 좀 어리둥절했다. 나는 9월 1일부터 2학기가 시작되는 줄로 알고 있었던 것이다. 이번 학기 중국철학 강독에서는 『여씨춘추』의 十二紀를 『예기』의 月令篇과 함께 읽어보고자 한다.

지난 18일 남명제가 있어 김충렬 교수가 진주에 와 강연한 내용이 신문에 나 있었는데, 예년과 달리 나와 자리를 함께 하지 않고 상경해 버렸다. 조옥환 사장과 통화하여 남명학연구원의 간사를 사임할 뜻을 거듭 말했다. 원장이 1년이 넘도록 간사와 院務를 상의한 적이 없다면, 양자가 모두 내용 없는 직책을 맡아 있는 셈이다.

21 (화) 흐리고 때때로 빗방울

이가원 씨의 『退溪學及其系譜的研究』를 다 훑었다. 저녁 무렵에는 조평래 군이 구해다 준 劉明鍾 교수와 崔寅巑 씨 측 사이의 郭俛宇에 관한 평가를 둘러싼 논박문들을 읽기 시작했다.

22 (수) 흐림. 밤에 비 오고 천둥번개

최인찬 씨 등 유림 명의로 금년 6월에 나온 『면우선생을 詆斥한 故晩松 劉秉憲을 성토한다』라는 소책자와 이에 대한 류명종 교수의 해명문을 읽었다. 여러 해 전에 함양의 남계서원에서 한국동양철학회 여름모임이 있었던 날 밤에 류 교수로부터 곽면우의 항일을 비웃는 말을 들은 적이 있었다. 그 후 류 교수가 자신의 저서에서 면우를 비판하는 내용을 적었다는 소문도 들은 적이 있었다. 이번의 경우는 금년 봄에 부산퇴계학회 주관으로 先跡地 순례 행사가 있었을 때 경북 칠곡의 崇義齋(류 교수의 증조부 류병헌 齋舍)에서 류 교수의 제자인 金洙清이라는 사람이 면우를 비판하는 글을 학회 회원들에게 배부하고, 만송을 소개하는 강연을 한 데서 비롯된 모양이다. 류 교수의 면우 비판 근거가 결국 자기 선조의 문집에 있음을 비로소 알았고, 또한 그 문집이라는 것이 허황한 내용으로 과장되어 있는 것임도 알았다.

류 교수는 김수청 강사의 발표가 자신의 뜻과는 전혀 무관한 것이었다고 구차한 변명을 하고 있다. 그러나 내가 이미 류 교수로부터 그러한 취지의 말을 들은 적이 있고, 류 교수의 『조선후기성리학』 곽면우 조의 내용이 바로 김 강사의 발표 내용과 동일한 것이다. 차제에 명백하게 자신의 주장을 관철하는 것이 오히려 학자다운 태도가 아닐까?

『大山全集』의 해제와 목차를 대충 훑어보았다.

23 (목) 맑음

내주부터의 수업에 대비하여 교재인 陳奇猷의 『呂氏春秋校釋』 중 序와 부록을 읽고 있다.

24 (금) 맑음

『사기』의 「呂不韋傳」 「秦始皇本紀」 등 呂不韋 관계 기록을 읽었다.

25 (토) 맑음

퇴근 후 두 시 반에 합동다방에서 조평래 군을 만나 덕유산 등반을 떠났다. 거창에서 내려 군내버스로 갈아타고서, 우선 馬利面 迎勝村으로 갔다. 四樂亭과 迎勝서원을 둘러보고, 마을 안의 二樂亭碑도 좀 읽었다. 이곳은 퇴계의 재취 妻父인 權碩이 配所에서 돌아와 처가촌인 旌善全氏 세거지인 이 마을에 우거하고 있을 때인 1542년 12월말에 퇴계가 장인에게 과세문안 차 이곳에 들러 다음해 정월까지 머물렀던 곳이다. 그 당시 퇴계는 이 마을의 원래 이름인 迎送村을 迎勝村으로, 근처의 愁送臺를 搜勝臺로 고치고, 全轍의 정자를 四樂亭이라 이름 짓고 두 수의 시를 남겼는데, 퇴계 친필시가 溪邊의 정자에 걸려 있었다.

영승촌을 떠나 거창군 渭川面 薑洞에 내려 鄭桐溪의 父인 嶧陽 鄭惟明

및 조부 등의 묘소를 둘러보고, 그 마을의 다리 옆 강가 빈터에 텐트를 치고서 일박했다.

26 (일) 맑음

새벽 여섯 시경에 일어나 아침을 지어 먹고 떠날 채비를 마친 후, 8시 40분경 山水里로 들어가는 버스를 탔다. 북상면 소재지인 갈계리를 거쳐 지난번 월성리로 갔을 때의 길로 들어가다가, 오른쪽으로 꺾어져 또 한참을 달린 후 종점인 산수리에 닿았다. 그러나 덕유산 안내 지도에는 이 마을에서 최고봉인 향적봉까지 거리가 얼마 안 되는 것처럼 되어 있지만, 주민들의 말로는 상당한 시간이 걸릴 것이라 하므로, 내일의 출근을 고려하여 무리를 하지 않기로 마음먹었다.

물어 물어서 갈천 임훈이 그 아우인 첨모당 임운과 함께 상당 기간 거주했던 막골의 藏修기념비를 찾아 계곡을 따라서 올라갔는데, 결국 풀숲은 우거지고 산속이라 주민을 만나기도 어려워 그 부근을 헤메다가 못 찾고 도로 내려올 수밖에 없었다.

27 (월) 맑음

중국철학사와 중국철학강독의 2학기 첫 수업을 시작했다. 강독은 『사기』의 「呂不韋傳」을 읽는 것으로써 시작했다. 陳奇猷의 『여씨춘추교석』 부록의 검토를 마쳤다.

서울대 철학과의 김영정 교수 연구실로부터 전화가 걸려와, 김영정 교수 및 서울에 도착한 劉福增 교수, 그리고 臺大 철학과에 유학해 있다가 이번에 劉 교수를 수행해 온 정상봉 후배와 더불어 통화했다. 劉 교수는 9월 2일(일요일)에 진주를 방문하여, 3일에 우리 대학 철학과에서 강연회를 가지기로 동의했다.

28 (화) 맑음

교육대학원 동양철학사특론의 첫 수업을 실시했다. 정다산의 『논어고금주』 가운데서 반주자학적 입장이 뚜렷한 부분들을 골라 읽고자 한다. 오늘은 총론으로서, 내가 다산의 생애와 학문적 성격, 그리고 일본 고학파와의 관계에 대해 개괄적으로 설명했다.

29 (수) 맑음

오후 다섯 시에 과 교수회의가 있었는데, 劉福增 교수의 세미나 초청 건이 승인되었다.

30 (목) 맑음

오늘자 ≪신경남일보≫ 7면에 지난 22일 경상대학교 부속 남명학연구소가 교수평의회의 의결을 거쳐 정식으로 설립인가를 받고서 연구원 등록을 접수하고 있다는 보도가 실려 있었다. 개학 후 이 문제가 다루어질 것임은 알았지만, 오늘에야 신문을 보고서 처음 알았다. 이 3단 기사의 말미에 "설립실무를 맡아온 H 교수는 '설립 인가는 곧 창립으로 봐도 좋다'며 '오는 10월 창립기념행사로 전국 규모의 남명 학술세미나를 개최할 예정이다'고 28일 밝혔다."고 적혀 있다.

조 사장에게 전화하여 연구소 설립이 결정된 사실을 알리고, 다시 한 번 남명학연구원 간사의 직을 사임할 뜻을 밝혔다.

9월

1 (토) 오전 중 폭우

서울대 철학과의 김영정 교수로부터 전화를 받았다. 지난달 29일부터 31일까지로써 서울대 철학사상연구소 주최로 열린 '새로운 문명에 대한 철학적 전망'이란 주제의 국제학술회의가 끝나고, 여기에 참석했던 劉福增 교수 등 외국인 학자들은 오늘 경주 관광을 떠날 예정이었으나 비바람으로 말미암아 일정을 취소하고, 류 교수는 내일 10시 반 동양고속편으로 서울을 출발하여 바로 진주로 올 예정이라는 내용이었다.

2 (일) 강한 바람과 때때로 빗방울

劉福增 교수가 예전에 나에게 우송해 주었던 류 교수 자신의 에세이집 『開放社會』와 陳鼓應 편 『殷海光最後的話語』를 훑어보았다.

류 교수와 사모님은 예정보다 빠른 오후 3시 15분경 진주에 도착하여 우리 집에 전화를 주었으므로, 헐레벌떡 고속터미널로 달려가 집으로 모시고 왔다. 내 방을 비워서 드리고, 나는 손님방을 쓰기로 했다. 류 교수 부부를 모시고 나가 진주성을 둘러보고, 성의 옆문 매표소 부근에서 학과장인 정병훈 교수와 만나 정 교수의 차로 함께 진양호에 갔다가, 시내의 동방호텔 스카이라운지에서 차를 마시고서 집으로 돌아왔다. 정 교수도 우리 집까지 같이 와 함께 식사를 하고서 밤늦게까지 대화를 하다 돌아갔다. 나의 중국어 실력이 염려했던 것보다는 아직 쓸 만해서 의사소통에 별로 불편이 없어 다행이었다.

숭실대의 鄭世根 교수와 서울대의 宋榮培 교수 등이 류 교수의 일정을 묻기 위해 우리 집으로 전화를 걸어왔다.

3 (월) 맑음

두 시간 수업을 마치고서 집으로 돌아와, 류 교수 부부를 모시고서 스쿨버스를 타고 가좌캠퍼스로 갔다. 오후 세 시부터 행정대학원 세미나실에서 劉福增 교수를 초대한 제1회 철학과 세미나를 개최했다. 내가 통역을 맡았는데, 별로 어려운 점은 없었다. 다섯 시경에 질의토론을 마친 다음, 시내의 北京莊으로 가서 정병훈·권오민 교수와 내가 류 교수 부부를 모시고 저녁 식사를 했다. 정·권 교수와 작별한 후 지하상가와 중앙시장을 둘러본 다음, 강변도로를 거쳐 산보하며 돌아왔다.

4 (화) 맑음

劉福增 교수 부부를 고속버스터미널까지 동반하여 전송했다. 아침 여

덟시 버스로 부산으로 떠났다. 거기서 경주 행 버스로 갈아타, 내가 누님 친구를 통해 예약해 둔 경주의 버스터미널 부근 궁전호텔에다 여장을 푼 다음, 순회관광버스로 경주 관광을 할 것이다. 내일 새벽 첫 차로 서울에 가서, 6일 오후 세 시발 중화항공으로 臺北에 돌아갈 예정으로 되어 있다. 은사를 모시는데 소홀함이 없도록 노력했다.

류 교수의 말로는, 나의 臺灣대 유학 시절 철학과장이자 나의 지도교수로서 이른바 '오이환사건'을 일으켰던 장본인인 黃振華 교수는 수 년 전에 부인이 자살을 했고, 臺大 정년퇴직 시 명예교수 선출 투표에서도 거부를 당하고서 문화대학으로 갔다고 한다.

13 (목) 흐림

荻生徂徠의 『論語徵』 첫머리와 '君子有三畏' 장을 읽었다.

오후 다섯 시에 남명학연구소 창립총회가 있었다. 국민윤리교육과의 공영립 교수가 회장에 선출되었고, H·정헌철·오이환·최석기·김덕현 교수가 평의원에 선출되었으며, 김영기·손병욱 교수가 감사로 선출되었다. 회의가 끝난 후 도동의 1·2·3식당에서 발기인들의 간담회가 있었다.

14 (금) 비

점심 식사 후 경남문화연구소장인 국문과의 강희근 교수 연구실을 방문했으나 부재중이라, 그 옆방인 정헌철 선생 연구실에 들러 오랫동안 대화했다. 어제 1·2·3식당에서의 회식 중, 경남문화연구소의 한 연구실로 있던 남명학 분야가 별개의 연구소로 독립됨에 따라 경남문화연구소의 규정을 고치고 새로 연구원 가입신청을 받는다는 보도를 읽은 지가 오래되었는데도 불구하고 나에게는 가입신청에 관한 안내가 없었으므로 물어보았다. 다른 사람들은 이미 반달쯤 전에 모두 새 규정과 가입신청서를 받았다는 것이었다.

나는 남명학이 본교의 인문과학분야 특성화 대상으로 지정된 이후 故 허남벽 교수가 소장으로 있을 때부터 이상진·강희근 소장에 이르기까지 계속 이 연구소의 평의원으로 있어 왔다. 금년 초 강희근 교수가 연임되면서부터 평의원에서 제외되었다는 사실을 최근에야 所報를 받고서 알게 되었던 것이다. 그런데 이제 연구원 가입신청서까지 보내지 않는다는 것은 너무나도 어처구니가 없는 일이므로, 그 일에 관한 곡절을 알아보고자 소장실을 찾았던 것이다.

정헌철 선생 말로는, 신임 간사에게 물어보았더니 모두 과로 보냈는데 왜 못 받았는지 이상하다는 대답이었다고 하며, 실제로 얼마 후 조교를 통해 가입원서를 전달받았으므로 그 일에 관한 의구심은 좀 가라앉았다. 그러나 내가 지난번 H 선생을 만나 내가 수집한 문헌들의 소장처 목록을 상의도 없이 이용하여 총장 명의로 소장자들에게 도서 기증을 요청하는 공문을 보낸 일을 따진 이후, H 선생은 나와 일체의 상의 없이 남명학연구소 설치 건을 추진해 왔다.

어제의 창립총회 및 소장 선출까지도 미리 짜여 진 각본에 따라 진행된 점에 대해 정헌철 선생은 극력 H 선생을 변호하였지만, 어제의 선거에서 공영립 선생에게 표를 던진 사람들은 대부분 한문학과 및 H 선생과 함께 한문공부를 하는 교수들로서, 그들이 한두 주일 전에 그와 같이 합의했었다는 사실은 확인하였다. H 선생은 자신의 세력을 믿고 있는 것이다.

27 (금) 맑음

「〈清代漢學〉衡論」을 다 읽고서, 『徐復觀全集』 10책의 내용을 다시 한 번 검토하고 있다.

남명학연구소의 초대 소장에 선출된 국민윤리교육과의 공영립 교수가 연구실로 찾아와 나에게 자료수집부의 책임을 맡아달라고 요청했지만, 집단적 활동에 참여할 생각이 없다는 이유로 사절했다. H 선생이 연구부를, 한문학과에 신규 임용된 장원철 씨가 간사를, 정헌철·조규태 씨가 각각 무슨 부장을 맡는 모양이다.

교양과목의 개선에 관한 설문지가 왔으므로, 「동양철학의 이해」를 「

동아시아의 철학사상」 및 「인도철학과 불교」로 분리할 것 등을 건의하는 내용을 적어내었다.

30 (일) 흐림

아침 식사 후 순천으로 떠났다. 한훤당 김굉필이 사약을 받은 장소여서 명종 대에 龜巖 李楨에 의해 玉川서원이 세워지고 『景賢錄』의 편집이 이루어진 곳이기 때문이다. 순천에서는 이미 잊혀 진 옛 일이 되어 도무지 아는 이를 만날 수가 없었다. 묻고 물어 택시로 찾아간 곳이 엉뚱하게도 鄭씨들이 그 문중의 선조들을 향사하고 있는 玉溪서원이었다.

도로 순천역까지 돌아 나와 역 광장의 안내지도를 보고서 옥천서원을 찾아갔다. 순천 향교의 전교를 만나고서야 친절한 설명을 들을 수가 있었다. 향교 부근의 동사무소에서 가까운 곳 냇가에 한훤당과 梅溪 曺偉가 귀양 와서 노닐었다는 臨淸臺가 있고, 퇴계 친필의 임청대라는 각자가 비석에 새겨져 있었다. 원래의 장소는 그곳에서 동쪽으로 약 30m 떨어진 곳에 위치해 있었다고 한다. 임청대 바로 옆이 옥천서원이었다. 작고 볼품이 없었지만, 사우의 출입문 옆에 渼湖 金元行이 지은 사적비문이 새겨진 묘정비가 남아 있었다.

10월

6 (토) 흐림

연구실에 나가 '徐復觀全集' 제6책에 수록된 『中國思想史論集』의 3판 및 초판 代序를 읽었는데, 후자에 인용되어 있는 주자의 「與張欽夫論程集改字」를 읽고서 눈이 번쩍 띄었다. 이른바 『남명집』 중간본에 있어서 그 대대적인 改校의 근거가 된 것은 주자가 정자의 문집을 개교한 前例인데, 사실에 있어서 주자는 胡刻 二程全集에서 구본의 단 두 글자를 개교한 것이 부당함을 설명하는데 무려 2,252자의 편지를 써서 다투고 있는 것이다.

7 (일) 흐림

합천을 거쳐 초계에 갔다. 가을이 무르익어 들판에서는 추수가 한창이었다.

『남명집』에는 「孝子鄭白氷墓碣銘」「恭人牟氏之墓」「宜人崔氏墓碣」이 수록되어 있는데, 전자는 남명의 여동생 남편(妹弟)이며, 의인최씨는 백빙의 母, 공인모씨는 백빙의 외조모이다. 『草溪鄭氏族譜』에 의하면, 백빙은 대제학공파(草溪晋州派)의 제16세로서, 이 일족의 묘소는 佳峴과 玉斗에 있는 것으로 되어 있다. 가현이나 의인최씨의 묘가 있는 佳峴大洞을 아는 사람은 초계에서 만나지 못했다.

초계정씨대종회를 비롯하여 초계면 大同里까지 가보았으나 헛걸음하였다. 향교를 구경한 다음, 다시 대종회에 물어서 官坪里에 사는 전 초계면장 정창현 씨를 찾았고, 부근에 사는 柳下里의 고 秋淵 權龍鉉씨 댁과 그 장남 댁에도 들러보았으나, 권 씨 형제는 모두 출타 중이었다. 추연은 3년 전에 작고했는데, 田艮齋 문하에 다닌 적도 있다 하나 宋淵齋의 사숙인으로서 경남의 대표적 유학자로서 꼽히던 분이다.

다시 읍내로 돌아와 赤中面 玉斗里를 찾아갔다. 거기서 이 마을에 처음 정착한 대제학공파의 9세 光繼의 재실인 玉陽齋를 관리하는 노인을 만나 안내를 받을 수 있었다. 그 노인을 따라 玉斗山에 모셔진 12세 原緖의 묘와 失墓된 10세 乙生·11세 居悟·13세 自權·14세 永孫을 합장한 壇碑를 둘러보았다. 광계와 그 처의 묘도 수년 전에 옥두산 좀 더 위쪽으로 옮겨왔다 하는데, 所易峴에 있던 광계의 묘갈은 남명의 知己友인 黃江 李希顔이 썼다.

옥두촌 바로 옆 언덕에 백빙의 父인 효자 瑞鵬의 묘와 그 손자의 묘가 있으며, 그 아래에 광계의 집터로 전해지는 곳이 남아 있고, 옥양재 앞 길가에 최근에 세워진 광계의 신도비 및 광계의 유허비와 백빙의 효자비, 18세 惟說의 처인 旌善全氏의 정려를 모아놓은 열녀각이 있었다. 가현은 오늘날의 靑德面 下會里에 있는 갈재임도 확인했으나, 이미 저물녘이 되어 오늘은 그냥 귀도에 올랐다. 서붕의 묘갈과 옥양재 기문, 광계 신도

비문 등은 모두 權秋淵이 찬한 것이었다.

8 (월) 맑음

퇴근 후 시내의 남강식당에서 남명학연구소의 연구방향 및 연구소 운영에 관한 간담회가 있었고, 근처의 맥주집에서 2차까지 하고서 헤어졌다. 간담회 석상에서 다시금 나에게 자료조사부장을 맡으라고 하는 권유가 있었지만, 수락할 의사가 없음을 분명히 하였다.

11 (목) 흐리고 오후에 빗방울

어제에 이어 김충렬 교수에게 시외전화를 내어 남명학연구원의 연구위촉자들에 대한 연락 상황을 보고하고, 연구원의 앞으로의 방향에 대해 상의했다. 학내에 남명학연구소도 창립되고 했으니, 기왕에 연구비의 일부를 지급해 놓은 연구실적물들을 거두어 『남명학연구논총』 제2집을 내고서 남명학연구소로 배턴을 넘겨주는 것이 좋겠다는 데 의견이 모아진 듯하다.

한문학과로부터 오는 11월 3일에 본교에서 열릴 남명학을 주제로 한 한문학회에서 神明舍圖에 관해 발표할 계명대 강사 全炳允 씨의 논문에 대한 논평을 맡아달라고 하는 요청이 있어 이를 수락했다.

12 (금) 흐림

남명학 관계 연구논문의 제출을 독촉하기 위해 금장태·이이화·노인숙·송긍섭 교수 등에게 시외전화를 내 보았으나 하나같이 출타 중이었다.

15 (월) 맑음

남명학연구원의 논문 관계로 송긍섭·노인숙·금장태 교수 및 이이화 씨에게 전화했으나, 겨우 노인숙 씨 및 이이화 씨와 통화할 수가 있었다.

17 (水) 맑음

전남대 철학과의 최대우 교수로부터 부쳐져 온 「『산해사우연원록』의 편찬」 초교 쇄의 교정을 보았다. 지난번에는 내 논문 별쇄만 공타로 뽑았는데, 이번에는 컴퓨터 인쇄를 하는 모양이다. 안진오 교수의 화갑일인 11월 15일에 이 논문집을 進呈한다고 한다.

18 (목) 쌀쌀한 가을 날씨

출근 전 동양철학회의 간사인 梁承武 씨에게 전화를 내어 학회지 창간호의 발행 시기를 물어보았다. 의외에도 이 달 중에 간행될 예정이라 하므로, 수년 전 거기에 투고해 둔 채 묶여 있는 나의 「남명집판본고⑵」의 교정을 적어도 한 번은 직접 보고 싶다는 뜻을 전했다. 『곤학기문』 논어 항 첫머리를 읽으며 『맹자』 등 관련 문헌들과 대조해 보는 작업을 마쳤고, 오후에는 논문 교정을 계속했다. 조평래 군에게도 한 부 복사해 주어 따로 교정을 보도록 했다.

19 (금) 맑음

논문의 교정 작업을 한 차례 마쳤다. 한국동양철학회 간사인 정병련 교수로부터 전화가 걸려왔는데, 양승무 교수로부터 말을 들었던지 내 논문의 교정을 보기 위해 서울까지 올라올 수 없느냐는 것이었다. 여러 달 전에 교정쇄를 보내줄 것과 나의 주소를 정정해 달라는 서신을 띄웠음에도 불구하고 그에 해당하는 아무 조처도 취하지 않고 있다가, 이제 바로 올라와서 밤 새워 교정을 보고 다음날 돌아가라는 것이 도대체 무슨 소리인가? 어렵겠다고 말하고, 속달로 교정쇄를 부쳐주도록 당부했다.

20 (토) 맑음

조평래 군이 교정을 보아온 것과 대조하는 작업을 마치고, 처음부터 다시 읽어가며 교정을 보았으나 절반 정도밖에 나가지 못했다.

22 (월) 맑음

「『산해사우연원록』의 편찬」의 교정을 마치고서 오후에 전남대 최대우 교수에게 속달등기로 발송했다. 정병련 교수가 속달등기로 우송하겠다고 했던 「남명집판본고 (2)」의 교정쇄는 종일 기다렸으나 오늘도 도착하지 않았다. 서울의 자택으로 전화해 보았으나 강의를 위해 광주로 내려갔다고 한다. 전남대 국민윤리교육과의 교수로 있음에도 불구하고 광주에는 일정한 거처가 없어 내일 밤늦게 귀가할 때까지 연락할 방법도 없다고 하는 부인의 대답이었다.

26 (금) 맑음

저녁 무렵에 비로소 「남명집판본고 (2)」의 교정쇄가 도착했다.

27 (토) 맑음

종일 교정을 보았다. 서울에서도 이미 한두 차례 교정을 본 모양이지만 엄청나게 오류가 많아, 만약 이 교정쇄가 어제 도착하지 않고 그대로 출판되었더라면 어떤 결과가 되었을까 생각하니 아찔한 기분이다. 조평래 군에게도 한 부 복사하여 교정을 보도록 맡기고, 나는 저녁 무렵부터 2차 교정에 들어갔다.

29 (월) 흐림

두 번째의 교정을 마치고서, 저녁 무렵 권오민 선생의 논문 교정쇄와 함께 속달로 서울의 출판사로 부쳤다.

30 (화) 맑음

『주자대전』 본집 권30의 「與張欽夫論程集改字」를 읽고, 부록의 주자연보 중 『二程全書』의 편집과 관련된 조목들을 읽었다. 『남명집』 중간본 편집자들은 주자가 『이정전서』를 改校한 것을 그들의 대폭적 개정의 근거로 삼고 있지만, 실은 주자의 태도와 얼마나 큰 차이가 있는 것인지를 잘 알 수가 있었다.

31 (수) 맑음

학보사 지도교수로부터 며칠 전 '느티나무 길목' 칼럼의 집필을 위촉받았던 터라, 이럭저럭 부탁 받은 원고지 여덟 매를 메웠다. 「산책 이야기」라는 제목으로 매일 뒷산을 산보하는 이야기며 쓰레기 줍는 이야기를 썼는데, 어쩐지 제 자랑 같은 소리라 내놓기가 쑥스럽다.

11월

1 (목) 맑음

어제 써 둔 원고를 퇴고해 보았다.

토요일에 있을 한국한문학회 모임에서 내가 논평을 맡기로 된 전병윤 씨의 논문이 아직 내게 전달되지 않았으므로 한문학과 선생들에게 물어보았더니, 그제야 서둘러 찾아 보냈다. 지난 월요일에 발송된 원고가 H 선생 서류 속에 묻혀 있다가 이제야 찾아낸 모양이다.

2 (금) 맑음

전병윤 씨의 논문을 다 읽었다.

학보사 기자에게 '산책로'라는 제목의 수정된 원고를 전했다.

3 (토) 맑음

오후 두시 반부터 시청각교육관의 대형 강의실에서 한국한문학회의 학술발표회가 개최되었다. 나도 전병윤 씨의 논문에 대한 지정토론자로서 단상에 올랐다. 『남명집』의 판본 문제, 전 씨가 남명의 친필본이라고 주장하는 神明舍圖의 진위 문제, 전 씨가 전거로서 자주 인용하는 『明道易經』 등 문헌의 신빙성 문제 등에 대해 비판적 견해를 제시했다.

5 (월) 맑음

'느티나무길목' 칼럼에 나의 스냅사진과 함께 지난 금요일에 건네준 글이 실렸다. 내 원고의 「산책로」라는 제목을 기자가 「언제나 다가갈 수 있는 나의 산책로」라는 제목으로 임의로 바꾸어 놓았다. 학생들과 동료교수들로부터 그 글과 관련한 말들을 들었는데, 그런대로 좋은 인상을 준 모양이다.

8 (목) 맑음

교양과목 개편에 관한 제안이 있으면 해달라는 공문에 따라, 현재 일반교양과목 제3영역에 속해 있는 '동양철학의 이해'를 '동아시아의 철학사상' 및 '인도철학과 불교'로 분리 개설하는 것이 좋겠다는 의견서를 적어 내었다. 오후에 권오민 선생과도 내 연구실에서 만나 이에 관한 의견을 교환하였다.

점심시간에 교직원식당에서 강희근 교수와 같은 테이블에 앉아 식사를 했다. 강 교수의 말로는 그동안 남명문학상의 기금 마련을 위해 조옥환 사장을 비롯한 조 씨 집안사람들을 만나 보았으나 원만히 진척되지 않고 있다 한다. 어느 정도의 기금이 필요한가고 물어보았더니, 3천만 원에서 5천만 원 정도가 있어야 그 이자로 문학상을 계속해 나갈 수 있겠다는 것이었다.

10 (토) 맑으나 쌀쌀함

『周易參同契考異』를 읽으며 카드화하기 시작했다.

12 (월) 맑음

서산대사의 『淸虛堂集』 중 「黃嶺庵記」와 퇴계·남명에게 보낸 편지 등을 읽었다.

13 (화) 맑음

『주역참동계고이』를 읽어 카드화하는 작업을 마쳤다.

14 (수) 맑음

총장 비서실로부터 연락을 받고, 10시에 총장실로 가 이정한 총장을 만났다. 남명학 관계라면 더 이상 만나고 싶지 않은 심정이었으나 무슨 일인지도 모르는 터라 그러한 심정을 표명할 계제는 아니라고 생각되었던 것이다.

효성그룹의 趙 회장 측과 남명학연구소에 대한 지원금 관계의 접촉이 있었던 경과를 좀 설명하고 난 다음, 본론으로서 꺼낸 이야기는 뜻밖에도 총장 선거와 관련된 학내의 동향에 관한 문의였다. 머지않아 최초의 교수 직선에 의한 총장 선출이 있게 되는데, 아마도 우리 집은 내외가 모두 본교 교수이니, 말하자면 선거운동의 일환인 듯했다.

오후 세 시경에 경영행정대학원의 실무를 맡아 있는 경제학과의 교수가 찾아와 최고경영자과정에서 남명학 관계 특강을 해 달라고 부탁하므로, 망설이던 끝에 이를 수락하고 말았다.

15 (목) 흐림

최고경영자과정에서의 강의 원고는 「남명학자료총간 해제 서론」 중의 緖論 제2절 '남명학 쇠퇴의 원인' 및 제3절 '남명학 연구의 의의'로 하고, 원고 전체의 제목은 「남명 사상의 이해」로 하며, 제3절의 네 항목들에는 각각 소제목을 붙이기로 어제 대충 합의한 바가 있었다. 이에 따라 이 논문의 해당 부분을 다시 읽어가며 손질하는 작업을 계속했다. 이 달 말에 있을 이 강의에는 100분 수업에 원고료까지 합하여 20만 원의 강사료를 지급한다고 하며, 원고도 따로 인쇄하는 모양이다. 차제에 이를 장차 내 학위논문의 서론으로 삼을 수 있도록 그동안 좀 생각이 달라진 부분 등은 수정해 두고자 하는 것이다.

16 (금) 오전 중 짙은 안개

어제 밤부터 『上蔡語錄』과 『延平答問』의 해제 및 본문을 검토하면서 남명의 靜坐 및 惺惺子와의 관련을 검토하고 있다.

18 (일) 맑음

赤裳山 등반을 위해 막 집을 나서려는 차에 조옥환 사장으로부터 전화가 왔다. 서울에서 김충렬 교수가 내려오시니 같이 점심 식사를 하자는 것이었다. 부득이 등산을 포기하고, 집에서 내가 臺灣대학 시절 수강한 바 있는 龍宇純 교수의 『중국문자학』 제4장 '中國文字學簡史'를 읽다가 약속시간인 12시 30분보다 좀 일찍이 성림돌솥밥 집으로 나갔다. 그러나 30분이 지나도 나타나지를 않고, 조 사장 댁에 전화를 해봐도 이미 나갔다는 것이었다. 무시당한 기분이 되어 집으로 돌아왔다.

아파트 입구의 스낵에서 간단한 점심을 들고, 방에 들어와 보던 책을 계속 읽고 있었더니 조 사장으로부터 다시 전화가 걸려왔다. 조 사장이 말한 돌솥밥집은 다른 곳이었던 모양이다. 보내온 차를 타고 松竹園인가 하는 곳으로 가서 김 교수 및 조 사장과 함께 와인을 들며 담소했다. 지난번에 통화할 때 김 교수는 이번의 논문집만 내고서 남명학연구원을 해산할 뜻을 비치더니, 오늘은 이 연구원을 사단법인으로 승격시키자는 말을 꺼냈고, 조 사장도 이에 동의하고 있었다. 비행기 표를 구할 수가 없어 김 교수는 오후 다섯 시 40분 고속버스로 상경했다.

19 (월) 비

어제 김충렬 교수로부터 지난 16~17 양일간 원광대학교에서 한국동양철학회 주최의 제1회 국제학술회의가 개최됐었다는 것과 동양철학회 기관지의 창간호가 나왔더라는 말을 들었으나 나에게는 아무 연락도 오지 않았다. 혹시 과에 와 있을까 하여 출근 즉시 조교에게 물어보았더니, 과로도 따로 온 것은 없고 권오민 교수 앞으로 온 초대장이 있다면서 보여주었다. 점심시간에 국민윤리교육과의 손병욱 교수와 합석하게 되어 손 교수에게는 왔더냐 하고 물었더니 못 받았다고 하며, 같은 윤리과의 공영립 교수에게 전화로 물었더니 공 교수는 받았다고 한다. 내가 전번에도 한국동양철학회의 간사인 양승무 교수와 정병련 교수에게 전화로 연락할 때 주소가 변경된 사실을 거듭 강조해 두었거늘 이게 무슨 일인지 알 수가 없다.

지난번 한문학회를 마치고 난 후 식사 때 식당에서 발표 자료가 든 봉투를 그냥 둔 채 잊고 나왔었다. 그래서 H 교수에게 새로 한 부를 주도록 당부했으나 자기도 가지고 있지 않다고 하므로, 한문학과 강사인 이상필 선생에게 복사라도 좀 해달라고 여러 번 당부한 바 있었는데도 감감무소식이다. 공영립 남명학연구소장에게 전화하는 김에 또 부탁하여 겨우 복사물을 입수할 수가 있었다. 이래저래 무시당한 자의 불쾌감을 억누를 수가 없었다.

20 (화) 흐리고 저녁 무렵부터 한파

조반을 들기 전 한국동양철학회의 양승무 간사에게 전화를 걸어보았다. 원광대에서의 모임에 왜 나오지 않았느냐면서 섭섭해 하기에 연락을 받지 못했다고 말하자, 기관지의 주소록에 실린 사람들에게 틀림없이 모두 보냈는데 어찌된 셈이냐고 의아해 하였다. 그 주소록에 실린 내 주소를 불러달라고 했더니 '한주럭키타운'을 '한국럭키타운'으로 적어놓은 모양이었다. 어쨌든 다시는 이런 실수가 없도록 하겠다고 다짐하므로 적이 마음이 풀렸다.

출근하여 조옥환 사장에게 전화를 걸어, 김충렬 교수가 말한 바대로 남명학연구원의 존폐 문제가 결정되고 연구원의 의사가 결정될 때까지 수집된 자료들을 남명학연구소로 넘겨주는 문제는 당분간 보류해 두는 것이 좋겠다는 뜻을 피력했다.

22 (목) 맑음

경영행정대학원으로부터 최고경영자과정의 교재로 쓰일 「남명 사상의 이해」 교정쇄가 보내져 왔으므로 1차 교정에 착수했다.

23 (금) 맑음

교정 작업을 계속했다.

24 (토) 맑음

출근 즉시 경영행정대학원에 교정쇄를 넘겼고, 퇴근할 때까지 『중국문자학간사』를 계속 읽었다.

26 (월) 오전에 질은 안개

「남명 사상의 이해」 2차 교정을 보아 경영행정대학원 측에 넘겨주었다.

27 (화) 맑음

오전 중 『古本周易參同契集註』를 전병윤 씨의 「남명의 신명사도 고찰」과 대조해 보는 작업을 마쳤다.

오후 여섯 시부터 22동 3층의 경영행정대학원 강의실에서 「남명 사상의 이해」를 주제로 두 시간 동안 특강을 했다. 원고료를 포함하여 강사료로 20만 원을 받았다.

29 (목) 맑음

지난 16일 원광대학교에서의 국제학술회의에서 동양철학회의 기관지 창간호가 배부되었다는 소식을 들었었는데, 그로부터 보름이 가까워 오는 오늘에 이르기까지 집필자인 나에게 별쇄는 고사하고 책 한 권도 보내오지 않고 연락도 없다. 편집간사인 정병련 씨에게 다시 전화를 걸어 보았더니, 아직 아무에게도 책을 발송하지 않았다면서 또 서울에 한 번 올라와서 받아가라는 것이었다.

기가 막혀, 나는 서울에 거처할 곳도 마땅치 않고 거리도 멀어 일 년에 한두 번 상경할까말까 한 정도이므로 부쳐달라고 했더니, 내일 회장과 만나 상의한 후 곧 부치겠다는 대답이었다. 아울러 내가 지난번에 교정을 봐 부친 것은 시간이 너무 촉박하여 충분히 반영하지 못했다는 것이니, 이야말로 또 무슨 소리인가! 내가 이 논문을 구두로 발표한 것은 86년 3월의 한국사상사학회 제6차 정기연구발표회에서였고, 그 해 혹은 그 다음해 초까지는 탈고하여 동양철학회에 원고를 넘겼던 바이다. 무려 5년이나 지난 지금에서야 책을 내면서 교정쇄도 보내지 않고 있다가 독촉을 해서야 겨우 보내더니, 이번에는 그 교정을 반영하지 못했다?! 너무나도 어처구니가 없다.

전남대 최대우 교수에게도 전화하여 이미 출판된 안진오 교수의 회갑기념논문집에 실린 내 논문을 빨리 보내주도록 요구했고, 정병련 간사에게 새로 또 한 번 전화하여 책을 보낼 때 내가 교정해 보낸 것도 같이 찾아서 부쳐주도록 요구했다.

12월

1 (토) 맑은 초겨울 날씨, 점심 때 싸락눈

연구실에서 「『산해사우연원록』의 출판」의 집필을 다시 시작하여, 원고지 한 매 정도를 메웠다. 오늘부터 출근해 있는 동안에는 가능한 한 원고의 집필에만 몰두하고, 수업 준비를 비롯한 기타 잡무는 집에서 처리할 생각이다.

10 (월) 맑음

논문의 집필을 계속했다.

11 (화) 맑음

어제에 이어 논문의 집필을 계속했다.

12 (수) 맑음

어제 써둔 원고의 상당 부분을 지우고서 새로 썼다.

13 (목) 흐림

오전 중 한국동양철학회 간사인 양승무 씨에게 시외전화를 내어 보았으나 도무지 통화가 되지 않았고, 동양철학회장인 한종만 선생의 연구실과 자택으로도 전화를 내었으나 역시 통화가 되지 않았다. 출근 전에 전남대의 최대우 교수에게 전화해 보았더니, 나에게로 보낸 논문이 반송되어 왔더라는 말을 하면서, 이번에는 또 엉뚱하게 전남대출판부 측에서 내 논문의 별쇄본을 만들지 않았더라는 것이었다. 이 문제로 안진오 교수에게 전화해 보았지만, 겨우 그 따님과 통화할 수 있었을 뿐이었다. 오후에 다시 한종만 교수에게 전화하여 겨우 연결이 되었다. 간사에게 곧바로 연락하여 내 논문이 실린 『동양철학』 창간호를 보내주겠다는 대답을 들었다.

17 (월) 흐림

조평래 군이 찾아왔는데, 이번에도 고려대 박사과정 입시에 실패했다고 한다. 조 군은 2년에 걸쳐 일 년에 두 번씩 모두 네 차례 고대에 시험을 보았으나 모두 낙방했다. 이미 여러 차례 권했던 바이지만, 모든 조건을 신중히 고려하여 우선 호구지책을 세우는 방향으로 마음을 정해보라고 했다.

19 (수) 맑음

나의 논문 「『산해사우연원록』의 편찬」이 실린 次山安晋吾博士回甲記念論文集 『동양학논총』과 별쇄 24부가 우송되어져 왔다. 지난 11월 23일에 간행된 것인데, 그동안 사무 착오로 경남대학교에 우송되었다가 반송되기도 하고, 별쇄가 빠트려지기도 하여 지연되었다가 이제야 도착된 것이다.

20 (목) 흐림

어제에 이어 『철학과 현실』을 창간호부터 읽고 있다. 근자에 서울에서 간행되고 있는 『철학』『철학사상』『철학과 현실』『시대와 철학』 등은 거의 서울대 철학과 출신이 주도하고 있다고 해도 과언이 아니다. 그런데도 나로서는 몇 가지 점에서 이러한 간행물들에 논문을 싣기에 어려움을 느낀다. 그것은 ① 이것들이 거의 하나같이 한글전용을 하다시피 하고 있고, ② 동서양철학의 대화는 물론 철학 이외의 학문들과 일반대중들에게까지 접근을 시도하고 있는 데다, ③ 철학을 강단 내지 순수한 아카데미즘의 틀에서 끌어내어 현실의 문제에 대한 적극적인 응답 및 이론과 실천의 결합을 시도하고 있는 점에서이다.

지금까지 내가 해 오고 있는 작업들은 소수의 전문가 집단 안에서나 통할 수 있는 순전히 학술적이고 오리지널한 것들이기 때문에, 이러한 조건들을 만족시킨다는 것은 거의 가능한 일이 아니다. 따라서 한국의 철학계를 주도하고 있다고 할 수 있는 이러한 잡지들에 내 논문을 투고할 수도 없는 형편이다. 진주와 같은 인구 25만 정도의 지방도시에 고도와 같이 떨어져 있는 것이 내 학문을 위해 행인지 불행인지 아직 판단하기는 어렵다.

21 (금) 맑음

오전 중 동양철학회장인 원광대의 한종만 교수에게 다시 전화를 하여 내 논문이 실린 『동양철학』 창간호가 왜 아직 도착하지 않는지를 물었는데, 오후에 내가 정병련 간사에게 반송해 주도록 부탁했던 게재논문의 교정쇄가 중앙대 중국어과 소재 한국동양철학회로부터 우송되어져 왔다.

22 (토) 맑으나 다소 강한 바람

『동양철학』 제1집이 오늘에야 겨우 도착했다.

밤에 오늘 도착한 『동양철학』 제1집에 실린 내 논문 「남명집판본고(2)—滄洲刊本을 중심으로—」를 어제 도착한 교정쇄와 대조해 보았다.

염려했던 정도로 오류가 많은 것은 아니고, 나의 교정 내용이 상당히 반영되어 있는 것을 알고서 다소 마음이 놓였다.

24 (월) 맑음

劉福增 교수에게 연하장을 보내고, 內山俊彦·池田秀三 교수에게는 최근에 출판되어 나온 「남명 사상의 이해」 「『산해사우연원록』의 편찬」 및 「남명집판본고 (2)」가 실린 『동양철학』 제1집을 우송했다. 조교에게 항공편으로 발송하게 했더니, 놀랍게도 우편료가 만 원 이상 들었다.

저녁 무렵에 고대 대학원 사학과에 재학 중인 학생이 하나 찾아왔다. 진주문화원장인 李命吉 씨의 소개로 왔다면서, 자신은 진주민란 관계의 석사논문을 준비하고 있으니 자료가 있으면 좀 달라는 것이었다. 그는 단성 江樓里가 고향으로서, 지금은 진주에 집이 있다고 한다. 단성민란 관계의 자료를 내가 발굴하여 소개하게 된 경과를 들려주고, 그에게 물어 1988년도에 동녘이라는 출판사에서 간행된 임술민란 관계의 단행본 『1962년 농민항쟁』을 구내서점을 통해 입수했다. 내년 2월경에 다시 들르겠다고 한다.

28 (금) 맑으나 쌀쌀함

저녁 식사 후 일찍 자리에 누워 체온을 재어 보니 38.2℃였다. 누워서 며칠 전에 입수한 『1862년 농민항쟁』 중 단성 및 진주민란 부분을 읽었다. 내가 발굴 소개한 김인섭의 일기를 비롯한 端磎 관계 자료들에 크게 의존해 있었다.

1991년

1월

1 (화) 흐리고 오후에 성근 빗방울

내 나이 오늘로서 만 마흔둘, 우리 나이로 마흔셋이 되었고, 아내와 회옥이는 각각 서른여덟 및 여섯 살이 되었다. 그리고 미국의 아버지는 일흔셋이 되신 셈이다. 이럭저럭 나도 중년이 되어, 인생의 절반 이상을 소비하고 만 모양이다.

서울대 동양철학연구회의 간사인 박해당 군으로부터 시외전화가 걸려왔다. 오는 4일 서울의 숙명여대 부근 미성회관이라는 뷔페식당에서 신년하례회가 있다는 연락이었다. 아울러 2월 중 광주의 다산학연구원에서 있을 예정인 겨울모임에서 내가 발표를 할 의향이 있느냐고 묻기에, 지금 준비 중인 「『산해사우연원록』의 출판」을 가지고서 가능한 한 해보겠노라고 답해 두었다.

2 (수) 맑으나 찬바람

오늘 아침 KBS 1TV의 신년대담에는 김태길 교수와 김충렬 교수 두 분이 출연하였다.

3 (목) 맑음

일본에서 『동방학회보』 No.59가 부쳐져 왔는데, '회원통신' 난에 내가 쓴 글이 이번 호에도 실려 있다.

4 (금) 맑음

이미 연구비의 일부를 지급해 두었던 금장태·노인숙·권인호·송궁섭·손병욱 교수 및 이이화 씨 등에게 『남명학연구논총』 제2집에 수록할 논문들을 작년 말까지 보내달라고 당부했던 바 있었지만 한 편도 도착하지 않았다 하므로, 오늘 오전 중에 다시 연락해 보았다. 노인숙·권인호 씨와만 직접 통화할 수 있었다. 노 교수는 그 사이 결혼하여 한 달쯤 전에 출산했었다 한다. 권인호 씨는 사림파, 특히 남명 및 내암의 관계를 중심으로 한 논문으로 금년 2월에 성균관대에서 박사학위를 받는 모양이다. 남명학 관계로는 韓相奎 씨에 이어 두 번째의 박사학위논문이 되는 셈이다.

오랜만에 논문을 200자 원고용지 두 매 정도 썼다.

5 (토) 맑음

출근 전에 대구의 宋兢燮 교수로부터 전화를 받았는데, 논문을 방학이 끝나기 전까지 보내주겠다고 한다. 부산대 국어교육과의 柳鐸一 교수에게 전화하여, 유 교수가 입수해 있다는 『남명집』 목판 훼손사건 관계 丹牧 하씨 문중의 문헌을 복사해 보내주도록 다시 한 번 간곡히 부탁했다.

오늘도 논문은 두 매 정도 진척되었다.

7 (월) 눈

오늘도 논문은 두어 매 정도 나아갔다.

8 (화) 맑음

논문은 한 매 정도 밖에 진척되지 못했다.

어제 아침에는 서울대의 금장태 교수, 그리고 오늘 아침에는 이이화 선생과 통화하여, 『남명학연구논총』 제2집에 실을 논문을 독촉했다. 2월 말까지는 탈고해 보내주겠다는 대답을 얻었다.

9 (수) 맑음

을유문화사에서 나의 『중국철학사』 제5판 1,000부를 위한 인지를 보내왔다.

10 (목) 맑음

을유문화사의 고정기 편집주간과 두 차례 통화하여, 5판의 간행에 즈음하여 교정, 인세 인상, 인세의 송금 시기 문제 등을 상의했지만 만족한 결과를 얻지 못하고서, 이번에도 인세를 받지 못하는 부수 80매를 포함한 1,080매의 인지를 날인하여 우송했다.

11 (금) 흐림

논문은 한 매 남짓 썼다.

13 (일) 맑음

아침 느지막하게 출발하여 거창으로 떠났다. 가조면 소재지의 중마촌에 있는 온천장에 들어가 온천욕을 하고난 후, 전부터 벼르고 있었던 道山서원의 유허를 찾아 道里로 떠났다. 구 도로를 따라 터벅터벅 걸어 한 시간쯤 간 곳에 도리의 첫 마을인 도산당이 있었는데, 그곳은 居昌愼氏의 집성촌이었다. 그러나 그곳의 故老에게 물었더니, 도산서원이 위치했던 곳은 여기가 아니고 一釜里의 도산마을이라는 것이었다. 갔던 길을 도로 돌아 나와 녹동에서 다시 아래쪽으로 꺾어져 한참 내려간 곳에 있는 道山에 도착했다.

그 마을 사람들도 서원에 대해 잘 알지는 못했는데, 이발소 주인의 안내로 민가의 안채 뒤편 언덕에 있는 도산서원유허비를 찾아낼 수가 있었다. 이 서원은 김굉필·정여창·이언적·정온을 배향하던 곳으로서, 현종 2년(1661)에 창건되어 그 이듬해에 사액을 받았다. 대원군의 철폐령에 의해 훼철된 이후 지금은 서원 터에 모두 민가가 들어서 이 초라한 비석 하나라도 없었다면 흔적조차 찾을 수 없을 지경이었다. 훼철 당시

位版 등을 묻은 곳에 둥근 봉분이 있었다고 하지만 지금은 알아볼 수 없었다. 이 마을은 가조 읍내와 가까운 곳임에도 불구하고 엉뚱한 곳을 헤매느라고 시간을 보내 버려, 거창에 당도했을 때는 이미 땅거미가 깔린 후였다.

14 (월) 흐림

논문의 일부를 수정하고, 注 하나를 썼다. 內山俊彦 교수로부터 내가 보낸 논문들에 대해 감사하는 내용의 그림엽서가 도착하였다.

15 (화) 맑음

『TIME』『씨ᄋᆞᆯ의 소리』『전망』『개척자』 등의 정기간행물들이 한꺼번에 밀려들어 논문에는 손도 대지 못했다.

김경수 군이 지난 10일에 군대를 완전히 제대했다면서 찾아왔기에, 금년 8월의 졸업에 대비한 석사학위논문 작성 상황에 관해 듣고 조언을 해주었다.

16 (수) 맑음

논문의 일부를 수정하였다.

17 (목) 맑으나 쌀쌀함

어제에 이어 寒沙 姜大遂 일가 관계의 주석을 부분적으로 수정 보완했다.

부산대 국어교육과의 유탁일 교수로부터 당부해 두었던 『남명집』 임술본 목판의 훼판사건과 관련된 통문철 41장의 복사물이 부쳐져 왔다. 기대했던 바와 같이, 내가 현재 쓰고 있는 논문 및 이 다음에 쓸 「『남명집』 이정본의 성립」에 결정적 근거가 될 자료임에 틀림없다.

18 (금) 맑음

논문 집필을 일단 중단하고서, 어제 유탁일 교수로부터 우송되어 온 자료를 계속 읽고 있다. 『남명집』 임술본 훼판의 전말을 소상하게 파악할 수 있어 역시 기대를 저버리지 않았으나, 처음 두 장은 파손되어 일부분만 남아 있는 데다 복사상태가 좋지 않은 곳도 있고, 무엇보다도 다소 초서로 적혀 있어 판독하기 어려운 부분이 꽤 많았다. 그러나 전체적인 흐름을 파악해 내는 데는 무리가 없었다.

19 (토) 맑음

복사물 중 「毁板復板源委」와 李如泌 등 19인 이름으로 된 통문의 카드화 작업을 끝내고서, 「咸陽通文」을 읽기 시작했다.

20 (일) 오전 중 흐렸다가 갬. 大寒

지난주 일요일에 이어 오늘도 거창으로 가서 熊陽面 소재지에 있는 褒忠祠와 牛頭嶺을 둘러보았다. 돌아오는 길에 主尙面 소재지에서 버스를 갈아타 琓坮里에서 내려, 거기서 제법 떨어진 곳에 있는 浣溪부락에 들러 기묘명현 金湜이 자결한 곳을 찾았다. 포충사는 영조 4년 戊申亂 당시 순절한 李述原을 봉향하는 곳으로서, 대원군의 서원철폐 때에도 잔존된 전국의 48개 院祠 가운데 하나이다. 그 부근에 있는 이술원의 출신지 和同村에도 가보았다.

우두령은 과거 거창에서 知禮·開寧·金山으로 빠지는 교통의 요지로서 임란 당시 松庵 金沔이 지휘하는 의병이 왜군을 막아낸 곳이다. 완계에는 완계서원이 있어 숙종 16년에 사액을 받았으나 고종 5년에 훼철되었고, 지금은 追哀碑와 대사성 김식이 자결 당시에 손가락을 깨물어 썼다는 白巖이라는 글씨가 적힌 바위, 그리고 서원 터로 짐작되는 곳에 묘정비가 두 기 남아 있는데, 하나는 땅 속에 파묻혀 돌로 된 지붕만 밖으로 나와 있었다. 중종 당시에는 賜死를 피해 도망 와 숨을 정도로 심심산골이었겠지만, 지금은 주위가 채석장으로 되어 작업하는 소리가 요란하고, 마을 바로 코밑으로 고속도로가 통과하고 있어 今昔之感을 금할 수 없었다.

밤 8시경 집에 도착해 보니 서울대동양철학연구회의 간사인 박해당 군으로부터 전화가 걸려왔었다 하므로, 서울로 전화를 걸어 이번 겨울 모임에서는 발표를 하지 않을 뜻을 전했다.

21 (월) 부슬비

임술본 훼판 관계 통문철 중 尹承慶을 攻斥하는 함양 사림의 답통과 윤승경을 伸救하는 통문을 읽고서 카드화를 진행하고 있다.

22 (화) 부슬비

통문철 중 덕천서원 측이 임술본 훼판을 비판하는 통문들과 李之墳의 통문을 읽으며 카드화하였다. 尹承慶·河弘度도 削跡의 처분을 당하고 있으며, 훼판을 담당한 李集·河自渾은 겸재 하홍도의 문인이고, 하자혼과 그를 伸救하는 최초의 소를 내는데 주도적인 역할을 했던 河自灝는 모두 송정 하수일의 손자임을 확인했다.

23 (수) 맑고 포근함

이지분의 통문에서부터 館學答通까지를 읽었다. 이 부분은 특히 초서가 심해서 판독에 시간도 들고 힘이 들었다. 임술본 훼판 사건은 효종 2년에 일어나 동왕 3년에 윤승경 덕천서원장의 축출과 通文戰으로 발전하였고, 18년인가 후의 현종 연간에 다시 문제화되어 성균관에서 이미 죽은 윤승경에 대한 削名 처분을 내리게 되고, 『남명집』의 이정 문제가 본격적으로 거론되면서 宋尤庵에게 이를 질정하는 방향으로 전개되어 감을 알았다.

24 (목) 부슬비

관학답통으로부터 송우암에게 釐正을 청하는 崔絅 등의 서신 및 우암의 회신과 이정의 요지 등을 읽었다. 그 뒷부분은 시기적으로 좀 더 소급하여 영남 남인들이 윤승경 원장을 공격하는 통문들이 계속되고 있었다. 우암의 남명신도비명은 이 서신에 앞서 작성된 것이며, 이정과 아울러 우암에게 『남명집』의 序跋도 청했지만, 우암이 사양했음을 알았다.

25 (금) 청명한 하늘

崔栢年 등이 향교에서 尹承慶·河洺·河達漢 등을 향안에서 삭제하고서 그 修補를 위해 발송한 통문과 그에 대한 윤·하 측의 논박 통문을 읽고 있고, 아울러 고령의 생원 鄭四勿 등이 인조반정이 일어난 계해 3월에 吳汝櫶 父子 및 朴宗周 부자를 斬할 것을 청하는 상소문을 읽었다. 이 두 사건이 기본적으로는 내암의 인척들을 대북의 餘孽로 몰아 공격한 것이라는 점에서 유사한 성격의 것임을 알았다.

26 (토) 맑음

연구실에서 최백년에 대한 반박통문의 카드화를 마쳤다.

28 (월) 맑음

임술본 훼판 관계 통문철을 다 읽었고, 카드화 작업도 거의 끝나간다.

29 (화) 맑음

카드화 작업을 모두 마친 후, 원본은 조교에게 주어 한 부 복사해 조옥환 사장에게 부치도록 했다. 吳長의 '덕천서원상량문'도 읽었다.

산보를 거른 채 계속 글을 읽었더니, 오후 내내 컨디션이 좋지 못했다.

30 (수) 맑음

『남명집』 임술본 권4에서 成大谷의 '護喪所弔狀' 이후부터 내암이 찬한 남명 신도비까지를 읽고, 신도비의 내용 중 퇴계 비판과 관련된 부분들을 카드화했다.

31 (목) 맑음

임술본 중 선조의 賜祭文에서부터 吳健의 제문까지를 읽었다.

2월

1 (금) 맑음

『남명집』 임술본 권3 중에서 崔永慶이 찬한 제문까지를 읽었다.

3 (일) 맑음

釐正本『남명집』 권5의 柳宗智 찬 제문까지를 읽었다.

4 (월) 맑음

『남명집』 부록의 제문·만장 부분을 다 읽고, 임술본과 이정본을 대조해 가며 권1의 오언절구를 읽고 있다.

5 (화) 맑음

서울대동양철학연구회(서동연)를 개편한 동양철학사상연구회(동철연)의 제8회 정기학술발표회에 참가하기 위해 새벽 여섯 시 남짓에 아침을 들고, 6시 30분 서울 행 첫차를 타기 위해 서둘러 고속버스터미널로 가보았으나 첫차는 매진이라 7시 버스를 탔다. 다섯 시간 남짓 걸려 강남의 고속터미널에 도착한 다음, 사당동 네거리에서 다시 버스를 갈아타고, 과천시 문원동의 버스종점에서 내려 도보로 약 오 분 걸리는 지점에 위치한 영보수녀회 안에 있는 영보의 집에 당도하니 오후 한 시 남짓이었다. 송영배 교수가 가톨릭 신자라 작년에 이어 이곳에서 모임을 가지도록 주선해 주었다고 한다.

6 (수) 맑음

좀 늦잠을 자고 일어나 조반을 든 다음, 정리토론이 시작될 무렵 나는 먼저 작별을 고했다. 아홉 시경에 수녀회를 떠나 사당동에서 전철로 갈아타고, 불광동에서 다시 시외버스로 갈아타고는 한 시간 정도 걸려서 경기도 파주의 법원리 종점에 당도했다. 그곳의 기사식당에서 된장찌개로 점심을 든 후, 택시를 타고서 파주군 천현면 동문리 자운산에 위치한 紫雲서원에 당도했다. 이율곡과 그 모친 신사임당, 맏누이 梅窓 등 율곡 집안의 가족묘가 모여 있는 곳이다. 서원은 대원군 때 훼철된 후 박정희 대통령 당시에 일부 복원되었으며, 아직도 정화사업이 진행 중이었다. 신도비와 묘정비, 율곡 일족의 가족묘 전부를 둘러본 다음 율곡기념관도 관람하였다. 신도비와 율곡 묘비 등은 모두 6.25 때 입은 탄흔이 여기저기 남아있었지만, 대리석으로 되어 있고 서인의 대가들이 글과 글씨를 쓴 것들이었다.

적당한 차편이 없어 걸어 나오다가 도중에 지나가는 차에 동승하여 법원리까지 돌아왔고, 그곳 사거리에서 택시를 대절하여 서원에서 서북쪽 6~7리 지점에 위치한 율곡리의 花石亭에 들렀다. 이곳은 율곡의 선조가 정착한 곳으로서, 이를테면 율곡의 향리에 해당한다. 유일하게 남아 있는 정자도 근자에 복원된 것이기는 하지만, 그곳에서 바라보이는 절벽 아래의 임진강과 강 건너 탁 트인 야산들의 전망이 훌륭했다. 그러나 휴전선이 가까운 곳이라 곳곳에 군사시설과 군부대가 들어차 있어, 당시의 유유자적하며 독서하고 시를 짓던 분위기와는 너무도 딴판이었다.

타고 간 택시로 다시 파주군 주내면 향양리에 있는 청송 성수침 및 우계 성혼 부자의 묘역과 사당으로 가 잠시 둘러보았다. 역시 대리석으로 된 비석에다 청송의 경우는 퇴계의 글과 글씨로 되어 있었다. 그곳은 행정구역으로는 파주에 속해 있다 하지만 문산에 가까운 곳이었다.

7 (목) 맑음

한국동양철학회의 동계수련회 통지가 과로 와 있다는 것을 오늘에야 권오민 교수를 통해 들었다. 그래서 평소보다 30분 일찍 퇴근하여 부산으로 향했다. 그러나 진주에서 김해까지 가는데 50분 정도 걸린 데 반하여, 김해에서 사직동 터미널까지 당도하는 데는 교통 혼잡 관계로 한 시간 10분이 소요되었다. 수련회 장소인 범어사에 도착했을 때는 이미 저녁 식사가 끝나고 영남대 李完栽 교수의 발표도 끝난 후, 동국대 吳亨根 교수가 「불교의 물질관」이란 주제로 발표를 하고 있었다.

경희대의 朴性鳳 교수는 현재 한국사상사학회의 회장을 맡고 있는데, 나를 이 학회의 평의원으로 위촉하고자 한다는 말을 하므로 굳이 사양하지는 않았다. 어차피 명목뿐이기는 하지만, 별로 이렇다 할 연구실적도 없는 처지에 한국철학회 이사에다 국제중국철학회 학술고문 등 내실에 어울리지 않는 감투들이 자꾸 씌워져 창피할 따름이다.

12 (화) 맑음

오전 중 집에서 지내다가, 權仁浩 씨와 오후에 만날 약속이 되어 있으므로 점심을 든 후 어제 갔던 길을 따라 연구실까지 걸어가 보았다.

권 선생은 몇 년 동안 본교 국민윤리교육과에 강사로 나오다가, 금년에 성균관대학교 동양철학과 철학전공에서 박사학위를 받았다. 그 논문 제목은 「조선 중기 사림파의 사회정치사상연구—남명 조식과 내암 정인홍을 중심으로—」이다. 남명 관계의 박사논문으로는 한상규 씨에 이어 두 번째가 되는 셈이다. 『남명학연구논총』 제2집에 실을 논문을 탈고하여 가져왔는데, 컴퓨터로 처리하였지만 200자 원고지로 환산하면 본문이 약 250매, 각주가 약 60매에 달하는 두터운 분량이다. 권 선생의 권유에 따라 진주역 부근의 청포횟집으로 가서 술에다 저녁 식사를 함께 했다.

13 (수) 흐리고 한때 빗방울

지난번에 찾아와 단성민란 관계의 석사논문을 준비하고 있다던 고대사학과 대학원생 權乃鉉 군이 다시 연구실로 찾아왔으므로, 퇴근 무렵까지 단계 관계 자료들을 보여주며 대화를 나누었다. 『端磎家曆日記』 전부와 『진양지』 두 종류를 빌려갔다.

17 (일) 맑음

권인호 씨의 학위논문 「조선중기 사림파의 사회정치사상연구—남명 조식과 내암 정인홍을 중심으로—」 및 「남명의 경세사상에 관한 연구」를 대충 훑었다.

3월

3 (일) 맑음

동화출판공사로부터 원고청탁을 받은 국내 철학교수 100인의 철학적 에세이를 묶은 책(가칭: 삶과 철학)의 원고를 집필하기 시작했으나, 시작에서 그쳤을 따름이다.

4 (월) 흐림

일반대학원 철학과에 새로 입학한 안명진 군이 목요일 2·3·4교시로 예정된 나의 도가철학연습을 수강하겠다고 하므로, 안 군의 희망에 따라 『노자』를 다루기로 하고, 王弼注本을 텍스트로 하여 다음 주부터 내 연구실에서 수업하기로 했다. 한 명을 상대로 강의를 개설해 보기는 이번이 처음이다.

5 (화) 포근한 봄 날씨

한국철학강독의 텍스트로 삼을 예정인 『明南樓全書』 중의 『氣學』과 중국철학특강의 텍스트인 『戴東原全集』 중의 『孟子字義疏證』을 대충 검토해 보았다.

한국정신문화연구원에서 한국어문학사 전공으로 박사학위를 취득한

尹柱弼 씨가 자신의 학위논문 「조선전기 方外人문학에 관한 當代人의 인식연구」를 부쳐왔으므로 검토해 보았다. 남명과 관련하여 나의 「남명집 판본고 (1)」을 인용하고 있었다.

8 (금) 비

사회교육과의 金俊亨 교수가 『慶尙史學』 제6집을 보내주었다. 이 책의 자료 편에는 김 씨가 나를 통해 알게 된 『柏谷誌』의 해제 및 이 자료 전문의 영인이 실려 있다.

15 (금) 흐림

김경수 군의 석사논문 「사림파의 전통에서 본 남명의 실천성리학과 예학」을 읽으며, 원고에다 朱書로 코멘트 및 수정 사항을 적어 넣어주고 있다. 김 군은 군에 입대하기 이전부터 지금까지 석사논문의 주제를 모두 네 차례 변경하였다. 이번 것은 그런 대로 논지의 일관성이 있고, 이에 관한 기왕의 연구도 별로 없는 터라 통과시킬 만하다고 본다. 그러나 한문의 독해에 오류가 많을 뿐 아니라, 기초적인 내용에서도 상당한 착오가 눈에 띄었다.

16 (토) 맑음

연구실에서 김경수 군의 논문을 한 차례 검토하여 마쳤다.

어제와 오늘 양일간에 걸쳐 『남명학연구논총』 제2집의 논문을 위촉했던 사람들에게 모두 전화를 걸어 세 번째로 원고 독촉을 했고, 김충렬 원장, 조옥환 운영위원장과도 이 일로 통화했다. 김충렬 교수와의 합의에 따라, 이미 받아둔 권인호 씨의 논문은 서울의 김 교수 연구실로 등기 우송했다.

18 (월) 맑음

검토를 마친 석사논문을 김경수 군에게 전하고서 잘 다듬어 보도록 격려했다.

19 (화) 맑음

지난 3일에 시작하다 그만 둔 철학 에세이 「철학함의 시작」 집필을 계속했다. 어제도 좀 쓰기는 했지만, 너무 사적인 이야기라 세상에 내놓기가 망설여지는 글이다.

21 (목) 흐리고 오후 한때 빗방울

을유문화사로부터 내가 번역한 『중국철학사』의 제5판이 부쳐져 왔다. 이 책은 금년 3월 5일 발행으로 되어 있다. 편집주간의 말로는 대폭 개정을 가했다고 하더니, 내가 검토해 본 바로는 한 자도 고친 데가 없었다.

22 (금) 비

을유문화사의 고정기 편집주간에게 다시 전화하여 어제 검토해 본 바를 말했더니, 틀림없이 상당 부분 수정을 했다면서 수정한 부분을 서신으로 알려주겠다고 했다.

23 (토) 맑음

「철학함의 시작」 집필을 계속했다.

교내 남명학연구소의 연구원 가입신청서가 어제 연구실로 도착했다. 가입 여부를 좀 망설이다가 서명 날인하여 공영립 소장실로 보냈다.

24 (일) 맑음

거창 가조면 源泉洞의 源川亭과 道里 大學洞의 水瀑(泡)臺 및 慕賢亭을 둘러보았다. 가조읍에서 원천정 및 대학동까지는 택시로 다녔고, 돌아올 때는 수포대에서 가조까지 한 시간 정도의 길을 걸었다.

원천정은 郭俒宇의 재실인 茶川서당 바로 옆에 위치해 있었다. 全八顧의 정자로서, 남명·덕계·한강 등이 풍치 좋은 이 냇가에서 노닐었다고 한다. 오도산 아래의 수포대는 성종 연간에 崇山, 즉 지금의 합천군 가야의 매안리 처가 마을에 거주하고 있던 한훤당 김굉필과 안음현감으로 있던 일두 정여창이 일찍이 이곳에서 자주 만나 강학하던 곳이라고 한다. 이곳은 한훤당의 友壻인 坪村 崔淑梁의 先蹟地로서, 최 씨 문중에서 세운 모현정이 있다. 수포대는 정자 조금 위쪽 넓은 반석 위로 물이 흐르는 곳으로서, 세 선생의 杖屨之所임을 기록한 石刻이 눈에 띄었다.

25 (월) 아침 한때 부슬비

「철학함의 시작」 집필을 계속했다.

28 (목) 흐림

수강신청 변경기간이 끝나 며칠 전 새로 정리된 출석부가 나왔는데, 4학년의 중국철학특강은 새 출석부가 나오지 않아 조교에게 알아보게 했다. 오늘 조교가 찾아와서 하는 말이 10명 미만의 학생이 수강신청한 과목은 일률적으로 폐강 조치했다는 것이었다.

4월

1 (월) 맑으나 쌀쌀함

오후에 김경수 군이 논문발표계획서를 써 왔다.

이이화 씨가 남명학연구원에서 위촉한 논문 「정인홍의 정치사상과 현실인식」을 탈고하여 보내왔다.

2 (화) 맑고 포근함

이이화 씨의 논문을 다 읽었다.

김충렬 교수에게도 『남명학연구논총』 제2집 발행 준비와 관련하여 편지를 쓰고, 또 자택으로 전화도 하였는데 부재중이었다.

3 (수) 맑음

학기 도중이기는 하지만, 현재와 같이 수강인원이 10인 미만인 경우 수업과에서 강제 폐강을 시킨다고 할 경우, 지금까지의 전례로 보아 내가 담당하고 있는 한국·중국철학의 전공과목 중 원전을 다루는 과목들은 앞으로 거의 개설할 전망이 없어지므로, 학생 몇 명과 연구실에서 이들 과목의 앞으로의 수업 방식에 관해 의견을 나누어 보았다. 결국 수강생을 끌어들이기 위해서는 지금처럼 1차 자료를 다루는 것을 피하고, 평이한 한문 혹은 중국어로 된 철학사류를 텍스트로 하여 개설적인 수준의 수업을 하는 수밖에 없겠다는 결론을 내렸다. 그렇게 하면 나도 수업준비에 시간을 빼앗길 필요가 없고 학생들도 수월할 것이지만, 그것은 대학의 강의라기보다는 중고등학교 혹은 학원에서 하듯이 기성의 지식을 요령 있게 전달하는 식이 되고 말 것이다. 오후의 한국철학강독 시간에 수강 학생들과도 상의해 본 결과, 학기 도중이지만 텍스트를 바꾸어 최한기의 『기학』 대신 이병도 저 『한국유학사략』 가운데서 호락논쟁 부분을 다루기로 하였다.

8 (월) 맑음

이이화 선생으로부터 얼마 전에 부친 논문 내용의 일부를 수정하겠다는 서신이 도착했으므로, 김충렬 교수에게 등기로 우송했다.

12 (금) 흐림

김경수 군이 한 차례 검토해 주었던 석사 논문을 며칠 전에 수정해 가져왔으므로, 두 번째로 검토하고 있다. 이런저런 일에 시간을 빼앗겨 여러 날을 가지고 있으면서도 좀처럼 진도가 나가지 않는다. 교수가 학생의 논문을 읽어가며 두 차례나 붉은색 볼펜으로 일일이 수정 사항을 적어 준다는 것은 京都대학에서는 들어보지도 못한 일이다. 자신의 일에 바쁜 교수가 한 학생의 논문 지도에 이토록 많은 시간과 정력을 낭비할 필요가 있는 것인지 회의가 든다.

13 (토) 맑음

연구실에서 김경수 군의 논문을 검토하는 작업을 계속했다.

15 (월) 맑음

김경수 군에게 두 번째 검토를 끝낸 원고를 넘겨주었다.

17 (수) 비

한동안 접어두었던 「철학함의 시작」 원고를 꺼내어 퇴고하면서 몇 자 보태 적었다.

22 (월) 맑음

그동안 차일피일 끌어오던 「철학함의 시작」을 탈고하여 서울 원효로에 있는 同和出版公司로 우송했다.

퇴근 시에 동방호텔의 11층 스카이라운지에서 愚堂 河東根·梧林 金相朝 씨 등 남명학연구원의 중심인물과 만나, 사천비행장에 내려 예정 시각보다 좀 늦게 도착한 김충렬 교수, 조옥환 사장과 함께 다섯 명이 그곳에서 한정식으로 저녁을 들고, 1층의 커피숍에서 커피를 마신 후 돌아왔다. 김경수 군의 논문을 『남명학연구논총』 제2집에 싣는다는 것은 전번에 합의를 본 바이지만, 이 논문에 대해 연구비 100만 원을 지급하기로 오늘 다시 결정을 보았다.

23 (화) 흐리고 때때로 부슬비

동화출판공사에서 원고청탁서와 함께 보내준 국내 철학교수들의 수필집 제1권 『생각하며 살아가는 뜻은』을 대충 훑어보았다.

산청의 吳珪煥 노인에게 전화하여, 오 씨가 전번에 내게 보여주었던 吳德溪에 관한 자신의 논문 원본을 다시 보내주면 김충렬 교수 등과 상의하여 『남명학연구논총』에 수록해 볼 뜻을 전했다.

25 (목) 맑음

오랜만에 「『산해사우연원록』의 출판」 원고를 꺼내 일부 수정을 가했다.

26 (금) 맑음

봉곡동 처가 바로 곁으로 옮긴 吳智泳 씨의 弘軒한문서당에 가서 최근에 간행된 초계 출신의 한학자 故 權龍鉉의 문집인 『秋淵文集』 15책을 받아왔다.

30 (화) 맑음

어제 동화출판공사 측에서 나의 원고료에 대한 사업소득원천징수영수증을 보내왔다. 새로 쓴 원고에 대한 고료는 200자 원고지 한 매당 5,000원임에도 불구하고, 이미 발표한 글에 대한 고료에 해당하는 매당 3,500원으로 계산해 보내었으므로, 퇴근 후 이를 보고서 서울로 전화를 낸 바 있었다. 오늘 아침 출판사 측으로부터 집으로 전화가 걸려와, 새로 계산해 보내겠다는 답변이 있었다.

서울대 국사학과의 석사논문으로서 김윤제 군이 「남명 조식의 학문과 출사관—퇴계 이황과의 비교를 중심으로—」라는 주제의 것을 지난해 8월에 제출했음을 확인하고서, 서울대 국사학과와 김 군의 근무처인 규장각으로 전화를 내어 읽어보고 싶다는 뜻을 전했다.

5월

4 (토) 맑음

산청의 오규환 씨가 지난번에 내가 전화로 당부했던 「德溪 吳健 선생의 인간상」 원고를 우송해 왔다. 서울의 김충렬 교수와 통화하여 『남명학연구논총』 제2집에 싣기로 했다. 오 씨는 덕계의 방손으로서, 경북대 사학과 吳周煥 교수의 實兄이다. 西溪서원 원임을 오랫동안 맡아 왔고,

산청문화원장도 역임하신 분이다. 덕계를 퇴계의 학통에다 넣으려는 의도가 보여 어떨까 했지만, 글 쓰는 사람의 입장을 존중해야 한다는 뜻에서 수정 없이 그대로 싣는 것이 좋겠다는 뜻을 김충렬 교수에게 전했다.

8 (수) 맑음

오규환 씨의 논문 「덕계 오건선생 인간상」의 복사본을 김충렬 교수에게, 그리고 원본은 오규환 씨에게 각각 등기로 우송했다.

19 (일) 흐리고 한동안 부슬비

새벽 여섯 시에 일어나 나 혼자 일찍 조반을 들고서, 해남으로 가기 위해 일곱 시에 출발하는 순천 행 버스를 탔다. 순천에서 해남 행 버스로 갈아타, 벌교·보성·장흥·강진을 지나 해남에 내려서는, 택시로 연동에 있는 해남윤씨 종택에 들렀다. 고산 윤선도 기념관에서 윤고산 및 공재 윤두서의 유품 등을 관람하고, 다시 택시를 불러 대흥사로 향했다.

절 입구에서 산채비빔밥으로 점심을 들었는데, 전라도라 그런지 가격에 비해 반찬 등이 푸짐하고 맛이 있었다. 비닐우산을 하나 사서 받쳐 들고 부슬비 속을 걸어 초의선사가 기거하던 一枝庵에 들렀다. 예전에 이 암자를 찾아 올라오다 길을 잘못 들어 헤매다 돌아간 적이 있었는데, 지금은 안내 표지판이 상세하여 쉽게 찾을 수 있었다. 일지암의 대나무로 짠 마루에 잠시 앉았다가 한 시 남짓 되어 하산 길에 올랐다. 본사 부근에서 서산대사의 表忠祠와 유물관을 둘러보고, 버스 정거장에서 택시로 해남 읍내까지 와 왔던 길로 되돌아왔다.

20 (월) 흐림

세 시간 수업을 마치고 퇴근 시에 한문학과 주최의 포항공대 학장 김호길 박사 초청 강연회장에 들렀다. 강연회를 마치고 난 후 스쿨버스 시간도 어중간하고 하여 도로 연구실에 돌아왔다가, 김 학장과는 예전에 김 학장이 진주의 연암공전 학장으로 계실 때 같은 마을에 살았던 인연도 있고, 서울문리대 선배이기도 하고, 포항공대로 가신 후에 남명학 관계 졸고를 보내드린 적도 있어, 인사를 드리기 위해 사회대 학장실로 찾아갔다. H 선생이 물론 나를 청할 리는 없지만, 그곳에는 한문학과 교수들과 문리대 선배 두 명, 그리고 중문과의 정헌철 선생 등이 김 학장을 모시고 담소하고 있었다. 같이 앉았던 터라 권하는 바에 따라 함께 저녁 식사를 하러 나갔다.

도동 쪽의 남강 가에 있는 갈비 집이었는데, 김 학장은 예의 그 달변으로 좌중의 분위기를 돋우었다. 김 학장은 나에 대해서는 별로 기억하고 있지 않은 모양이었으나, H 선생에 대한 평가는 대단했다. 퇴계학회 관계로 여러 번 만났던 터라 H 선생의 한문 실력을 익히 알고 있는 것이다. 그곳의 모임이 파한 후, H 선생은 김 학장을 모시고 안의에 있는 知足堂 朴明榑의 후손 댁으로 떠나고, 사회학과의 김현조 선생과 정헌철 선생, 그리고 나는 사회대 학장 차로 귀가하던 도중 칠암동 강변의 횟집에서 김·정 선생과 셋이서 2차를 했다.

김현조 선생이 또 지난번의 金端碤 관계 연구비 배정 건으로 말미암은 해묵은 감정의 대립으로 나에 대해 모욕적인 말을 걸어와 약간의 시비 비슷한 것이 있었다. 김 선생은 나에게 술값을 부담시키고서 먼저 돌아갔고, 나와 정헌철 선생 둘이서 오랜만에 자정까지 그곳에서 술을 계속 마셨다. 정헌철 선생은 H 선생 및 나 양쪽과 모두 가까운 친구임을 자처하고 있는 터라, 두 사람의 불편한 관계를 조정하여 해소하는 역할을 맡을 생각이라는 말을 여러 번 하였으나, 소용없는 일임을 나는 잘 알고 있다.

21 (화) 흐렸다가 개임

『월간중앙』 1977년 9월호에 실린 鄭珖鎬 씨의 「절개로 지킨 선비도, 조식」을 읽었고, 『명종실록』 10년 을묘 11월 경술 조에 실린 남명의 단성현감사직소 가운데서 을묘왜변을 겪고 난 직후 남명의 일본에 대한 강경책 내용을 검토하였다.

24 (금) 부슬비

이만규 씨의 『조선교육사』 가운데서 남명 조식에 관한 부분을 읽었다.

25 (토) 비

10시에 자서 새벽 네 시에 일어났다. 앞으로는 가능한 한 수면시간을 자정을 전후하여 고르게 안배할 생각이다. 즉 아홉 시 전후에 자서 다음 날 서너 시경에 일어남으로써, 밤 시간에는 주로 잠을 자고 날이 밝아오기 시작할 무렵부터 하루의 일과를 시작하려는 것이다.

26 (일) 비

간밤 자정 가까운 시각에 아내가 내 서재로 건너와 잠자고 있는 나를 깨워 전화가 왔다고 하므로, 내 방의 무선전화 수화기를 드니 H 선생의 목소리였다. 약간 술기가 있는 듯 무슨 소린지 잘 알아들을 수가 없어 몇 번 되물었다. 조금 전까지 J 선생과 함께 있어 지난 20일 밤에 내가 J 선생에게 했다는 이야기를 다 들었는데, 내가 자기더러 "천하에 몹쓸 놈"이라고 말한 것으로 들었다는 것이었다. 나는 그런 말을 한 기억이 없으므로 그것은 사실이 아니라고 말하고, 그 날 밤 H 선생이 김호길 학장과 함께 안의로 떠나간 이후의 상황을 좀 설명해 주었다.

즉, 김현조 선생의 권유에 따라 귀가 길에 강변의 횟집에 들렀는데, 김 선생이 나더러 남명 관계 자료를 수집해 두기만 하고 연구는 하지 않으므로, 오히려 다른 사람이 그 자료를 수집해서 연구할 길을 막고 있다는 둥, 지난 84년도에 단계 김인섭 관계의 공동연구를 하게 되었을 때도 나는 자료를 발굴만 했지 연구에는 전혀 참여한 바가 없으므로 300만 원(J 선생 앞이라 연구비는 150만 원이었다고 새빨간 거짓말을 했다)의 연구비 중 나에게 30만 원, H 선생에게 70만 원(그리고 나머지는 자기가 삼키고, 자료 한 줄도 읽어본 적이 없는 그가 책임연구원이랍시고 연구실적까지 차지했다)을 배정한 것은 아무 하자가 없는 데도 내가 터무니없게 동등한 지분을 요구하며 자기를 험담하고 다닌다면서 나를 모욕하고, 술값까지 나에게 부담시킨 채 떠나버렸던 사정을 설명했다.

김현조 선생은 나의 서울문리대 선배이며, 단계 관계 공동연구가 파탄에 이르기 이전에는 내가 그에게 이른바 거만한(김현조 선생은 나를 그러한 놈이라고 욕하고 다니는 모양이지만 나는 아직까지 왜 그런 말을 하는지 알지 못한다) 행동을 한 적도 전혀 없으므로, 그와 같은 나에 관한 나쁜 인상을 심어준 사람은 H 선생일 것으로 생각한다는 요지의 말을 했다고 설명했다. 나의 설명 도중에 H 선생이 문득 "야 이 개새끼야! 네가 그렇게 잘난 놈이면 京都대학에 그냥 눌러 있던지 서울대학으로 가든지 할 것이지 이 시골구석에 무엇 하러 왔어!"라고 차마 입에 담지 못할 욕을 하면서, 어쨌든 자기더러 "천하에 몹쓸 놈"이라고 욕을 했다는 둥, 또 지난번에는 "내가 남명을 연구하고 있는 동안 아무 누구도 남명을 거들떠보지 않더니, 이제 연구소가 생기고 돈과 명예가 생길 만하니 서로 차지하려고 달려든다"는 소리를 한 것도 다 듣고 있다는 말만 중언부언 되풀이하였다. 후자의 경우는 내가 지난 날 H 선생과 트러블이 있고 난 후 J 선생 연구실에 들렀을 때 말한 적이 있었는데, 그러고 보면 J이야말로 화해시키겠다고 하면서 실은 없는 말을 지어내면서까지 이간시키는 짓을 하고 있는 셈이다.

아침 식사 후 합천을 거쳐 초계의 청덕면 소재지에 내려 하회리까지 걸어가서 鄭桓永 씨를 방문했다. 정씨는 초계정씨 대제학공파(草溪晋州派)의 21대 종손이다. 그의 안내를 받아 佳峴(가래재, 갈재, 하회리) 뒷산에 있는 남명의 셋째누이와 그 남편인 鄭白氷의 묘, 백빙의 아우인 白渠 및 백거의 장자로서 백빙에게 出系한 以謙, 그리고 백거의 제5자의 딸로서 진주 丹牧골 河惺에게 출가한 정씨의 묘소 등을 둘러보았다.

『남명집』에는 「孝子鄭白氷墓碣銘」, 백빙의 母인 「宜人崔氏墓碣」(역시 백빙의 묘소와 같은 장소에 묘가 있다), 의인최씨의 생모인 「恭人牟氏之墓」 등이 실려 있는데, 남명이 지은 정백빙과 의인최씨의 묘갈은 고풍스런 모습으로 이끼가 낀 채 무덤 앞에 서 있었다. 남명의 둘째누이가 李公亮에게 출가하여 낳은 아들인 이조판서 新庵 李俊民은 백거의 딸에게 장가들었다.

귀가하는 길에 합천군 쌍백에 들러 옛날 방문했던 적이 있는 평구리의 정현준 씨 댁을 찾았다. 이 분의 안내로 택시를 타고서 大浦谷에 있는 남명의 큰누이인 鄭雲 처의 묘소를 찾았다. 정운의 묘소는 묵골 九木洞의 선산에 있다고 한다. 정운의 증조부 師仲의 부인이 아들 둘을 데리고서 난을 피해 쌍백에 들어온 이후 조부인 玉潤 이래로 지금의 묵골(陸洞)에 정착했다 하며, 묵골 구목동에는 이후 대대의 선조들 산소가 밀집되어 있다고 한다. 이 집안은 같은 초계정씨이지만 대사성공파로서, 정백빙 일가와는 派가 다르다.

28 (화) 맑음

『남명집』 중 정백빙 및 그 母와 외조모의 묘명을 다시 읽고 카드화하였다.

망진산에의 산보를 마친 후, 오후 세 시부터 도서관 5층 한적실 옆에 새로 마련된 남명학연구소 현판식에 참석하기 위해 학교로 나갔다. 내외의 손님들이 제법 모였고, 현판식을 마친 후 다과회도 마련되었다. 조옥환 사장에게 다가가 내가 수집하여 조 사장이 보관하고 있는 자료들을 이제 남명학연구소로 이관하는 것이 좋겠다는 뜻을 밝히고, 다음 번 김충렬 교수 등과 회동할 때 정식으로 수의하여 결정하기로 하였다. 그런데 나중에 알고 보니, 그 자료들은 벌써 남명학연구소장실로 옮겨져 있고 분류까지 끝나 있는지라 좀 놀랐다.

다과회장에서 사진촬영 중이던 정헌철 선생에게 무슨 소리를 했기에 H 선생이 한밤중에 전화를 걸어와 그렇게 심한 폭언을 하게 되었느냐고 물었다. 정 선생 말은 자신도 H 선생으로부터 그 말을 듣고 놀랐다면서, 자신은 어디까지나 나의 입장을 설명했을 뿐인데, H 선생이 자기가 한 짓은 생각지도 않고 그런 짓을 해 낭패했다는 것이었다. 자신은 결코 내가 "천하의 나쁜 놈"이라 하더라고 말한 적이 없다고 했다.

6월

1 (토) 비

종일 집에서 TV를 보고, 『秋淵集』 중의 碑誌文字들도 좀 읽었다.

2 (일) 오전 내내 호우

『秋淵集』의 검토를 마쳤다.

점심 식사 후 진양군 문산면 원촌리로 가서 鼎岡서원 유허비의 사진을 찍어 왔다. 옛 서원 터에 이제는 민가가 들어서, 집 뒤의 채소밭에 비석이 서 있었다.

3 (월) 부슬비 온 후 흐림

금장태·노인숙·송긍섭 교수에게 전화를 걸어 원고 독촉을 했는데, 금장태 교수와만 직접 통화할 수 있었다.

5 (수) 맑음

중앙대의 노인숙 교수와 경성대의 송긍섭 교수, 그리고 김충렬 교수께 몇 번 전화를 했었으나 본인과 직접 통화할 수 없었으므로, 오늘은 아침 식사 후 일찌감치 자택으로 전화를 걸었다. 노·송 교수로부터는 원고를 넘겨주겠다는 시기를 다시 한 번 약속 받았다. 김 교수께는 지난번 남명학연구소 현판식 때 조옥환 사장이 내가 수집·복사·제본하여 한 부씩 조 사장 댁에 보관해 둔 남명학 관계 자료들을 연구원의 김 원장이나 간사인 나와 아무런 상의도 없이 남명학연구소에 넘겨준 것을 발견한 일을 전하고, 오늘부로 남명학연구원 간사의 임무를 벗겠다는 의사를 표명했다.

학교에 가보았더니, 김충렬 교수가 부쳤다던 우편물이 도착해 있었다. 김 교수의 편지와 함께 권인호 씨가 학위논문에서 鄭圃隱의 출처를 비판한 이후로 포은을 옹호하는 측으로부터 김충렬 교수까지 포함하여 상당한 공격을 받고서 문제의 부분을 수정한 경위와, 臺灣 東海대학 蔡仁厚 교수가 쓴 남명의 성리학 사상에 관한 논문이 들어 있었다.

H 선생과는 학교에서 여러 번 마주쳤으나 서로 인사도 없이 지나쳤다.

6 (목) 맑음

아침에 김충렬 교수로부터 전화가 걸려와 조옥환 사장의 바뀐 전화번호를 물었다. 내가 수집한 남명학 관계 자료를 연구원 측과 아무런 상의 없이 경상대 남명학연구소로 넘긴 데 대하여 조 사장에게 항의할 모양이었다.

7 (금) 맑음

오전 10시에 과 회의가 있었고, 오후 두 시 반에 졸업생들의 앨범사진 촬영, 오후 세 시에는 인문대 임시교수회의가 있었다. 과 회의는 인문대 교수회의에서 금년도의 학과 증설 문제에 관한 토의가 있을 것에 대비하여 과의 입장을 정리하는 모임을 가졌던 것이다. 과거 3년 동안 동양철학과의 분리신설 요청을 해 왔으나 성취되지 않았고, 이 문제에 관해 나 이외에는 과에서도 적극적인 자세를 가지는 사람이 없으므로, 금년도에는 분리신설 요청을 하지 않기로 했다.

14 (금) 맑음

과대표인 손정은 군이 찾아와 교내의 논문경시대회에 응모할 예정인데, 나의 학문세계에 관한 논문을 써보겠노라고 했다. 좀 어이가 없어서, 내가 별로 대단한 철학자도 아니니 일반적인 주제를 택하는 것이 좋겠다고 권해 보았다. 어쨌든 써보겠다고 하기에 나의 연구실적물 목록을 보여주었다.

김경수 군의 교육대학원 철학교육전공 석사학위청구논문 심사가 주심인 내 연구실에서 있었다. 부심은 권오민·정병훈 선생이었는데, 통과시키기로 했다.

15 (토) 맑음

김충렬 교수로부터 부쳐져 온 臺灣 東海대학 蔡仁厚 교수의 논문 「南冥之性理學說及其精神特徵」을 계속하여 좀 읽었다.

17 (월) 맑음

蔡仁厚 교수의 논문을 다 읽었다.

21 (금) 맑음

오후 세 시 남짓까지 내 연구실에서 정헌철 선생과 오랜 대화를 나눈 후, 세 시 반 무렵 인문학연구소의 제2차 정기총회에 참석했다.

모처럼 만난 김에, 지난번 H 선생의 한밤중 폭언 사건이 있은 이후 서로 충분히 의견을 나눌 수 있는 기회가 없었으므로, 다시 한 번 이 사건 및 H라는 인간에 관한 나의 견해를 피력했다. 정헌철 선생은 자신이 가능한 한 기회를 만들어 그 사건에 관해 H 선생이 나에게 사과하는 자리를 마련하겠으니 서로 화해하라고 권했다.

또한 내가 남명학연구원의 간사 직을 사임할 뜻을 김충렬 교수에게 전화로 전한 후, 김 교수가 조 사장에게 전화하여 강력히 항의한 모양이다. 조옥환 사장이 다시 H 선생에게 전화하여 내가 수집한 자료 건에 관해 상당히 강한 의사를 피력하므로 남명학연구소 측으로서는 좀 입장이 난처해졌다면서, 내가 조 사장에게 전화하여 그 건에 대해 양해하겠노라는 의사를 피력해 주면 좋겠다고 청했으나 거절했다.

7월

4 (목) 종일 비

규장각의 조교로 있는 김윤제 씨에게 다시 전화하여 그의 서울대 국사학과 석사논문 「남명 조식의 학문과 출사관—퇴계 이황과의 비교를 중심으로—」를 보내주도록 다시 한 번 요청했다. 김 군은 부재중이라 그렇게 전해 달라고 했다.

5 (금) 맑음

정병훈 교수 및 조교 최안준 군과 함께 교육대학원 철학교육전공 및 학부 교직이수 학생들이 교생실습 나가 있는 고등학교들을 방문했다.

귀가 길에 仙遊洞 폭포에 들렀다.

6 (토) 맑음

한국사상사학회의 하계 연구발표회 및 수련회에 참석하기 위해 아침 일곱 시 시외버스로 대전을 향해 출발했다. 직행버스로 세 시간 반 정도 걸려 대전에 도착한 다음, 동학사 행 좌석버스로 갈아타서 유성에 내려, 걸어서 학회 장소인 충남대학교 문과대학 교수회의실에 다다랐다. 류명종·윤사순·한종만·한기두 등 원로교수들의 얼굴도 보였지만, 대체로 史學 쪽 사람들이 많아 낯설었다.

토론이 끝난 다음 회장의 절반 이상을 메웠던 유림들은 돌아가고, 회원들만이 충남대 스쿨버스로 동학사로 향했다. 계룡산 동학사에는 이미 두 번인가 와 본 적이 있었기 때문에, 나는 류명종 교수 등과 함께 동학사 옆에 있는 三隱閣을 둘러보고 절에는 올라가지 않았다. 삼은각은 조선조 태종 3년(1394)에 야은 길재가 이곳에 들러 제단을 쌓고 고려의 왕들과 스승인 정포은의 혼을 모시고 제향을 올린 것이 효시가 되어, 이후 이목은·길야은 두 분의 신위도 함께 모시게 되었다 한다. 같은 경내에는 신라의 朴提上을 모신 東鶴祠 및 단종과 사육신·생육신을 비롯한 숙종조까지의 충신열사 이백 수십 인을 모신 사우도 있었다.

7 (일) 비

오늘은 유적지 답사로 일정이 짜여 있는데, 눈 뜨면서부터 종일 제법 세찬 비가 쏟아져 그칠 줄을 몰랐다. 이번 학회 기간 중 식사는 길야은 문중이, 숙박비용은 송우암 문중이 부담하기로 되어 있는 까닭에 답사는 宋門과 길야은의 유적지로 한정되어 있었다.

예정보다 늦게 8시 30분경 출발하여 대절버스로 회덕 宋村의 동춘당과 우암이 처음 복거했고 또한 最만년을 보내며 강학했던 西澗精舍를 둘러보았다. 이곳들은 지난날 아내와 함께 화양동을 방문하기 전에 이미 들렀던 곳이지만, 이번에는 종손을 비롯한 송문의 장로들이 나와 정중하게 대접하고 유래를 설명해 주었다. 서간정사를 떠나 우암의 외가이자 출생지인 옥천의 九龍村을 방문하여 우암 유허비와 그 외조부인 곽 씨의 정려를 둘러본 다음, 금산 부리(不二里)의 길재 유적지를 탐방하였다.

이곳은 고려시대에 富利縣이었는데, 고려 말인 1383년에 야은의 父인 吉元進이 錦州知事로 부임하자 당시 31세였던 야은이 부친의 임지를 찾아와 이 마을 호족인 中郞將 申勉의 딸에게 장가들었다. 이듬해 부친이 임지에서 순직하자 처가에 의탁하여 시묘 3년을 거행하는 등 모두 4년을 거처한 곳인데, 후일 야은의 절의를 추모하여 촌명을 不二로 바꾸었다고 한다. 금산에서 무주로 가는 도로 가에 있는 이 마을에는 百世淸風碑와 砥柱中流碑 등 야은을 백이·숙제에다 비견한 높은 비석들이 우람하게 서 있고, 그 뒤쪽에 영정과 위패를 모신 淸風祠 및 청풍서원·청풍각이 있었다.

여덟 시 정각 진주에 도착했을 때는 날이 개어 석양 무렵이었으나 아직 어둡지는 않았다. 여름은 정말 낮이 길다는 것을 실감했다. 한국철학회로부터 91년 정기총회 및 상임이사회 결과보고의 우편물이 와 있었다. 경상대에 할당된 이사에는 나 대신에 배석원 교수의 이름이 보였다. 나는 이 학회의 이사직을 여러 해 맡아왔는데, 유명무실한 것이어서 지난번 연임 기간 중에는 한 번도 이사회에 참석한 적이 없었으니 당연하다 하겠다.

9 (화) 흐리고 때때로 비

오전 중 P/C 기초수업이 끝난 후, 김상복 교수와 함께 가좌동 대학촌에 위치한 경상컴퓨터월드로 정일권 씨를 방문하여 컴퓨터 및 프린터 책상과 프린터에 옵션으로 부착할 수 있는 낱장공급장치 및 Sergio 등을 추가로 주문하고서, 김 교수와 함께 점심을 들고서 돌아왔다.

네 시경에 직원이 와서 컴퓨터 데스크와 프린터 데스크 및 서지오를 장치해 주고 갔다. 이로써 내 서재에도 필요한 현대적 장비가 거의 다 갖추어진 셈이다.

8월

2 (금) 맑음

어제 과사무실에 가서 가져온 금장태 교수의 남명 學記圖에 관한 연구 논문을 다 읽었다. 금 교수는 『남명학연구논총』 제2집을 위한 연구비에 의해 이 논문을 썼던 것인데, 여기에 소개된 새로운 자료들은 모두 내가 발굴한 것으로서 금 교수의 부탁에 따라 복사해 보낸 것들에 근거한 것이다.

3 (토) 맑음

금장태 교수의 논문을 남명학연구원장인 김충렬 교수에게로 부쳤다.

월요일에 팔당 소재 한암캠프에서 있을 제9회 동양철학사상연구회 정기학술발표회에서 발표할 「『산해사우연원록』의 편찬」 내용을 발췌하는 작업을 마쳤다.

5 (월) 흐리고 가끔 빗방울

서울대동양철학연구회(서동연)의 후신인 동양철학사상연구회의 제9회 정기학술발표회에 참석하기 위해 아침 일곱 시 고속버스로 서울로 향했다. 경부고속도로가 대단히 혼잡하여 예정시간이 지연되기 십상이므로, 진로를 바꾸어 함양·남원·전주를 거쳐 호남고속도로에 올라, 대전으로 해서 12시 반경에 강남고속터미널에 당도했다. 전철로 바꿔 타 청량리역 앞으로 가서, 거기서 또 반시간 이상 기다린 끝에 양수리 행 166번 시내버스로 경기도 땅에 진입하였다. 팔당댐에서 하차해야 할 것을 실수로 한두 정거장 더 간 후에 내려서, 철길을 따라 걸어서 오후 네 시 넘어 모임장소인 팔당댐 건너편 한암캠프라고 하는 언덕 위의 단층집에 당도했다.

저녁 식사 후 제2부의 순서로 들어가서 내가 「『산해사우연원록』의 편찬」을 발표하고, 대학원생인 이봉규 군이 논평을 맡았다. 이 군의 논평은 대체로 호의적이었으나, 예의 조남호 군이 정인홍·이이첨 등 역적의 무리를 낳은 남명이 뭐 별 볼 게 있겠느냐는 식의 감정적인 발언을 하기도 했다. 나는 지난번 모임에서도 그에게 개인적으로 설명한 바이지만, 다만 학문적 관심에서 관련된 자료를 실증적으로 검토하는 것이 나의 입장임을 설명했다. 조 군은 한철연의 열성 멤버에 속하는 사람으로서, 아마도 금산사 모임 무렵부터 나의 학문적 입장이나 인간됨이 보수적이라 하여 불만을 품고 있는 모양이다.

6 (화) 맑음

허우성 군이 자가용으로 아침 일찍 서울로 돌아간다고 하므로, 식사 및 총회가 있기 전 여섯 시 무렵에 방인 군과 함께 H 선생의 차를 타고서 그곳을 떠났다. 허우성 군의 아파트가 있는 이촌동에서 내렸고, 그곳의 전철역에서 방인 군과도 작별하여 고속터미널로 갔다. 여덟 시 30분 발 대전 행 고속버스를 타고 공복인 채로 중부고속도로를 따라 두 시간쯤 달려 대전에 당도했다. 다시 동부시외버스터미널에서 속리산 행 버스로 갈아타 보은에서 내렸다. 보은의 成大谷 및 남명 유적지를 둘러보기 위해서이다.

택시를 주워 타고서 우선 보은군 외속리면 書院里에 있는 象賢서원에 당도했다. 이 서원은 명종 10년에 金淨의 獨享院으로서 三年城 안에 창건되었다가, 광해군 2년에 사액되고, 현종 연간에 현 위치로 移建되었으며,

고종 때 훼철되었다가, 1896년에 재건되었다. 김정·成運·成悌元·조헌·송시열을 봉향하고 있다. 카메라로 사진을 찍은 다음, 법주사 입구 정이품송 맞은편에 있는 趙子庸 씨의 에밀레박물관에 들렀다.

돌아오는 길에 보은 읍내에서 몇 km 떨어진 거리에 있는 種谷 마을에 들러보았다. 대곡이 거처한 곳은 속리산 아래의 鐘山이라고 문헌에 나와 있으나, 종산이라는 지명은 지도에도 나타나 있지 않고 아는 사람도 없어, 유사한 지명의 이곳에 시험 삼아 한 번 들러본 것이다. 아래종곡 마을을 지나 안종곡 마을까지 가서 길가의 농부와 촌로들에게 대곡이 살던 마을에 대해 물었다. 요행히도 두 번째로 만난 노인이 대곡의 처가인 김 씨 집안 직손이어서 상세한 안내를 받을 수 있었다.

이 안종곡 마을은 대곡의 처가 鄕으로서, 대곡은 그의 형 遇가 을사사화로 생명을 잃자 이곳 처가 향에 은거하여 일생을 보냈으며, 남명도 이곳을 방문한 바 있고, 내암도 보은현감으로 있으면서 대곡을 자주 방문했던 것이다. 종산이란, 이 마을 바로 뒤의 작은 산이 마치 종 모양으로 생긴 데서 유래하는 것이다. 마을 뒤 저수지 너머의 골짜기가 이른바 대곡으로서, 그는 이곳에다 집을 짓고 학문을 강론했던 것이다. 지금 그 부근에 후학들이 세운 慕賢庵이 퇴락한 채 남아 있어 한 젊은 중이 이를 지키고 있었다. 마을 앞 들판 너머의 언덕에 대곡의 묘소와 우암이 짓고 동춘당이 쓰고 文谷 金守恒이 篆을 쓴 대리석으로 된 묘비가 비각 속에 자리하고 있었다. 김 노인의 설명에 의하면, 우리가 걸어온 이 언덕길이 과거에는 서울로 가는 간선도로로서, 이 비도 한길 바로 옆에 위치해 있었던 셈이며, 이 길은 종곡 마을 뒤쪽의 재를 넘어 북쪽으로 이어져 있었다고 하므로, 당시에는 종곡 마을도 오늘날처럼 궁벽한 곳이 아니었음을 짐작할 수 있었다.

치과에 간다는 김 노인을 보은 읍내까지 태워다 드리고, 택시는 다시 보은군 三升面 西原里에 있다는 金華祠로 향했다. 작년 9월에 초판이 나온 『儒教大事典』 현황 편에 수록된 書院·祠 항에는 이 祠의 위치를 위와 같이 적고 있지만, 金積山 아래의 이 마을에 가서 이 집 저 집에 들러 물어보아도 그 존재를 아는 사람이 없었다. 내 메모에 어느 책에선가 읽고서 선곡리라 적은 부분이 있는데, 마을 어귀에서 만난 노인에게 물었더니 금화사는 선곡리에 있다는 것이었다. 다시 금적산 모퉁이의 仙谷里로 가서 여기저기에 물어가며 찾아 올라갔다. 그러나 마을에서 뚝 떨어져 택시도 올라갈 수 없는 산기슭에 위치해 있어, 도중에 차를 세워둔 채 기사와 함께 산길을 헤매며 한참을 올라갔더니 푸른색 기와를 한 집이 보이고, 그 입구에 대곡·남명·東洲 및 溪堂의 遺址임을 기록한 비석이 보였다.

남명은 57세 때인 명종 11년에 종곡으로 대곡을 방문했다가 돌아가는 길에 대곡과 당시의 보은현감이었던 東洲 成悌元이 崔興霖의 溪堂이 있는 이곳 금적산 아래에서 餞席을 베풀고, 여기서 남명에게 청하여 王覇의 義理 등에 관해 강론토록 했던 것이다. 그 무렵 남명과 처음 만나 며칠을 함께 놀았던 동주는 다음해 8월 15일에 가야의 해인사에서 남명과 다시 만나기로 약속하여, 우중임에도 불구하고 정해진 날짜에 서로 상봉한 이야기는 꽤 유명한 것이다.

금화사는 순조 15년에 세워졌다가 고종 때 훼철된 후 1967년에 復建되었다. 祠內에는 이 네 사람의 위패를 모셨고, 그 바로 옆 언덕 아래에 이들이 회동했던 최흥림의 계당이 있었다. 골짜기의 냇물이 계당의 뜰 위에 있는 바위 위를 지나 흘러가게 되어 있는 점이 특이하였다.

기사와 함께 달음박질치다시피 서둘러 내려와 보은 시외버스 터미널까지 택시를 달렸다. 애초 15,000원에 상현사·금화사·에밀레박물관을 둘러오기로 합의하였던 것인데, 종곡과 금화사 방문에 시간이 너무 많이 걸려 결국 세 시간이나 소요된 셈이므로, 그 배 정도의 요금을 지불해야 했다.

21 (수) 맑음

오후 네 시부터 경영대학원 세미나실에서 있은 촉석경제사회연구회 주최, 경상대 인문학연구소 후원의 제1차 초청세미나에 참석하였다. '한국 근·현대사에 있어서의 사상의 추이'라는 大주제하에 성균관대 명예

교수인 이우성 교수가 「실학사상의 개화사상으로의 전개—최한기·崔漢綺 사상을 중심으로—」를, 그리고 고려대의 한국사 교수인 강만길 씨가 「1930년대 한국민족운동론의 재검토」를 발표하고, 질의 토론도 있었다.

모임이 끝난 후 옆 강의실에서 간단한 다과회가 있었고, 잇따라 사천의 딸애집이라는 음식점으로 가서 두 분 초청교수와 주최 측 및 참석한 교수들이 회동한 만찬을 가졌다. 이 자리에서 지난번 전화사건 이후 처음으로 H 교수와 합석하여 이우성 교수의 맞은편에 나란히 앉았다. 한문학과 교수들도 전원 참석해 있었으므로 서로 술잔을 주고받았지만, H 선생과는 술을 권하지도 대화를 나누지도 않았다.

세미나에 참석하기 위해 집을 나설 때, 아파트 우편함에서 한국남명학연구원 명의로 부쳐져 온 초청장을 보고서 읽어보기 위해 가져갔다. 이 연구원의 주소는 부산직할시 부산진구 부전 2동 534-2로 되어 있고, 오는 23일 오전 10시부터 서면에서 김충렬 교수와 영남대의 이수건 교수를 초빙하여 창립총회 및 기념학술대회를 가진다는 것이었다. 원장에는 최재훈, 이사장에는 곽병수라고 되어 있고, 덕천서원남명학연구원 후원이라고 인쇄되어 있었다. 아마도 내가 남명학연구원 간사의 직을 사퇴한 이후 이 연구원에는 실질적으로 김충렬 교수 한 사람만 남아 거의 유명무실한 상태가 되었으므로, 조옥환 사장은 이와 같은 형태로 새로운 돌파구를 모색해 보려는 모양이다. 종래의 남명학연구원 앞에 덕천서원이라는 네 글자가 첨가되고, 새 연구원에는 한국이란 두 글자가 붙은 것이 좀 우스꽝스러웠다. 음식점에서 경상대 남명학연구소의 간사 등에게 물어보았지만, 그들도 ≪부산일보≫에서 이에 관한 기사를 읽었을 뿐 그 외의 정보는 없다는 대답이었다.

22 (목) 흐리고 때때로 비

아침 6시 30분 서울 행 첫 고속버스로 진주를 출발하여 경부고속도로를 통해 약 다섯 시간 만에 서울에 도착했다. 서울대학교에서 개최되는 '한민족철학자대회 1991—제4회 한국철학자연합대회—'에 참석하기 위해서이다. 한국철학자연합대회는 전남대·경북대·충남대에 이어 이번에는 서울지역에서 개최키로 된 것이다.

지하철 서울대입구역에 내리니 바로 그곳에서 구내까지 들어가는 셔틀버스가 있다 하므로, 학생들 틈에 끼어 기다렸다가 그것을 타고서 대회장소인 서울대 문화관 앞에 당도했다. 문화관 대강당에서 제1부 제2주제의 주제발표가 끝나고, 인하대 김영진 교수의 사회로 발표자인 박이문·차인석·김옥숙·손봉호 교수가 연단에 나란히 앉아 질문에 대한 답변을 하고 있었다. 끝난 후 스쿨버스로 교수식당에 가려고 일어서는데, 김충렬 교수가 미리 나를 보았던지 어깨를 두드리며 부르므로 함께 식당으로 갔다. 김 교수에게서 들은 바로는, 한국남명학연구원의 최재훈 원장은 부산대학교의 전임 총장이라고 한다.

26 (월) 맑음

한국동양철학회로부터 다음 달 27일 오후 네 시 서울의 대우빌딩에서 있게 될 월례발표회에서 발표해 주도록 요청 받은 「揚雄의 心性論」의 작성을 시작했다. 아직 워드프로세서의 사용법을 익히지 못했지만, 이미 새 학기에 접어들어 더 이상 지체할 수 없는 까닭에 어쨌든 한 번 쳐보기로 했다. 아울러 타이핑 연습을 겸하여, 오늘부터는 매일 적는 일기도 컴퓨터를 이용해 볼까 한다.

27 (화) 맑음

2학기에 있어서는 1학년의 중국철학사, 3학년의 중국철학강독, 그리고 교육대학원의 동양철학사특론 두 시간을 합해 모두 여덟 시간을 담당하게 되었는데, 특론의 경우 2학년 학생들은 이미 이 과목을 수강하였기 때문에, 조교인 황인찬 군 한 사람을 데리고 수업해야 할 형편이다. 강독에서는 학생들의 수준에 맞추어 范壽康의 『中國哲學史大綱』 중 宋明 부분을, 그리고 특론에서는 揚雄의 『法言』을 다루기로 했다.

연구실에 들어가 어제 정리해 둔 상태를 둘러보고, 양웅과 관련된 자료들을 뽑아서 집으로 운반해 왔다. 밤에 한국동양철학회로부터 전화가 걸려 왔는데, 그저께 전화를 받았을 때 다음 달 발표할 준비가 별로 되어 있지 않다고 대답했었던 바, 10월 25일로 나의 발표 날짜를 재조정했다는 연락이었다.

9월

1 (일) 맑고 다소 무더움

혼자서 山淸邑 뒷산인 熊石峰에 올랐다. 물은 웅석봉 정상에 당도하기 직전 헬기장이 있는 재 아래 백 미터 지점에 있었다. 그 샘 쪽으로 나 있는 길은 아마도 雲里의 斷俗寺址로 통하는 것인 듯한데, 현존하는 吳德溪의 일기에 의하면 南冥은 66세 때인 丙寅年 正月에 웅석봉 아래 智谷寺에서 많은 제자들과 만나 며칠을 함께 머물다가 그 후 곧바로 단속사로 들어가 있는 것을 알 수 있다. 교통이 불편했던 당시의 사정으로 미루어 볼 때 아마도 최단 거리인 이 길을 넘어갔을 것으로 짐작된다. 해발 1,099m인 정상에 올랐다가, 반대편인 동쪽 능선을 따라 지곡사 아래의 저수지 쪽으로 내려오려 한 것이, 또 길을 잘못 들어 內里 아래쪽으로 빠지고 말았다. 지나가는 경운기 뒤에 얻어 타고 산청 읍내까지 들어올 수가 있어 다행이었다.

5 (목) 정오 무렵 소나기

양쪽 벽을 석면이 든 경량 석고 보드에서 벽돌로 교체한 연구실 내부에 오늘에야 페인트 칠 작업까지 끝냈으므로, 점심을 든 다음 중국철학 강독의 수강생 등과 함께 실내의 정리를 대충 마쳤다. 이제 토요일에 김경수 군이 와서 남명학 관계 자료들을 분류하여 국학 관계의 서가 위에 예전처럼 쌓아 두는 일만 남았다.

7 (토) 맑음

김경수 군과 함께 하루 종일 연구실의 남명 관계 자료들을 분류하여 서가 위와 캐비닛 속에 정돈하는 작업을 했다. 1·2 교시 수업을 마치고 돌아오니 김 군은 벌써 일에 착수해 있었는데, 김 군이 남명학 관계 자료를 정리하고, 나는 그 밖의 서적들을 재배치하거나 먼지 구덩이인 서가와 기타 집기들에 걸레질 하는 일을 맡았다. 해가 져 주위가 어둑어둑해질 무렵에야 일을 끝냈는데, 개양의 식당에 나가 점심과 저녁을 함께 들고 술도 곁들였으므로 귀가할 무렵에는 좀 취했다.

10 (화) 맑음

서울대 국사학과 석사과정을 졸업하고 奎章閣의 學藝硏究士로 근무하고 있는 金允濟씨가 부탁해 두었던 자신의 석사논문「南冥 曺植의 學問과 出仕觀—退溪 李滉과의 비교를 중심으로—」가 실린 서울대 국사학과 발행의『韓國史論』제24집을 부쳐 왔으므로 읽어보고 있다.

아울러, 釜山開成中學校 제14회 동기회가 발행한『開成: 우리들의 30년—그 어제와 오늘』이라는 386 페이지짜리 단행본도 도착했다. 이 책에는 우리들의 중학 시절 및 근년의 사진이 주소와 함께 권말에 나란히 실려 있고, 청에 못 이겨 회보 제7호에 투고했던 내 석사논문의 요지를 정리한 글「孔子의 天에 대한 意識」도 실려 있다. 오자가 제법 눈에 띈다.

11 (수) 맑음

김윤제 씨의 석사논문을 계속 읽고 있다. 상당히 정성을 들인 연구임을 알 수 있다. 나도 남명학 관계 문헌의 변천 과정을 더듬고 있으므로, 그 改變의 주된 원인이 되는 퇴계학파와의 갈등 관계를 규명하지 않을 수 없고, 그러자면 자연히 그 근원을 퇴계와 남명 두 당사자의 관계에까지 소급해 생각해 보아야 할 것이므로, 언젠가 이 두 거장의 학문 및 인간관계를 본격적으로 다룬 논문을 써 보아야겠다고 마음먹고 있다. 김 군의 논문은 내가 이미 논문 작성을 위해 카드화 해 놓은 많은 자료들을 인용하고 있고 또 대체로 공감할 수 있는 논지이지만, 견해를 달리하는 점도 있고 김 군이 오해하고 있는 내용도 부분적으로 눈에 띈다.

12 (목) 맑음

김윤제 씨의 논문을 다 읽었다. 석사 논문으로서는 훌륭한 것이기는 하지만, 더러 원전을 誤讀한 곳도 눈에 뜨이고, 어이없게 잘못 판단하고 있는 부분도 있다. 예컨대, 남명이 『心經』에 대해 별로 관심을 보이지 않았다고 하거나, 문집에 보이지 않는 책은 남명이 읽지 않은 것으로 간주하고, 『대학』이나 『심경』을 친구에게 선사받고서 그 소감을 적은 해에 이들 책을 처음 읽은 것으로 간주하는가 하면, 「戊辰封事」에서 백성의 곤핍한 정황에 눈물을 흘리는 것을 君恩에 감사하여 눈물을 흘릴 이유가 없다고 해석한 것 등이 그렇다.

14 (토) 흐림

오후 두 시부터 인문대학 세미나실에서 남명학연구소의 91년 하반기 세미나가 열렸다. 본교 농학과의 원로교수 장권렬 박사가 「남명의 〈木棉花記〉 연구」를, 그리고 고려대 철학과 강사로서 明代의 승려 감산의 老.莊子 및 中庸 주석을 번역 출판한 오진탁 씨가 「남명 사상과 장자」를 발표하였다. 발표 후의 질의 토론에서는 토론 사회를 맡은 H 선생의 지명으로 내가 발언을 많이 하였는데, 장 박사의 논지에 대해서는 규장각 소장의 이른바 「木棉花記」는 그 뒷부분에 실린 拓庵 金道和의 「忠宣公三憂堂文先生木棉遺田表」에 의해 이 문헌이 아주 근년의 것임을 확정할 수 있으며, 더구나 『삼우당집』에 「목면화기」가 南孝溫의 글로서 실려 있으므로 남명의 진본일 가능성이 적다는 점을 지적했고, 오 씨의 논문에 대해서도 여러 가지로 그 주장의 근거가 박약함을 들어 다소 신랄하게 비판했다. 토론이 끝난 후 진주여고 앞의 어느 식당으로 장소를 옮겨 함께 저녁을 들었는데, 조옥환 사장과 마주 앉아 오랜만의 대화를 나누었다.

15 (일) 맑으나 오후 한때 흐림

점심을 든 후 근처의 산청군 일대를 산책하고서 돌아왔다. 먼저 院旨에서 버스를 내려, 赤壁과 鏡湖江 사이의 국도를 따라 정유재란 때의 곽재우 장군 전설이 전해오는 백마산성 아래를 지나 新安의 文益漸 묘소에 들렀다. 三憂堂의 묘소 바로 아래에는 그의 후손들 대신 外裔인 합천이씨의 묘소 세 基가 있었는데, 비문을 읽어 보니 놀랍게도 문익점의 증손녀인 모친 南平文氏를 모시고 외가이자 면화 시배지인 培養 마을에 처음 정착한 參奉 李承文과 그의 두 아들인 淸香堂 李源 및 청향당의 아우이자 竹閣 李光友의 부친인 潛의 묘였다. 청향당은 남명과 퇴계의 同庚友이고, 그 아들인 光坤 및 조카인 光友는 모두 남명 문인으로서, 오늘날 배양은 외손인 합천이씨들의 集姓村이 되어 있는데, 비문에 의하면 근년에 이승문의 墓誌가 발굴되었다고 한다.

그곳에서 내려와 신안 本洞으로 가서, 국도를 벗어나 지난번 정병훈 선생 및 조교와 함께 들렀던 仙遊洞으로 향했는데, 도중에 역시 그곳으로 놀러 가는 젊은 남녀들의 봉고차에 합승하여 수월하게 갈 수가 있었다. 이번에는 '德溪吳先生杖屨所'라고 새겨진 계곡의 바위에까지 무난히 다다를 수가 있었다.

20 (금) 맑음

曺玉煥 사장이 선물용 배 큰 꾸러미 하나를 또 새로 보내왔다. 남명학연구소 연구발표회 때의 부탁에 따라 근년에 서울대 국사학과에서 나온 남명학 관계 석사 논문 세 편을 어제 우송해 보냈었는데, 이에 대한 답례인 듯하다.

22 (일) 맑음

나는 우리 외가의 계보에 대해 평소 궁금하게 생각해 왔던 터이지만, 丹牧골 계통이라는 것은 지난번 이순 이모가 진주에 왔을 때 들은 바 있었다. 족보를 펼쳐 보고서, 내 생모의 집안은 『晉陽誌』 人物 條에 나란히 수록된 魏寶.晉寶.國寶 삼형제 중 맏인 위보의 아홉 아들 중 막내인 悏의 계통임을 알았다. 滄洲 河憕은 이 중 다섯째이며, 협의 아들인 達漢은 滄洲의 嗣孫인 洺과 함께 『남명집』 훼판 사건 이후 懷德으로 宋尤庵.同春 등을 찾아가 그들의 도움으로 이 사건을 무마하게 되며, 이 무렵 우암으로부터 남명 신도비도 받아 오게 되는데, 이후 이 집안은 西人이 되었던 것이다.

23 (월) 흐림

밤에 조평래 군이 추석 인사차 집으로 찾아왔다. 여전히 道洞에 있는 守愚堂 崔永慶을 모신 道江書堂에서 기거하고 있다 한다. 조 군의 인간성이 좋은 탓이겠지만, 조 군은 그곳에 벌써 2년 반 정도 무료로 거주하고 있다. 막걸리와 정종을 나누어 마시고, 내 겨울 카디건 스웨터와 점퍼 각 한 벌 씩 및 사 두고서 아직 한 번도 써 본 적이 없는 석유 버너도 하나 주었다. 이번 일요일에는 또 한 번 같이 지리산에 올라 보기로 했다.

24 (화) 흐림

내 생모의 선조 하협의 문집인 『丹池集』과 하협 이후 이 집안의 장손 12대의 문집을 모은 『池上世濟錄』을 뒤적여 보았다. 이것들은 남명학 관계 자료의 일부로서 내가 남명학연구원의 간사로 있을 때 수집하여 복사해 두었던 것이다.

26 (목) 흐리고 때때로 비

어제 조옥환 사장으로부터, 그리고 오늘은 김충렬 교수로부터 남명학연구원의 사무와 관련한 왕복 편지의 사본이 도착하였다. 김 교수는 안식년을 맞아 내년 중에 출국할 예정이므로 9월 말까지 연구비를 지급한 논문들을 수합하여 12월까지 출판을 마칠 예정이라 한다. 나의 「『山海師友淵源錄』의 출판」은 원래 이 『南冥學硏究論叢』 제2집에 실을 예정이었으나, 방학 중에는 컴퓨터 연습으로, 그리고 근자에는 다음 달에 한국동양철학회에서 발표할 「揚雄의 性論」 관계 논문 준비 관계로 도무지 기한을 맞출 수 없을 듯하여, 나는 다른 지면을 통해 발표할 테니 예정대로 출판 작업을 진행하시라는 내용의 전화를 김 교수 댁으로 내었는데, 부재중이라 전화를 받은 따님에게 그렇게 전해 주도록 부탁했다. 동양철학회 총무간사인 梁承武 선생으로부터도 마침 전화가 걸려 왔으므로, 같은 케이스로 양 선생과 같은 과의 노인숙 교수께 부탁했던 「鄭寒岡의 禮學」이란 주제의 논문도 빨리 탈고해 주도록 다시 한 번 부탁했다.

28 (토) 맑음

점심때까지 『丹池集』 『池上世濟錄』 등을 읽었다.

10월

2 (수) 맑음

종일 집에서 「揚雄의 性說」과 관련된 책들을 뒤적이며 컴퓨터에 입력했다. 나는 평소 논문을 쓸 때 이 자료 저 자료를 참조해 가며 궁리하다 보면 하루에 200자 원고지 한두 장 메우는 것이 고작인 경우가 많은데, 그럼에도 불구하고 인체에 유해한 광선을 방출하고 소음을 내는 하드웨어 앞에 계속 앉아 있어야 하니 건강이 염려된다.

3 (목) 맑음

개천절 휴일이라 오전 열시 경에 우리 가족 세 명은 신안동 현대아파트에 사는 아내의 延大 선배이자 본교 간호학과의 동료인 裵幸子 교수 부부와 합류하여, 배 교수의 부군이 운전하는 차로 산청군 丹城面 雲里로 향했다. 같은 간호학과의 金恩心 교수 부군이 목사로 있는 가좌 캠퍼스 옆의 대학마을 교회에서 근자에 이곳의 땅 일만 평을 기증받아 오늘 밤 따기 작업을 한다고 우리를 그곳으로 초대한 것이다. 이곳 운리는 신라

시대의 고찰 斷俗寺址가 있어 여러 해 전에 한 번 찾아 온 적이 있었는데, 지금은 그 때와는 달리 마을 앞까지 통해 있던 도로가 2차선 아스팔트로 깨끗이 포장되어 있고, 재를 넘어 산청읍으로 통하는 도로도 개통되어 조만간에 포장될 예정이라고 한다.

농장의 원두막에서 점심을 들고, 우리 일행은 함께 단속사지로 가서 보물로 지정된 東·西塔 및 政堂梅와 84년도엔가 땅속에 파묻혀 있던 부분들을 모아 복원시켰다는 당간지주를 둘러보았고, 돌아오는 길에는 절 어귀의 개울 가 암벽에 새겨진 고려시대의 글씨인 '廣濟嵒門' 네 글자도 찾아보았다. 예전에 왔을 때와는 달리 암벽 주위에 피서객들이 버리고 간 것으로 보이는 쓰레기들이 비닐봉지에 싸여 여기저기 널려 있었다. 오후 네 시경에 집에 도착하여 양웅에 관한 논문을 조금 더 진척시켰다.

4 (금) 쾌청

森三樹三郎씨의 『上古より漢代に至る性命觀の展開』 중에서 양웅과 동중서에 관한 부분을 읽었다. 性善惡混說이 양웅에서 비롯되는 것이 아니고 동중서에게서 이미 상당히 구체적으로 논의된 것임을 확실히 알았다. 오진탁 씨에게 『韓國學報』 제58집에 실린 신병주 씨의 석사논문 「南冥曺植의 學問 경향과 現實認識」을 복사해 보내준 데 대해 감사하는 그림엽서를 부쳤다. 이 논문과 신 씨의 석사 논문 원본은 이미 입수되어 있었던 것이었다.

14 (월) 맑으나 다소 강한 바람

오랜만에 종일 양웅의 性說에 관한 논문 작성에 몰두할 수가 있었다. 그런대로 제법 진척이 있었는데, 이런 상태라면 발표일인 이 달 25일 이전까지 한 편의 논문을 탈고하여 『東洋哲學』 제3집에 투고할 수 있을 듯하고, 게다가 9월 말까지 원고를 마감하여 12월까지 출판할 예정이라는 『남명학연구논총』 제2집에는 도무지 기일을 맞출 수 없을 것으로 생각되어 수록을 포기하겠다는 뜻을 전한 바 있었던 「『산해사우연원록』의 출판」도 어쩌면 11월 말쯤까지는 탈고할 수 있을지도 모른다는 생각이 든다.

그 점을 상의하기 위해 김충렬 교수 댁에 두 번 전화를 걸었으나, 이즈음 무슨 아르바이트를 하고 계신 모양으로 그 때문에 부재중이었다. 밤 아홉 시 반경에 김 교수로부터 전화를 받았는데, 가능한 한 11월 말 경까지 컴퓨터로 처리한 내 논문의 디스켓을 김 교수께로 보내어 연말까지 책을 내는데 차질이 없도록 하겠다는 뜻을 전하여 동의를 얻었다. 근자에는 금년 중에 한 편도 완성할 수 없을 듯하여 심한 스트레스로 고통스러울 정도로 가슴이 답답함을 느껴 왔었으나, 컴퓨터의 위력에 힘입어 이만한 자신감을 가질 수가 있게 된 것이다. 모처럼 성취감으로 속이 후련함을 맛보았다.

15 (화) 맑음

어제에 이어 양웅 관계 논문 작성을 계속했다.

16 (수) 맑음

森三樹三郎씨의『上古より漢代に至る性命觀の展開』등을 통해 漢·唐代에 있어서의 性論의 동향을 대충 파악했다.

17 (목) 맑음

교육대학원 수업에서는 지금까지 揚雄의『法言』修身篇을 읽고 있는데, 이 편을 마치면 양웅의 性善惡混說과 거의 유사한 내용이 보이는 董仲舒의『春秋繁露』深察名號篇 및 實性篇의 내용을 학기가 끝날 때까지 읽어 보기로 했다.

25 (금) 맑음

양웅에 관한 논문을 좀 더 진척시켰다. 원래 예정으로는 오늘까지 이 논문과 관련된 작업을 모두 마치고, 남명학에 관한 논문에 다시 착수하여 11월 말까지는 그것도 탈고하여 서울로 우송하기로 되어 있었는데, 원전 등을 계속 참조하다 보니 상당한 차질이 생겨 아직 3분의 1도 진행되지 않았다. 양웅 자신에 관한 부분은 마치고서 동중서에 관한 부분을 입력하고 있다.

29 (화) 맑음

뜻밖에도 중국철학사 수업 중에 전 경북대 철학과 교수이며, 지금은 부산의 경성대 철학과에 근무하고 계시는 宋兢燮 교수가 찾아왔다. 교수식당에서 점심을 함께 들고, 같이 뒷산을 산보한 다음, 도로 연구실로 돌아와 또 오후 네 시 남짓까지 차를 마시며 대화를 나누었다. 금년 연말까지 남명학연구원에서 위촉했던 논문을 꼭 탈고해 주시겠다고 하므로, 그러한 뜻을 김충렬 교수에게 전하여 원고 마감 시한을 다시 연기하도록 의견을 말해 보겠노라고 대답했다. 송 교수는 정년퇴임까지 몇 년 밖에 남지 않으신 분인데, 근년에 고혈압으로 인한 뇌졸중으로 사경을 헤매시다가, 이즈음은 상당히 회복이 되셨는지 그 사이 중국 다녀오신 이야기를 상세히 들려 주셨다.

30 (수) 맑음

아침에 서울의 김충렬 교수께 전화하여『南冥學硏究論叢』제2집의 원고 마감을 금년 연말까지 늦추기로 하고, 그 뜻을 송긍섭 선생께 전한 다음, 본교 손병욱 교수와 중앙대학의 노인숙 교수에게도 연락하여 연말까지는 탈고해 보내 줄 것을 다시 한 번 부탁했다. 이미 간사 일을 그만두기는 했으나, 누군가 이런 궂은일을 맡는 사람이 없으면 안 될 터이라, 유종의 미를 거두기 위해 마지막 노력을 기울여 보기로 했다.

11월

1 (금) 맑음

종일 집에서 양웅에 관한 논문 작성을 계속했다. 편집은 나중에 하기로 하고, 일단 관련이 있다고 판단되는 내용들은 적당한 위치에 입력해 두고 있다.

2 (토) 맑음

아침 출근버스에서 국민윤리교육과의 손병욱 교수로부터 본교 남명학연구소 임원들이 조옥환 사장의 요청에 따라 『南冥集』 번역에 관한 계획을 세우기 위해 쌍계사 쪽으로 들어가 1박 2일간의 합숙을 했다는 소식을 들었다. 점심 때 교수식당에서 이 연구소의 자료조사부장을 맡아 있는 한문학과의 윤호진 선생과 같은 테이블에 앉게 되어 그것에 관해 물어 보았더니, 2주 전에 쌍계산장이라는 곳으로 갔었는데, 일 년 반 정도의 기간 동안 교감 작업을 하고 나머지 일 년 반 정도 번역을 진행하여 삼년 안에 간행하기로 계획을 세웠다는 것이었다. 교감에는 별로 시간이 걸리지 않을 텐데 라고 의견을 말했더니, 문집의 篇次 등도 重刊本의 그것을 기준으로 하여 새로 조정할 계획이라고 했다.

기왕의 번역본은 후대에 이 문집의 원형을 전면적으로 뜯어 고친 중간본을 텍스트로 삼은 까닭에 매우 문제가 많으므로 새 번역본이 필요하며, 그 작업을 남명학연구소의 우선 사업으로서 추진해 보면 좋을 것이라는 의견을 애초에 조 사장 등에게 피력했던 사람은 나였고, 당시의 나는 문집으로서 작품의 수량 면에 있어서나 체제 면에서 가장 갖추어진 釐正本을 텍스트로 삼되, 다만 인조반정 이후에 삭제된 來庵 관계 문자들을 원상대로 회복시키면 될 것이라고 생각했었다. 이번에 또 H 선생은 중간본이 문집으로서의 체제가 가장 잘 되었다 하여 그것을 기준으로 삼아 체제를 전면적으로 재조정한다고 하는 모양인데, 다년간 『남명집』의 판본 문제를 연구해 와 이 방면의 전문가라 할 수 있고 또한 문집의 재번역 건을 발의한 나의 의견은 한번 물어보지도 않고, 교감이란 이름 아래 외람되게도 과거의 선인들이 해 놓은 작업의 결과를 전면적으로 뜯어고쳐 이 방면에서 자기 이상의 大家가 없는 양 생색을 내고자 하는 그의 속셈을 짐작하고 그저 쓴 웃음만 지을 따름이다.

아무튼 현재의 임원이라는 사람들은 모두 H 선생이 끌어 온 한문학과 교수들이 아니면 H 선생의 측근들이며, 그들은 남명학에 관해 아직 공부한 바가 거의 없는 터이므로, H 선생의 말이 가히 법이라고 할 수 있는 실정이다. H라는 사람의 마음 씀씀이는 언제나 자기 주변에 세력을 규합하여 자기를 비판하거나 경쟁자가 될 만한 사람은 수단 방법을 가리지 않고 제거하고서 스스로를 드러내는데 있는 것이므로, 그러한 權謀術數를 일삼는 사람과 더불어 허심탄회하게 힘을 합해 일한다는 것이 가능하지 않음은 지금까지 약 십 년 가까운 기간 동안 누구보다도 그를 가까이 접해 본 나의 경험이 이미 충분하고도 남을 정도로 실증해 준 바이다. 나는 정치 외교 등에는 관심도 능력도 없는 사람이니, 홀로 내 길을 갈 수 밖에 없다.

나의 글 「철학함의 시작」이 실린 철학 교수 30인의 수필집 『산다는 것은 길을 찾는 것』이 동화출판공사로부터 두 권 부쳐져 왔다. 한 권은 과 도서로서 기증하고 나머지 한 권은 집에 가져와 아내에게 보였는데, 아내의 평은 다른 사람들의 글에 비해 너무 철학적이어서 어렵다는 것이었다.

6 (수) 맑음

어제 아내의 큰아버님이 작고하셔서, 아침 아홉 시경 시신이 안치된 도립의료원 영안실로 문상을 갔고, 잇달아 葬地인 장인의 고향 晋陽郡 集賢面 鳳崗里 근처의 선산으로 따라갔다. 장인은 3남 3녀의 6남매 중 둘째 아들이신데, 이번에 그 중 맏이신 분이 처음으로 돌아가신 것이다.

큰처남 晃成이가 운전하는 봉고차에 큰처남의 장인이신 古堂 朴勝均 옹과 나란히 앉아 대화를 나누며 갔는데, 칠순이 넘으신 이 분을 나는 처음 뵈었지만 의외에도 이 부근의 儒林과 교제가 많으셔서 꽤 박식하셨다. 특히 한 평생 동양화의 인물 肖像 그리는 일을 직업으로 삼으셔서 서부 경남 일대에서는 제일인자로 손꼽히셨던 모양이며, 게다가 合竹扇 고급 부채를 만드는 일에도 명성이 있으셨고, 또한 필체가 뛰어나서 지난 날 石版印刷로 문집이나 족보를 만들던 시절에는 그러한 작업에도 주문을 많이 받으셨으며, 將棋에도 일가견이 있으셨던 모양이다.

경상남도에서 경남의 선현 다섯 분의 흉상을 만들고자 했을 때, 그 모델로 쓸 南冥 선생의 초상화를 本孫으로서 문중을 대표하고 있는 曺義生씨가 처음 박 옹에게 위촉했던 모양인데, 박 옹은 그것을 고사하며 이를 경남도 당국에 일임하도록 권유하셨다고 한다. 그래서 이루어진 것이 月田 張遇聖 화백인가가 그린 남명 초상이며, 근년에 曺元燮씨에 의해 그려진 남명 전신상의 상반신 부분은 월전의 그림을 모사한 것이라고 들은 적이 있다.

그러나 박 옹은 그럴듯한 직업을 얻어 출세할 수 있는 기회도 제법 있었지만 남의 밑에서 매인 생활을 하는 것이 성격에 맞지 않고 또 한평생 재물 욕심이 없어, 자기 집 한 채 가져본 적이 없이 남의 집 셋방살이로 전전해 와서 자녀들의 교육도 제대로 시키지 못했던 모양이다. 그러한 생활에서도 그런대로 자족함을 느끼며 돈과 권력에 눈이 먼 세상인심을 개탄하고 계셨다.

9 (토) 맑음

철학과 학생들이 오늘 오후 한 시부터 시내의 호프타운이라는 곳에서 졸업생 환송회를 가진다고 전공 수업을 할애해 달라는 과대표의 요청이 있었으므로, 출근하지 않고 집에서 양웅 관계의 논문 작성을 계속했다.

10 (일) 맑음

종일 집에서 논문 작성에 몰두했다. 생각보다 훨씬 많은 시간이 소요되고 있으므로, 가능한 한 양웅 관계는 대충 빨리 매듭을 지어 놓고서 남명 관계 논문에 착수하여 연말까지 탈고할 예정이지만, 그것이 뜻대로 될지 걱정이다.

11 (월) 맑으나 쌀쌀함

종일 집에서 논문 작성을 계속했지만 진척은 많지 않았다.

서울에 있는 영인 출판사인 法仁文化社의 김근중 사장이 四部叢刊廣篇을 완성해 가져 왔다고 집으로 전화를 걸어 왔으므로, 우리 아파트로 오시게 해서 50책 한 질을 구입했다. 사부총간은 나의 소개와 권유로 影印하게 된 것이므로 지난번 正篇이 나왔을 때는 특별 할인을 받아 내 것과 학과 도서용으로 각 100책 한 질씩을 구입했었는데, 이번에는 애로를 말하므로 처음 부른 값에서 5만원이, 그리고 한문학과의 황의열 선생이 구입한 가격에 비해 10만원이 싼 70만원에 구입했다.

20 (수) 맑음

양웅 관계 논문의 제목을 「揚雄의 性說」이라고 정해 놓았었는데, 오늘 「揚雄의 性善惡混說—漢代 性論의 動向과 관련하여—」라고 고쳤다.

25 (월) 맑음

지난번에 실수로 저장을 하지 않고 전원을 꺼서 없어져 버린 제4절의 앞부분을 새로 작성하여 王充에 관한 부분까지를 일단 정리했다.

26 (화) 맑음

국민윤리교육과의 손병욱 교수로부터 오전에 전화를 받았다. 점심을 함께 들자고 하므로 12시 40분 스쿨버스로 함께 퇴근하여 지난 토요일에 들렀던 강변의 오리탕 집에서 식사를 하고, 부근의 다방에서 함께 차도 들며 긴 대화를 나누었다. 손 교수는 남명학연구원으로부터 연구비 착수금을 수령하고서도 여러 해 동안 집필하지 못하고서 미루어 온 논문의 주제로서, 자신이 근자에 관심을 기울여 한 篇 탈고한 바도 있는 성리학적 수련법으로서의 靜坐를 남명과 관련시켜 한 번 다루어 보면 어떻겠느냐는 상의였다. 나로서도 남명학을 그러한 측면에서 조명해 볼 필요가 있음을 절감하고 있었던 터이라 적극 찬성하였다.

이런 저런 이야기 끝에 결국 H 선생이 화제에 올랐는데, 나로서는 가급적 H 선생을 입에 올리고 싶지 않았으나 어쩌다 지난번 밤중의 폭언 전화 이야기가 나와 결국 서로 H 선생에 관한 대화를 오랫동안 나누게 되었다. 손 선생은 H 선생과 마찬가지로 본교 출신이고, 또 정신문화연구원의 한국학대학원에서 같이 석사 과정을 이수한 사이이므로 H 선생과 접해 온 기간은 나보다도 훨씬 더 긴 셈인데, H 선생의 인격에 관한 의견은 나와 전적으로 같은 것이었다.

27 (수) 맑음

밤 11시 20분까지 작업하여 「揚雄의 性善惡混說—漢代 性論의 動向과 관련하여—」를 탈고하고서 한 부를 프린트 하고, 플로피 디스켓에도 한 부 복사하는 일까지를 마쳤다. A4용지로 13매에 달하는 분량인데, 30~40분 정도 발표할 분량으로서는 너무 길고 한 편의 논문으로서는 너무 짧은 감이 든다.

28 (목) 부슬비

어제 프린트 해 둔 논문을 조교에게 주어 40부를 복사하게 했다.

29 (금) 짙은 안개

한국동양철학회의 11월 월례발표회에서 양웅에 관한 논문을 발표하기 위해 6시 30분의 고속버스 첫차로 서울을 향해 출발했다.

발표회장은 서울역 앞 퇴계로 방면 진입로 변에 있는 대우재단빌딩의 18층 강연장으로서, 오후 네 시에 모임이 시작될 때까지 참석자들과 좀 대화를 나누었다. 40명분의 발표문을 준비해 갔었으나 평소보다 참석자가 적어 20여 명 정도가 온 듯싶었다.

내가 발표한 다음에는 성균관대 동양철학과 예술철학전공을 수료하고서 작년에 「老莊의 美學思想에 관한 硏究」라는 논문으로 철학박사 학위를 취득한 남명 후손 曺玟煥 씨가 「莊子의 禮樂批判에 대한 理解」라는 논문을 발표하였다. 『동양철학』 제2집이 나와 총무간사인 양승무 선생이 나에게 다섯 권이나 주었는데, 오늘 발표한 내 논문은 내년 연말경에 간행될 예정인 이 논문집의 제3집에 싣기로 되었다.

12월

2 (월) 맑음

지난 여름방학 이전까지 원고지에 연필로 적어 넣어 두었던 「『山海師友淵源錄』의 出版」을 컴퓨터에 입력하기 시작했다. 200자 원고지로 22매까지 나가 있는데, 여름방학 때 탈고할 작정이었던 것이 컴퓨터 강습과 잇따른 양웅 관계 논문 작성 때문에 이제까지 중단해 둔 상태인 것이다. 금년 연말까지 탈고해 넘겨주어야 내년 초에 간행될 예정인 『南冥學硏究論叢』 제2집의 작업이 순조롭게 진행될 수 있겠다. 한글로 적어서 의미전달에 지장이 없는 말들은 모두 한자를 한글로 바꿀 예정이다. 그러나 일부러 쉬운 말로 고치지는 않을 것이다.

3 (화) 오전 중 짙은 안개가 끼고, 포근한 봄 날씨

종일 타이프를 쳐서 입력 작업을 끝냈다. A4용지 4매 분을 가득 채운 셈이다. 개중에는 내장되어 있는 漢字 가운데 쪽자를 만들 수 있는 글자가 없어 한 쪽씩 새로 그려서 만들기도 했다.

4 (수) 맑음

어제 타이프 한 내용을 다시 검토하며 몇 군데 잘못 입력한 곳을 수정했다.

충남대 철학과에서 南明鎭 교수의 지도 아래 석사 논문을 썼던 劉日煥이라는 청년과 같은 남 교수를 지도교수로 하여 석사 논문을 준비 중인 姜聖元이라는 학생이 정오경에 아파트로 방문해 왔다. 어제 대전으로부터 전화를 걸어 왔었는데, 두 사람은 남명에 대해 관심이 있어 지난 날 함께 덕천서원을 방문한 적도 있었다 하며, 강군은 현재 「남명의 인간관」이라는 주제로 석사 논문을 써 볼 계획이라고 한다. 그러나 멀리서 일부러 찾아와 준 정성에 비해서는 남명학에 관한 예비지식이 부족했고, 나의 논문도 「南冥學資料叢刊 解題緖論」 밖에는 읽은 것이 없다고 한다.

5 (목) 맑음

하루 종일 컴퓨터 앞에 앉아 있자니, 하드웨어 내부의 팬에서 나오는 소음과 모니터의 전자파로 쉬 피로해 지는 것 같고, 또 낮 내내 빈 아파트에 혼자 있자니 갑갑하기도 하다. 역시 낮에는 주로 연구실에 나가 원고지에다 작업하고, 저녁에 돌아와 그날 작성한 내용을 입력해 두는 식으로 할까 한다.

11 (수) 맑으나 매우 쌀쌀함

연구실에서 「『산해사우연원록』의 출판」 관계 작업을 계속했다.

퇴근 시간에 시내의 금하식당에서 남명학연구소의 평의원회가 있었다. 한문학과의 장원철 교수가 간사로서 경과보고를 했고, 이에 대해 정병훈 선생이 연구소 규정을 무시한 채 평의원회를 유명무실한 상태로 두고 그간 한 번도 소집하지 않고서 부장들끼리 모든 일을 처리한 후 사후 승인을 구하는 식으로 월권적인 업무 처리를 한 점에 대해 따졌다. 나도 연구소보의 수록 논문 열 편 중 아홉 편이 한문학 전공자의 것이고, 부장이나 남명학당의 연수원 및 연수원 강사 등의 구성에 있어서도 지나치게 한문학과에 편중된 점, 그리고 『남명집』의 번역 계획을 수립해 놓고서도 보고하지 않고 있는 점 및 번역의 대본으로서 이른바 釐正本을 취하지 않고서 말썽 많은 重刊本을 택한 이유 등에 대해 질문했다.

12 (목) 寒波

오후에는 연구실 책상에 엎드려 잠시 낮잠을 자기도 하면서 기왕에 작성해 둔 논문 내용의 일부를 수정했다.

13 (금) 다소 풀린 날씨

종일 연구실에서 논문 작성에 몰두했다. 오늘부터 제3절에 들어갔다.

15 (일) 맑고 포근함

집에서 논문 작성을 계속했다.

20 (금) 아침 한때 부슬비

종일 연구실에서 논문 작성에 몰두했으나 그다지 진척되지는 않았다.

23 (월) 흐림

연구실에 나가 논문 작성을 계속했다.

25 (수) 흐리고 때때로 부슬비

며칠 동안 작업해 놓은 분량을 컴퓨터에 입력해 두었다.

26 (목) 부슬비

종일 연구실에서 논문 작성에 몰두했다.

27 (금) 오전에 부슬비

연구실에 나가 어제 해 놓은 작업들을 좀 다듬었다.

저녁에 대구의 송긍섭 교수로부터 남명학연구원에서 위촉한 논문 관계의 전화가 있었다.

28 (토) 첫눈

종일 논문 작성을 계속하여 이제 제4절에 들어갔다.

29 (일) 맑으나 제법 쌀쌀함

오전 중 집에서 논문 작성을 하다가, 정오 무렵 동서인 황 서방네 가족 일동과 우리 가족이 함께 황 서방 차로 부곡온천으로 드라이브를 떠났다.

30 (월) 맑음

아침에 김충렬 교수께 시외전화를 내어 보았더니, 내년 3월 1일부터 내후년 2월 말일까지 일 년 간 UCLA 측과 계약이 되어 있어 2월 15일에 출국할 예정이므로, 『남명학연구논총』 제2집의 원고는 늦어도 1월 15일까지는 마감해야겠다는 것이었다. 손병욱 교수와 대구의 송긍섭 교수께 전화하여 그러한 뜻을 전하고, 시간 절약을 위해 탈고되는 대로 김충렬 교수께 직접 우송해 달라고 당부했다.

1992년

1월

2 (목) 맑음

간밤의 수면 부족으로 정신이 맑지 못하므로, 산보를 다녀온 후 낮잠을 한 시간 정도 자고 나서 논문 작성을 계속했다.

3 (금) 맑음

새해 첫 출근을 하여 논문 작성을 계속했다. 필사본으로 된 无悶堂의 『卞誣錄』 중에 판독이 어려운 부분이 있어 지난번에 복도 건너편에 있는 한문학과의 최석기 교수 연구실에 들러 물었었는데, 오늘도 출근하자마자 최 선생 방으로 가 역시 필사본인 金墩의 『默齋集』 중 일부 글자의 판독을 부탁했다. 나에게 읽기 어려운 글자는 최 선생에게도 마찬가지인 듯했지만 그래도 참고는 되었다.

4 (토) 맑고 포근함

『端磎集』과 『性齋集』에 『산해사우연원록』의 중간본 발문을 쓴 默齋 金墩과 그 조부 小山 金碩의 墓道文字들이 들어 있음을 옛날 『商山金氏世譜』를 읽고 정리해 두었던 독서 카드에서 뒤늦게야 발견해 내었다. 그 두 문집 중 해당 내용이 들어 있는 부분들을 퇴근 시에 집으로 가져와 면밀히 검토해 보았다. 오늘은 묵재의 인적 사항과 관련된 부분을 입력해 넣었다.

6 (월) 오전에 비

대구의 송긍섭 교수로부터 전화가 왔는데, 송 교수는 논문을 탈고하여 이제 정서만 남겨 두고 있으며, 다음 주 월요일에 직접 가지고 상경할 예정이라고 한다. 나는 이제 漁隱 朴挺新의 인적 사항에 관한 부분까지 들어갔다.

7 (화) 흐림

연구실에서 漁隱 朴挺新의 가계에 관한 내용을 좀 적었으나, 기왕에 작성했던 부분들을 수정하고 오후에는 서울의 노병례 씨가 부쳐준 인쇄물 등을 읽느라고 별로 진도를 내지는 못했다.

8 (수) 흐림

종일 연구실에서 논문 작성에 몰두했다. 漁隱의 아버지인 西溪 朴泰茂에 관해 적고 있다.

9 (목) 맑고 포근함

논문의 마감 날짜가 촉박하므로, 학교에 나가지 않고 집에서 계속 컴퓨터에다 입력해 넣었다. 한국철학회의 투고 요령에 의하면, 연구 논문의 경우 분량은 200자 원고지 100매 내외(각주, 참고문헌을 제외시킨 분량), 혹은 워드프로세서로 작성한 것은 A4용지 20매 내외로 되어 있으므로, 대충 20매를 예정하고서 적고 있었는데, 내가 컴퓨터에 지정해 놓은 문단 모양에 의하면 한 페이지가 35자 40행에 해당하므로 200자 원고지로 환산하면 7매가 되는 셈이다. 오늘로써 대충 17페이지 정도가 될 듯한데, 그렇다면 이미 원고지 100매를 초과하고 있다는 계산이 나오는 것이다. 어쨌든 앞으로 하루 이틀 정도면 탈고가 될 듯하다.

11 (토) 맑음

저녁 무렵 처제가 아이들을 데리러 와서 아내와 잡담하며 놀다가 함께 저녁을 들고서 밤 여덟 시 경에 돌아갔다. 처제가 떠난 후, 오늘 오전 학교에서 끝내 둔 데서부터 작업을 계속하기 위해 3.5인치 B 드라이브에 디스켓을 꽂고 논문 파일을 불러 보았더니, 웬일인지 퇴근할 때 분명히 복사해 둔 오늘의 작업 내용이 복사되어 있지 않은 것이었다. 내일까지 작업을 마쳐 모레는 서울로 부쳐야 할 텐데 이런 낭패가 있나! 복사가 되지 않은 이유는 잘 모르겠지만, 어쨌든 지체하고 있을 수는 없으니 어제까지 작업한 데서부터 계속해 볼 수밖에 없겠다.

12 (일) 맑음

어제 학교에서 작업한 내용이 왜 복사되지 않았는지 알아보기 위해 조반을 든 후 일요일임에도 불구하고 평소처럼 연구실에 나갔다. 서랍에서 컴퓨터를 꺼내어 저장해 둔 師友錄 파일을 불러 보았더니 어제 작업한 내용이 그대로 들어 있기에 그런대로 안심했는데, 그것을 가져간 디스켓에다 복사하려고 하니 집에서 본 것과 똑같은 결과가 나오므로 한참 동안 여러 가지 방식으로 시도해 보며 초조해 하다가 마침내 그 원인을 찾아냈다. 집에서 작업하여 학교로 가져가 복사한 내용은 C 드라이브의 루트 디렉터리에 복사되어 있고, 어제 작업한 것은 HWP 서브 디렉터리에 들어 있었는데, 그냥 C 드라이브로부터 A 드라이브로 복사를 시켰으니 루트 디렉터리의 것이 복사되었던 것이었다.

점심은 개양의 대학촌에 나가 사 먹고, 계속 작업하여 19페이지 중간 남짓까지 입력하였다. 제4절은 마쳤으나 아직 제5절에 들어가지는 못했다. 碧寒亭에서 발견된 필사본에다 상당한 비중을 둘 예정이었으나, 이미 시간도 없고 또한 지면의 여유도 없을 듯하여 결론 삼아 간단히 언급하는데서 그치기로 생각을 바꾸었다.

13 (월) 흐림

종일 연구실에서 논문 작성에 몰두했는데, 20페이지 마지막 근처까지 이르렀으나 아직 끝내지는 못했다. 오늘 밤 중에 완성하여 내일은 서울로 우송할 예정이다.

손병욱 교수로부터 지난 11일 오전 아홉시 무렵에 논문을 우송했는데 접수되었는지 모르겠다는 전화를 받고서 서울의 김충렬 교수께 전화를 내어 확인해 보았는데 아직 도착하지 않았다고 한다. 오늘 중에 서울로 가져가겠다고 한 송긍섭 교수의 논문도 아직 들어오지 않았다고 하므로 대구의 송 교수 자택으로 전화하여 사정을 여쭈어 보았다. 16일 경에 가져가겠으며, 본인이 다시 김 교수께 전화하겠노라고 했다. 무민당의 벽한정에서 발견된 필사본 『산해사우연원록』과 『남명선생연보』는 축소 영인하여 논문집에 첨부하기로 김 교수와 의견의 일치를 보았다.

14 (화) 맑음

간밤에는 밤 0시 40분 무렵까지 작업했으나 마치지 못했으므로, 다시 새벽부터 작업을 시작하여 정오 무렵에야 겨우 탈고할 수 있었다. 그러나 프린트를 하여 대충 훑어보니, 애써 자형편집기를 통해 만들어 넣은 한자의 위치가 처음 입력해 넣었을 때와는 달리 뒤죽박죽으로 바뀌어져 있었으므로, 학교에 가서 다시 찬찬히 읽어 가며 붉은색 사인펜으로 교정할 부분을 표시해 두었다가, 밤 11시 가까운 현재에야 비로소 수정 작업을 모두 마쳤고, 내일 서울로 우송할 플로피 디스켓에의 복사도 끝냈다. 학교의 컴퓨터로 편집한 글자와 집의 것으로 만든 글자의 위치가 서로 같지 않은데다가, 도중에 실수로 말미암아 편집하여 입력해 둔 글자가 삭제되기도 하여 이러한 혼란이 야기된 모양이다. 논문의 전체 분량은 A4용지로 22매 정도이다.

이제 김충렬 교수께 약속한 우송 날자가 또 하루 늦어지게 된 사유를 적어 프린트해 둔 다음 취침할까 한다. 오전 중 송긍섭 교수로부터 전화를 받았는데, 아무래도 이번에는 논문을 싣지 못하겠다는 뜻을 김 교수께 전했다고 한다.

15 (수) 맑음

오전 중에 조교를 시켜 논문과 전각사용자정의를 통해 만들어진 한자가 수록된 플로피 디스켓과 그것을 프린트한 것, 그리고 영인하여 수록하기로 한 碧寒亭 소장 필사본 『남명선생연보』 및 『산해사우연원록』을 김충렬 교수께 등기속달로 우송했다. 드디어 작업을 마쳐 홀가분하지만, 전각사용자정의를 통해 만들어진 한자들이 저쪽 컴퓨터에서 문제를 일으켜 어제보다 더 심한 혼란이 초래되지 않을까 걱정된다. 다음 단계로 「『南冥集』 釐正本의 성립」이란 논문에 착수하기 위해 작성해 둔 카드의 분류 작업에 착수했다.

정병훈 선생이 학과장 회의에서 나를 한문학과의 인사위원으로 추천해 놓은 까닭에 오후 한 시부터 인문대 세미나실에서 있은 공채를 위한 세미나와 서류 전형에 참여했다. 이미 여러 해 전부터 한문학과의 강사로 나오면서 모집 분야의 강좌를 맡고 있던 李相弼 선생을 뽑기로 과에서는 다 내정해 두고서 형식적인 절차를 거칠 뿐인데다, 두 사람의 응모자 중 다른 한 사람인 孫五圭씨는 성균관대 국문과에서 박사 학위를 받기는 했으나 전공이 오히려 한국 고전문학 쪽인지라 결론은 당연히 이상필 선생 쪽으로 났다.

심사 보고서에 날인한 후 한문학과의 전임 다섯 명 전원과 타과의 심사 위원인 중문과의 정헌철, 국문과의 박성석 교수와 함께 강변의 다도 횟집에서 술과 저녁 식사를 들었다. 나는 금년부터 금주하기로 작심했으므로 끝내 술은 한 방울도 입에 대지 않았고, 2차에도 따라가지 않고서 일찍 돌아왔다.

16 (목) 맑음

어제 이상필 선생의 발표 논문 「寒岡의 文學思想과 詩世界」에서 남명의 이른바 詩荒戒가 一蠹 鄭汝昌, 靜庵 趙光祖 등의 문학관을 계승한 것이며, 德溪를 거쳐 한강에게로 이어진다는 주장이 있었으므로, 『秋江集』 『靜庵集』 『德溪集』 가운데서 인용된 내용들의 전문을 검토하였다.

17 (금) 寒波

교육학과의 석사 논문인 史載明 군의 「南冥 曺植의 敎育思想에 關한 硏究—『學記類編』의 「學記圖」를 中心으로—」를 대충 훑으면서, 거기에 인용된 程伊川이 찬한 程明道 行狀을 『伊川集』에서 찾아 정독해 보았다. 명도의 학문적 입장과 남명의 그것이 유사함을 새삼 깨달았다. 史 군은 내 수업을 들은 적이 있고, 작년인가 붓글씨로 쓴 연하장을 보내 왔었으나 당시는 누가 보낸 것인지 알지 못했었다.

22 (수) 맑음

오전 11시 30분부터 귀빈예식장에서 있은 조옥환 사장의 장남과 본교 빈영호 현 총장의 막내딸 결혼식에 참석했다. 조 사장 측 하객들은 예식장 지하의 식당에서 점심을 들었는데, 옛날 남명학연구원 관계로 자주 접하던 하병렬 씨나 하동권 씨 등이 앉은 자리에 H 선생이 합석해 있는 것을 보고, 나는 그 자리에 끼고 싶지 않아 멀찌감치 다른 곳에 앉아 식사를 하였다. 식당의 계단을 올라 나오는 길에 맞은편에서 내려오는 조옥환 사장과 마주쳤는데, 이미 식사를 마쳤음에도 불구하고 조 사장이 내 손을 끌며 굳이 들어가자고 하여 도로 식당에 내려갔다. 마침 안쪽에 김충렬 교수와 몇 년 전에 만났던 적이 있는 외국어대의 조회환 교수, 중앙대에서 남명의 교육 사상 관계로 박사학위를 받고 지금 부산에 새로 생긴 한국남명학연구원 관계의 실무를 맡아 있는 동주여전의 한상규 교수, 그리고 전 문교부 장관과 주일 대사 등을 역임한 이규호 씨 부처 등이 구석에 합석해 있어 그 자리에 함께 앉게 되었다. 이규호 씨는 중풍으로 젓가락질 하는 손이 떨리고 있었는데, 조 사장과는 가까운 인척이 된다고 한다.

식사를 마치고서 이 장관을 제외한 나머지 사람들은 예식장 구내 다방에서 커피를 들었다. 김 교수는 이번에 『남명학연구논총』 제2집을 낸 후에는 남명학연구원을 해산하기로 나와 합의해 놓고서 아직도 미련이 남는 모양으로, 한참 후에 들어온 조 사장과 더불어 서울에다 사단법인 형태의 남명학연구원을 세우는 문제를 논의하여 합의하였다. 나는 이미 전달해 두었던 바대로 법인의 성립 여부에 관계없이 이번에 2집이 나오면 그로써 일체의 공적인 일에서 손을 뗄 생각임을 다시 한 번 표명했다. 그 자리에서, 연구비를 인상하기 전에 논문을 위촉했던 사람도 인상 후에 위촉한 사람과 마찬가지로 100만원씩의 잔액을 지불하기로 했고, 연구비 선금을 받고서도 끝내 논문을 내지 않은 송긍섭 교수와 노인숙 교수에게는 이미 지불된 연구비의 반환을 요구하며, 한상규 교수가 이미 제출한 오덕계에 관한 논문 외에 내암의 선비 사상 관계의 논문을 한 편 더 내겠다고 김 교수에게 말해 승낙을 얻은 모양이었지만 나의 의견에 따라 이번에는 채택하지 않기로 결정했다.

학교에 도로 갔다가 퇴근하여 집에 돌아온 후, 교내의 남명학연구소 자료수집부장인 한문학과의 윤호진 교수에게 전화하여, 윤 교수가 집필하여 이 달 중에 간행될 예정인 남명학연구소보 창간호에 실게 될 예정인 연구소 소장 문헌 목록에 있어서, 이 자료들의 수집 및 연구소가 이를 소장하게 된 경위를 밝혔는지 물었다. 김충렬 교수가 그런 문제는 넌지시 일러서 분명히 해 두는 것이 좋으리라고 말했기 때문에, 겸연쩍어 내 입으로는 차마 확인해 보기가 어려워 지금까지 두고 보고만 있었던 것을 한 번 직접 물어본 것이다. 윤 교수 말로는 그 점을 冒頭에서 잠깐 언급하였으며, 이 자료들은 남명학연구원의 위촉을 받아 나와 H 선생이 공동으로 각 문중 및 서울의 여러 도서관 등을 돌아다니면서 수집한 것이라고 적었다고 한다. 내가 다년간에 걸쳐 휴일마다 각지를 다니며 수집하고, 후에 연구원의 재정적 지원을 받아 내가 철학과 학생인 김경수 군, 박쌍선 양을 개인 조교로 고용하여 복사 작업을 추진하여 온 것이며, H 선생은 나를 따라 몇 번 같이 다닌 것에 불과한데 공동 작업이 도대체 무슨 말인가! 윤 선생은 누구로부터 그런 말을 들었느냐는 질문에는 말하기 어렵다며 종내 대답하지 않았지만, H 자신의 입에서 나온 말임은 두 말할 필요도 없는 것이다.

23 (목) 맑음

아침 출근한 후 한문학과의 윤호진 교수에게 다시 전화하여 한 번 만날 것을 청하였다. 얼마 후 윤 선생이 출근하는 길로 내 연구실에 들렀는데, 어제 통화 중에 윤 선생이 남명학 관계 자료를 연구소가 접수하게 된 경위에 대해 이전에도 연구원 이사회 측에 서면으로 보고서를 보낸 적이 있다고 했으므로, 그 때도 나와 H 선생의 공동 조사 운운의 내용이 그 보고서에 들어 있었는지를 물었다. 아울러 내가 이전에 쓴 「남명학 자료총간 해제 서론」에서 이 자료의 수집 경위를 밝힌 적이 있음과, H 선생이 단계 관계 공동 연구 때 이후로 여러 경우에 이번과 유사한 짓들을 하여 나의 우정을 배신해 온 점, 근자에는 내가 자료를 빌려 온 곳곳마다에 나와는 아무 상의도 없이 이정한 당시 총장 명의의 서신을 띄워 소장 자료들을 본교 도서관에 기증하도록 요청함으로써 나를 난처한 입장에 빠지게 했을 뿐 아니라 자료 수집 자체를 방해한 점 등을 들어, 내가 이번 일을 분명히 해 두고자 하는 이유를 설명했다.

24 (금) 맑음

한국철학강독의 텍스트로 정한 아세아문화사 影印『남명집』釐正本의 「學記類編」은 인쇄 상태가 매우 좋지 않아 알아보기가 힘들므로, 별행본으로서 간행된『학기유편』丁巳初刊本으로 텍스트를 바꾸기로 마음먹었다. 내가 발견하여 아직 학계에조차도 그다지 보급되어 있지 않은 이 책을 조교에게 전하여, 두 부를 복사 제본해서 한 부는 학생들이 복사할 수 있도록 연구실에 비치하고 다른 한 부는 내가 수업에 쓸 수 있도록 갖다 달라고 했다.

지난 학기까지는 京都大學에서 그렇게 하는 것처럼 매 학기마다 텍스트를 바꾸어 왔지만, 나 자신의 부담이 클 뿐 아니라 수강생들은 매년 바뀌기 때문에 반드시 그럴 필요도 없어, 금년부터는 한국철학강독은 『학기유편』, 중국철학특강은 河上公注『노자도덕경』으로 고정하여, 한 학기 진도가 끝난 데서부터 다음 학기의 수업을 진행하는 형태로 전권을 다 마칠 때까지 계속해 나갈 작정이다.

28 (화) 저녁 한때 빗방울

택시를 타고 시외버스 종합터미널로 향했다. 국민윤리교육과의 손병욱 선생과 거기서 만나 함께 전북 고창의 仙雲寺에서 열리는 한국동양철학회 동계수련회 및 제20회 정기총회에 참석하기 위해서이다.

열 시 경에 버스가 출발하여 함양, 남원, 임실 등을 거쳐 전주에 도착하였고, 택시를 타고서 전주비빔밥 잘 한다는 집으로 찾아가 점심을 들고, 다시 정주로 가서 흥덕 행 버스로 갈아타서, 흥덕에서 선운사 행 군내 버스로 갈아타 수련회장인 선운사 본사의 요사채에 당도했더니 오후 네 시가 좀 지나 있었다. 예정보다 일찍 시작했던지 벌써 한종만 회장의 「天台學의 性惡說 문제」라는 주제의 첫 발표는 끝나고, 동덕여대 조준하 교수의 「공자의 禮 사상에 대한 고찰」이라는 발표가 진행되고 있었다.

두 분의 발표와 질의 토론이 끝난 후 선운사 주지 스님의 선운사와 한국 불교에 대한 설명이 있었고, 저녁 예불과 공양이 있은 다음 이어서 총회에 들어갔다. 1991년도 사업 및 결산 보고와 회칙 개정에 관한 심의가 있은 다음 차기 임원 선출이 있었다. 이번에는 고려대의 윤사순 교수와 성균관대의 최근덕 교수가 나란히 차기 회장을 바라므로, 표결에 대비하여 그 대학 출신의 전공자들이 조직적으로 동원된다는 소문이 있었는데, 그 때문인지 참가 회원 수가 70명을 초과하는 이 학회 창립 이래의 최대 성황을 이루었다. 동국대 송석구 교수의 제안에 의해 표 대결로는 들어가지 않고 전임 및 현직 임원·간사 등이 별실로 가서 회의한 결과 윤사순 교수와 세 명의 부회장을 선정 발표하였다. 감사는 총회에서 뽑았는데, 김충렬 교수의 제의에 의해 서울대 철학과의 은사인 이남영 교수와 내가 만장일치로 결정되었다. 나이 마흔넷에 논문 열 편, 번역서 한 권의 실적 밖에 없는 내가 국제중국철학회의 학술고문에다 한국철학회의 이사를 2회 연임하고, 한국동양철학회의 감사에다 남명학연구원 간사 등 외국 같으면 학계의 중견급으로 인정되는 학자들이 맡을 감투를 몇 개씩이나 거쳤으니, 스스로 부끄러울 뿐 아니라 우리나라 학계의 취약한 현실을 말해 주고 있는 것이다.

29 (수) 흐림

아홉 시 반경에 해산하여 귀가 길에 올랐다. 버스 안에서 손병욱 선생으로부터 들은 바에 의하면 H 선생은 손 선생보다 두세 살 위인데, 손 선생이 본교 사대 영어교육과를 졸업했던 1978년에야 본교에 입학했다고 한다. H 선생과는 내가 82년도에 이 대학에 부임한 이래 그의 한문에 대한 조예를 높이 평가했으므로 벗할 만한 사람이라고 생각해서 누구보다도 서로 가깝게 지내왔고, 근년 들어 사이가 나빠지기 전까지는 남명학 관계의 일에 있어서는 매사에 그를 끌어들여 함께 상의해 왔던 터이지만, 나는 평소 누구에게나 그렇듯이 자신에 대해 조금도 숨기는 바가 없었던 반면 그는 자신의 과거에 대해 一言半句도 나에게 언급한 바가 없었던 것이다.

그는 나보다 두세 살 아래인데, 나 자신도 남보다 5년 늦게야 대학에 들어가 상당히 만학인 셈이지만, 그 내가 대만에서 석사 일 년을 마치고 일본으로 떠나던 해에 비로소 학부에 입학한 셈이라면 엄청난 만학이 되는 셈이다. H 선생의 불우했던 과거를 알 수 있는 동시에, 그가 왜 그렇게까지 수단과 방법을 가리지 않고서 권력과 명예를 추구하게 되는지를 시사해 주는 대목이라고 하겠다. 그는 내가 현재의 아내와 재혼할 때 신부 집에 보낼 나의 四星까지 써 주었던 터이라 나의 나이를 모를 턱이 없는데도 정헌철 선생 등에게는 나와 동갑이라고 속이고 다니므로, 내가 그 이유를 물었더니 그 때는 또 내 나이를 모를 리가 있겠는가고 대답하는 것이었다.

30 (목) 맑음

영남대학교 교육대학원의 한문교육전공 석사 논문인 金知燁씨의 「남명 조식의 賦에 관한 연구」를 읽었다. 김 씨는 포항의 송도여중에 근무하고 있는 모양이다. 마찬가지로 부산대학의 사대 국어교육과에 계시는 柳鐸一교수가 지난번 정신문화연구소에서 만났을 때 부탁했던 논문 「性齋先生文集 刊行의 출판사회학적 분석」을 보내 왔으므로 읽고 있다.

31 (금) 흐리고 오후에 눈

유탁일 교수의 논문을 읽고서 카드화 하는 작업을 마쳤고, 어제 조교를 시켜 도서관에서 복사해 온 청주대 楊熙喆 교수의 「남명 조식의 〈民巖賦〉 연구」(『가라문화』 제7집, 경남대 가라문화연구소, 1989)도 읽었다. 이어서 어제 대충 훑은 김지엽 씨의 논문을 다시 읽으며 카드화 작업을 진행하고 있는데, 남명의 「原泉賦」의 출전은 『孟子』 離婁下篇, 「軍法行酒賦」의 출전은 『史記』 齊悼懷王世家임과 이러한 남명의 賦들이 모두 諷諫이라는 부의 본래적 기능에 입각하여 쓰인 것임을 알았다.

2월

6 (목) 맑음

학교에 나가 지난주에 읽다가 두어 둔 남명의 賦에 관한 논문을 계속 읽으며 『史記』의 해당 출전을 검토하는 작업을 마쳤다.

『남명학연구논총』 제2집의 교정쇄가 부쳐져 왔으므로 김경수 군과 오규환 씨의 논문은 각각 조교를 통해 본인에게 보내어 가능한 한 가장 빠른 시일 내에 본인이 직접 인쇄소로 우송하도록 조치했다.

7 (금) 흐림

출근하는 길로 산청의 오규환 씨에게 전화하여 원고 교정이 끝나는 즉시 서울의 인쇄소 쪽으로 우송해 줄 것을 당부하였고, 오후에 김경수 군이 연구실로 들렀으므로 같은 내용을 일러두었다.

「『산해사우연원록』의 출판」 교정을 한 차례 마쳤다. 레이저 프린터로 인쇄되어 있었는데, 전각사용자정의를 이용하여 고심해서 만든 글자들은 모두 빈칸으로 비워져 있고, 미리 교정을 본 사람들이 오히려 내가 바르게 입력해 두었던 원형을 변경한 까닭에 오류가 발생한 경우가 많았다.

8 (토) 맑으나 꽤 쌀쌀한 바람

학교에 나가 어제 교정 본 원고를 조교에게 주어 서울로 우송케 했다. 남명의 「原泉賦」를 다시 읽으며 그 내용을 음미하고 있다. 집에 돌아와서는 三浦國雄교수의 「曹南冥과 〈老莊思想〉」을 다시 읽으며 그 내용과 관련된 『남명집』의 해당 부분을 대조하여 카드화하기도 하고 있다.

9 (일) 맑음

점심을 든 후 사회교육과 역사교육전공의 김준형 교수에게 전화하여, 김 선생 차로 晉陽郡 集賢面의 知足堂 趙之瑞 유적과 浩亭 河崙의 三代 묘소를 둘러보고 왔다. 먼저 지족당이 살던 집이 있었던 新塘里로 가 보았는데, 그곳에서는 故老에게 물어 연산군 당시 지족당이 화를 당했을 때 살던 집을 헐어내고 그 자리를 파내어 연못으로 만들었다고 기록된 집터라고 하는 곳은 알게 되었으나, 新塘書院이 있었던 곳은 거기서 도로 돌아나온 곳에 위치한 서원리에 있었다. 지족당의 『忠烈錄』 목판은 신당리에 살던 어떤 사람 집에 보존되어 왔었으나 근년에 후손이 수습하여 가져갔다고 했다. 서원리에서는 서원 터에 남아 있는 근세의 賜祭文을 새긴 비각과 이 서원이 훼철된 후 서원의 위패 등을 묻었다는 조그만 무덤을 찾아 볼 수가 있었다. 集賢이라는 지명은 지족당이 이 마을에 살 때 훌륭한 선비들이 이곳에 많이 출입했다는 데서 유래하였다는 글을 읽은 적이 있었다.

梧坊里 옆의 산등성이에 조선조 초기 정도전의 숙청 이후 文衡을 장악했던 하륜 정승과 그 부모 및 조부모의 묘소가 있었는데, 父와 祖父의 무덤 앞에 서 있었던 石物들은 작년의 신문에서 읽었던 바대로 누가 몰

래 뽑아가 버리고 臺石 밖에 남아 있지 않았다. 하륜 夫妻의 무덤은 그 바로 옆 능선 끝에 위치해 있었고, 묘소 아래의 재실인 梧坊齋 뒤쪽에는 卞季良이 스승 하륜의 청에 의해 쓴 하륜 父의 신도비가 서 있었다. 이것들은 모두 조선 초기의 것으로서 근세의 물건과는 꽤 다른 古風의 격식을 보존하고 있는 것들이었다.

11 (화) 맑음

연구실에서 『남명집』 壬戌本 가운데서 내암이 찬한 남명 행장 중 남명의 학문적 경향과 관련된 내용들을 읽으며 카드화하였다.

12 (수) 맑음

어제 장인으로부터 작년 9월에 진주문화원에서 번역 간행한 『晉州牧邑誌』 및 진양문화원에서 간행하고 있는 『晉州文化』 제1·2집을 얻어 왔었는데, 오늘 학교로 가져가서 그 내용을 검토해 보았다.

13 (목) 맑으나 저녁부터 쌀쌀함

학교에서는 『남명집』 卷首의 成大谷이 찬한 남명 墓碑文과 내암이 찬한 「南冥先生集序」를 읽었다.

오늘부터는 다시 밤 아홉 시 무렵에 자고 이튿날 새벽 네 시경에 일어나는 생활 패턴을 설정하여 실행해 볼까한다. 절의 승려들은 그 시간에 자고 세 시에 일어나지만, 평소 적어도 일곱 시간은 자야 다음날 활동에 지장이 없으므로, 당분간은 일곱 시간 이상 수면을 취하는 걸로 하다가 습관이 되면 차차 여섯 시간 정도로 줄여 나가 볼 생각이다.

14 (금) 맑음

『남명집』 권1의 「軍法行酒賦」를 몇 차례 읽고서 카드화 하였다.

17 (월) 서울에서는 다소 눈발

서울대 철학과 출신 동양철학 전공 교수 및 대학원생들의 모임인 동양철학사상연구회의 제10회 정기학술발표회 참석차 아침 여덟시 반 고속버스로 서울을 향해 떠났다. 금강 휴게소에서 나와 같은 모임에 참석차 상경하고 있던 경남대 철학과의 최유진 선생을 만나게 되어 서울의 강남고속터미널에 도착하자 합류하여 둘이서 같이 모임 장소인 과천시 문원동 소재 영보수녀회로 갔다.

여기서 모임을 가지는 것은 이번으로 세 번째가 되는 모양인데, 장원목 군 등이 이남영 교수를 성토한 사건 이후 교수들은 참석이 없고 동문들의 참석률도 갈수록 저조하여, 우리가 예정된 시간인 오후 두시 남짓 되어 집결 장소인 수녀회 안 영보의 집에 당도했을 때는 회의실에 겨우 너덧 명 정도가 와 있었고, 띄엄띄엄 모여들어 저녁 식사 이후에 도착한 사람까지 합해도 참석자는 스무 명에 불과했다.

예년과 달리 특별히 준비된 발표자는 없이 오후에 참석자들이 제각기 지난 일 년 동안 발표한 논문이나, 발표하지 않았더라도 현재 연구 중인 주제에 대하여 약 10~20분 정도 발표하는 시간을 가졌고, 저녁 식사 후에는 총회가 있었다. 임원 개선의 결과 나는 이 모임에서도 감사로 정해졌고, 모임이 침체되고 있는 실정에 비추어 학술대회 운영 방식을 전환하여 겨울에 한 번만 논문 발표와 각자의 연구 현황을 소개하는 형식의 모임을 갖기로 하고, 여름에는 답사를 중심으로 선후배 간의 친목을 도모하는 방식으로 운영하기로 하였다. 첫 번째 답사 대상지로서 내가 있는 진주가 거론되어, 이번 여름 덕천서원에서 모임을 갖고 지리산에도 한 번 올라 보기로 결정되었다.

18 (화) 함박눈이 내린 후 개임

집에 돌아오니 아내가 조옥환 사장이 나의 전화를 기다리고 있다고 전해 주므로 조 사장 댁으로 전화해 보았다. 이 달 26일에 『남명학연구논총』 제2집이 출판될 예정이므로, 27일에 동방호텔에서 출판기념회를 갖고, 28일에 김충렬 교수는 미국으로 출국하기로 했다면서, 출판기념회의 절차와 초청장 작성 건을 나에게 부탁한다는 용건이었다. 내일 다른 선생과 상의해 보기로 하고, 아울러 금년 여름에 덕천서원에서 있을 동양철학사상연구회에도 협조를 당부하여 선선한 승낙을 얻었다.

19 (수) 맑으나 쌀쌀함

학교에 가서 발간기념회 관계로 여러 사람들을 만나 기념회의 회순과 초청장 문안 등을 상의했다. 점심 때 도서관 수서과에 들러 논총을 기증해 보낼 국내 각 대학과 언론 기관, 공공 기관 등의 주소록을 복사해 얻어 내가 작성한 초청장 및 회순의 문안과 함께 부산교통으로 보냈다. 언론 기관에는 기사화 할 내용과 사진까지 직접 작성해서 보내야 한다고 하며, 주소록 중에서도 꼭 보내야 할 기관 및 각 대학의 도서관과 관련 학과도 체크하여 주는 것이 좋겠지만, 오늘의 일만으로도 하루가 후딱 흘러가 버리고 말았으니 내가 그것들까지 일일이 챙길 엄두가 나지 않는 것이다. 남명을 연구하는 학자인 내가 무슨 할 짓이 없어서 이런 따분한 잡무에 자신의 시간과 정력을 바쳐야 한단 말인가? 이런 일을 겪을 때마다 자신이 이런 종류의 사무적인 일에는 소질도 취미도 없는 사람임을 실감하게 된다. 출판기념회까지 마치고 나면 하루라도 빨리 이런 직책에서 벗어나는 것이 옳겠다.

20 (목) 맑음

간밤에 서울의 김충렬 교수에게 전화하여 논총 제2집을 각 도서관 등에 송부하는 일과 언론사에 게재 요청 자료를 보내는 건에 대해 상의하였다. 김 교수는 출판기념회는 하지 않고 집필자와 남명학연구원 이사들만 모여 조촐한 회식을 하는 정도의 모임을 갖기로 조 사장에게 일렀다고 하며, 300부는 김 교수가 맡아 두었다가 각처로 발송하겠으며, 언론사 건도 김 교수 자신이 서울의 몇몇 신문사 측에 연락하면 게재해 줄 것이고, 그 밖의 언론사에 보내는 문제는 27일 당일에 만나 상의해 보자는 것이었다. 내가 엊그제 조 사장으로부터 잘못 들은 것이 아닐까 하고 조 사장 자택으로 전화하여 김 교수가 말한 내용에 대해 물어 보았더니, 조 사장 생각은 운영위원들까지 초대하여 정식 출판기념회를 가지려는 것임에 틀림없었다.

21 (금) 맑음

오전 중에 조 사장에게 전화하여 출판기념회의 회순 등에 관해 의견을 조정하였다. 부산에 새로 설립된 한국남명학연구소의 간사로서 실질적인 중심인물이라고 할 수 있는 韓相奎씨로부터 오전 중 전화를 받았는데, 3월 14일에 부산일보사 강당에서 남명학 강연회를 개최하고자 하니 나더러 연사로 나와 달라는 것이었다. 지금까지 이런 종류의 요청을 받은 적이 더러 있었지만 대중 강연에는 자신도 없고 흥미도 없어 응하지 않기로 하고 있는 터인데, 그러한 뜻을 설명해도 막무가내라 끝까지 버티지는 못했다. 세 사람의 연사 중 부산에서는 자기가 맡을 테니 경상대에서 또 한 사람을 추천해 달라는 것이었다. 본교에는 적당한 사람이 없고, 진주교육대학의 崔海甲 교수가 남명 연구에는 선구자라고 할 수 있지만 근자에 나와 거의 접촉이 없으므로 주최 측에서 알아서 정하라고 말했다. 그러나 거듭 같은 부탁을 하는 것으로 보아 조 사장으로부터 나와 H 선생을 초빙하라는 주문을 받은 것으로 짐작되었다.

27 (목) 맑음

『南冥學硏究論叢』 제2집의 출판 기념회가 있는 날이라 오랜만에 학교에 나가지 않았다. 오늘의 모임에서 본교 남명학연구소장인 국민윤리교육과의 G 교수가 축사를 해 주도록 부탁해 둔 바 있었는데, 아침에 이 연구소 간사인 한문학과의 張源哲 선생으로부터 전화가 걸려와 G 선생이 오늘 모임에 나오지 못한다고 하더라고 통고해 왔다. 그 이유를 물었으나 자기로서는 알 수 없다고 하므로 G 선생 자택으로 전화하여 보았는데, 단지 컨디션이 좋지 못하다고만 할 뿐 다른 이유는 없다는 대답이었다. 오늘의 행사 문제를 상의하러 어제 연구원의 사무국장으로 있는 부산교통의 曺圭碩 부장이 내 연구실로 방문했을 때, 우리 쪽이 요청하지는 않았지만 작년 부산에 새로 설립된 한국남명학연구원 측으로부터 축사를 하겠다는 의사 표시가 있었다는 전갈을 받았으므로 그쪽 이사장이 축사를 해 주는 것으로 임시변통하여 이럭저럭 해결이 되기는 했지만, 그런 우연조차 없었다면 회순에 적혀 공시된 축사 한 마디 해 줄 사람이 없는 난처한 상황에 봉착하고 말았을 것이다. 이것은 결국 당파심의 소치로서, 오늘의 출판기념회에 찬물을 끼얹으려는 의도로 해석할 수 있어 불쾌하다.

지난 19일 출판기념회 행사 준비 관계를 여기저기에 상의하고 있었을 때, 마침 교내의 남명학연구소 간사인 한문학과의 장원철 선생이 내 연구실 앞을 지나므로, 방으로 청해 와 그와도 잠시 상의하며 G 소장의 축사를 당부한 적이 있었다. 당시 장 선생은 기관 대 기관으로서 연구원 측의 김충렬 원장이 G 소장에게 정식으로 축사를 청해야 한다고 하므로, 그럴 필요까지야 있겠느냐고 하며 그렇다면 내가 G 소장에게 청해 보겠다는 뜻을 비친 적이 있었는데, 그 뒤 21일 전후 조옥환 사장과 통화하던 중에 조 사장이 직접 G 소장에게 그러한 당부를 해 달라고 말해 둔 바가 있었다. 며칠 전 교수 식당에서 우연히 G 교수와 나란히 앉아 함께 점심을 들 기회가 있었으므로, 조 사장에게 당부해 둔 연락이 있었느냐고 묻자 초청장은 받았으나 축사 이야기는 들은 바 없다고 하므로 그 자리에서 내가 부탁한 바 있었다. G 선생이 집필자와 게재 논문에 관한 정보를 조교 편에 좀 보내 달라고 하므로 연구실로 돌아오는 즉시 메모를 만들어 보내기도 했었는데, 그 정도로는 연구소 측의 자존심이 충족되지 않는 모양이다.

출판기념회는 오전 11시 15분 무렵부터 경남문화예술회관 소공연장에서 나의 사회로 사무국장 조규석씨의 경과보고, 김충렬 원장의 발간사, 河東根 이사장의 인사, 곽병수 한국남명학연구원 이사장의 축사 순으로 진행되어 반시간 정도 소요되었는데, 약 150명 정도의 인사들이 참석했다고 한다. 회장 입구에서 참석자들에게는 무료로 논총을 배부하였다. 남명학연구소의 임원으로는 장원철 간사의 모습만이 보였다.

정오 무렵부터 소공연장 옆의 레스토랑에서 참석자들에게 점심이 제공되었고, 김충렬 원장, 운영위원장인 조옥환 사장, 그리고 수록 논문의 집필자인 성균관대 강사 권인호 씨·손병욱 교수와 함께 김 교수가 진주에 오면 언제나 투숙하는 시내의 성수장 호텔에 들러 김 교수가 서울로 돌아갈 비행기 시간이 될 때까지 오후 내내 담소를 나누었다. 이 자리에서 나는 준비해 간 사표를 제출했고 김 교수도 사표를 준비해 왔었다. 나는 이미 여러 차례 의사를 표명해 왔었던 바와 같이 정말이지 이번에야말로 이러한 잡무들과 익숙지 않은 인간관계에서 벗어나야겠다고 생각하여 만류에도 불구하고 굳이 사표를 제출했으나 끝내 수리되지 않았다.

어제 서울에서 김 교수의 華甲기념논문집 贈呈式이 있어 조 사장도 상경하여 참석했고 권인호 씨도 거기에 참석했다가 같은 비행기로 내려왔다. 권 선생 말로는 어제 조 사장이 축의금 조로 백만 원짜리 수표를 냈다고 하며, 오늘은 또 미국에 가 있는 동안의 일 년분 원장 거마비라며 백만 원 정도, 전별금 조로 또 백만 원 정도(만 원 권 돈뭉치들의 부피로 보아 그 정도의 금액으로 추정된다), 그래서 어제 오늘 사이에 김 교수는 조 사장으로부터 약 삼백만원 정도의 돈을 얻었고, 수년 전 崔守愚堂 관계의 논문 집필 착수금으로 받았다가 다른 주제로 바꾼 이후에도 반환하지 않은 백만 원, 東海大 蔡仁厚 교수의 논문을 받아온다는 명목으로 대만 갔을 때의 여비 50만원 등등 원장 판공비나 논문 집필료 외에 내가 알고 있는 정도만으로도 조 사장으로부터 받은 돈이 실로 적지 않은 금액이다. 그러한 만큼 지난번 나와 두어 차례 합의했던 바와 같이 논총 제2집의 간행과 더불어 연구원을 해체한다는 것은 수입원의 측면에서 보더라도 김 교수로서는 쉽지 않은 일이라 하겠다.

김 교수는 남명학연구원을 이후 사단법인으로 만들어 서울로 옮겨 가고자 하고, 조 사장은 법인화에는 적극 찬동하되 지금처럼 본부를 계속 진주에다 두고자 하는 것도, 내가 보기에는 역시 예산 관리 면에서의 김 교수에 대한 불신이 저변에 깔려 있지 않은가 한다. 나로서는 사리로 보아 이미 경상대에 남명학연구소가 설치된 이상 연구원은 진주에 계속 두기보다는 중앙 무대로 가져가 부산의 그것과 더불어 三足의 형세를 갖추어서, 지금과 같은 원장·간사·운영위원장 체제보다는 합리적인 새로운 진용으로 정비하여 재출발하는 쪽이 바람직하겠다는 의견을 피력했다.

중앙시장 안의 진주비빔밥으로 이름난 제일식당에서 저녁을 들고서, 조 사장, 손 교수와 함께 여섯시 반 무렵 泗川空港에 당도하여 김 교수를 전송하고 돌아왔다. 김 교수는 내일 오후에 미국으로 떠난다고 한다.

29 (토) 부슬비

어제 일본의 內山俊彦.池田秀三.三浦國雄 교수 등에게 신간된『남명학연구논총』제2집을 우송해 보내고 과에도 한 부 기증했는데, 오늘은 본교 과학교육과 화학전공에 근무하는 영남대 사학과 李樹健 교수의 사위 金奉坤 선생 편에 이수근 교수와 경북대 역사교육과의 李秉烋 교수, 이수근 교수의 지도하에 몇 년 전 鄭來庵에 관한 훌륭한 석사 논문을 쓴 바 있는 禹賢玖 선생(안동 어디서 교편을 잡고 있다고 들었다)에게 논총을 각 한 부씩 전해 달라고 보내고, 아세아문화사의 李昌世 사장에게도 한 부 우송했다. 어제 열두 부를 받아 왔으나 이미 몇 부 남지 않았다.

논총은 본문 549쪽에다 부록의『산해사우연원록』필사본 영인 자료 126쪽을 합하여 꽤 부피가 있으며, 권두에는 나의 자료 발굴 업적을 치키는 김충렬 교수의 발간사가 있고, 전반적으로 나의 연구 논문이나 자료 발굴 업적 등을 언급 혹은 인용한 논문들이 많다. 그러나 고심하여 전각사용자정의 문자에 의해 만들어 입력했던 한자들은 출판 時限 탓인지 결국 공백으로 남겨져 버린 부분들이 제법 눈에 띄어 아쉽다고 하겠다.

3월

1 (일) 흐리고 때때로 부슬비

『남명학연구논총』 제2집 중에서 내가 사전에 읽어 보지 못했던 孫炳旭 교수의 「南冥 '敬義'思想의 基底로서의 靜坐修行」, 韓相奎 교수의 「德溪 吳健의 선비精神」, 權仁浩 씨의 「東岡 金宇顒의 學問과 思想硏究」를 읽었다. 손 교수의 논문은 그 자체로서도 비교적 잘된 것이라 할 수 있는 것인데, 내가 평소에 이런 주제를 다룬 논문이 꼭 필요하다고 생각해 왔던 터라 반가웠다. 韓·權 두 사람은 남명학에 관한 연구로써 중앙대와 성균관대에서 근년에 각각 첫 번째와 두 번째로 박사 학위를 취득한 이들인데, 전자는 문집의 내용을 요약해 놓은 정도로서 평범하고, 후자는 그의 다른 논문들도 그러한 것처럼 감정이 앞서 나가 버려 학문적인 객관성을 결한 점이 있다.

2 (월) 흐리고 때때로 부슬비

논총 제2집에 실린 김충렬 교수의 「詩文을 통해 본 南冥의 思想」을 대충 훑었다. 김 교수의 여타 논문도 대체로 그러하지만, 학문적인 엄격한 논증은 거의 찾아 볼 수 없고, 김 교수가 스승으로 모시는 대만의 故 方東美 교수의 학풍이 그러하듯이 그저 자신의 心得 같은 것을 적었을 따름이어서, 엄밀히 말하자면 논문이라기보다는 감상문의 범주에 속한다고 할 수 있을 뿐 아니라 오류가 많다. 김 교수는 상당히 글을 많이 발표하시는 편이어서, 지난번 출판기념회가 끝난 후 성수장에서 들은 말로는 이럭저럭 지금까지 발표한 글이 백 편 정도는 되더라고 한다. 청탁을 받아서 쓰신 글이 많은 모양이라고 했더니, 김 교수의 대답은 글이란 그렇게 시간의 제약을 받아서 쓰지 않으면 안 써지는 법이라는 것이었다. 그 말에는 타당한 면도 없지 않으나, 나로서는 역시 자기 페이스에 따라 충분한 마음의 여유를 가지고서 진정으로 자기가 쓰고 싶은 글을 자기 스타일로 쓰는 것이 아니고서는 좋은 글이 나오기 어렵다고 본다.

3 (화) 흐림

여러 번 조 사장에게 전화하여 오늘 겨우 연결이 되었으므로, 논총 2집에 논문을 실은 사람들에게 김 박사가 말한 대로 이번에 간행된 책 열 부 씩을 발송했는지 묻고, 나에게 30부를 추가로 보낼 것과 경상대를 제외한 진주 시내의 각 대학들과 경남 도내 각 중고등학교 도서관 및 시내의 신문사 세 곳에도 이 논총을 보낼 것, 그리고 김 교수가 미국에서 돌아오기 전까지 교내의 남명학연구소에 옮겨져 있는 내가 수집 복사한 남명학 자료를 각 두 부씩 복사 제본하게 하고 원본은 회수해 둘 것 등을 당부했다. 대체로 출판기념회 당일 내가 이미 단단히 당부하여 응낙을 받아 두었던 내용들인데 아직 실행되어 있지 않았다. 한참 후에 부산교통의 직원이 김경수 군에게 보낼 책 열 권 만을 연구실로 가져왔으므로 다시 조규석 부장과 통화하여 조 사장과 오전 중에 합의한 내용에 대해 지시를 받지 못했느냐고 물었더니, 이 책을 보내라는 지시 밖에 받은 것이 없다는 것이었다. 이렇게 손발이 맞지 않으니 정말이지 못해 먹을 노릇이다.

밤에 서울의 김충렬 교수 자택으로 전화하여 부인께 影印을 위해 보낸 필사본『남명선생연보』한 부가 아직 반환돼 오지 않았으니 챙겨서 보내 줄 것과 김 교수가 서울에 보류시켜 둔 300부를 전국 각 도서관과 有關 학과 등에 발송할 책임을 맡은 사람과 직접 통화하고 싶다는 뜻을 전했다.

4 (수) 흐림

아침에 김충렬 교수로부터 서울에 보류해 둔 논총 제2집 300부의 발송을 당부 받은 고려대 대학원의 홍원식 씨로부터 전화를 받았다. 김 교수는 현재 한국동양철학회 회장을 맡고 있는 고려대 철학과의 윤사순 교수에게 50~100부를 드려 학회 회원 등에게 나눠 주게 하고, 서울 지역에 거주하는 집필자 및 대만의 蔡仁厚 교수에게 80부를 배부하며, 고대의 김 교수 연구실에 50부를 비치했다가 대학원생 및 방문자들에게 나누어 주고, 50부는 자택에 보관해 두라고 지시했다고 한다. 그러고 보면 전국의 각 대학 도서관 등에는 한 부도 우송하지 않는 셈이 된다. 출근하는 길로 조옥환 사장 자택으로 전화하여 홍원식 씨와의 통화 내용을 전하고, 내가 추가로 30부를 받아 경상대 내에 배부하고, 그 이외의 대학 등에는 부산교통에서 발송하기로 합의했다.

논총 제2집에 실린 내 논문의 인쇄가 잘못된 부분들을 체크했다.

부산교통으로부터 보내져 온 논총 30부로 우선 학과 교수 전원에게 한 부씩을 배부했다.

5 (목) 비오고 저녁 무렵 꽤 추움

남아 있는 논총 25부를 가지고 조교를 시켜 도서관 및 有關 학과들과 몇몇 교수들에게 20부를 배부하게 하고, 다섯 부는 연구실에 보관해 두었다.

오전 중에 한국철학강독의 첫 수업에 들어가, 이번 학기부터 남명의 『學記類編』 丁巳初刊本을 가지고서 서문부터 읽어 나가겠다는 뜻을 밝히고, 돌아와서 이 텍스트의 앞부분을 자세히 검토해 보았다. 점심시간에 빗속을 걸으며 뒷산을 산보하다가, 이왕이면 차제에 한철강독의 교재인 『학기유편』과 중철강독에서 다룰 『老子』 河上公注 혹은 王弼注를 가지고 해마다 계속 읽어 가며 그 학기의 진도 정도만큼 번역해 두었다가, 여러 해가 지나 전권을 다 읽고 나면 그동안 번역해 둔 것들을 모아 출판해 보는 것도 바람직하겠다는 생각이 들었다. 산보가 끝난 후 『학기유편』의 서문부터 컴퓨터의 워드프로세서를 사용하여 번역하는 작업을 시작해 보았는데, 역시 시간이 많이 소요될 뿐 아니라, 작업이 그다지 수월한 것도 아니고, 짧은 인생에 남의 책 번역이나 하며 앉아 있다는 것은 정말 따분한 일이라는 생각도 들어 일찌감치 단념하고 말았다. 『학기유편』을 서문부터 읽어 나가겠다고는 했지만, 이것이 남명 자신의 사상을 담은 저술이라고 볼 수 없을 뿐 아니라 학부 학생들 수준에는 역시 너무 어렵겠다는 생각도 들었다. 내가 한 학기 동안 전권을 죽 읽어 나가면서 재미 있는 부분을 체크해 두었다가, 학생들로 하여금 그것들만 읽어 해석하게 하는 쪽이 무난하겠다는 판단이 들었다.

6 (금) 맑았다가 오후에 때때로 부슬비

종일 연구실에서 『학기유편』 정사본을 처음부터 다시 읽어 三才一太極圖와 太極圖說 부분까지 읽었으며, 정사본과 마찬가지로 내가 발견한 『學記類編刊補』 및 『學記十圖本文出處類輯』 등의 내용과도 비교해 가며 카드화 하는 작업을 진행하였다. 이 학기의 수업 중에는 『학기유편』 및 그와 관련된 문헌들 전체를 철저히 읽어 두는 것으로 목표를 바꾸어 잡았다. 논총 2집에 실린 臺灣 東海大學의 蔡仁厚 교수 및 서울대 琴章泰 교수의 논문에서도 학기도와 관련된 내용들을 좀 훑어보았다. 금 교수는 내가 보내 드린 자료들에 의해 이 논문을 쓰고 있다.

7 (토) 맑음

어제에 이어 오전 중 蔡仁厚 교수와 금장태 교수의 논문을 읽었다.

점심 때 교수 식당에서 최석기·황의열·이상필 등 한문학과 교수들과 함께 식사를 하게 되었으므로, 이 세 사람의 출신인 서울의 민족문화추진회 및 태동고전연구소·한국정신문화연구원에 논총을 각각 한 권씩 보내 주도록 당부하고, 황의열·이상필 교수에게도 한 권씩 기증하였다. 이로써 추가로 받아 온 30부의 배부도 모두 끝난 셈이다.

8 (일) 맑음

오전 중 澹軒 河禹善의 손자이자 河東郡 安溪에 있는 謙齋 河弘度 및 그 아우 樂窩 河弘達 門中의 종손이 되는 하유집 씨로부터 전화를 받고서, 11시 반에 시내의 고려다방으로 나가 점심을 함께 들고 오후 한나절 대화를 나누었다. 하 선생은 서울대 약대에서 서무 책임자로서 다년간 근무하다가 정년을 맞이하여, 재작년부터는 순천에 있는 순천공업전문대학의 서무 책임자로 내려 가있는 분인데, 도산서원의 院任을 맡기도 하고 성균관에서도 직책을 가지는 등 古家의 종손답게 儒所에 출입이 많은 분이다.

특히 淵民 李家源 씨와 친분이 깊으므로, 주로 淵民의 주변 이야기며 연민을 모시고 臺灣으로 공자의 종손인 孔德成 씨를 찾아갔던 이야기 등을 주로 들었다. 淵民의 문인들을 중심으로 하는 景淵會의 회원이기도 하여 수년 전『李家源全集』이 나왔을 때 나에게 그 巨秩을 두 질씩이나 부쳐 주기도 했었다. 나에게도 연민을 한 번 만나 보라고 권했으나, 나로서는 그런 카리스마적인 존재에게 나아가 인사를 드리는 것이 학자로서의 자존심이 허락지 않으므로 만날 생각이 없노라고 했다. 하 선생의 말에 의하면 연민은 자신의 그 많은 문인들 가운데서도 H 선생을 가장 촉망하고 있다고 한다.

9 (월) 맑음

연구실에서 오전 중 한문학과 이상필 선생이 쓴「남명의 〈民巖賦〉에 대하여」및「松亭 河受一의 생애와 문학」을 훑어보았다. 오후에는 내일 수업의 준비로서 四部叢刊本 河上公注『老子道德經』첫머리의 葛玄 撰 서문을 읽었고,『학기유편본문출저유집』의 내용을 다시 정밀히 검토해 보았다.

10 (화) 맑음

부산매일신문 편집국 제2사회부의 金正完 기자로부터 전화가 걸려왔다. 김 기자는 泗川 지국에 근무하며 본교 법학과 출신이라 하는데, 이번 토요일 오후에 부산에서 있을 남명학 강연회에서의 나의 발표 요지와 사진을 얻고자 함이었다. 퇴근 전에 와서 가져갔다. 김 기자의 전화가 아니었더라면, 강연회 날자가 이번 주 토요일인지도 모르고서 그 날 멋-거리산악회의 강원도 원주 치악산 등반에 따라갈 번했다.

11 (수) 맑음

월·수·금요일은 수업이 없는지라, 연구실에서 『학기유편』 정사본을 각종 문헌들의 것과 비교해 가며 계속 읽고 있다.

오후에 함양에 산다는 김윤수라는 사람에게서 전화가 걸려 왔다. 내 논문들을 주의 깊게 읽고 있었고, 질문 내용으로 미루어 한학에 상당한 조예가 있고 두뇌도 명석한 사람임을 짐작할 수 있었다. 어떤 신분의 사람인지를 물으니 민족문화추진회에 있다고 하며, 『남명집』의 교감 작업을 해 볼 예정이라고 대답하였다. 통화가 끝난 후 民推에 근무했었던 한문학과의 최석기 선생에게 전화하여 물어 보았더니, 최 선생과 잘 아는 사람으로서 민추의 전문위원을 지낸 사람이라고 하는데, 교내의 남명학연구소에서 그 사람에게 『남명집』의 교감 및 번역 작업을 맡기기로 한 모양이었다.

12 (목) 맑음

오전 중 세 시간 수업을 마치고 난 이후, 오후에는 오는 토요일 부산에서 있을 예정인 한국남명학연구원의 제1회 남명학 학술 강연회에서 강연의 대본으로 삼기로 한 「남명 사상의 이해」를 다시 읽어 보며, 강연 시간의 길이에 맞추어 언급할 부분들을 체크해 두었다. 오늘에야 부산 범일동의 三煥빌딩 14층에 있는 이 연구원으로부터 안내장이 도착했다. 오후 두 시부터 부산진역 앞에 있는 부산일보사의 10층 대강당에서 강연회가 개최되며, 순서는 이 연구원 원장이며 전 부산대 총장인 崔載勳씨의 인사말이 있은 다음, 慶星大學校 金柄九 교수가 「한국 유학에 있어서 남명의 위치」라는 주제로 첫 강연을 하고, 이어서 내가 「남명학의 이해」를, 그리고 東洲女專의 韓相奎 교수가 「내암 정인홍의 선비 정신」이라는 주제로 강연한다고 되어 있다. 부산의 이 연구원 사무실로 전화하여, 늦었지만 나의 발표 대본도 韓 교수의 것처럼 복사하여 당일 참석자들에게 배부할 수 있는지를 묻고, 가하다는 대답을 듣고 난 후 즉시 구내 우체국으로 가서 지난 90년 경영행정대학원에서의 특강을 위해 인쇄해 두었던

上記 논문을 한 부 속달로 부쳤다. 이 글은 『남명학연구논총』 제1집에 실린 「남명학자료총간 해제 서론」 가운데서 '남명학 연구의 意義' 부분을 뽑아서 다소 수정을 가한 것이다.

지난 일요일에 만났던 순천공업전문대학의 하유집 서무과장께도 河謙齋·樂窩·養正齋 등 그 문중의 선조들이 언급된 내 논문 세 편을 부쳤다. 『학기유편』을 계속 읽고 있다.

13 (금) 맑음

연구실에서 『학기유편』을 계속 읽었다.

논총 제2집에 부록으로서 영인하여 싣기 위해 김충렬 교수에게 보낸 필사본 『南冥先生年譜』가 김 교수에게 여러 번 당부해 두었는데도 불구하고 부록으로 수록되지도 않았을 뿐 아니라 내게로 되돌아오지도 않아 오늘도 고대 철학과 사무실로 전화를 했었는데, 오후에 학과 사무실에 들렀더니 오늘에야 도착해 있었다.

순천공업전문대학의 하유집 서무과장으로부터 「金忠烈圃隱硏究院長에게 보낸 問責書翰」 및 김 교수가 쓴 「權仁浩 博士論文 중 圃隱先生에 대한 '不利文字'를 修正케 한 경위 및 해명서」의 카피가 우송되어 왔으므로 한 번 읽어 보았다. 지난 일요일 하 선생을 만났을 때 이러한 문서를 가지고 있다고 하기에, 그 사건에 관해서는 나도 여러 경로를 통해 대충 듣고 있었던 터이라 한 번 읽어 보고 싶다고 말했던 결과 오늘 당시의 성토 및 해명 문건을 접하게 된 것이다. 전자에는 작년 6월 22일자로 迎日鄭氏圃隱公派 宗約院에서 김 교수에게 보낸 상기 서한 및 「權仁浩의 論文中圃隱先祖에 關한 冒瀆的인 重要部分拔取文」 「鄭周永博士의 圃隱思想에 관한 메모」가 合綴되어 있다.

이 사건은 90년 11월 27일자로 통과된 권인호씨의 성균관대 박사 논문 「朝鮮中期 士林派의 社會政治思想 硏究—南冥 曺植과 來庵 鄭仁弘을 中心으로—」에 포은과 퇴계를 과격하게 비판하는 논조의 내용들이 실렸음에도 불구하고 포은사상연구원장인 김충렬 교수와 퇴계학연구원장인 성균관대의 安炳周 교수가 나란히 심사위원으로 들어 있었음에도 불구하고 이를 통과시킨데 대해, 작년 5월 17일 포은사상연구원의 제2차 학술발표회가 서울 동숭동의 대학로에 있는 한국학술진흥재단 대강당에서 열렸을 때 과거 이 문제로 경북대의 文暻鉉 교수와 論戰을 벌인 바 있는 정신문화연구원의 李在浩 교수가 문제를 제기함으로써 표면화 된 것이다. 그러나 이 사건은 남명학연구원 운영위원장인 조옥환 사장이 남명학 관계의 두 번째 박사 논문이 나온 것을 선전하기 위해 이를 연구원 이름으로 대량으로 인쇄하여 배포하자, 연구원의 핵심 멤버이며 김 박사를 포은사상연구원장으로 추천한 장본인인 진주의 포은 후손 鄭直敎 씨가 이를 문제 삼으면서 발단된 것이다.

권인호 씨의 논문은 냉철한 논증을 통하여 증거로 하여금 말하게 한 것이기보다는, 김 교수의 추천에 의해 이번의 『남명학연구논총』 제2집에 실린 그의 다른 두 편의 논문들도 그러하듯이 다분히 감정이 앞서간 경솔한 것이었다. 그러나 권 씨로 말미암아 그토록 곤욕을 치르고, 포은사상연구원장의 직으로부터도 사실상 축출 당한 처지임에도 불구하고, 끝까지 권 교수를 감싸고도는 김충렬 교수의 자세 또한 사 줄만한 것이라고 하겠다.

14 (토) 흐렸다가 오후에 빗방울

부산에서 남명학 강연회가 있는 날인데, 마침 철학과 학생들이 河東松林으로 신입생 환영 야유회를 간다 하므로 학교에 나가지 않았다. 11시 고속버스로 진주를 출발하여 한 시간 반 만에 사직터미널에 당도하였고, 강연장인 부산진역 앞의 부산일보사에는 오후 한 시 경까지 도착하였으므로, 근처의 식당에서 선지국밥으로 점심을 들고 다방에서 커피도 마시면서 시간을 보냈다.

두 시 십 분 전쯤에 부산일보사 10층 대강당에 들어가 보니, 강당 입구에서 배부해 주는 자료 속에 그저께 속달로 우송한 내 논문은 들어 있지 않았다. 별 수 없이 그것을 요약한 내용으로서 지난 88년도에 본교에서 남명학 국제학술회의를 개최했을 때 발표했던 「남명학 연구의 의의」(『경남문화연구』 제11호 所收)를 가지고서 발표를 했는데, 그런대로 반응이 있는 듯했다.

원장인 최재훈 씨나 첫 번째 연사인 慶星大의 金柄九 교수(진주교대에서도 오랫동안 재직한 모양인데, 晦軒 安珦에 관한 연구로 학위를 받았다고 하며, 『晦軒思想研究』라는 저서가 있다)는 남명학에 관한 소양이 거의 없는 듯했고, 마지막 연사인 부산의 동주여전 유아교육과의 한상규 씨는 90년 9월에 「曺植의 教育思想研究」라는 논문으로 중앙대 대학원 교육학과에서 남명학 관계로는 최초로 박사학위를 받았다. 조옥환 사장의 재정지원으로 그 해 11월에 『南冥曺植의 教學思想』(부산, 세종출판사)이라는 제목의 단행본을 낸 데 이어, 금년 1월에 또 조 사장의 지원을 받아 『南冥曺植의 教學思想』(서울, 良書院)이라는 단행본을 내고 있다. 후자는 말미에 『남명집』 己酉本을 부록으로 첨부했을 뿐 90년 11월에 간행한 같은 제목의 책과 내용은 같은 것인데, 이 기유본을 현존 最古의 『남명집』이라 하여 소개하고 있는 점으로써도 알 수 있듯이 남명학에 관한 지식은 별로 깊지도 정밀하지도 못하다.

강연료로는 20만원을 받았는데, 그런대로 청중이 대강당의 좌석을 가득 채울 정도의 성황이었는가 보다. 귀가할 때는 조옥환 사장의 차에 조 사장과 河東根 남명학연구원 이사장, 그리고 본교 남명학연구소 사무국장인가로 있는 남명 문인 栢谷 陳克敬의 후손 陳正鉉 씨와 함께 타고 왔다.

16 (월) 부슬비 온 후 흐리고 쌀쌀함

오전 중 우체국에 들러 지난 토요일 조 사장이 보내 달라고 한 강연 대본 「남명 사상의 이해」를 우송하고 난 후, 도서관 2층 정기간행물실에 들러 부산에서 발행되는 ≪부산일보≫ ≪국제신문≫ ≪부산매일신문≫ 등의 최근 며칠 분을 들추어 보았고, 향토자료실에서 작년에 간행된 『晉陽郡誌』 상권 중 남명학파에 관한 항목을 훑어보았다. 조 사장에게는 메모를 동봉하여 이 자료를 연구원 이름으로 새로 영인하여 南冥祭 같은 때 배부하는 것이 좋겠다는 의견을 전했다.

도서관과 인문대 교수휴게실에 배달된 신문들까지 들추어 ≪부산일보≫는 지난주 토요일 분까지, ≪국제≫와 ≪부산매일≫의 경우는 일요일 분까지 얻어 볼 수 있었지만, 온통 선거 유세에 관한 기사 천지이며, 금요일쯤의 문화행사 난에 이 강연회에 관한 안내가 실려 있는 것이 한 군데 눈에 띄었을 뿐 토요일의 강연 내용에 관한 기사는 찾아 볼 수 없었다. 취재는 기자들의 소임이라 생각하여 따로 신문사에 알리거나 자료를 보내지 않은 탓도 있겠지만, 논총 제2집의 간행에 관해서는 이 좁은 진주에서 간행되는 두 주간지에서조차 一言半句의 언급도 없어 의아스런 감이 없지 않았다. 시시한 수필집류조차 진주와 관련되는 것이면 상당한 비중을 두어 보도하고, 무슨 시 낭송회니 등산모임 같은 것까지 빼지 않고 실으며, 아무 알맹이도 없는 『慶南文化硏究所報』조차 琴山面 학술조사 특집호라고 신문마다 대서특필하고 있더니, 정작 진주 정신의 뿌리를 다룬 質量 양면에서 전국적으로도 비중 있을 이러한 학술지의 간행에 관해서는 단 한 줄의 기사도 없다는 것은 참으로 웃기는 일이다. ≪부산매일신문≫의 경우는 기자가 찾아 와 강연 대본과 사진까지 달라고 하여 가져갔으므로, 나는 제법 칼럼 정도로 다루어 질 줄로 짐작했던 것이다.

오후에는 『학기유편』의 '道之統體' 부분을 다 읽고서, 현재 '爲學之要'의 敬義 條에까지 나가 있다.

17 (화) 흐리고 춥다가 오후에 비

오후에는 『학기유편』을 계속 읽었는데, 『남명집』에 보이는 「神明舍圖」 및 그 銘이 『周易參同契』가 아닌 朱子 등 송대 성리학자들의 글에 근거해 있음을 알았다.

18 (수) 비

학교 화장실에 들렀다가 경제학과의 장상환 선생으로부터 지난 토요일의 강연에 관한 기사가 ≪국제신문≫에 났더라는 말을 듣고서, 다시 도서관 정기간행물실로 가서 부산에서 간행되는 세 일간지를 들추어 보았다. 어제 일자의 ≪부산매일신문≫ 9면에 기자가 가져 간 나의 사진과 함께 5단 칼럼이, 오늘자 ≪국제신문≫에는 나의 강연 모습을 찍은 사진과 함께 5단으로, 그리고 오늘자 ≪부산일보≫에는 7단으로, 그 강연회에 관한 기사가 각각 비중 있게 다루어져 있었다.

『학기유편』을 계속 읽으며 카드화 하고 있다. 어제는 內山俊彦 교수로부터 논총 제2집을 잘 받았다는 그림엽서가, 그리고 오늘은 京都大 중국철학사연구실로부터 『중국사상사연구』 제14호가 부쳐져 왔다. 이번에도 池田 선생으로부터는 아무 소식이 없다.

19 (목) 흐림

오전 중 세 시간 수업을 마치고 난 후, 오후에는 어제 우송되어 온 『圃隱思想研究論叢』 제1집과 오늘 오후에야 입수한 본교의 『慶南文化研究』 제13집에 영인되어 실린 『全義李氏家乘』 下卷 중에서 남명의 자형인 李公亮 및 생질인 李俊民 관계 자료들을 읽으며 카드화하였다. 퇴근 후에 있을 본교 남명학연구소의 평의원회에서 논의될 것으로 예상되는 『남명집』 譯註 건과 관련하여 京都大學 인문과학연구소의 공동 연구 성과물인 『弘明集研究』 『慧遠研究』 등도 검토하였다.

남명학연구소의 금년도 제1차 평의원회는 오후 7시부터 시내의 금하식당에서 있었는데, 임원과 평의원을 합해 8명이 참석하였다. 이 자리에서 所報인 『남명학연구』 창간호가 배부되었는데, 한문학과의 윤호진 선생이 쓴 「남명학관계자료목록[附해제]」에는 끝내 수집자인 나의 이름이 명시되어 있지 않았다. 다만 해제의 첫머리에 "본 연구소가 소장하고 있는 자료는 모두 526종, 1,400여 책에 이른다. 이 자료는 본래 남명학연구원(원장 김충렬)에서 남명학 연구를 위한 기초자료 정리 작업의 일환으로 수집해 놓았던 것이다. 이 일을 위해 남명학연구원에서는 물심양면에 걸친 막대한 자원을 투입, 경상대학교를 비롯한 유관 연구기관의 연구자의 자문과 협력을 얻어 규장각, 장서각 및 국립중앙도서관을 비롯한 전국 각 대학의 도서관, 그리고 경남지역의 대소 문중을 탐방하여 남명학 관계 자료를 복사, 수집했던 것이다."라고 하여 마치 여러 사람들의 노력의 결정인 것처럼 기술하고 있고, 연구소가 이를 소장하게 된 경위에 대해서는 일언반구의 언급도 없다. H 선생이 쓴 영인자료 「『남명집』 最古本(甲辰本) [附해제]」에서는 내가 발견한 갑진본 전체를 영인 수록함과 동시에 내 논문의 내용을 대충 요약해 놓고 있다.

『남명집』 번역 건에 대해서는 지난번 평의회 때에는 계획안을 동봉해 놓고서도 아무 설명이 없었으므로 그것에 대해 물었더니, 그 때문에 하동의 쌍계사 입구에서 임원들끼리 一泊을 해 가며 논의하기까지 해 놓고서도 계획이 아직 확정된 것이 아니므로 다음 평의원회에서 보고하겠노라고 했었는데, 오늘 그 보고에 대해 물으니 그것은 연구소와는 아무 상관없는 개인적 차원의 일이므로 간사로서는 아는 바 없다는 것이었다. 내가 연구소의 공동연구 사업으로서 이 작업을 추진해 보도록 조 사장에게 권하여 이 일이 연구소에 위촉된 것이며, 연구소 측의 요구에 의해 4천기백만 원인가의 특별예산이 책정되어 이미 그 중도금까지 전달된 상태인데다가, 이 작업을 위한 장비와 조교를 확보하고 孔泳立 소장에 의해 H·J 양 임원에게 실무 위촉까지 되어 작업이 추진되고 있는 상황에서 연구소가 이 일과 무관하다는 것은 어떤 의미이냐고 다시 묻자, 홍보부장인 J가 협박조의 말을 하며 자기네가 수고를 하게 되었는데 도와주지는 못할망정 한 번 더 이 따위 소리를 하는 자식은 대갈통을 갈겨 주겠노라고 폭언으로 나오는 것이었다. 지난번 평의회 때 강하게 발언했던 정병훈 선생은 참석하지 않았고, 연구소의 임원 등은 처음부터 완전히 H의 당파로 구성되어 있는 것이니, 그 자리에서 어떤 이견을 말하더라도 바보 밖에는 될 수가 없는 것이다. 처음부터 예상하지 못했던 것은 아니지만, 환멸을 느껴 평의원의 직마저 내 놓고 다시는 이런 자들과 어울려 꼭두각시놀음을 하고 싶지 않다는 생각이 들었다.

20 (금) 흐리고 저녁 무렵 비

출근하여 어제 받은 『남명학연구』 창간호를 펼쳐 한 번 검토해 보기 시작했다. 이 창간호는 권두의 화보와 창간사를 제외하면 모두 438쪽으로 되어 있는데, 그 중 논문이 207쪽까지, 「남명학관계자료목록」이 209~237쪽, 『남명집』 갑진본 해제 및 影印이 239~420쪽, 그리고 부록이 421쪽부터 끝까지로 되어 있다. 그러고 보면 내가 수집한 자료들에 관한 소개가 모두 211쪽으로서 논문 전체의 분량을 초과하고 있다.

그런데 H가 쓴 갑진본 해제는 내가 발표한 「南冥集板本考(Ⅰ)」의 내용을 대충 요약한 것인데, 그 중 계명대 도서관 소장 갑진본에 대해서는 언급도 없고, 여기 영인된 제2권 1책이 내가 咸安郡 山仁面 大[入]谷里에서 발굴하여 갑진본이라고 명명한 현존 유일본이라고 적는 등 중대한 오류가 보일 뿐 아니라, 내가 발굴하여 『韓國思想史學』 창간호에 소개한 상기 논문에는 분명 "卷2 「遊頭流錄」에서 卷3 끝까지에 이르는 散帙 1冊"이라고 적었는데 H의 해제에서는 이와 다르게 적힌 점이 이상하였다. 두 부씩 복사했던 문헌들 중 내 연구실 소장 분인 甲辰本·己酉本·壬戌本 등을 꺼내 대조해 보았는데, 놀랍게도 이 책에 영인되어 수록된 자료는 갑진본이 아니라 임술본으로서 내가 山淸郡 丹城面 紫陽里 147번지에 사는 崔熺洛씨가 소장하고 있는 그 조부 聽江 崔道燮의 장서 가운데서 발견된 것이었다. 수집 당시 임술본인 줄은 알았지만 규장각 소장 임술본과 면밀히 대조해 보기 전이라 함부로 단정할 수 없어 『남명집』이라고만 적어 놓았는데, H는 이것이 갑진본인 줄로 착각한 것이었다. 이 판본은 오늘 자세히 대조해 보니 규장각 소장 임술본이 나온 후 다시 그 목판에다 부분적인 교정을 가한 것임이 확인되었다.

이것은 어처구니없는 실수인데다, 나의 이름을 들먹여 이렇게 소개한 것이므로 결과적으로 경상대학교 남명학연구소의 수치일 뿐 아니라 나의 명예에 먹칠을 한 셈이 되었으므로, 바로 이웃에 있는 H의 연구실로 찾아가 한 번 따지려 했으나 부재중이었다. 마침 화장실에서 漢文學科長인 崔錫起 선생을 만나 그 사실을 말하고 H에 대한 욕을 기탄없이 퍼부

었을 뿐 아니라, 이 논문집의 배부를 일단 보류하고 문제의 부분들을 수정하도록 전해줄 것을 당부하였다.

점심시간이라 교수 식당에 갔다가 마침 남명학연구소 자료수집부장으로서 자료 목록의 해제 작성자로 기록되어 있는 한문학과의 尹浩鎭 선생을 만나 그에게도 이 같은 사실을 말하고, 아울러 내가 몇 차례나 충분히 설명했음에도 불구하고 끝내 이렇게 애매한 기술을 하여 마치 불특정 다수의 공동 노력으로 이 자료가 수집된 것처럼 설명했을 뿐 아니라, 남명학연구원이 수집한 자료를 연구소가 어떻게 입수하여 소개하게 되었는지를 차제에 분명히 기술해 줄 것을 재차 요구했는데, 얼렁뚱땅 발뺌을 하며 나더러 직접 그렇게 고친 한문학과 張源哲 간사에게 말하라고 하므로 잠시 분위기가 험악해지기도 했다.

21 (토) 흐림

저녁 설거지를 마친 후, H 선생 집으로 전화하여 내가 한문학과의 최석기·윤호진 선생을 통해 전하라고 한 말을 들었느냐고 물었더니, 짐짓 모른다고 시치미를 떼었다. 그러면 다시 한 번 직접 말해 주겠노라고 하여 상황을 설명한 후, 연구소보 창간호의 배포를 중단하고 오류를 수정할 것이며, 자료 목록의 경우에도 수집자인 내 이름을 분명히 기록하여 이 자료들이 어떻게 수집 복사되었으며 남명학연구원의 성과물인 이 자료들이 어떻게 교내의 남명학연구소에 의해 입수되어 공개하게 되었는지에 대해서도 차제에 명백히 기록하여 공표하도록 요구했다. 만약에 그렇게 하지 않을 경우에는 나로서는 십 년 동안 작업한 성과를 부당하게 탈취 당했을 뿐 아니라 내 명예에 큰 손상을 입게 되었으므로 가만있지 않을 것인 바, 우선 다음번 논문인 「『南冥集』 釐正本의 성립」에서 이 문제를 언급할 것이요, 『南冥學硏究論叢』 제3집이 나올 때 이 문제를 본격적으로 거론할 것이며, 나의 학위 논문 건이 마무리 지어지면 바로 무기 연기 상태에 있는 南冥學資料叢刊의 영인 간행에 착수할 것인 바, 그 때 그간의 사정을 상세히 언급할 예정이니 그렇게 되면 H 선생은 학계에서 매장될 뿐 아니라 본교의 남명학연구소 명예에도 심대한 타격을 입을 것이므로, 나로서는 그렇게까지 가지 않고서 이 문제가 순리대로 해결되기를 바란다는 입장을 분명히 했다.

H는 계속 자기는 모르는 일이고 연구소 일에도 직접 관여하고 있지 않다는 식으로 발뺌을 했으나, 나의 입장은 분명하고도 단호했다. 아울러 지금까지처럼 연구소를 私黨의 형태로 운영하는 이상 나는 차후 일체 연구소의 일에 참여하지 않을 것이며, 『남명집』 譯註 출판 건도 사리에 맞게 공개적이고도 합리적으로 처리해 가지 않는다면 이 일을 발의한 장본인으로서 좌시하고 있지는 않겠으며, 이번 평의원회에서 배부된 92년도 사업 계획서에 의하면 연구소보 제2집 500부의 발간에도 400만 원의 예산 밖에 책정되어 있지 않은데, 무엇 때문에 분량도 얼마 되지 않는 『남명집』의 번역을 위해 4,500만 원인가의 거금을 조 사장에게 청구했는지도 납득이 가지 않는다는 뜻을 말했다. 내 용건을 다 말하고서 할 말이 있으면 해 보라고 했으나 우물쭈물 변명 몇 마디를 할 뿐 별로 이렇다 할 말이 없었으므로 그 정도로 전화를 끊었다. 신사적이면서도 지난번 자정 무렵의 폭언 전화에 대한 보복은 그런대로 된 것이라고 생각한다.

22 (일) 흐림

조반을 든 후 農專 앞에서 시외버스를 타고 진양군 水谷面으로 향했다. 退溪가 灌圃 魚得江과 작별했던 浣沙를 지나고, 德川江을 끼고서 진주농민항쟁의 중심인물 柳季春의 마을인 원당(행정명으로는 元內里)을 지나서, 수곡면 소재지인 수곡(大泉里)에서 내렸다. 거기서 召南里 쪽으로 뻗은 포장도로를 따라 터벅터벅 걸어가는데, 수곡에서 내가 길을 물었던 청년이 친구와 오토바이를 타고 지나가다가, 나를 보고는 세워서 목적지인 大覺마을까지 태워다 주었다. 오토바이에서 내리자 어떤 중년의 아주머니가 제사를 지내기 위해 장보아 온 짐을 잔뜩 가지고서 버스에서 내려 있다가 도움을 청하므로, 그 아주머니의 짐을 일부 들어 주며 河覺齋 등 남명 문인들을 享祀하던 大覺書院 터를 물었더니 친절히 가르쳐 주었다.

覺齋 河沆은 이 마을의 이름을 따서 자신의 호를 정했는데, 마을 어귀에 각재의 유허비가 있고, 마을 뒤 언덕의 논에 대원군 당시 훼철 당하고서 남은 大覺書院의 주춧돌과 院基의 높이를 고르게 하기 위해 쌓았던 臺石들이 남아 있었는데, 예상보다도 규모가 협소하여 보였다. 거기서 언덕을 넘어 가니, 하 씨 집안 개인의 재실을 사서 대각서원·대각서당이란 현판과 重修記文 등을 걸어 놓은 집들이 있는데, 이즈음 어디를 가더라도 그러한 것처럼 잘 돌보지 않아 잡초와 먼지가 무성하였다.

그 근처에서 경운기가 다닐 만한 길을 따라가 언덕을 하나 넘으면 士谷(삭실)마을에 나오는데, 이 마을이 바로 각재와 松亭 河守一·晦峰 河謙鎭 등의 名儒를 배출한 유서 깊은 곳이다. 지난날 내가 진주에 온지 그리 오래 되지 않았을 무렵 H 선생 및 그의 부인과 함께 한번 구경 온 적이 있었지만, 큰 古家가 많고 양반 마을다웠던 이곳에도 그 사이 길이 포장되고 훌륭한 새 양옥집들도 몇 채 들어서 있었다. 그 마을 주민인 송정의 10세손이라는 남자의 안내를 받아, 다시 한 번 『朱子語類』 책판을 보관했던 마을 뒤쪽 언덕의 光明室에 올라가 보았다. 근자에 이곳에 소장됐던 책판의 상당 부분을 도난당했다는 신문 보도를 읽은 적이 있는 듯한데, 그래서 그런지 藏板閣 건물도 콘크리트로 새로 지었고, 문틈에 눈을 갖다 대고서 안을 엿보아도 책판 같은 것은 눈에 띄지 않고, 다만 上樑 일자를 적은 대들보 같은 것들이 잔뜩 쌓여 있었다.

광명실에서 조금 옆으로 빠지면 『東儒學案』의 저자인 하회봉이 거처하던 집의 안채와 사랑채 등이, 아무도 살지 않는 폐가이기는 하지만 아직 고스란히 남아 있었다. 회봉은 이집에서 태어나 이집 사랑채에서 작고했다고 한다. 회봉이 거처하던 사랑채의 방문들을 열어 보니, 오늘날의 기준에서 볼 때 너무나도 작아 우리 옛 선현들은 이런 협소한 방에서 생활했기 때문에 마음들이 좁아서 그렇게 당쟁과 파벌을 일삼았는가 싶었다. 삭실의 구멍가게에서 빵과 복숭아 통조림 등으로 점심을 때우고, 삭실 바로 건너편 덕곡 마을에 들러 회봉이 제자들을 가르쳤던 德谷書堂과 그 옆의 회봉 夫妻 묘소를 다시 한 번 둘러보고, 수곡면 소재지로 나와 계속 걸어서 孝子里 요산마을의 보물로 지정된 고려시대 삼층석탑을 둘러보고, 거기서 들 건너 맞은편 골짜기에 있는 효자동으로 들어갔다.

삭실에서 각재와 송정의 묘소가 이 마을에 있다고 들었기 때문인데, 마을 어귀의 야트막한 산에 조선 초기 태종 조에 司溫署 直長을 지낸 하씨 집안 윗대의 팔각지붕 모양의 당시로서는 특이한 묘제를 보여 주는 무덤을 둘러보았다. 그 야산을 온통 다 뒤졌어도 끝내 각재·송정의 무덤을 발견하지는 못했으나, 뜻밖에도 喚惺齋 河洛과 그 아들 鏡輝를 각각 祖와 父로 둔 雙磎唱酬에 參與한 인물 중 하나로 손꼽히는 松臺 河璿의 무덤을 발견하였다.

효동마을에도 오래 된 무덤이 있다는 말을 듣고서 마을 안으로 들어가서 주민의 안내를 받아 마을 뒤에 있는 장판각으로 찾아갔다. 뜻밖에도 이른바 河宗岳後妻事件으로 유명한 남명 질녀의 남편 하종악의 조부모와 증조모의 묘소였으며, 마을의 대밭 숲 속에는 하종악 등 무덤을 잃은 그 후손 다섯 사람을 향사하는 재실이 있어 거기에 새겨진 기문과 비문 등을 통해 하종악이 바로 이 마을에 살았음을 확인하였다. 돌아오는 길에 효동마을 뒷산에서 옮겨졌다는 지금의 환성재 신도비문과 그 아들 경휘의 효자 정려각을 둘러보았다.

23 (월) 비

남명학연구소에서 오는 26일에 있을 정기총회의 안내와 함께 연구원들에게 『남명학연구』 창간호를 동봉해 보내 왔다. 결국 내 의사를 묵살하고서 지금 그대로의 형태로 배부하기로 결정한 모양이다.

아침에 국민윤리교육과의 손병욱 교수에게 전화하여, 우리 과 손정은 군을 통해 보내 준 김충렬 교수 화갑기념논문집 및 손 선생이 번역하여 최근 여강출판사를 통해 출판한 崔漢綺의 『氣學』에 대해 사의를 표함과 아울러, 이 논문집과 관련한 최근의 사태 및 며칠 전 평의원회에서의 상황을 알려 주었다.

25 (목) 흐림

오후에 『남명학연구』 창간호 가운데서 본교 한문학과 崔錫起 교수의 논문 「南冥의 成學過程과 學問精神」을 읽어 보았다. 남명의 생애와 사상을 독창적인 시각으로 조명한 것으로서, 나의 「남명학자료총간 해제 서론」과 논지는 거의 같지만, 퍽 훌륭한 논문이었다. 다 읽고 나서 복도 건너편에 있는 최 선생 연구실로 가서 나의 솔직한 소감을 말하고 칭찬해 주었다. 아직 장원철 선생의 논문은 읽어 보지 못했으나, 이번 창간호에서는 최 선생 논문 한 편을 얻은 정도의 소득이 있었다고 하겠다.

26 (목) 맑음

『남명학연구』 창간호에 수록된 나머지 논문들 중 아직 발표회를 통해 접한 적이 없는 한문학과의 張源哲·李相弼 선생 것을 대충 훑었다. 역시 이번 창간호에서는 최석기 선생의 논문 한 편을 얻은 것 정도가 수확이라 하겠다. 최 선생의 논문을 다시 한 번 읽어 보고 있다.

오후 세 시에 남명학연구소의 82년도 정기총회가 있었으나, H의 私黨 형태로 이 연구소가 운영되는 한 차후로는 모임에 참석하지 않기로 지난번 평의회를 마치고 나서 작심한 바이므로 나가지 않았다.

오후 5시 반부터는 경남문화연구소의 정기총회가 열렸는데, 중문과에 근무하는 문리대 선배 강신웅 교수가 연구실로 찾아와, 오늘 임원개선이 있고 국문과 등에서는 2년 연임한 강희근 선생의 후임으로 국어교육과의 J 씨를 내세우고 있는데, 자신이 소장으로 나와 볼 생각이니 밀어 달라는 것이었다. 나는 강 선배가 이런 보직에 연연해하는 것이 딱해 보이기는 하지만, J 같은 사람이 소장이 되는 것보다는 낫겠다고 생각하여 강 선생에게 투표했으나, 이미 사전에 공작은 다 되어 있었던 모양이어서 상당한 표차로 J 씨가 당선되었다. J 씨는 경북 출신인 모양인데, 중등학교 교사를 하던 사람이라고 들은 바 있다. 역시 학문보다는 사무에 밝은 사람인 모양이다.

27 (금) 맑음

오전 중 최석기 선생의 논문을 두 번째로 마저 읽었다. 젊은 시절 남명의 成學過程을 논한 부분은 대체로 추측의 수준에서 벗어나는 것이 아니며, 학문 정신을 논한 부분은 내가 쓴 「남명학 자료총간 해제 서론」의 내용을 부연한 듯한 감을 주고, 개중에는 번역의 오류도 두 군데 정도 눈에 띄지만, 논의가 공허하지 않고 고증이 설득력을 가지고 있다 하겠다.

오후에는 산보에서 돌아오는 길에 강신웅 교수 연구실에 들러서 빌려온 ≪신경남일보≫의 河種甲 기자가 쓴 『향토사 기행』을 대충 훑었다. 『학기유편』 정사본을 다시 읽기 시작했으며, 오늘은 '爲學之要'의 뒷부분에 실린 張橫渠의 「西銘」을 몇 차례 되풀이 읽었다.

29 (일) 맑음

『학기유편』 정사본을 계속 읽었는데, 상권을 다 읽고 이제 하권의 存養·省察 條를 읽고 있다.

30 (월) 맑음

출근 후 남명학연구소의 간사인 한문학과의 장원철 선생 연구실로 전화하여 보았으나 나와 있지 않으므로 자택으로 전화하여, 『남명학연구』 창간호를 현재의 형태 그대로 배포한다는 것이 사실이냐고 물으니 그렇다고 하였다. 내가 여러 경로를 통해 이번에 간행된 창간호에 중대한 오류가 있으므로 그것들을 수정한 후에 배포하도록 요청했는데도 그냥 배포한다는 것은 어찌된 일이냐고 묻자, 일개 간사인 자기에게 그런 말을 하지 말라면서 一言之下에 전화를 끊어 버리는 것이었다. 말인 즉은 그르지 않으나, 나는 유명무실한 공영립 소장 이외에 이 연구소의 실질적인 중심인 최석기 한문학과장을 비롯한 윤호진·H 등 한문학과 선생들을 통해 내 입장을 분명히 전달한 바 있으며, 張源哲 간사는 이 책의 인쇄 및 간행에 있어 사실상 총책임을 맡아 있는 인물로서, 이 책에 수록된 「남명학관계자료목록」 권두에 실린 윤호진 자료수집부장의 해제를 현재와 같은 형태로 고친 장본인도 바로 그인 것이다.

언젠가 그가 술자리에서 어른을 잘 받들어 모시는 것이 고려대 출신의 전통이며, 그래야만 자신도 뒤에 들어오는 사람들에게서 대접을 받을 수 있다고 자기 과의 대부 H 선생과 나와의 불편한 관계에 견주어 자기 입장을 시사하므로, H 선생이 장 선생 어른이냐고 슬며시 비꼬아 준 적이 있었다. 최근에 임용된 이상필 선생까지 포함하여, 현재의 한문학과 전임 여섯 명 전원이 모두 H가 석사 과정을 마친 정신문화연구원이 아니면 그가 박사과정을 수료한 성균관대 한문학과 출신이듯이, 장도 역시 정신문화연구원 석사 출신이라는 학연으로 맺어져 있으며, H의 덕분에 이 대학에 취직하게 된 줄을 스스로 잘 알고 있는 터이므로, 나이 차이도 댓 살 정도 밖에 나지 않는 H를 한문학과의 어른으로 받들어 모시고 있는 것이다. 나 자신의 본심으로 말하자면, 이해에 얽힌 인간관계 속에 처해서도 무념무상의 초연한 자세로 처신하고 싶은 것이지만, 옛 사람들의 당파 싸움이 왜 불가피했던가는 잘 알 것 같은 생각이 든다.

나보다는 열 살 정도 후배라고 할 수 있는 장으로부터 그런 무례한 반응을 접하고서 잠시 무참한 기분에 젖어 있다가, 조옥환 사장에게 전화하여 남명학연구소 평의원회의 석상에서 『남명집』의 번역 건은 이 연구소와 무관한 것이라 하여 논외로 젖히려 하므로 내가 그 문제를 재차 삼차 거론했다가 J 선생으로부터 모욕을 당한 일과, 所報 창간호에 중대한 오류가 있고 그것의 직접적인 피해자가 누구보다도 나이므로 수정 간행을 요구했으나 묵살 당한 사정을 설명했다. 조 사장을 통해 연구소에서 번역본 간행을 위한 비용으로서 청구한 액수가 3,500만 원이며, 그 중 천만 원이 이미 전달되었음을 확인했다. 조 사장은 모레께 이 연구소의 임원 몇 명과 만날 예정이 잡혀 있으므로 그 때 그들과 나와의 불화의 원인에 대해 물어 보겠다고 했지만, 그들이 갖은 험담으로 나를 헐뜯을 것은 자명한 일이라고 하겠다.

4월

1 (수) 맑음

종일 『학기유편』을 읽어, 하권도 이제 몇 장 남지 않았다.

3 (금) 맑음

『학기유편』 정사본 상권 第10板의 '三才一太極圖' 條 끝까지를 읽었다. 제6판의 '삼재일태극도'부터는 수업 중에 가능한 한 본문을 다 읽어서, 앞으로 여러 해가 걸리더라도 매년 한 학기씩 있는 학부 3학년의 한국철학강독 수업을 통해 『학기유편』 전체를 完讀해 볼 생각이다. 弦齋 曺庸相의 『學記十圖出處本文類輯』 記語上篇에 舊本 學記圖 속의 남명 註語를 해설해 놓은 것이 있어 학기도의 이해에 참고가 되었다.

6 (월) 흐림

종일 연구실에서 石印本 『覺齋集』 부록에 실린 覺齋 河沆의 전기 자료들을 읽었다.

퇴근 시에 남명학연구원 이사장인 愚堂 河東根 翁 댁에 들러 그 선조되는 河宗岳에 관한 자료를 입수할 수 있는지 알아보았다. 근자에 수곡면 효동부락에 들렀을 때, 그 곳의 記文이나 碑文 등이 주로 愚堂의 노력에 의해 이루어 진 것임을 새삼 알 수 있었기 때문이다. 그는 鄭直教 翁과 더불어 澹軒 河禹善의 문인으로서, 진주 지역의 유림 활동에 폭 넓게 참여하고 있는 존재이다. 족보 정도 외에는 별 자료가 없는 듯하므로 그 부분들이나마 좀 복사해 주도록 당부해 두었다. 뜻밖에 알게 된 사실은, 그 後妻의 이른바 음행 사건으로 퇴계학파와 남명학파가 대립하게 되는 결정적인 계기가 마련된 하종악 진사가 살았던 집터는 그 선조의 무덤이 있는 효동부락이 아니라, 지금의 면 소재지인 大泉里의 喚醒齋 父子 신도비가 서 있는 織錦村 안의 연못이 있는 장소이며, 그는 딸 하나만을 두고서 양자도 없이 죽었으므로 우당도 그 傍孫에 해당할 뿐이라는 것, 그리고 그의 삼종형제인 하각재와 각재 부친이 이 사건으로 말미암아 투옥되었을 때 남명이 그 석방을 부탁하는 편지를 쓴 사실이 『승정원일기』에 실려 있다는 등이다. 하종악의 후처는 파성[함안]이씨로서 진양군 진성면 가좌촌에서 시집 왔다고 한다.

7 (화) 흐림

어제에 이어 『각재집』 부록을 계속 읽었다. 각재를 덕천서원에 배향하고자 하는 논의는 각재의 사후 대각촌에 있던 그의 精舍 터에 대각서원을 세운 광해군 2년 무렵부터 있었고, 寒岡도 당시 각재의 배향을 지지하는 입장이었던 것을 알았다.

8 (수) 흐렸다가 저녁에 부슬비

종일 학교에서 『覺齋集』, 각재의 형인 河洛의 『喚醒齋集』 및 환성재의 系子인 鏡輝의 『梅軒集』, 그리고 河受一의 『松亭集』 등을 읽었다. 환성재와 각재 형제의 父인 風月軒 河麟瑞 및 그 형이자 송정의 조부에 해당하는 希瑞는 모두 남명과 교유가 있어 『남명집』의 권1에 희서(字 龜老)의 輓詞로서 五言 및 七言四韻 각 두 首씩과 풍월헌에게 화답한 七言絶句가 한 수 수록되어 있음을 확인했고, 매헌은 송정의 季弟로서 숙부인 환성재의 양자가 되었으며, 그 아들이 바로 松臺 河璿임을 확인했다. 아울러 각재가 지은 「南冥先生銘」에 '室閨拂意, 遂去飄泊數載, 始獲旁室' 운운의 구절이 있음을 통해 남명과 그 正室인 남평조씨 간의 금슬이 매우 좋지 않았음을 다시금 확인했다.

10 (금) 비

학교에서 종일 『송정집』을 읽었다. 아세아문화사에서 영인 간행한 『德川及門諸賢集』에 수록된 것과 내가 수집하여 복사해 둔 목판본 및 石印本의 3종을 비교 검토하고 있는데, 전자는 목판본을 그대로 필사한 것인 듯하며, 석인본은 목판본에서 다소 刪削을 가하고 속집 및 연보를 추가

한 것으로서, 한국문집총간에서는 석인본을 가지고 영인한 모양이다. 송정이 先祖代부터 대대로 水谷의 元堂 마을에서 살았으며, 潮溪 柳宗智도 이 마을 사람임을 확인했으나, 이 원당이 현재의 원당 마을인지는 좀 더 알아보아야겠다.

13 (월) 맑음

종일 연구실에서 『松亭集』을 읽어 石印本의 續集 및 연보까지 대충 다 훑었다. 지난번에 읽어 본 한문학과의 李相弼 선생이 『安東漢文學』 제2집에 실은 「松亭 河受一의 生涯와 文學」에서 이 논문을 위해 저본으로 삼았다고 밝히고 있는 목판본과 석인본 『송정집』이란 바로 내가 수집해 두 부씩 복사하여, 남명학연구원 소장 분으로서 조 사장의 자택에 각 한 부 씩 보관해 두었던 것을 교내의 남명학연구소에서 보관증을 쓰고서 빌려 와 현재까지 소장하고 있는 것을 이용했음을 짐작할 수가 있었다. 당시 李 선생은 다년간 한문학과의 강사로 나오면서, 이 자료가 비치된 연구소장실을 자신의 임시 연구실로서 이용하고 있었던 것이다.

그런대, 이 선생은 이 논문 206면에서 "목판본은 면우 곽종석의 교감을 거쳐 나온 것이고", 晦峰 河謙鎭이 목판본의 刪削을 담당한 것으로 적고 있으나, 이는 석인본 발문의 "原集舊已刊行于世, 而郭徵君先生重讐校所刪, 時有之續集.年譜, 門祖謙鎭氏所編定也"를 誤讀한 것으로서, 연보에 의하면 목판본은 正祖 12년에 이미 이루어졌고, 이를 면우가 刪削한 것이다. 또 이 씨는 연보에 보이는 송정의 世居地인 水谷里 井谷村을 지금의 士谷里라고 부연 설명하고 있는데, 이는 자기 과의 '어른'인 H의 설명을 따른 것일 터인 바, 실은 이 역시 오류로서 井谷은 元堂 부근일 것이다.

14 (화) 맑음

석인본 『송정집』 속집의 연보를 처음부터 다시 읽어 가고 있다.

15 (수) 아침 한때 부슬비 내린 후 개임

연구실에서 松亭年譜를 빠짐없이 다 읽고 난 다음, 송정의 仲弟인 河天一의 『守肯齋遺集』도 읽었고, 이들 삼형제의 막내인 梅軒 河鏡輝의 嗣子 河璿의 『松臺集』을 읽기 시작했다.

16 (목) 맑음

『松臺集』을 마저 읽었다.

17 (금) 흐림

晉陽郡 沙奉面 茅谷里에 있었던 孔子祠堂인 闕里祠에서 간행한 『闕里誌』를 읽었고, 이어서 남명 문인으로서 守愚堂 崔永慶과 함께 己丑獄事의 희생이 된 柳宗智의 『潮溪實紀』를 읽고 있다.

진주의 궐리사는 수원 및 논산에 있던 것과 더불어 성균관 및 향교와는 별도로 조선 시대에는 전국에 세 군데 있었던 공자 사당 중의 하나인데, 수원의 것은 정조의 어명에 의한 것이고, 논산의 것은 宋尤庵의 遺命에 의한 것인 반면, 이것은 인조 연간에 민간의 이름 없는 선비가 중국의 曲府에 가서 공자 화상의 石刻을 모사해 와 설립한 것이었던 까닭에 孔氏 문중의 사설 사당의 위치를 크게 넘어서지 못했던 듯하다.

오후 네 시 반부터 22동 101 대형강의실에서 제9회 철학과 초청 세미나가 있었다. 강연장 입구에서 한문학과의 이상필 교수를 만나, 강연에는 참석하지 않고서 그의 송정에 관한 논문 중 의문되는 점들에 관해 의견을 교환했다. 이 선생이 구해 본 자료들은 내가 예상했던 것과는 달리 목판본은 고려대 도서관에서, 석인본은 진양군 丹牧에서 구한 것이라고 한다. 井谷을 士谷으로 비정한 것은 사곡리에 가서 후손에게서 들은 바에 근거한 것이고, 사곡리 부근의 落水庵에 소장되어 있는 『각재집』과 『송정집』의 목판도 보았는데, 후자는 전자에 비해 보존 상태가 아주 좋아 판각 연대가 그리 오래 되지 않은 것 같았다고 한다. 어쨌든 그 말대로라면 내가 혼자서 추측했던 것들은 사실에서 빗나간 셈이다.

20 (월) 맑음

오후에 한문학과의 이상필 선생이 내 연구실로 방문해 와 지난 토요일에 나와 대화한 후 자신이 다시 검토해 본 결과를 말해 주었다. 이 선생은 회봉 하겸진이 찬한 「송정연보」에 보이는 송정의 향리 正谷이 지금의 士谷이 아니라는 점에 대해서는 거의 내 의견에 동의하였지만, 필사 상태로 보관되어 있던 『송정집』을 교정하여 목판본의 형태로 간행한 사람은 면우 곽종석이며, 현재의 석인본 原集에 보이는 형태로 재차 고친 사람이 회봉이라는 점에 대해서는 자신의 해석이 옳다는 입장을 견지하였다.

이 선생은 문제의 석인본 발문을 "原集舊已刊行于世, 郭徵君先生重讐校所刪時有之, 續集.年譜, 門祖謙鎭氏所編定也"로 읽어, 정조 12년에 간행하기 위해 蔡樊巖의 서문까지 받아 두었다가 결국 미간행 된 상태로 방치된 것을 곽면우가 거듭 讐校하여 목판으로 간행하였는데, 무슨 이유에서인지 모르지만 면우의 문인인 회봉이 다시 석인본의 형태로 간행하면서 현재의 석인본 원집에서 보는 바와 같은 형태로 또다시 대폭 수정을 가했으며, 이 점은 스승의 작업 내용을 다시 고쳤기 때문인지 발문에서는 일부러 감추고서 밝히지 않았다는 것이다.

나도 처음에는 이 선생처럼 '之'字 다음에서 끊어 읽었었고, 지금도 여전히 그렇게 읽을 수도 있겠다고 보나, 정조 12년에 쓰인 번암 채제공의 서문에 송정의 6세손 正中이 목판본 간행을 위해 서문을 청하므로 쓴다고 되어 있고, 연보에도 이 해에 "문집이 이루어졌다(文集成)"고 되어 있으므로 이 해에 목판본이 간행된 것이며, 그것을 가지고서 면우가 '거듭' 讐校·刪定을 가하여 현재의 석인본 원집의 형태로 고쳤다고 해석하는 것이 순리라고 생각되는 것이다. 더구나 목판본이 석인본의 원집으로서 수용될 때 대폭적인 수정이 행해졌음에도 불구하고 발문에서는 이에 대한 언급을 일부러 회피했다고 하는 것은 궁색한 설명이라고 본다.

퇴근 무렵까지 이 선생과 함께 남명학연구원과 교내의 남명학연구소와의 관계 및 H 선생과 나와의 대립 관계 등에 관해 대화하였다. 오늘 밤 교내의 정신문화연구원 출신 교수들이 이 선생의 전임 취임을 축하하는 모임을 가진다고 한다. 이 선생의 말에 의하면, 『남명학연구』 창간호 가운데서 H 선생의 갑진본 해제는 삭제하기로 합의되어 있다고 한다. 그러나 며칠 전 손병욱 선생에게서 들은 바로는 이미 약 200부 정도가 배포되어 있는 모양이다.

22 (수) 맑음

한문학과의 최석기 선생을 만나 이상필 선생과 나 사이에 있어 『송정집』의 판본 문제에 관한 해석의 차이점을 설명하고서 최 선생의 의견을 물었다. 석인본 발문에 대한 최 선생의 해석은 "原集舊已刊行于世, 而郭徵君先生重讐校, 所刪時有之, 續集·年譜, 門祖謙鎭氏所編定也"로 끊어, "刪定한 바가 현재 남아 있다"로 읽어 두 사람의 해석과는 또 좀 달랐지만, 목판본이 정조 때에 이루어 진 것이고, 곽면우가 이를 수정한 것이 석인본의 원집으로서 수록되게 된 것이라고 보는 점에 있어서는 나와 같은 의견이었다. 최 선생은 성균관대학 학부를 전체 수석의 성적으로 졸업하고, 민족문화추진회에 전문위원으로 재직하고 있다가 본교로 온 사람이다.

23 (목) 맑음

오후에는 학부 4학년의 차영석 군과 교육대학원 종합시험에 합격한 이해진 양이 인사차 연구실로 방문하여 오랫동안 함께 대화를 나누었다. 대화중에 서울의 KBS 교육방송 여직원으로부터 전화가 걸려 왔었는데, 남명 및 남명학파에 관한 약 30분짜리 TV 프로를 제작하고자 하니, 5월 2일 덕천서원에서 인터뷰에 응해 달라는 내용이었다. 현재 한국동양철학회장이신 고려대학의 尹絲淳 교수에게 상의했더니, 그 분야에는 내가 제일 권위자라고 하더라는 것이었다.

24 (금) 맑음

최근 澹軒 河禹善의 嗣孫인 하유집 씨가 보내 준 『담헌집』을 계속 읽고 있다. 담헌은 해방 후 덕천서원의 院任을 맡아 『덕천사우연원록』의 편찬 간행을 주도하며 重齋 金榥과 논쟁을 벌인 인물로서, 이 문집은 아직 출판되어 있지 않지만 지난번 진주에서 유집 씨를 만났을 때 그에게 부탁하여 특별히 복사본 4책 全卷을 입수할 수 있게 된 것이다.

25 (토) 맑음

학교에서는 어제에 이어 『담헌집』 중의 사우록 관계 통문들을 계속 읽고 있다.

27 (월) 맑음

서울의 KBS 교육방송 측으로부터 며칠 전에 대화했던 젊은 여자에게서 다시 전화가 걸려 와, 토요일에 있을 인터뷰 내용에 관한 통지를 받았다. 질문 내용은 남명의 사상과 남명학파의 동향, 그리고 남명 사상의 역사적 의의에 관한 것이며, 약 12분 정도에 걸쳐 대담하게 될 모양이다. 전체 방송 시간은 약 30분 정도라고 지난번에 들었었고, 5월 25일경에 방영될 예정이라고 한다.

학교에서는 『澹軒集』을 계속 읽으며 카드화 하였는데, 통문 부분은 일단 다 읽었다.

28 (화) 맑음

『담헌집』 중의 詩와 편지들을 읽으며 카드화 작업을 계속하고 있다.

29 (수) 흐림

오전에 경남문화연구소장에 취임한 국어교육과의 J 선생이 연구실로 찾아왔다. 남명학연구소의 기획으로 금년 9월에 본교에서 임진왜란 400주년을 맞아 '慶尙右道 의병 활동의 재조명—남명학파를 중심으로—'라고 하는 주제의 전국적 범위의 학자들을 초빙한 학술발표대회를 가질 예정이라는 보고를 지난번 평의회 때 들은 적이 있었는데, 이번에 조

씨가 경남문화연구소장에 취임하면서 이를 학내의 이 두 연구소가 공동 주최하기로 합의를 본 모양이며, 나더러는 嶺南大 정진영 씨의 「大笑軒 趙宗道와 存齋 郭준의 의병 활동에 대하여」라는 논문의 논평을 맡아 달라는 부탁이었다. J 씨로부터는 남명학연구소 현판식 때와 이 연구소의 두 번째 평의원 회의 때 두 차례나 적대적 혹은 모욕적 언사를 당한 적이 있으므로 내심 무척 불쾌한 마음을 품고 상대하지 않으려고 작정해 온 터이지만, 이 문제는 공적인 일이고 또 일부러 찾아와 정중히 청하므로 승낙했다. 용건이 끝난 후에도 금방 가지 않고 좀 더 이야기 하고자 하는 듯하므로, 지난번에 있었던 불쾌한 일들에 대한 나의 생각을 말했는데, 두 건에 대해 모두 사과한다는 자세였다.

5월

1 (금) 맑음

『담헌집』을 읽으며 카드화 하는 작업을 다 마쳤다.

2 (토) 맑으나 다소 강한 바람

오전 중 두 시간 수업을 마치고서 교수식당에서 점심을 든 다음, KBS 교육방송국 측과 만나기로 약속된 德川書院으로 향했다. 시외버스 편으로 오후 두 시 조금 못되어 서원에 도착했다. 방송국 측에서는 PD를 비롯한 네 명이 내려왔고, 그 외에 산청군 문화재 담당 직원과 산청문화원 관계자, 그리고 서원의 內任이 참석해 있었다. 서울서 내려온 사람들은 매주 월요일 밤에 방영되는 '역사탐방' 프로의 제작팀인데, 이번에는 서원 순례 형식으로 시리즈물을 만들고 있는 모양이었다.

인터뷰라고는 하지만 내가 혼자 서서 설명해 가는 식인데, 처음 덕천서원의 敬義堂 앞에서 남명의 사상을 설명할 때는 한 주제 당 약 사분 정도 방영될 분량이라고 하므로 긴장하여 스스로 많은 NG를 내었지만,

山天齋에서 남명학파를, 그리고 남명의 묘소 앞에서 남명 사상이 후세에 끼친 영향을 설명할 때는 편집은 자기네가 알아서 하겠다는 말을 듣고서 비교적 스무드하게 이야기를 이어나갈 수가 있었다.

남명에 관한 TV 프로로는, 기왕에 마산 MBC에서 제작한 〈嶺南의 빛〉, 진주 MBC가 시리즈물로서 기획한 〈矗石廣場〉 중의 남명 특집, 그리고 서울 KBS의 〈전국일주〉 등에 이어 이번이 네 번째로 알고 있는데, 어쩌다 보니 이것들 모두에 내가 출연하게 되었다. 두 번째 것은 2회까지 방영되었다가, 진주 MBC 측이 애초의 약속을 지키지 않으므로, 더 이상 따라다니는 것은 내 시간을 낭비하는 결과가 될 뿐이라고 생각하여 내 쪽에서 출연을 그만 두겠다고 통보하여 도중에 중단되고 말았었다.

4 (월) 맑음

오전 중 학교에서 『德川師友淵源錄』 간행 작업의 都有司를 맡았던 重軒 金在洙의 필사본 『隨抄』를 읽으며 카드화 하였다.

6 (수) 흐리고 저녁부터 부슬비

己丑獄事에 逆謀의 누명을 쓰고 죽은 남명 문인 柳宗智의 『潮溪實記』를 마저 읽었다.

7 (목) 꽤 많은 비

오전 중 중문과의 정헌철 선생 연구실로 가서 두어 시간 대화를 나누다가 소나기 속으로 걸어 나가 함께 택시로 예하리의 보신탕집에 가서 소주와 점심을 들었고, 돌아와서는 정 선생 연구실에서 차를 들며 한참동안 더 대화를 계속하였다. 정 선생은 H 선생과 단짝일 뿐 아니라 나하고도 그런대로 친한 사이이며, 남명학연구소의 설립 과정에도 관여하였고 현재 이 연구소의 연수부장 직을 맡고 있다. 지난번 홍보부장인 J 선생이 내 연구실로 찾아왔을 때도 평소 나에 관한 H 측의 험담만을 많이 들어왔었다고 했고, 어제 정병훈 선생과 대화할 때도 남명학연구소 관계자(아마도 장원철 간사)로부터 나에 대한 비평을 익히 들었다고 하는 말이 있었으므로, 대체 그들이 어떤 식으로 나를 비난하고 있는지 한 번 알아보고 싶어서 정헌철 선생을 찾아갔던 것이다. 정헌철 선생은 가히 H의 오른팔 정도 된다고 할 수 있어서 그동안 H 선생의 일을 많이 도와 온 터이지만, 나에 대해 호의적인 발언을 하는 까닭에 이즈음은 연구소의 일에서 차츰 소외되고 있다고 한다. 연구소의 실무는 거의 간사인 한문학과의 장원철 선생이 독단적으로 처리하고 있는 실정인 모양이다. 정헌철 선생과의 대화에서는 여러 시간 동안 내가 주로 지껄이고 정 선생은 경청하는 식이었는데, 나의 말에 전적으로 공감하는 자세였다.

8일 (금) 흐림

어제 정헌철 선생과 대화할 때 자신이 남명학연구원의 연구위원임에도불구하고 지난번에 간행된 『남명학연구논총』 제2집을 보내 주지 않은 것은 부당하다는 말이 있었다. 조옥환 사장에게 전화했더니 새로 정장본 열 부와 한상규 씨의 박사 논문 『南冥曺植의 教學思想』 다섯 부, 그리고 H의 해제를 삭제하고서 간행한 『남명학연구』 창간호 세 부를 보내 왔으므로, 조교를 시켜 교내의 남명학연구소 임원들 및 유관 학과 등에 배부하게 했다. 지난번 출판기념회 때 공영립 소장이 핑계를 대며 축사를 거절한 데 대한 불쾌감의 표시로서 연구소 임원들에게는 일체 이 논총을 배부하지 않았었는데, 이제 그러한 의사 표시는 충분히 되었으리라 보고, 또 끝내 배부를 하지 않는 것도 그들의 작태와 크게 다를 바 없는 옹졸한 자세가 아닐까라고 생각하여 오늘 배부해 보낸 것이다.

『남명학연구』 창간호는 처음 600부를 간행하여 이미 200부 정도 배부가 되었다는 소식을 지난번에 손병욱 선생으로부터 전해들은 바 있었는데, 어제의 정헌철 선생 말에 의하면 그 이후로는 배포를 중단하고 있는 모양이다. 이번에 H 선생의 해제를 제거하고 『남명집』 最古本인 甲辰本이라는 제목은 壬戌本이라고 수정하여 천 부를 더 간행했다고 하나, 이것도 아직 본격적인 배포에 들어가지는 않은 모양이다. 그러나 내가 요구한 바와 같이 갑진본으로 대체하여 해제를 고쳐 쓰지 아니하고서, 옛 표제 위에 임술본이라고 인쇄한 쪽지만을 덮어 붙인 까닭에 문제는 여전히 남고 창간호의 모양새가 말이 아니게 된 것이다. 엄밀하게 말해서 이는 임술본도 아니며, 임술본의 完帙이 규장각 등에 여러 부 전하고 있는데 散帙을 영인 간행할 이유가 무엇이며, 또 덮어 붙인 쪽지 아래로 갑진본이라고 인쇄된 부분이 여전히 비치어 보이고 있는 점도 창피스러운 것이다.

11 (월) 맑음

몇 달 만에 다시 책상 서랍에 넣어 두었던 노트북 컴퓨터를 꺼내어 「『南冥集』 釐正本의 成立」 첫 부분을 다시 조금 작성하기 시작했다. 그러나 아직 이 논문을 한국어로 쓸지 일본어로 쓸지 조차도 결정하지 못한 상태인지라, 『日本中國學會報』의 최신호들을 꺼내 놓고 투고 요령부터 새로 검토하고 있는 중이다.

13 (수) 정오 무렵까지 비

저녁 무렵 논문의 기왕에 작성해 두었던 부분을 일본어로 고치는 작업에 착수했다. 아직도 한글로 쓸지 일본어로 쓸지는 결정하지 못한 상태이다. 일본어로 쓸 경우 사용할 수 있는 한자의 부족이 더욱더 문제된다.

14 (목) 맑음

『學記類編』을 읽으며 한국철학강독의 수업 준비를 했다.

16 (토) 흐림

한철강독을 수강하는 3학년 학생들을 연구실로 청하여 차를 마시면서 함께 잡담을 나누었다. 지난주 이래의 이 학생들의 청에 따라 오월제 기간인 다음 주 금요일에 함께 德山의 남명 유적지를 답사하기로 일정을 잡았다.

17 (일) 흐림

조옥환 사장으로부터 남명의 형제자매에 관한 문의 전화가 걸려 왔다. 오는 22일의 답사 때는 조 사장이 버스와 점심을 제공해 주기로 약속했다. 남명의 모친과 숙부 彦卿의 묘소 등에 풍화된 옛 비석 외에 새 비를 세워 마멸된 비문을 복원하는 방법에 대해서도 의견을 나누었다. 조 사장은 옛 비문의 번역문만 새 비석에 새길 생각인 모양이었으나, 원문도 함께 새기도록 권했다.

18 (월) 흐림

조교를 시켜 한국철학강독의 수강생 이외에도 남명 유적지 답사에 참가하기를 희망하는 학생들은 내일까지 학과 사무실로 신청하도록 과 게시판에 공고하게 했다. 오전 중에 조 사장으로부터 다시 연구실로 전화가 걸려와, 금요일의 답사와 관련한 실무 문제를 협의했다. 연구실에서 종일 「『남명집』 이정본의 성립」을 일본어로 고쳐 입력하는 작업을 했는데, 『日本中國學會報』의 투고 규정에 요구되어 있는 바에 따라 인용되는 漢文을 訓讀體 일본어로 고친다는 것이 외국인인 나로서는 쉽지 않은 일이라, 역시 한국어로 쓸까 하고 오늘까지도 계속 망설이고 있다.

H 씨가 2년여에 걸쳐 週刊 ≪진주신문≫에 연재한 '진주 정신을 찾아서—남명 조식—'은 104회로써 지난주에 끝이 났고, 이번 주에는 4·5면에 걸쳐 연재 마감에 즈음한 특별 좌담회의 내용이 실려 있는데, H 선생과 장원철 선생 등이 참석하고 있다. 이 글은 처음 행정학과의 유낙근 교수가 연구실로 찾아와 나에게 위촉한 바 있었으나, 매스컴에다 계몽적인 글을 싣기 위해 心力을 소비할 생각이 없어 사양하였다. 대신 누구에게 부탁하면 좋겠는가고 묻기에 H 선생을 언급한 바 있었던 것이지만, 연재가 시작될 당시 나로서는 설마 이렇게까지 오래 끌줄은 예상하지 못했었다. 대중적 소개라는 명분 아래 소설적 허구를 가미하여 남명의 생애를 '野談과 實話' 식으로 윤색한 전형적인 잡문인 것인데, 그동안 연재된 글은 매회 빠짐없이 스크랩해 두었다. 좌담회 사회자의 발언에 의

하면 200자 원고지 일천 장이 넘는 분량이라고 하지만, 내용이 산만하여 단행본으로 간행하기도 어렵겠다고 판단된다. 이러한 점에서도 그 때그 때의 상황에 영합하여 자신의 존재를 부각시키고자 애쓰는 H 선생의 스타일이 잘 드러나 있다고 하겠다.

19 (화) 흐림

지난번에 정헌철 선생이 일러 준 대로 문방구에서 가장 가는 油性 매직펜을 사서, 필체 좋은 정 선생에게 부탁하여 집에서 가져 간 데스크톱 및 연구실에 두고 있는 노트북 컴퓨터의 키보드에 일본어 히라가나의 배열을 새로 적어 넣었더니, 지난번에 자신이 보통 사인펜으로 적었을 때보다 훨씬 보기도 좋고, 무엇보다도 잘 지워지지 않아 만족스러웠다.

20 (수) 맑음

학교에서 논문 작성 작업을 계속했다. 기왕에 써 둔 부분을 새로 다듬었을 뿐인데, 어쨌든 일본어로 써 보기로 작정했다. 컴퓨터로 쓸 수 있는 한자는 4천 몇 백 자 정도 밖에 되지 않으므로, 일본어로 동양철학 분야의 전공 논문을 쓰는 데는 턱도 없이 부족하며, 또한 이 워드프로세서의 메커니즘으로는 각주가 해당 페이지의 하단에 자동적으로 붙게 되어 있어, 이를 논문 끝에 일괄적으로 모으도록 요구하고 있는 『日本中國學會報』의 투고 요령에 따를 수도 없는 점이 문제이다. 그러나 역시 원고지보다는 컴퓨터를 이용하는 쪽이 여러 모로 편리하겠다고 판단하여, 오후 내내 책상 위에다 노트북 컴퓨터를 올려놓고 있었다.

21 (목) 맑으나 황사 현상

오전 중에 영남대학교 철학과의 이완재 교수로부터 전화가 걸려 왔었다. 근자에 경상도 지방 철학자들의 모임인 영남철학회의 회장을 맡게 되었다면서, 윤리 문제를 주제로 한 이 학회의 금년 가을 모임에서 나더러 동양철학의 관점에서 본 현대 윤리에 관한 주제로 논문을 발표해 달라는 것이었다. 내가 평소에 그런 문제에 대해 연구를 해 본 것도 아니고, 현재 일본어로 전공 논문을 한 편 작성하는 일만 해도 벅찬 처지이므로, 사양하는데 애를 먹었다. 근자에 우리 학계에서는 이렇게 무슨 공동 주제를 내 걸고서 이 사람 저 사람에게 분담을 시켜 발표케 하는 것이 학회의 대체적인 경향인 듯한데, 이런 식으로 해서는 좋은 논문이 나올 리가 만무하다고 본다.

22 (금) 맑음

철학과 학생들과 남명 유적지 답사를 가기로 한 날이다. 오전 아홉 시 반까지 의대 정문 수위실 옆에서 만나기로 했으나, 늦게 오는 학생들이 있어 출발은 아홉 시 오십 분 경에야 가능했다. 공식적인 행사가 아니기는 하지만 철학과로서는 처음 있는 학술답사인 셈이다.

부산교통의 조 사장이 제공한 45인승 관광버스에 40명 정도가 동승하여, 먼저 산청 덕산의 남명 유적지를 두르고, 덕천서원 敬義堂에서 조 사장이 준비해 준 도시락으로 점심을 든 다음, 삼가의 토동에 들러 남명의 외가인 仁川李氏의 先山과 남명 숙부인 曺彦卿 夫妻의 묘소를 둘러 본 다음, 생가 터와 뇌룡정을 방문하였다. 그 다음은 삼가 읍으로 나와 下板里의 남명 향리와 枝洞의 선산을 둘러보았는데, 남명 모친의 산소 옆에 있는 두 무덤의 표석에 아무것도 새겨져 있지 않는 것을 예전에는 무심코 보아 넘긴 바 있었으나, 며칠 전 조 사장의 전화에 의하면 그것이 바로 남명의 형인 입과 아우인 桓의 묘소이나, 어느 것이 형의 것이고 어느 것이 아우의 것인지 확인할 길이 없어 표석에 새기지 못했다고 한다.

도로 토동 옆의 대의로 돌아 나와 의령 쪽 국도로 접어들어 鼎巖津 다리를 건너 남해고속도로에 올라서, 마지막 목적지인 김해로 향했다. 김해군 대동면 주부동에 있는 남명의 正室인 조 씨 부인 및 그 형제·조카의 무덤과 산해정을 둘러보았을 때는 벌써 날이 상당히 저물었다. 밤 열 시 가까이 되어 진주에 도착하였다.

25 (월) 흐리고 오후 한때 비

7시 55분부터 30분간 KBS 교육TV의 '역사탐방' 프로를 시청하였다. '역사탐방'의 덕천서원 편에는 지난번 덕산에 가서 촬영한 필름이 방영되었는데, 내가 사용하는 비디오가 있는 거실에 손님들이 가득하여 예약 녹화를 해 두었더니, 비디오의 시간 설정이 잘못되어 있었던지 앞부분에는 쓸 데 없는 내용이 녹화되어 있고 뒷부분은 좀 잘려 버렸다.

28 (목) 맑음

2·3 교시의 한국철학강독 시간에 시청각관에서 남명학 관계 비디오 세 편을 상영했다. 기왕에 방영된 남명학 관계 TV 프로에는 모두 내가 출연하고 있어 좀 쑥스러웠지만, 남명학의 전반적인 내용을 이해하는 데는 도움이 되는 것이라고 생각했다. 관심 있는 학생은 아무나 와서 시청하라고 학과 게시판에 공고까지 했음에도 불구하고 이 과목의 수강생 숫자에도 미치지 못하는 열 명 밖에 참석하지 않았다.

6월

1 (월) 맑음

책을 읽을 때 아무래도 글씨가 흐려 보이고 초점이 잘 잡히지 않으므로, 구내의 안경점에 가서 난생 처음으로 독서할 때 사용할 돋보기안경을 하나 맞추었다. 집에서 위성방송의 프로를 읽을 때는 손으로 들고서 보는 돋보기인 루페를 사용하고 있다. 눈에 대해서는 자신이 있었던 나이지만 별 수 없이 나이를 먹어 돋보기를 끼어야 할 처지가 되고 만 것이다. 보통나이로 마흔네 살이 되어 중년의 징후는 여러모로 나타나고 있는데, 우선 앞머리가 제법 벗겨지고, 머리카락이 상당히 많이 센데다가, 성욕이 감퇴하고, 이제는 돋보기안경을 맞추는 데까지 이른 것이다.

한국철학사상연구회의 기관지인 『시대와 철학』 제4호를 읽고 있는 중이다. 나는 이 학회가 표방하는 이른바 '과학적 세계관'과는 별로 무관한 처지인데, 이번에 경상대학교에 할당되는 부산경남지회의 운영위원으로 선출된 모양이다. 남부끄럽기도 해서 지난 토요일의 첫 운영위원회 및 월례 모임에 참석하지 않았다.

15 (월) 맑음

아침에 경남문화연구소장으로 있는 J 선생에게서 전화가 걸려 와 내가 발굴하여 학계에 소개한 『孤臺日錄』 관계 논문을 보고 싶다고 하므로, 출근 시에 아파트의 옆 동에 살고 있는 J 선생의 차에 동승하여 내 연구실로 가 「남명집판본고 (1)」 및 그가 함께 달라고 하는 같은 제목의 논문 (2)의 복사본을 전해 주었고, 얼마 동안 함께 대화를 나누었다. 지난번 H 선생이 ≪진주신문≫에 연재해 왔던 남명 관계 칼럼을 마감함에 즈음한 대담에서 남명학연구소의 간사인 장원철 선생이 이 문헌을 번역할 계획에 대해 언급하고 있는 것을 읽은 적이 있었는데, J 선생 말로는 그것은 즉흥적인 발언이고, 금년 중에 임진왜란 400주년을 기념하여 본교의 경남문화연구소와 남명학연구소가 공동으로 주최하게 될 경상우도 지방의 의병활동에 관한 학술회의에서 이 문헌에 관한 발표를 하나 추가할 것을 고려하고 있다고 한다.

J 선생의 말에 의하면, 남명학연구소에서 간행한 『남명학연구』 창간호는 처음 간행한 600부 중 일부를 제외한 나머지는 모두 출판사측으로 돌려보내어 H 선생의 이른바 갑진본 해제를 제거하고서 임술본이라고 고쳐 배부하였으며, 그 이후에 같은 형태로 새로 천 부를 더 찍어 배부하였다고 한다.

7월

4 (토) 흐림

일본의 大阪市立大學 교수인 三浦國雄 씨로부터 전날 내가 보내 준 『남명학연구논총』 제2집에 대한 답례의 그림엽서가 도착하였다. 6월 29일자 그림엽서인데, 수일 후 北京으로 출발하여 3개월간 체재할 예정이라고 씌어 있다.

5 (일) 흐리다가 저녁부터 벼락치고 비

오후에 경희대 철학과에 근무하는 동문 허우성 군으로부터 전화가 걸려 왔다. 이번 여름 덕천서원에서 가지기로 했었던 서울대 동양철학연구회의 여름 모임은 경비 등의 문제로 말미암아 춘천 근처로 장소가 변경되었다고 한다.

6 (월) 맑음

어제 조옥환 사장 댁에 전화하여 덕천서원에서의 모임 계획이 취소되었음을 알리고자 했었는데, 당시 외출 중이었던 조 사장으로부터 오늘 아침에 전화가 걸려 왔다. 경비 문제 때문이라면 조 사장 회사의 버스가 하루 세 번씩 서울까지 운행하고 있으므로 왕복 교통은 그 편을 이용할 수가 있고, 서원에서의 식사도 조 사장이 제공할 수 있겠다는 반응이므로, 서울의 허우성 군과 다시 전화 연락하여 조 사장의 뜻을 전했고, 조만간 서울에서 상의한 결과를 다시 통보 받기로 했다.

7 (화) 흐리나 무더움

이번 방학 중에는 어떻게든 애당초의 계획대로 기왕에 착수했던 「『南冥集』 釐正本의 성립」 한 편 정도는 완성해 두어야겠다고 마음먹었다. 학교에서는 읽기만 하는 것보다 가능한 한 생산적인 집필 활동을 위주로 해야겠다는 생각을 예전부터 가지고는 있었지만, 그것이 뜻대로 실행되고 있지 못하다.

8 (수) 맑음

오전 중에는 읽고 있었던 『맹자』 公孫丑 上篇의 제2장을 마저 읽었고, 오후부터 「『남명집』 釐正本의 성립」 집필에 다시 착수했다. 처음에는 한글로 적다가, 지난번 컴퓨터가 고장 나기 전까지는 일본어로 고쳐 집필하고 있었는데, 오늘 여러 가지 점들을 고려한 끝에 다시 한글로 적기로 작정했다. 그렇게 결정한 이유는, 오늘 일본중국학회 관계 자료들을 자세히 검토한 결과, 원래는 이 논문을 금년 10월 중순에 東京學藝大學에서 열릴 이 학회의 제44회 대회에서 발표하고, 그것을 정리하여 내년도에 간행될 『日本中國學會報』에 투고할 예정이었으나, 작년의 경우 8월 초에 이미 발표될 논문들의 요지가 인쇄된 大會要項이 우송되어 왔던 것으로 보아 지금쯤은 이미 발표자가 결정되어 있을 것으로 판단되며, 집필 요령에 제시된 조건들이 다소 까다로워 외국인인 나로서는 충족시키기 어려운 점이 있는데다, 이 학회지는 내년 10월 중 간행될 것이므로 나의 재임용 및 승진 심사가 예정되어 있는 내년 상반기 중에는 연구실적물로서 심사에 제출할 수가 없을 것이기 때문이다.

10 (금) 흐리고 몇 차례 부슬비

학교에서 논문 작성을 계속했다.

11 (토) 흐림

아침에 서울대 동양철학연구회 운영위원장인 경희대의 허우성 군으로부터 전화가 걸려 왔었는데, 어제의 모임에서 금년도 여름 모임은 애초에 예정했던 대로 8월 12일부터 14일까지 2박 3일에 걸쳐 덕천서원에서 가지기로 결정했다고 한다. 출근 후 조옥환 사장에게 전화하여 그러한 내용을 알렸고, 조만간에 이 모임의 간사인 신정근 군이 진주에 내려오면 같이 만나서 더 상세한 점들을 협의하기로 했다.

13 (월) 흐리고 때때로 비

학교에서 논문 작성을 계속했다. 竹軒 河惺과 그 장남 達遠의 가계를 확인하기 위해 『竹軒集』을 비롯한 丹牧골 河氏 一門의 문헌들을 뒤적였고, 점심을 든 후 도서관 한적실에 가서 죽헌의 처가인 草溪鄭氏의 족보도 다시 한 번 빌려와 검토해 보았다. 그런 까닭에 별로 진도는 나가지 못했다.

14 (화) 흐리고 낮 한때 개임

학교에서 논문 작성을 계속했다. 이제 겨우 머리말을 거의 끝낸 참이다. 집에 있는 일기장과 5만 분의 1 지도 등을 들고 가서 草溪의 鄭白氷 일족의 향리와 묘소 등에 관한 고증에 참조했다.

15 (수) 간밤에 번개 치고 비 온 후 흐림

학교에서 논문 작성을 계속하고 있다. 점심 때 식당으로 나가면서 오전 중 작업한 내용을 버튼을 눌러 일시 그 상태대로 중단시켜 놓았다가, 돌아온 후 리쥼 버턴을 눌러 다시 그 부분을 불러들인다는 것이 무심결에 그만 부팅을 시켜 버려 기왕에 했던 작업을 새로 되풀이해야 하였다.

16 (목) 비

출근했다가, 『남명집』 임술본 훼판 사건과 관련하여 『현종실록』에 나타나는 河達源·尹承慶 및 이와 관련한 최초의 통문에 狀頭로 되어 있는 李如泌 등의 가계에 관한 보다 상세한 정보를 얻기 위해 전화번호부를 뒤져 시내의 전신전화국 뒤편으로 옮긴 한국족보도서관의 위치를 확인하였다. 그곳으로 찾아가 晋陽河氏와 坡平尹氏, 그리고 載寧李氏의 족보를 들추어 보았으나, 진양하씨의 경우는 대동보임에도 불구하고 단목골 하씨는 실려 있지 않음을 확인하였고, 후자들의 경우도 그 수많은 사람들 중에서 이들을 찾아낼 자신과 시간적 여유가 없어 포기하고 말았다.

거기서 그다지 멀지 않은 愚堂 河東根 선생 댁에 들러 그 댁에 보관된 『진양하씨족보』를 들추어 보았더니, 단목골 하씨와 그 외손인 윤승경의 계보가 나타나 있었다. 우당 선생의 설명에 의하면 丹牧 및 士谷의 하씨는 河拱辰을 시조로 하고, 南沙와 安溪, 鳴石 등의 하 씨는 같은 진양을 본관으로 하고 있더라도 河珍을 시조로 하므로, 그들의 대동보에 내가 찾는 사람들이 나타나지 않는 것은 당연하다는 것이었다. 우당 댁으로부터 그 족보 제1권을 복사하기 위해 빌려 왔다.

18 (토) 맑음

우당 선생으로부터 빌려 온 자료에 근거하여 다시 논문의 머리말을 다듬는 작업을 계속했다. 퇴근길에 우당 댁에 다시 들러 복사를 끝낸 『진양하씨족보』의 제1권을 반환하고, 2·3·4 권도 복사해 두고자 하니 빌려달라고 했으나 족보는 門外不出이라면서 허락하지 않으므로, 권3에서 河達漢의 卒年을 좀 메모해 오는 정도로 그칠 수밖에 없었다.

저녁 무렵 서울대의 동양철학사상연구회 간사인 辛正根 군이 아파트로 찾아왔으므로, 다음 달 중순에 덕천서원에서 있을 이 회의 제1회 하계 답사에 관한 구체적인 문제들을 함께 상의했고, 저녁 일곱 시 무렵 조옥환 사장과의 약속 장소인 시내의 錦河식당으로 나갔다. 조 사장은 서울에서 진주 행 마지막 비행기를 탈 예정이었으나 표가 매진되어 부산의 김해공항을 거쳐 올 수밖에 없었기 때문에 한 시간 이상 늦게 도착했으나, 이번 모임에 대해 최대한의 지원을 약속해 주었다. 신정근 군은 10시 남짓 되어 막차로 의령의 고향으로 돌아갔고, 조 사장과 함께 군청 앞 버스 정류장까지 바래다주었다.

20 (월) 맑음

논문 작성을 계속했지만, 기왕에 써 놓은 부분에 있어 譯文만 제시했던 곳에는 다시 원문을 첨부하기로 하고, 없는 한자는 자형편집기를 이용하여 새로 만들어 입력하는 정도에서 그쳤다.

일본에서 『東方學會報』 No.62가 부쳐져 왔는데, '會員通信'란에 나의 근황도 실려 있다.

21 (화) 맑음

계속해서 논문을 작성하고 있다. 『현종실록』에 보이는 河達源과 동일인일지도 모른다고 보았던 河惺의 장남 達遠은 『남명집』 훼판 사건이 있기 전인 인조 연간에 이미 졸하였음을 확인하였다. 그동안 여러 날에 걸쳐 改稿를 거듭했던 머리말 부분을 또다시 상당히 수정하지 않을 수 없었다.

22 (수) 맑으나 무더움

논문 작성을 계속하였다.

23 (목) 엄청난 무더위

종일 논문 작성을 계속했다. 李如泌 등의 명의로 된 통문의 내용을 정리 요약하는 작업을 마쳤으나, 인용한 내용이 너무 길어 어떨까 싶다.

24 (금) 무더위

논문 작성을 계속했다. 역시 진도는 별로 나가지 못하고 어제 써 놓은 부분을 다듬는 정도였다. 오늘따라 저녁 무렵까지는 바람도 별로 없어 선풍기를 틀어 놓고 지냈다.

25 (토) 맑으나 무더움

논문의 자료 카드를 다시 정리하고, 釐正本 관계 통문철의 내용을 정리해 둔 카드 등을 새로 읽어 보느라고 오늘도 진도는 거의 나가지 못했다. 토요일 오후에도 연구실에 남아 작업을 계속해 볼까도 생각해 보았지만, 오랜 세월동안 유지해 온 생활 습관을 40대 중반인 이제 와서 변경하기도 무엇하고, 또 평소 토요일 오후에는 무슨 행사 등이 있는 경우가 많으므로 이후 계속 그렇게 해 나가기도 어려운 일이라 생각하여, 그 정도에서 중단해 두고서 돌아왔다.

27 (월) 맑음

훼판 사건 이후 최초로 나온 이여필 등의 통문에 연명한 사람들의 가계를 추적하여, 이들이 대체로 진주 서부 지역에 거주한 하겸재의 문인들일 뿐 아니라, 인척 관계로 서로 연관되어 있음을 확인하였다. 상당히 흘려 써서 알아보기 힘든 통문철을 다시 면밀히 읽어 보고 있는 중이다. 특히 겸재가 이 사건에 얼마만큼 관여되어 있으며, 그가 과연 훼판을 지휘했는지가 관심의 초점이 된다.

28 (화) 연일 불볕더위

통문철을 계속 읽으면서 기왕에 작성해 둔 카드의 판독이 잘못된 부분은 수정하고 있다. 통문들이 대체로 草書로 되어 있기 때문에 판독이 쉽지 않아, 약 한 달간 지리산에 들어가 있다가 어제 돌아온 복도 맞은편에 연구실이 있는 한문학과의 崔錫起 선생에게 가져가 좀 묻기도 했으나, 최 선생도 흘려 쓴 글씨에는 익숙지 못한 모양이었다. 거듭해서 읽는 동안에 그럭저럭 초서 읽기에도 다소 숙달되는 듯하다.

29 (수) 무더위

학교에서는 매일 산책도 하고, 통문철을 고쳐 읽는 작업을 계속하고 있다.

30 (목) 흐림

계속 통문철을 읽고 있다.

8월

3 (월) 맑음

지금 작성하고 있는 논문 「『남명집』 이정본의 성립」은 9월 말까지 탈고하여 한국철학회의 기관지인 『철학』에 투고할 예정이었는데, 지난주 금요일 병산서원에서 윤사순 회장을 만났을 때 동철 분야의 투고 논문을 심사하는 편집위원들이 동양철학 전공자인지의 여부를 물어 보았더니, 처음에는 그렇다면서 내 논문이라면 싣지 않을 리가 있겠는가고 하더니, 내가 논문의 주제를 말하고서 혹시 철학성이 부족하다고 문제 삼지는 않을지 모르겠다고 염려했더니, 윤 교수도 지금까지 이 잡지에 수록된 논문의 전례에 비추어 보아 내가 써 온 바와 같은 서지학적 고증적 논문에 대해서는 그런 문제가 제기될 가능성이 있겠다면서, 남명 철학의 내용을 다룬 논문을 써 보라고 하는 것이었다. 토요일에 다시 한 번 의견을 물었으나, 역시 같은 말을 하며 투고를 보류하는 것이 좋겠다고 했다.

윤 교수는 현재 편집위원은 아니라 할지라도 한국철학회에서도 동양철학 분야를 대표하는 위치에 있는 만큼 당신이 수록되도록 주선해 주겠다는 대답을 들을 것을 기대했었던 것인데, 차라리 물어 보지 않은 것만도 못한 결과가 되어 오늘도 그 생각을 하며 종일 의기소침해 있었다. 나로서는 심혈을 기울여 한 편 한 편을 써 오고 있으며, 이것들을 모아 京都大學에다 박사학위 청구논문으로서 제출할 예정인 만큼 그 질적 수준이나 독창성에 대해서도 나름대로의 자부심을 지녀 왔었던 것인데, 서양철학 전공자나 매너리즘에 빠진 글들을 쓰고 있는 동철 분야의 기성 학자들은 이와 같이 그들로서는 생소한 분야에 대한 실증적 연구에 대해서는 이른바 '철학성'을 인정해 주는 데 매우 인색한 것이다.

조옥환 사장으로부터 몇 차례 전화가 걸려 왔었는데, 이 달 18일에 있을 南冥祭 때 나더러 강연을 해 달라고 한다. 지금까지는 매년 서울에서 김충렬 교수가 내려와 享祀가 끝난 후 대중 강연을 하곤 했었는데, 금년에는 김 교수가 미국에 가고 없어 내가 꼭 맡아 주어야 한다는 것이었다. 여러 해 전에도 그런 요청을 받은 적이 있었으나 흥미도 능력도 없어 굳이 사양했었는데, 금년은 피할 수도 없는 상황이 되었다.

4 (화) 맑고 다소 시원함

통문철을 계속 읽고 있다. 오전 중 아파트의 복도 맞은편에 살고 있는 의류학과의 정복남 교수가 지난번 빌려갔던 『五洲衍文長箋散稿』를 반환하러 연구실에 왔다가 그동안 해결하지 못한 한문 문장들의 번역을 부탁하므로, 마침 방문해 있던 한문학과의 황의열 교수와 함께 해석해 주었다. 이어서 정오가 조금 넘도록 황의열 교수와 함께 초서로 된 통문철 중 해독이 어려웠던 부분들을 함께 읽어 보았다. 황 선생이 제법 두툼한 초서 사전을 가져와 참고하고 있었으므로 나도 한 권 구하고 싶어 물어 보았더니, 재작년쯤에 H 교수와 장원철 교수가 일본에서 나온 책에다 한국어 색인을 붙여 간행한 것이라고 한다. 장 선생은 아마도 그 당시는 아직 본교에 부임하기 전인 듯하다.

5 (수) 흐리고 때때로 비

통문철을 다 읽고서, 오후부터 다시 집필을 시작했다. 덕천서원에서의 모임 관계로 어젯밤 서울의 허우성 교수로부터 전화가 왔었고, 오늘 그 내용을 조 사장에게 전했다.

6 (목) 밤에 비온 후 흐렸다가 오후에 개임

논문 작성을 계속하고 있다.

7 (금) 오후 한때 비

종일 학교에서 논문 작성에 몰두했다.

8 (토) 무덥고 바람도 없다가 저녁 무렵부터 비

오전 중 한문학과의 최석기 선생으로부터 H·장원철 선생이 출판했다는 『草書字典』을 빌려 와 통문철 중에서 판독이 되지 않던 부분들을 찾아 보았는데, 역시 초서는 필획이 일정치 않아 찾기가 어려웠다. 이 책은 圓道祐之 씨가 1979년에 일본 講談社에서 간행한 것으로서 이 두 사람이 한국어의 현실에 맞도록 재편집하여 1990년 도서출판 까치에서 간행한 것으로 되어 있다. 933페이지에 달하는 두툼한 분량이며, 장 선생은 본교 한문학과의 강사로 소개되어 있다.

9 (일) 흐림

오후에 학교에서 들고 온 노트북 컴퓨터를 프린터에 연결하여 그동안 작성한 논문을 인쇄해 보았다. 지난번에 교수요목을 인쇄하고자 했을 때 잘 되지 않았던 것은 프린터 지정이 잘못된 까닭임을 알았다. 지금까지 작성한 것이 다섯 장 남짓 되는데, 이 A4용지 한 장은 한글로 가로 35자 세로 40행에 해당하여, 200자 원고지 7장의 분량으로 환산되므로, 이제 시작한 정도에 불과함에도 불구하고 벌써 상당한 분량임을 알았다. 전체적으로 보아 주석의 분량이 너무 많아 좀 줄이고자 한다.

『철학』지 대신 역시 내가 회원으로 가입 해 있는 『철학연구』 및 『시대와 철학』지에 투고할 것을 고려하고 있으므로, 그 잡지들의 최신호를 꺼내어 동양철학 관계의 글들을 검토해 보았는데, 이 잡지들도 본문에서는 완전히 한글전용을 하고 있음을 알았다. 동양철학 전공 논문이라 할지라도 한글전용을 하지 않으면 한국의 대표적인 철학 잡지라고 할 수 있는 이것들에는 투고할 마음조차 먹을 수 없는 현실인 것이다.

서울의 허우성 교수와 두 차례 통화하였고, 조옥환 사장과도 통화하여 여름 모임에 참가할 인원에 대한 최종 점검 결과를 확인하였다. 운영위원장인 H 선생이 확인한 바에 의하면, 서울에서 참석할 것으로 보이는 사람들은 모두 19명인데, 그 중 2명은 유보 상태고, 또 한 사람은 뒤에 불참하기로 마음을 바꾸었으며, 전임 교수들은 극히 적고 대부분 대학원생들인 모양이었다.

10 (월) 흐리고 바람이 없어 무더움

어제 그동안 작성했던 논문들 중의 한자로 적은 부분들을 한글로 고치고 주석의 분량도 되도록이면 줄이기 위해 작업했던 내용을 학교로 갖고 가서 다시 좀 생각해 본 결과, 대부분 원래 형태대로 도로 고치기로 했다. 이 논문의 경우, 애초부터 고유명사나 한자로 적지 않아서는 이해가 되기 어려운 부득이한 경우를 제외하고서는 가능한 한 한글로 적는 것을 원칙으로 삼아 왔었던 것인데, 이제 그것들마저 일일이 한자를 괄호에 넣거나 아예 한글 전용으로 바꾸기로 한다면 그것은 문자 생활에 관한 나의 입장을 포기하고서 다수의 횡포에 영합하는 결과가 되겠기 때문이다. 또한 한국을 대표하는 철학지들이 철학자 개개인의 주관을 무시하고 자신들이 마련해 놓은 틀 속으로 들어 올 것을 강요한다는 것도 문제일 뿐 아니라, 동양철학회나 사상사학회 등 동양철학자들만으로 구성된 학회의 기관지일 경우에는 여전히 한글과 한자를 섞어 쓰고 있어, 이 문제에 관한 학계의 의견이 일치에 이르러 있다고 볼 수도 없는 것이다.

11 (화) 흐렸다가 개임

종일 논문 작성에 몰두했다.

오전 중 空士 교수인 구춘수 군으로부터 전화가 걸려 왔었다. 지난번 병산서원에서는 이번 덕천서원 모임에 오겠다고 했지만, 사정에 의해 오지 못한다는 연락이었다.

남명 탄신 제491주 추모 남명제의 안내 팸플릿이 도착했다. 강연의 연사는 내가 아니라 경북대 사학과의 문경현 교수로 인쇄되어 있었다. 잘된 일이다.

12 (수) 흐림

오전 중 서울의 허우성 교수와 몇 차례 통화하였다. 서울 서초동의 남부 시외버스 터미널에 나와 보니, 매표소의 직원들이나 다른 누구도 서울대 동양철학연구회의 회원들이 부산교통의 버스 편으로 덕천서원으로 가게 된 사실을 아는 사람이 없으며, 버스의 출발 시간도 10시 15분발 진주행이 아니라 10시 40분발 하동 행 밖에 없다고 한다는 것이었다.

부산교통에 전화하여 알아보았더니, 서초동 터미널에 파견되어 있는 부산교통의 직원이 마침 휴가 중이며, 모든 것은 운전기사에게 말해 두었다는 것이었다.

오후 네 시까지 학교에서 논문을 작성하다가, 집에 돌아와 여행 가방을 챙겨서 장대동 시외버스 합동주차장으로 나가 마산에서 온 경남대의 최유진 교수 및 대구에서 온 경북대의 방인 교수와 합류하였다. 그들은 이미 오후 세 시 무렵에 시외버스 터미널에 도착해 있었으나, 도무지 아무도 나타나지를 않아서 우리 집으로 전화한 것이었다.

애초에 조 사장으로부터 들은 바대로 약 다섯 시간 반이 소요되는 것이라면 오후 3시 45분경에는 진주에 도착해 있어야 하는 것이지만, 오늘 오전 부산교통 측에 확인해 본 바로는 오후 다섯 시에서 다섯 시 반 사이에 도착할 것이라는 것이었고, 결국에는 여섯 시 반 무렵이 되어도 서울의 일행들이 나타나지를 않아 부산교통의 조규석 관리부장이 회사에다 전화해 알아보았더니 버스는 진주 터미널에 들르지 않고 바로 서원으로 향했다는 것이었다. 조 부장과 우리 일행은 영문을 모른 채 회사의 승용차를 불러 덕산으로 향했는데, 서울에서 도착한 서울대 동양철학연구회의 회원 일행은 열다섯 명이고, 우리 일행 세 명을 포함하면 참석자는 모두 열여덟 명이 되는 셈이었다. 버스의 종점이 하동인데, 기사는 시간이 없다면서 하동에서 손님들을 내려 준 다음 우리 회원들을 진주의 터미널에 들르지 않고 바로 덕천서원으로 싣고 간 것이었다.

서원에서 중산리 쪽으로 좀 올라간 곳에 있는 물레방아집이라는 음식점으로 가서 피리(피라미?)조림에다 보리밥으로 저녁을 들고, 서원으로 돌아와서는 조종명 덕천서원 內任이 서원 소개를 하고, 내가 남명학의 연구 현황에 대해 개괄적인 설명을 했다. 서원에서 준비해 준 맥주 등속을 다 마신 다음 후배들이 근처의 덕산 읍내로 나가 술을 더 사 와서 자정 무렵까지 마시며 잡담을 나누었다.

13 (목) 대체로 맑음

부근의 덕산에 있는 식당으로 나가 해물잡탕으로 아침을 들고 나니 부산교통의 조 사장이 식당으로 찾아와 우리 일행과 인사를 나누었다. 조 사장은 내가 부탁해 두었던 남명학 관계 자료들을 승용차 트렁크에다 싣고 왔는데, 내가 말했던 『남명학연구논총』 1·2집 및 『남명학연구』 1집 외에도, 기왕에 간행된 남명학 관계 자료들은 각각 25부씩 거의 모두 싣고 왔다. 각자가 원하는 대로 한 부씩 집어 가고, 나머지는 서울 등의 줄 만한 사람들에게 갖다 주게 했다. 모두들 십여 종류의 책이나 팸플릿으로 말미암아 짐들이 하나씩 더 는 셈이 되었으나 귀한 자료를 얻게 된데 만족해하였고, 서울에서 준비해 온 전신이 비칠 정도의 대형 거울을 답례품으로 전달하여 조 사장이 그것을 敬義堂 마루의 벽에다 걸게 하였더니 제법 어울리는 듯했다.

아홉 시 반 무렵에 조 사장 회사 버스가 서원에 당도했으므로, 짐들은 두고서 간편한 차림으로 답사를 떠났다. 우선 서원에서 좀 떨어진 곳에 있는 山天齋와 신도비, 別廟 및 남명 묘소 등을 둘러보고서, 院旨로 나와서 경호강을 따라 함양 입구인 수동으로 올라가, 88고속도로를 이용하여 인월로 향했다. 인월의 기사식당에서 점심을 들고서 조 사장이 점심 값으로 준 20만원 중 식당에 지불하고 남은 14만원은 임시 간사에게 전하였다. 마천으로 들어가서 지리산 중턱에 난 군용 작전도로를 따라 벽소령 쪽으로 올라가다가 버스가 들어갈 수 있는 끄트머리인 양정 마을에서 내렸다. 거기서 지난번 권오민 교수 및 조평래 군과 함께 올랐던 삼정산 등반 코스를 거꾸로 올라 靈源寺까지 갔다가, 영원사부터는 숲 속의 오솔길을 따라 삼정산 능선에 올라 普照 知訥이 대구의 팔공산으로부터 들어와 삼 년간 거주하다가 大慧禪師의 書狀인지 語錄인지를 읽는 도중 깨달음을 얻었다고 하는 上無住庵으로 향했다. 우리 일행 외에 이 산에는 등산객이 아무도 없는 데다 흐렸던 날씨의 뒤끝으로 삼정산 앞뒤로 장엄하게 펼쳐진 지리산 주능선과 서북능선의 꼭대기 부근은 안개로 뒤덮여 환상적인 분위기를 자아내고 있어 일행을 도취케 하였다. 상무주암에서는 그곳을 지키는 스님으로부터 지눌과 이 암자에 관련된 이야기며 上無住라는 암자명의 의미에 관한 설명을 청해 듣고서 함께 사진 촬영을 했다.

예정 시간보다 훨씬 지체되어 하산하였으므로, 다른 답사 계획은 포기하고서 마천 근처에 있는 山內라는 마을의 신라 시대 九山禪門 중 하나인 實相寺에만 들렀다. 절 안은 온통 꽃이 만발해 있고, 마침 저녁 예불이 시작된 무렵이라 그 또한 매우 분위기가 있었다. 절을 참관하고 나오니 날은 어두워지고 반달이 떴으므로, 돌아오는 도중에는 나의 제안으로 제각기 노래자랑을 펼쳤다.

서원에 도착하니, 예정 시간보다도 두 시간 반가량이 늦은 아홉 시 반 무렵이었는데, 기다리고 있던 조종명 내임 및 조온환 前 내임, 그리고 조 씨 친목 모임인 敬義會 대표되는 분과 함께 아침을 먹었던 식당에서 늦은 저녁 식사를 들었다. 서원으로 돌아와서는 술을 마시고 놀다가 이광호 선배를 둘러싸고서 '동양철학과 나의 인생'이라는 주제의 선후배 간담회를 다음날 새벽 두 시 무렵까지 벌인 모양인데, 나는 잠이 와서 자정 무렵에 먼저 자리에 들었다.

13 (금) 비

덕산 읍내의 중산리 코스와 대원사 코스가 갈라지는 곳에 있는 지리산가든인가 하는 곳에서 갈비탕으로 아침을 들고서, 아홉 시 반 무렵에 대기해 있는 부산교통의 버스로 어제에 이어 답사에 나섰다. 진주로 오는 국도 변에 위치한 사상사적 의의가 있는 곳들을 둘러볼 작정으로 먼저 南沙 마을 부근에서 雲里로 향해 난 도로를 따라 들어가 통일신라 초기부터의 고찰인 斷俗寺址에 들러, 남아 있는 보물로 지정된 동·서탑과 政堂梅 비각 및 당간지주를 둘러보았고, 돌아 나오는 길에 절 어귀에 있는 '廣濟嵒門'이라는 고려 시대의 암각 글씨도 보았다.

남사 마을에서 다시 차를 세우고, 世宗朝의 영의정을 맡아 도첩제를 실시했던 敬齋 河演 정승의 생가 및 그가 심었다는 감나무를 둘러보고,

같은 마을의 개울 건너편에 있는 구한말 영남 주리학의 마지막 거장인 면우 곽종석의 생가 터에 세워진 尼東書堂에 들렀다.

끝으로 배양마을에 들러 문익점의 면화 始培地에 건립 중인 문익점 기념관 공사 현장을 지나, 眞庵 李炳憲의 공자교 운동 본부인 培山書堂에 들렀다. 그곳을 지키고 있는 합천이씨 일족으로부터 진암과 서당에 관련된 이야기를 청해 듣고서, 『培山書堂經紀事實錄』을 각자 한 권 정도씩 가질 수 있을 만한 부수를 청해서 얻은 다음, 진암이 중국의 곡부에서 모사해 와 모셨다는 공자 화상을 참관하였다.

雨中에 진주로 나와, 진주 성지에 들어가 촉석루와 국립진주박물관을 참관하고서 성지를 한 바퀴 둘러 산보한 다음, 세 시 남짓 되어 진양군 금산면 금산 입구에 있는 금호가든으로 가서 소불고기와 냉면으로 늦은 점심을 들었다. 거기서 진주 시내로 나오는 버스 안에서 간단한 평가회를 가진 다음, 진주의 고속터미널에서 제각기 작별을 하였다. 서울로 돌아갈 사람 일곱 명의 차표를 부산교통의 조규석 관리부장이 입수해 놓지를 못해 할 수 없이 그 사람들은 우리 집에서 하룻밤을 더 자야 하게 되었다. 같은 아파트에 사는 한문학과의 황의열 교수는 우리 일행 중 그와 같은 태동고전연구소 출신인 세 명을 따로 데려갈 계획이었으나, 나의 권유로 일행이 함께 강변의 다도횟집으로 가서 생선회를 안주로 소주를 든 다음, 시내의 현대실비로 가서 자정까지 2차를 하였다.

자정이 지난 늦은 시각이라 좀처럼 택시를 잡을 수가 없어 일행 중 일부는 택시로 먼저 아파트를 향해 떠나고 나머지는 부슬비 속을 걸어서 돌아왔다. 박사과정의 이봉규 군과 석사 과정의 신입생 하나는 밤 두 시 무렵까지 깨어서 나와 함께 바흐의 브란덴부르크 협주곡 및 마태 수난곡을 들으며 대화를 나누었다.

14 (토) 흐림

일행은 새벽 여섯 시 반에 출발하는 고속버스 첫 차로 서울을 향해 출발할 예정이었으므로 일찍 일어나 고속 터미널로 가 보았다. 그러나 어제 조규석 부장이 다음날 분은 예매가 안 된다고 했던 말과는 달리 이미 새벽 차표는 거의 예매되어 버리고 아침 아홉 시 표 밖에 없었다. 할 수 없이 들고 간 짐은 부근에 있는 의과대학 입구의 수위실에다 맡겨두고서, 처제 집에 가서 돈 십만 원을 꾸어다 일행에게 해장국으로 아침식사를 대접하였고, 의대 구내와 남강변의 고수부지를 산보하며 시간을 보내었다.

일행을 전송하고 돌아와 조 사장과 통화하여 감사의 뜻을 표하였다.

16 (일) 흐리고 때때로 비

오전 중 이번 모임 및 踏査 때 받은 인쇄물들을 읽었다.

18 (화) 흐리고 때때로 빗방울

다시 논문 작성에 착수했다.

20 (목) 흐림

종일 논문 작성에 열중했다. 노트북 컴퓨터는 소음이 거의 없고, 액정화면이라 눈의 피로를 덜어 주는 면이 있기는 하지만, 그래도 저녁 무렵이 되면 눈이 침침하고 아플 정도이다. 눈이 피로하여 잔글자가 잘 보이지 않을 때는 잠시 돋보기를 끼고서 보다가 곧 벗는다.

22 (토) 맑음

京都大 中哲 연구실의 池田秀三 교수로부터 내 여름 문안 엽서에 대한 답장이 도착해 있었다. 池田 교수는 근자에 여러 차례 내 안부 편지에 대해 계속 답장을 보내 주지 않았으므로 그 이유를 알 수 없어 궁금하고 불안했었는데, 그동안 너무 바빠서 그랬다면서 정중한 사과의 말을 적고 있었다. 池田 교수는 東京에서 개최되는 일본중국학회 대회에 자신은 참석하지 못하나 연구실의 주임인 內山俊彦 교수는 참가할 것이라면서, 만약 자신도 함께 만나고 싶다면 10월 말 京都大學에서 개최될 東方學會

전국회원총회에 오는 것도 고려해 보라는 말을 하고 있다. 최근의 내 생각과 일치하므로 그렇게 할까 한다.

나의 박사학위 문제와 관련하여 池田 교수는, "內山 교수는 貴兄의 학위 신청을 수락할 心算으로 계시지만, 재임 기간이 앞으로 4년 반이므로, 늦어도 3년 후 정도에 제출해 주시지 않으면 안 됩니다. 題材는 南冥學으로 좋다고 생각합니다만, 일본어로 쓸 것과 사상을 중심으로 할 것(자료 校定, 版本考, 傳記 연구 등도 필요하지만, 그것은 어디까지나 副主題로 할 것)이 조건이 되겠지요."라고 적고 있다. 제재 문제에 대해서는 수년 전 東京의 大正大學에서 있었던 일본중국학회 대회에서 처음 만났을 때도 內山 교수로부터 그러한 말이 있었지만, 어쨌든 이번에 渡日하여 구체적으로 논의하기로 하고, 수년 내에 학위 논문을 제출하기 위해서는 이제부터 본격적으로 그 논문 작성에 몰두해야 할 것으로 생각된다.

24 (월) 흐리고 때때로 비

사학과의 이원근 교수로부터 한문학과 H 교수가 성균관대 한문학과 동양고전학전공의 박사학위논문으로서 제출한 「17世紀 文廟從祀와 禮訟에 관한 研究—近畿南人과 嶺南南人의 提携를 中心으로—」를 빌려서 읽고 있다.

25 (화) 소나기 오고 바람이 없어 무더움

어제에 이어 H 선생의 학위 논문을 계속 읽고 있다.

26 (수) 비 오고 정오 무렵 소나기

H 선생의 논문을 계속 읽고 있다. 문묘 종사에 관한 부분을 다 읽고서 己亥禮訟 부분을 읽는 중이다.

교육대학원의 한국철학세미나 첫 수업을 실시했다. 경북대학 철학과를 졸업한 여학생 한 명을 두고 다음 주부터 내 연구실에서 수업하게 되는데, 이번 학기에는 『남명집』과 『퇴계집』을 중심으로 이 두 巨儒의 관계를 조명해 보기로 했다.

27 (목) 흐림

H 선생의 논문을 계속 읽어, 이제 결론 부분에 들어가 있다.

오후 세 시부터 인문대 세미나실에서 H 선생의 학위 논문을 가지고서 인문학연구소 주최 제6회 교수 세미나가 있었다. 「仁祖反正 이후 南人의 再編成과 西人과의 葛藤樣相」이라는 제목으로 H 선생이 자신의 논문 내용을 대충 간추려 한 시간 정도 발표한 다음, 지정 토론자인 사학과의 정현재 교수와 한문학과의 이상필 교수가 질문에 들어갔다. 첫 토론자인 정 선생이 자신은 토론자로서 적절치 못하다고 운을 떼면서, 이 주제에 관해서는 본교에서는 철학과의 오이환 교수가 토론자로서 가장 적절할 터인데, 집행하는 측에서 인선을 잘못한 모양이라고 말했으므로, 두 사람의 토론이 끝난 다음 사회자인 독문과의 이영석 교수가 바로 나에게 발언을 요청했다.

나는 평소 H 선생의 한문 실력에 감명을 받아 온 터이지만, 왕조실록 등의 방대한 자료로부터 문묘종사 및 예송에 관한 내용들을 일일이 골라내어 정리한다는 것은 실로 간단치 않은 작업이며, 그런 의미에서 관계 자료를 잘 정리했다는 점이나 양이 방대하다는 점에서 하나의 통사적인 성격을 가진 단행본으로서는 훌륭한 성과라고 전제하고, 그렇다고는 하지만 문묘종사 및 예송은 남인과 서인 간의 당쟁의 대표적인 주제였기 때문에 거의 모든 당쟁사 및 유학사에서 상당한 비중을 두어 다루고 있는데, 이 논문의 경우는 자료의 면에 있어서나 방법론의 면에 있어서나 혹은 결론의 면에 있어서 다소 남인적 시각에 입각해 있다는 점 외에는 별로 새로운 내용이 없으며, 부제로 달고 있는 기호 남인과 영남 남인과의 제휴 문제에 포인트가 두어져 있을 것으로 기대해 보았지만 그 점도 의외로 소략하다고 다소 비판적인 소견을 피력했다.

H 선생은 답변에서, 새로운 점이 없다고 하지만 문묘종사와 예송 등의 주제를 이렇게 상세하게 다룬 논문은 일찍이 없었으며, 반정 이후

남인의 특성에 관해 다룬 논문도 지금까지 없었다면서, 잘 알지도 못하면서 남의 논문을 깎아 내린다고 비난하는 투의 발언을 하는 것이었다. 상세히 다루었다는 점을 인정하지 않는 것은 아니나, 내가 말하는, 혹은 논문이 갖추어야 할 새로움이란 그런 것이 아니며, 반정 이후의 남인이 그 이전의 남인에 비해 구성 분자가 다양해 졌다는 점이나 서인과의 연합 정권에 참여하게 되는 배경 및 갈등 요인 등을 설명한 데 있어서도 상식적인 수준의 서술 이외에 별로 새로운 점을 발견할 수 없었다고 반박하고 싶었다. 그러나 그러한 토론이 무슨 생산적인 결과를 가져 오지는 못할 것이기 때문에 자제하여 더 이상의 발언은 하지 않았다.

28 (금) 맑음

H 선생의 논문을 마지막 한 장 정도를 남겨 두고서 거의 다 읽었다.

박사학위 논문 작성을 위해 일 년 간 출신교인 京都大 동양사학 연구실에 돌아가 있다 최근에 돌아온 본교 사범대 사회교육과의 박종현 교수와 만나, 박 교수 연구실에서 대화를 나누다가, 함께 도동의 꼬리곰탕집으로 가서 점심을 들었다. 박 선생은 서울대 동문이기도 한데, 竺沙雅章 교수의 지도로 清末 정치사상사에 관한 주제의 학위논문을 제출하고서 막 돌아온 터이므로, 앞으로도 그를 통해 경도대에서의 학위 취득에 관한 유익한 정보들을 입수할 수 있을 것이다. 박 선생은 처음에는 논문박사 제도가 경도대에서도 차츰 사라지고 있는 경향이라면서 나더러 지금이라도 일본 대학의 박사 과정에 적을 둘 것을 권하더니, 내가 며칠 전에 받은 池田 교수의 서신 내용을 설명해 주자 그제야 학위 취득의 가능성을 인정해 주는 듯했다. 경도대 문학부에서 동양학 분야의 문학박사 학위를 취득한 사람은 과거에 한국과학사 분야의 全相運 교수가 있었고, 근년에는 중문학 연구실의 沈慶昊 교수, 그리고 동양사학 연구실의 박 교수가 있는 정도이며, 중국철학사 연구실에서는 내가 학위를 받게 된다면 외국인으로서는 아마도 첫 번째 케이스가 될 것이다.

29 (토) 맑음

H 선생 논문의 제1·2장을 다시 읽으며 카드화하고 있다.

30 (일) 맑으나 바람이 없어 무더움

H 선생의 논문 제2장을 계속 읽고 있다.

31 (월) 맑으나 바람이 없어 무더움

H 선생 논문의 카드화 작업을 마치고서, 책 주인인 사학과의 이원근 선생에게 돌려주었다.

근자에 조 사장이 보내 준 『남명학연구』 창간호 세 권을 內山俊彦 교수, 池田秀三 교수, 三浦國雄 교수에게 각각 한 권씩 우송했다.

9월

2 (수) 비

지난번 박종현 교수와 점심을 함께 한 날 박 교수로부터 자신과 친분이 있는 일본 關西大學의 坂出祥伸(사카데 요시노부) 교수가 이번 일요일에 진주에 들르게 되니 함께 만나 보자는 말을 들은 적이 있었다. 그 후 이왕이면 오시는 걸음에 우리 철학과에서 실시해 오고 있는 초청 세미나에 모셔서 말씀을 좀 들었으면 어떨까 싶은 생각이 들어 그러한 뜻을 박 선생 연구실의 전화 녹음테이프에 남긴 바 있었는데, 오늘 박 선생으로부터 회답 전화가 있었다. 한 번 추진해 볼까 하므로, 철학과의 정병훈 선생 및 박선자 학과장과 상의한 결과, 그것이 가능하다면 다음 주 월요일 2·3 교시의 전공 수업을 할애하여 坂出 교수를 모신 초청 세미나를 갖는 것으로 합의하였다. 坂出 교수는 35년생으로서, 大阪外國語大學 중국어과를 나와 京都大 중국철학사 연구실에서 석사 과정을 수료했으며, 지난 85년도 이래로 이 연구실에 출강한 바 있으니, 나로서는 선배에 해당한다고 할 수 있다. 중국 근현대의 사상과 과학에 관한 연구를 20년 남짓 계속해 왔고, 근자에는 도가적 養生 사상에 관심을 가지고 있으며, 이 분야에 관한 단행본들이 있는 일본에서 중견급 학자이다.

3 (목) 흐리고 때때로 부슬비

오후에 박종현 선생으로부터 坂出 교수가 본교 철학과의 초청 세미나를 수락했다는 전화 연락을 받았다. 坂出 선생의 의사에 따라 주제는 「'氣'와 養生」으로 정했고, 다음 주 월요일 오후 3~4시로 세미나 시간을 변경하기로 했다. 坂出 선생은 처음 예정과는 달리, 월요일에 진주로 와서 하룻밤을 묵기로 한 모양이다.

종일 坂出 교수의 저서 중 내가 소장하고 있는 『秦漢思想硏究文獻目錄』(1978)과 『중국 근대의 사상과 과학』(1983), 및 근년의 編著인 『중국 고대 양생 사상의 총합적 연구』(1988)를 뒤적였다. 후자는 坂出 선생을 대표자로 하여, 1986년도 과학 연구비 보조금 총합 연구 (A)의 형태로 三浦國雄 교수 등 여러 학자들의 참여를 얻어 이루어 진 것인데, 그 연구 성과 보고서 (3)의 형태로 87년도에 京都大 인문과학연구소의 麥谷邦夫 교수가 編譯하고, 중국철학사연구실의 후배인 武田時昌, 坂內榮夫 군 등이 共譯者로서 참가하여 간행된 『養性延命錄訓註』도 마침 가지고 있으므로, 함께 좀 뒤적여 보았다.

6 (일) 맑음

추석을 앞두고서 어머니 묘소에 성묘를 하기 위해 아침 아홉 시 40분 발 고속으로 우리 식구 세 명이 함께 부산으로 떠났다. 진주로 돌아와 샤워를 마친지 얼마 되지 않아 박종현 선생으로부터 전화가 걸려왔다. 박 선생은 지난 금요일 자신의 차를 몰고서 坂出 선생을 만나러 가, 함께 안동 지역과 해인사를 둘러보고서 이제 막 진주에 도착한 길이라고 한다. 일본 사람들은 대체로 장어구이를 좋아하는지라, 진주교 아래에 있는 유정장어집으로 약속하여 나가 보았더니, 두 사람도 방금 도착해 있었다. 함께 민물장어구이를 안주로 술을 마시고 밥도 조금 들었으며, 거기서 나온 후에는 동방호텔로 坂出 선생을 모셔서 밤 열 시 남짓까지 셋이서 대화를 나누다가 돌아왔다.

坂出 선생은 京都大學에서 석사과정을 마친 데다, 85~86년의 두 해 동안 이 대학 중국철학사연구실에 출강한 바 있고, 日原利國 교수가 京都大에 부임한지 얼마 안 되어 작고한 이후로는 關西 지방에서 중국철학사 방면의 실무를 대표하는 입장에 있는 모양이어서, 京都대학의 사정에 정통해 있었다. 그는 內山俊彦 교수에 대해서 험담을 많이 하고 있었는데, 별로 대단한 존재도 아니면서 일본의 이 방면에서는 자신 이상의 존재가 없는 양 젠체하며, 대인 관계를 원만하게 맺지 않는다는 것이 비난의 요지인 듯했다.

나로서 놀라지 않을 수 없었던 것은, 內山 교수가 같은 연구실의 池田秀三 조교수와도 사이가 좋지 못한 모양이라는 말이었다. 나는 內山 교수와는 東京의 학회에서 한 번 만나 인사를 드린 외에는 사적인 인간관계가 거의 형성되어 있지 않고, 池田 선생과 다소 친밀하고도 우호적인 관계가 형성되어 있는 터인데, 두 사람의 사이가 나쁘다면 나로서는 처신하기가 매우 힘들며, 어떤 의미에서는 池田 교수 쪽과 가깝다는 것이 나의 학위 취득에 불리한 요인이 될 수도 있겠기 때문이다. 坂出 교수에게 물어 보았더니, 池田 선생은 아마도 나와 동갑인 만 43세일 것이라고 한다. 그는 검은 수염을 무성하게 기르고 있어 나보다는 제법 연상일 것이라고 추측했었는데, 사실이 그러하다면 내가 지금까지 그에게 깍듯이 선생 대접을 해 온 것도 좀 겸연쩍고, 또 그가 나에게 그렇게 정중하게 대해 주는 이유도 이제야 알 수가 있는 것이다.

내가 이 연구실에 유학해 있던 시절의 동창생으로서 岐阜大學에 부임한 바 있던 河原秀樹 군이 東京大로 轉任했다는 소식이며, 나와 가장 친밀했던 小林淸市 군이 금년부터 이 연구실의 조교로 근무하게 되어, 그 시절 이래 계속 거주하고 있던 西宮市를 떠나 京都로 이주해 있다는 소식 등을 들었다.

7 (월) 흐리고 때때로 비

오후 한 시가 넘어서 박종현 선생이 坂出 선생을 내 연구실로 모시고 왔으므로, 坂出 선생이 보고 싶어 하는 眞庵 李炳憲 및 南冥 관계 자료들을 보여 드리며 담화하였다. 오후 세 시부터 경영행정대학원 세미나실에서 坂出 선생을 초빙하여 「'氣'와 養生」이라는 주제로 제10회 철학과 초청 세미나를 가졌는데, 내가 통역을 맡았다. 어제 밤 동방호텔에서 복사하여 가져온 원고를 새벽 다섯 시에 일어나 한 번 읽어 보고, 坂出 선생이 오기 전까지 다시 한 번 읽은 다음, 연구실에서 坂出 선생과 의문이 가는 점들에 관해 한 차례 사전 협의를 거쳤기 때문에 별로 어려울 것은 없었다.

坂出 선생은 이번에 한국학술재단 및 한국과학사학회 측과 사무적인 문제에 관한 협의 차 한국을 방문했다고 하며, 이번이 그로서는 세 번째 한국 방문이 되는 모양인데, 원광대학교 측으로부터 강연 요청을 받고서 준비해 온 원고를 나의 부탁에 의해 우리 대학에서 먼저 발표하게 된 것이다.

발표가 끝난 후 내 연구실에 다시 한 번 들렀다가, 박종현 선생이 운전하는 차로 셋이서 山淸郡 丹城面 培養마을에 있는 培山書堂을 방문했다. 이곳은 진암 이병헌이 여러 차례 중국을 방문해 康有爲와 접촉하여, 康이 제창하던 孔子敎 운동 및 今文經學을 보급하기 위한 조선의 지부 격으로 曲阜 衍聖孔府의 허가를 얻어 설립한 敎堂인데, 坂出 선생은 康有爲 연구가로서도 상당한 업적을 남긴 분이므로 특별히 이곳으로 안내하게 된 것이다. 그 마을에 살고 있는 후손을 찾아 서당의 대문을 열고서 안내를 받았는데, 坂出 선생은 강당에 걸린 康有爲가 쓴 현판과 기문 등을 보더니 감탄하면서 여기저기 사진을 찍어대고 있었다. 이미 날이 어두워졌지만, 촛불을 켜고서 曲阜에서 모사해 왔다는 孔子像을 모신 文廟 및 퇴계·남명·淸香堂 李源·竹閣 李光友의 위패를 모신 道東祠 등도 둘러 본 다음, 지난번 서울대 동양철학연구회의 후배들을 데리고 왔을 때처럼 『培山書堂經紀事實略』을 한 권 얻어서 진주로 돌아왔다.

시내의 甲乙불고기집에서 늦은 저녁을 들고서 근처의 茶畵廊에 들러 전통차를 들면서 대화를 나눈 다음, 11월 초순 京都大學에서 열릴 東方學會 전국회원총회에서 다시 만날 것을 기약하고 작별하였다.

京都大 중국철학사 연구실의 제3대 주임이었던 重澤俊郎 교수 및 현재의 제6대 주임인 內山俊彦 교수가 마르크스주의자임은 이미 알고 있는 터이지만, 내가 유학해 있을 당시의 제4대 주임 湯淺幸孫 교수도 젊은 시절 좌익이었다는 것과, 그런 까닭에 山口大學에 있던 湯淺 교수를 重澤 교수가 자신의 후임으로서 끌어 왔고, 湯淺 교수는 또 山口大學에서의 자신의 자리를 東京大 출신인 內山 교수에게 물려주었던 것이라는 이야기를 듣고서 꽤 놀랐다. 나는 湯淺 교수가 꽤 국수주의적인 사고를 가진 사람이라고 판단해 왔고, 더구나 湯淺 교수와 內山 교수가 서로 그렇게 밀접한 관계에 있는 줄은 전혀 몰랐었기 때문이다. 湯淺 교수는 나에게 삼국시대에 한반도 남부에 대한 지배자로서의 직책을 중국 南朝로부터 책봉 받았다는 倭王 武 등에 관한 「倭의 五王에 대하여」라는 자신의 논문을 읽어 보라고 건네주는가 하면, 일본이 지원하면 대만의 독립도 가능하다고 하는 등 일본 우월주의를 강하게 느끼게 하며, 어딘지 찬바람이 들어 친밀감을 갖기 어려운 사람이었는데, 坂出 교수에 의하면 內山 교수도 사귀기 어려운 성품에 있어서는 湯淺 교수보다 더하면 더했지 덜하지는 않을 것이라고 한다. 池田 선생이 일본의 여자 유행가 가수인 石川사유리의 관서지방 팬클럽 회장을 맡았던 이야기 등도 처음 들었다.

대체로 사카데 선생은 한국의 것에 대해서, 특히 한국의 학계에 대해서 매사에 비판적이었다. 그 비판의 내용들이 크게 틀린 것은 아니었지만, 그의 일본인으로서의 우월 의식에는 박 선생이나 나나 혐오감을 금할 수 없었다. 나는 지난번 덕천서원에서의 모임 때 서울대 후배들에게 자신을 친일파라고 생각한다는 말을 한 적이 있고, 실제로 일본이 세계의 최강국으로 부상해 가고 있는 오늘날, 한국인들이 이웃인 일본에 대해 종래의 감정적인 대응 방식에서 벗어나 좀 더 냉철한 자세로 깊이 연구해 가는 것이 한국 자신을 위해서도 매우 바람직한 일이라는 생각을 가지고 있는 터이다. 그러나 한국에 대해 비교적 잘 알고 있는 일본 최고의 지식인 그룹에 속하는 사람들이 대체로 일제시기의 그것과 기본적으로 다를 것이 없는 고자세의 사고방식을 가지고 있는 이상, 그것 역시 퍽 풀기 어려운 문제인 것이다.

11 (금) 맑고 서늘함

池田秀三 교수에게 東京의 일본중국학회 대회 대신 11월 4일 京都大學에서 개최하기로 예정된 제42회 東方學會 전국회원총회에 참석하겠다는 내용의 편지를 썼다.

16 (수) 맑음

이 달 25~26 양일간 개최되는 본교 경남문화연구소와 남명학연구소 공동 주최의 임진왜란 400주년 기념 학술대회 '경상우도 의병 활동의 재조명—남명학파를 중심으로—'의 안내 팸플릿과 내가 토론을 맡기로 된 영남대 민족문화연구소의 정진영 씨 발표 논문인 「대소헌 조종도와 존재 곽준의 의병활동」이 한문학과로부터 보내져 왔으므로 읽고 있는 중이다.

17 (목) 맑음

정진영 씨의 논문을 다 읽고서, 『남명학연구』 창간호에 실린 H 교수의 「大笑軒 趙宗道 硏究」를 읽었다. 예상하고 있었던 바와 같이 H 선생의 논문은 아무런 문헌 비판이나 논증도 없이 대소헌의 문집 등에 있는 내용을 옮겨서 한글로 설명한 정도에 불과하고, 詩의 해설 등은 주관적이며, 南人的인 시각에 입각하여 남명의 문도들을 가능한 한 모두 퇴계 쪽과 연결시키고자 하는 자세도 엿보였다. 나의 견해로는 이런 글은 논문 축에 들 수가 없는 것이지만, 그 자신은 스스로 대단한 학자요 심지어는 천재인 듯 행세하는 측면도 있으며, 주위에서도 그의 한문 능력에 감명을 받거나 또는 뜬소문을 듣고서 그를 그런 식으로 평가하는 예도 없지 않은 듯하니 가소로운 일이다.

18 (금) 흐리고 때때로 비

새벽에 三浦國雄 교수에게 보내는 편지를 썼다.

정진영 씨의 논문에 대한 논평문을 쓰기 위해 정 씨의 논문을 다시 한 번 읽고 있다. 정 씨가 이미 두 종류나 영인 간행되어 있는 『大笑軒逸稿』를 읽고 있지 않고, 『存齋實記』가 아닌 『存齋集』을 읽었다고 적고 있으므로, 내가 丹城 召南에 있는 대소헌의 종택에서 발굴한 대소헌 후손들의 『家狀』과 『大笑軒神道碑韻』 등 관계 문헌들을 뒤적여 보았다. 『가장』에서는 대소헌의 후손이 덕천서원의 원장이 되어 『산해사우연원록』의 교정에 참여하고 그 간행을 실현시켰으며, 숙종 무렵 덕천서원 院儒들이 당쟁으로 말미암아 분규를 거듭했던 사실 등을 새롭게 알게 되었다.

19 (토) 아침 한때 흐렸다가 맑음

출근한 지 얼마 후에 전산학과의 전용기 교수 연구실에 있는 대학원생 아가씨로부터 전화가 걸려왔는데, 나의 파일에서 마침내 무슨 내용이 화면에 나타났으니 와서 사라졌던 파일이 맞는지 확인해 달라는 것이었다. 반가움과 기대에 설레는 마음으로 가 보았더니, 나타난 파일은 없어진 「『남명집』 이정본의 성립」이 아니라, 내 컴퓨터에서도 2.0 화면으로 볼 수 있는 「揚雄의 性善惡混說」이어서 피차 실망을 금할 수 없었다. 그리고 오늘 확인한 바로는, 파일 목록상에 나타나고 있는 이정본에 관한 논문의 파일은 크기가 불과 2천 바이트 남짓 밖에 안 되므로, 설사 화면상에 나타낼 수 있다 하더라도 대부분의 내용이 이미 사라져 버린 손상된 파일일 것이라는 결론을 얻었다. 일말의 기대조차 물거품으로 돌아가 버리고, 결국 사형선고를 듣고서 돌아오고 만 셈이다.

금년 여름은 컴퓨터로 하여 유난히 고충을 많이 겪었다. 노트북 컴퓨터의 하드디스크 고장과 진주의 금성 컴퓨터 대리점의 부도 사태로 말미암아 한 달 이상 컴퓨터가 내 손을 떠나 있었고, 겨우 돌아온 컴퓨터에 다시 이상이 발견되어 또 부산의 대리점을 거쳐 서울까지 보내느라고 일주일 정도 작업을 못했으며, 그 이후 계속 작업한 내용은 새로 구입한 훈글 2.0 프로그램을 시험 삼아 작동해 보다가 도무지 어찌된 영문인지 아직도 모르는 채로 결국 송두리째 잃어버리고 말았으니, 결국 이번 여름방학은 뜨거운 의자에 앉아 엉덩이를 익혀 가며 수고한 작업이 모두 도로아미타불로 물거품이 되어 날아가 버리고 만 셈이다. 이 일을 어찌하면 좋은가? 불행 중 그나마 한 가지 다행한 일은, 비록 후에 많이 보태고 수정하긴 했어도, 지난번에 시험 삼아 한 번 프린트해 본 것이 그래도 일부분이나마 A4용지로 다섯 장 남짓 되는 분량으로 아직 남아 있다는 점이다.

21 (월) 흐림

출근하는 길로 三浦國雄 교수에게 쓴 편지와 이번 주에 있을 경상우도의 의병 활동에 관한 학술 대회 안내장의 복사물을 동봉하여 부치고, 內山·池田 교수에게는 안내장만을 부쳤다. 그리고 坂出 교수에게는 지난번에 전했다가 깜박 잊고서 놓고 가 버린 논문집 두 권에다 『남명학연구논총』 창간호 및 아세아문화사에서 영인 간행한 『남명집』 한 권을 조사장에게 부탁해 전달 받아 둔 것이 있으므로 함께 포장하여 우송하려 했는데, 점심 때 교수 식당에서 박종현 교수와 우연히 마주쳤더니 자신이 학위수여식 참석 차 며칠 후 일본에 가는데 坂出 교수가 한국을 떠나면서 나에게서 책을 받아 오라고 하더라 하므로 그 편에 전하도록 조처했다.

수업의 사이에 학과 사무실에 들렀더니, 한문학과 소속의 남명학연구소 조교인 듯한 여학생이 上記 학술 대회의 발표 논문들을 가져 와 복사하고 있었다. 단국대의 金侖禹 씨가 쓴 「鄭慶雲과 孤臺日錄」이라는 논문이 얼핏 보이기에 한 부 복사해 달라고 해서 오후에 두 차례 읽어 보았다. 이는 내가 발굴하여 학계에 소개한 자료인데, 김 씨도 직접 함양에 가서 소장자인 鄭性河 씨 등을 만나 보고서 쓰고 있었다.

지난번에 경남문화연구소장인 조규태 교수로부터 들은 바에 의하면, 孤臺의 후손들은 나를 몹시 욕하고 있다고 한다. 그 자세한 이유는 알지 못하지만 아마도 『고대일록』을 출판하겠다고 말해 놓고서는 아직도 그것이 실현되고 있지 않기 때문이 아닐까 한다. 처음부터 거짓말을 하려고 했던 것은 아니고, 南冥學資料叢刊의 출판이 지연되고 있는 것은 내가 학위 논문 준비 등으로 시간적·정신적인 여유가 없어 이 방대한 작업에 아직 착수할 형편이 못되고, 또 그 사이에 韓國歷代文集叢刊 등을 통해 내가 애초에 출판을 계획했던 남명학 관계의 많은 자료들이 이미 속속 영인 간행되고 있기 때문에 계획 자체의 전면적인 수정 혹은 포기가 필요해졌기 때문이기도 하다. 후손들로서는 내가 이 자료를 세상에 알려 소개한 은공에 감사할 줄은 모르고, 자신들이 돈 한 푼 보탠 적이 없는 출판 작업의 지연을 가지고서 나를 험담하고 있으니, 세상의 인심이란 이런 것인가?

『端磎家曆日記』의 경우에도 그 소장자인 후손 金東俊 씨가 나와 출판에 관한 합의를 해 놓고서는, 이 자료가 나의 노력으로 세상에 어느 정도 알려지게 되자 나에게는 한 마디 상의도 없이 국사편찬위원회 등에 자료를 들고 다니며 임의로 출판을 약속하고, 또 국사편찬위원장이라는 사람은 이미 몇 차례나 신문에 보도되고 논문까지 나와 있는 이 자료를 마치 자기네가 처음 발견한 것인 양 언론에다 소개하다가 나의 항의를 받아 출판을 포기하게 되자, 김 씨는 자신의 배은망덕한 행위는 돌아보지 않고서 나에게 항의를 하고 나와는 서로가 불쾌한 기분으로 관계를 끊게 된 전례도 있었던 것이다.

22 (화) 맑음

없어진 논문 파일에 관해 문의하기 위해 한글과 컴퓨터사에 前後 세 차례나 시외 전화를 시도하였지만, 원체 문의 전화가 많은 탓인지 끝내 통화할 수가 없었다. 정진영 씨의 발표 논문에 관한 토론 준비를 위해 『孤臺日錄』 중 丁酉再亂이 일어났던 해의 기록을 검토해 보고 있다.

오후에는 사학과의 鄭鉉在 선생이 실록의 색인을 빌려 달라고 하기에, 연구실에서 함께 없어진 파일이며 이번 학술대회의 발표 논문에 대한 논평 준비와 관련된 대화를 나누었다. 정 선생은 한문학과의 李商弼 선생이 쓴 鄭藥圃·金東岡·鄭寒岡 등 남명의 在朝門人들의 壬亂 시 활약상에 관한 논문의 논평을 맡게 되었으므로, 한강의 親兄인 鄭柏谷이 明의 원군을 청해 오는데 공이 컸음과 그를 남명의 문인으로 간주하는 기록이 있음을 알려 주고, 『柏谷集』도 빌려 주었다.

23 (수) 秋分. 흐리고 때때로 부슬비

『고대일록』의 정유년 기사를 다 읽고서, 논평문을 작성하기 시작했다. 토론자는 자신의 발언 내용을 적어 낼 필요가 없다고 하지만, 조리 있게 말하기 위해서는 원고가 있는 편이 좋을 듯하고, 게다가 여러 날에 걸쳐 준비한 것이 시간 낭비가 되지 않도록 하기 위해서도 기록으로 남겨 두는 것이 의미가 있을 듯하다.

24 (목) 소나기와 강한 바람

어제에 이어 종일 논평문을 작성하였다. 훈글 2.0으로는 처음 작성해 보는 문서인데, 여러 가지 프로그램 상의 하자가 발견되어 결국 완성하지 못하고 말았다.

25 (금) 快晴

'慶尙右道 義兵活動의 再照明—南冥學派를 중심으로—'라는 주제를 가지고서 본교 경남문화연구소와 남명학연구소가 공동 주최하는 임진왜란 400주년 기념학술대회가 오늘부터 이틀간에 걸쳐 개최되게 되었다. 오늘은 오전 10시부터 본교 시청각교육관 대형강의실에서 열렸다. 오전에 두 시간, 정오부터 또 한 시간의 수업이 있는지라, 오전 중에는 개회식 다음 11시부터 있은 영남대 李樹健 교수의 첫 발표인 「남명학파 의병활동의 역사적 의의」에만 참석하였고, 점심 식사 후 뒷산을 한 바퀴 산보한 이후, 오후 두 시부터 시작된 성균관대 李章熙 교수의 「망우당 곽재우의 의병활동」에 관한 발표 이후는 모두 참석했다.

이수건 교수와는 모처럼 인사를 한 번 나눌 기회도 없었는데, 이 교수는 자신의 논문 「朝鮮前期 姓貫體系와 族譜의 편찬체계」의 別刷 한 부 및 「晦齋 李彦迪 家門의 社會·經濟的 基盤」이 실린 영남대 민족문화연구소의 『民族文化論叢』 제12집 한 부를 함께 식사한 조규태 경남문화연구소장에게 주어 나에게 전달해 달라고 하고서는 오후 일찌감치 돌아가신 모양이다. 사학과의 鄭鉉在 선생이 나를 이 교수와의 점심 식사에 동행시키기 위해 찾았다고 하나, 수업을 마친 후 교수식당에서 점심을 들고서는 뒷산에 산책을 하고 있었으므로 찾을 수가 없었던 것이다.

오전 중에 본교 朴性植 교수가 「진주성 전투와 의병활동」을 발표하였으나 참석하지 못하였고, 오후에는 이장희 교수에 이어 韓神大 高錫珪 씨의 「來庵 鄭仁弘의 의병 활동」 및 이에 대한 權仁浩 씨의 約定 토론이 있었고, 圓光大 羅鐘宇 씨의 「영·호남 의병 활동의 비교 검토」, 방통대 李南姬 씨의 「실록에 나타난 의병 활동 기사에 대해」가 발표되었다. 각 논문들에 대해 발표 40분, 토론 20분의 시간이 배정되었는데, 사회를 맡은 한문학과의 黃義洌 선생이 잘 진행하여 마치는 시간이 거의 프로그램대로 지켜졌다.

밤 일곱 시부터 동방호텔 5층 대연회장에서 진주시장이 초대하는 만찬이 있었다. 마침 아내가 서울에 올라가는 날인지라 거기서 뷔페로 저녁을 먹고, 1층의 커피숍에서 권인호 씨 및 부산의 한국남명학연구소 실무를 맡고 있는 東洲女專의 韓相奎 교수와 함께 차를 마시며 대화하다가, 아홉 시 반경에 의대 앞의 처제 집으로 가서 회옥이를 데리고 집으로 돌아왔다.

內山 교수로부터 그림엽서가 도착하였는데, 11월 4일 京都의 東方學會 모임에서 나와 만날 수 있겠다는 회답이었다.

26 (토) 쾌청

오늘도 오전 10시부터 장소를 바꾸어 예술관 강당에서 어제부터의 학술대회가 속개되었다. 한문학과 崔錫起 선생의 사회로, 오전 중 慶星大

金康植 씨의 「松巖 金沔의 의병 활동」, 영남대 鄭震英 씨의 「大笑軒 趙宗道와 存齋 郭준의 의병 활동」 및 나의 토론, 전남대 金德鎭 교수의 「濯溪 全致遠과 雪壑 李大期의 의병 활동」 등의 발표가 있었고, 기숙사 식당에서 점심을 든 후 孔泳立 남명학연구소장과 함께 중문과의 鄭憲哲 교수 연구실에서 차를 마셨다. 오후에는 단국대 동양학연구소에 있는 金侖禹 씨가 「鄭慶雲과 『孤臺日錄』」을, H 선생이 「竹牖 吳澐의 의병 활동」을 발표하고 한상규 씨가 토론을 맡았으며, 끝으로 한문학과의 李商弼 선생이 「在朝門人의 활동(藥圃 鄭琢을 중심으로)」를 발표하여 이틀간의 논문 발표와 토론을 모두 마쳤다.

밤 일곱 시 반부터 어제와 같은 장소에서 본교 총장이 초대하는 연회가 있었고, 오늘도 1층의 커피숍에서 권인호 씨와 대화를 나누다가 돌아왔다.

28 (월) 흐리고 밤에 비

池田 교수로부터 나의 편지에 대한 답장이 왔다. 11월 4일 京都大學의 京大會館에서 있을 東方學會 전국회원총회가 끝난 다음 內山 교수 및 자신과 함께 대화해 보자면서, 다음과 같이 적고 있다.

학위논문에 관해서는, 內山 교수로부터 꽤 많은 주문이 붙여질 것으로 생각되므로, 그 점 미리 대응을 생각해 주십시오. 이것은 결코 심사를 기피한다든가 貴兄의 업적을 낮게 평가하고 계시기 때문은 아닙니다. 교수로서는 京大 부임 이래 처음이라고 하기보다도, 전혀 처음 있는 학위심사가 되는 셈이므로, 일이 순조롭게 진행될 것, 그리고 확실하게 심사가 패스할 것을 강하게 바라고 계시기 때문이므로, 그 점 알고 계시도록 말씀 드려둡니다.

29 (화) 오전 중 흐렸다가 개임

지난 토요일에 발표된 金侖禹 씨의 논문 「鄭慶雲과 『孤臺日錄』」 중에는 중요한 사실에 관해 언급이 없거나 잘못 이해한 곳들이 있었으므로, 발표 당시에도 서면 질의를 통해 지적하였고, 휴게 시간에 복도에서도 대화를 나누었다. 김 씨가 자료 구득의 애로를 말하고 있었으므로 그에게 보내 주기 위해 오늘 내 연구실에 비치된 자료들 가운데서 관련 부분들을 뽑아서 복사하였다.

당초에 '남명학자료총간'의 기획이 나온 것은, 내가 발견한 『고대일록』 및 『端磎家曆日記』의 간행 건과 연관하여 서울대 사학과의 崔炳憲 교수가 발굴된 자료들을 일괄해서 간행할 것을 적극 권장해 주었기 때문이었는데, 『고대일록』의 해제를 위한 카드 정리 작업은 당시 이미 마쳐 놓고 있었으면서도 아직 시간적 여유가 없어 총간에 착수할 엄두를 못 내고 있는 터이다. 김 씨가 정성을 기울여 써 준다면 나로서는 짐을 더는 셈이다. 지난주의 학술대회 때 여러 사람들의 발표 논문에서 이 자료가 이미 이용되고 있었고, 경상대 남명학연구소에서 이를 자체적으로 간행해야 한다는 말들도 있었다.

이 연구소 張源哲 간사와는 지난주 모임을 계기로 화해를 했다. 그는 내가 연구소의 차기 소장을 맡아야 할 것이라고 말하고 있었고, 다른 사람들의 발언 내용으로 미루어 보더라도 이번 모임을 계기로 연구소 내에 대충 그러한 인식의 공감대가 형성된 것으로 보였다. 내가 차기 소장으로 추대될 경우 취임할 것인지 어떤지는 아직 좀 더 생각해 보아야 하겠으나, 만약 그렇게 될 경우에는 이미 추진되고 있는 연구소 자체의 출판부를 통해 이 자료를 영인 간행하는 일을 우선적으로 추진해야 할 것이다. 김 씨의 연구가 만족할 만한 것이라면 내가 구태여 이를 위해 해제를 따로 쓸 필요가 없을 것이다.

30 (수) 흐림

점심 식사 후 사대 사회교육과 역사전공의 김준형 교수 연구실로 따라가 그가 학생들을 시켜 진양군 水谷面 일대의 학술답사를 위한 예비조사를 시킨 보고서들을 구경하였고, 가까운 장래에 함께 수곡면 일대를 답사하기로 합의하였다. 오후에 김준형 선생이 내 연구실로 와서 내가 단국대 동양학연구소의 김윤우 씨에게 우송하기 위해 복사해 둔 자료들을 검토하였다.

김윤우 씨는 함양 출신으로서 그 부친이 竹鹽 제조업을 하고 있다고 들었는데, 그 아우 되는 사람이 바로 남명학연구소로부터 『남명집』의 새로운 번역을 위촉받은 전 민족문화추진회 전문위원 金侖壽 씨이다. 아우 되는 김윤수 씨도 지난주의 학술대회에 왔기에, 몇 달 전에 한 번 전화를 받은 이후 처음으로 만나 인사를 나누었다. 아직은 번역에 착수하지 않고 교감 작업을 계속하고 있다면서, 『남명집』의 판본 문제에 관한 논문을 한 편 쓴 것이 있는데, 인쇄되어 나오면 나에게 부쳐 주겠다고 했다.

10월

1 (목) 흐림

이즈음 거의 늘 그렇듯이 새벽 다섯 시에 일어나, 자료와 함께 김윤우 씨에게 보낼 편지를 썼다.

2 (금) 흐림

저녁 무렵 고려대 대학원 사학과를 갓 졸업한 權乃鉉 군이 금년 7월자로 제출한 자신의 석사학위논문 「18·19세기 晋州地方의 鄕村勢力變動과 壬戌農民抗爭」을 가지고서 내 연구실로 찾아왔다. 권 군은 端磎 江樓里 출신으로서 현재는 진주 시내 인사동의 한보아파트에 살고 있는데, 일찍이 이 논문을 작성하기 위해 나를 찾아와 『端磎家曆日記』의 임술년 부분 근처를 빌려가 복사한 적이 있었다. 권 군으로부터 이미 이 일기를 많이 이용한 논문이 일본에서 발표되어 있다는 말을 듣고는, 권 군이 그것을 얻어 보았다는 본교 사회교육과 역사 전공의 金俊亨 교수 연구실과 자택으로 전화하여 그 논문을 좀 열람하고 싶다는 의사를 전했다. 권 군에게는 『남명학연구논총』 제3집에 실을 논문을 한 편 의뢰했다.

5 (월) 맑음

지난번 남명학 학술대회 때 高錫珪씨로부터 받은 그의 서울대 국사학과 박사학위논문 「19세기 鄕村支配勢力의 변동과 農民抗爭의 양상」 및 權乃鉉 군의 高大 사학과 석사학위논문 「18·19세기 晋州地方의 鄕村勢力變動과 壬戌農民抗爭」을 대충 훑어보았다. 후자를 통하여 謙齋 河弘度를 鄭仁弘·李爾瞻·李玄逸의 徒黨으로 몰아 공격한 상소문이 『正祖實錄』에 실려 있다는 것과 진주의 西面이 士林의 集中的인 居住地였다는 사실을 알고서, 출근 전에 실록에 실린 하홍도 관계 기록들을 찾아 카드화 하였다.

점심 식사 후 김준형 교수 연구실로 가서 1991년 3월 일본의 學習院大學 東洋文化硏究所 調査硏究報告 No.27로서 나온 武田幸男 編 『朝鮮後期의 慶尙道 丹城縣에 있어서 社會動態의 硏究(Ⅰ)—學習院大學藏 朝鮮戶籍大帳의 基礎的硏究(2)—』 및 釜山大 한국문화연구소 編으로 1990년 8월에 影印 발행된 『端磎先生文集』, 1991년 3월 『朝鮮史硏究會論文集』 제28집에 실린 井上和枝 씨의 논문 「李朝後期鄕村支配權의 變動과 在地士族—慶尙道 丹城縣의 경우를 중심으로—」, 규장각도서 7156번 『晋州鄕校修理物財集收記』 등을 빌려 왔고, 사학과의 정현재 교수 연구실에 들러 上記 武田幸男 편 『學習院大學藏 朝鮮戶籍大帳의 基礎的 硏究(1)』 및 1985년 12월 『震檀學報』 제60호에 실린 李海濬의 논문 「朝鮮後期 晋州地方儒戶의 實態—1832년 晋州鄕校修理記錄의 分析—」 등을 빌려와 조교에게 주어서 필요한 부분들을 복사하게 하고 원본은 반환하였다.

그 중 학습원대학 동양문화연구소 조사연구보고 No.27에 실린 東京大學 대학원생 井上和枝 씨의 「丹城民亂期에 있어서 在地士族의 動向—海寄 金欞과 端磎 金麟燮 父子를 중심으로—」 및 부록으로서 영인 수록된 金麟燮 所藏 筆寫本 『雲窓誌(丹城誌)』와 井上和枝 씨가 쓴 그 해제를 대충 훑어보았다.

6 (화) 맑음

틈나는 대로 계속 井上씨의 논문 「단성민란기에 있어서 재지사족의 동향—해기 김령과 단계 김인섭을 중심으로—」를 읽었다. 井上의 논문은 부산에 사는 端磎의 玄孫인 金東俊 씨로부터 『端磎家曆日記』를 비롯한 관계 자료들을 입수하고, 또한 현지를 답사한 데다 여타 사료들도 폭넓게 섭렵한 토대 위에 쓰인 것으로서, 대단히 치밀하고 수준 높은 것이었다. 몇 년 전 일본 사람 세 명이 단계 관계 자료들을 조사하기 위해 김동준 씨를 만나고 본교에도 왔었다는 이야기는 당시 나도 들었으나, 그 많은 양의 자료를 어떤 식으로 복사 또는 촬영하여 일본에 가져갔는지는 지금도 의문이며, 또한 그 연구의 철저함에 감복하였다.

그들이 단계 부자의 일기 등이 현존하고 있다는 정보를 입수한 것은 아마도 내가 한국사상사학회 월례발표회에서 이 자료들의 존재를 보고하고, 서울대 국사학과의 최병헌 교수나 성심여대의 안병욱 교수, 동아일보 기자 등이 진주에 내려와 나와 함께 현장을 답사하고 김동준 씨를 만나며, 국사편찬위원회에 의해 단계 일기의 간행이 기획되는 등 서울 지역에서 이 자료들에 대한 관심이 꽤 일게 된 데 연유할 것이라고 짐작된다. 그런데, 井上 씨가 이용한 『端磎集』은 초간인 목판본을 重齋 金榥이 교감이란 이름하에 대폭 삭제한 것을 鉛活字로 간행한 이른바 중간본이며, 단계 일기는 14세 때의 것을 비롯하여, 20세 때부터 졸년인 77세 때까지 모두 59년간의 것이 현존하고 있으나, 이 논문에서는 14세 때의 것은 못 본 모양이고, 20~77세 가운데 55년 분, 27책이 현존한다고 적고 있으니, 약간의 착오가 있는 듯하다.

7 (수) 맑음

井上 씨의 논문 「단성 민란기에 있어서 재지사족의 동향—해기 김령과 단계 김인섭 부자를 중심으로—」를 다 읽고, 이어서 같은 책에 실린 同氏의 『운창지』 해제를 읽었고, 퇴근할 무렵에는 井上 씨가 이 책이 나온 이후에 발표한 논문 「이조 후기 향촌 지배권의 변동과 재지사족—경

상도 단성현의 경우를 중심으로—」를 대충 훑어보았다.

그리고 어제 시험 감독을 위해 교양학관 쪽으로 가면서 우연히 사회학과의 池承鐘 교수를 만나 일본에서 나온 단계 부자 관계 논문에 관해 이야기했더니, 지 선생이 몇 년 전 정신문화연구원에서 나온 잡지에 H·金玄操 선생이 공동으로 단성민란에 관한 논문을 발표한 적이 있다는 새로운 정보를 알려 주므로, 오늘 그 잡지를 빌려 와서 복사하였다. 1989년 11월 10일 자로 발행된 한국정신문화연구원 연구논총 89-3으로 나온 『韓國의 社會와 文化』 제10집 『조선 후기의 체제위기와 사회운동』에 실린 기획논문으로서, 첫 번째로 지승종 선생의 장편의 논문 「朝鮮後期社會와 身分制의 動搖」가 실리고, 잇달아서 김현조 선생의 단독 논문으로서 「丹城民亂에 대한 硏究」가 실려 있었다. 후자는 다 읽고 전자는 대충 훑어보았다.

井上 씨의 上記 첫 번째 논문의 말미에 실린 「金麟燮日記槪様」이라는 도표를 통하여, 그가 입수한 단계 일기는 기왕에 문화재로 지정된 29책만이며, 내가 1986년 12월 21일에 단계 종택의 太虛樓 벽장에 소장된 문헌들을 재조사한 결과 발견한 14세·21세·22세·25세 분의 일기의 존재에 대해서는 알지 못하고 있음을 확인하였다. 또한 同氏는 단계가 소장하고 있던 필사본 『雲窓誌』를 대단히 중시하여 많은 페이지를 들여 영인 해제하고, 또한 상기 세 번째 논문에서도 이를 『丹城鄕案』 『端磎家曆日記』와 더불어 주된 자료의 하나로서 이용하고 있는데, 이 자료는 나도 물론 확인한 바 있었지만, 撰者인 李時馩의 문집인 『운창집』에 동일한 내용의 것이 실려 있으므로 새로운 것이 아니라고 생각하여 복사하지 않았던 것이다. 井上 씨는 『운창집』의 존재에 대해서는 전혀 알지 못하고 있으니, 이러한 점들이 현지의 정보에 아무래도 약할 수밖에 없는 외국인으로서의 그녀의 한계라 하겠다.

김현조 선생의 이름으로 나와 있는 논문은 김 선생 자신이 한문 해독 능력이 없을 뿐 아니라, 서술 방식과 문체로 판단하더라도 전적으로 H 선생이 집필한 것이 틀림없었다.

투고한 지 여러 해가 지난 1990년 11월에 비로소 간행된 한국동양철학회의 기관지 『동양철학』의 창간호에 실린 내 논문 「남명집판본고 (2)」의 注14에서 단계 관계 자료들의 발굴 경과에 대해 길게 설명한 바 있었거니와, 이 자료들의 가치를 처음으로 확인하고 또한 이에 대한 연구를 추진하며 이 자료들의 존재를 학계에다 소개한 사람은 바로 나였다. 井上 씨의 상기 첫 번째 논문에 실린 사진 자료들의 설명문에 의하면, 내가 이 자료들에 주목하여 연구를 시작한 1984년 9월 이후 85년 8월 1일에 일본인 原田環 씨가 단계 일기를 사진 촬영하고 있으며, 井上 씨 등이 김동준 씨를 통하여 직접 이 자료들에 접한 것은 국사편찬위원회에서 86년 12월 17일자 ≪조선일보≫에다 마치 자기네가 처음으로 이를 발견한 것인 양 대서특필하여 소개하고 난 후인 88년 8월이었다.

단계 관계 자료들이 부산대학교의 柳鐸一·朴容淑 교수에 의해 처음 발견되어 ≪부산일보≫에 보도된 것은 1981년 12월 5일이었으나, 그 보도의 내용은 이 자료의 의의를 잘 파악하지 못하고 있었다. 내가 이 자료들을 재발견하여 본격적인 연구를 처음으로 시작한 셈이지만, 그 무렵 나로서는 한국철학 방면이 주 전공이 아닌데다 하물며 民亂 관계는 너무나도 내 전공과 동떨어진 감이 있어, 당시 김현조 선생이 소장으로 있고 나 자신이 평의원의 한 사람으로 참여해 있던 본교 사회과학연구소에다 이에 대한 공동연구를 건의했던 것이며, 김 교수의 주선으로 당시의 문교부로부터 300만원의 연구비를 얻어 낼 수 있게 되자, 나의 친우였던 H 선생을 연구에 참여시켜 김 소장과 함께 세 사람이 공동 연구하는 것으로 연구 계획서를 작성해 올렸던 것이었다.

나는 사무적인 일에는 별로 관심이 없어 그러한 일은 주로 H 선생이 맡아 계획서도 작성하고 김 교수를 따라 서울에도 다녀온 모양이었는데, 그 후 연구비를 분배하는 과정에서 이 연구의 내용에 대해서는 전혀 알지도 못하면서 책임연구원으로 이름만 올린 김 교수가 300만원의 연구비 중 200만원을 차지하고(그 중 50만원은 그의 친우로서 연구비를 얻어내는데 힘을 써 주었다는 서울대 철학과의 선배 蔡永國씨에게 커미션

조로 주었다고 한다), 나머지 액수 중에서 70만원은 H 선생에게, 그리고 30만원을 나에게 배정한다고 하므로, 세상에 이런 일이 있을 수 있겠는가 싶어 김 교수를 찾아가 나는 이런 부당한 연구비는 받을 수 없으며 공동연구에도 참여하지 않겠다는 의사를 밝혔었던 것이다.

당시 H 선생과 나는 H 선생이 임술민란의 효시인 단성민란을 중심으로 문교부에 보고할 논문을 실질적으로 집필하고, 나는 그 중 남명학과 관련되는 부분을 별도로 집필하기로 하되, H 선생이 집필하는 논문의 첫머리에서 이 자료들의 발굴 및 연구 경과를 밝히기로 합의한 바 있었는데, 상기 두 사람의 이름으로 86년 1월 말에 발행된 본교의 『사회과학연구』 제3집에 실린 「端磎 金麟燮 硏究」에서는 발굴 경과 및 이 연구의 사실상의 중심인물인 나에 관해서는 일언반구의 언급도 없이 남의 연구실적을 가로챘을 뿐 아니라, 남명 관계를 포함한 포괄적인 내용을 다루고 있었던 것이다.

정신문화연구소의 연구논총에 실린 논문은 이 연구원에서 간행을 기획하고 있었던 『한국사회사대계』에 수록할 목적으로 집필한 것이나, 이 총간의 추진 주체인 黃性模 씨 등이 이미 작고하여 현재 답보상태에 있다고 하는데, 이를테면 이번 것이 애초에 나와 합의한 H 선생의 집필 부분이라 할 수 있는 것이다. 이 책이 간행된 89년 당시만 해도 H 선생과 나와의 관계는 그다지 나쁘지 않았는데도 불구하고 여기에 관해서는 전혀 들은 바가 없었고, 자신의 논문을 이번에는 고스란히 김현조 교수의 연구 성과로서 바친 정도니 그가 평소 얼마나 김 교수에게 아첨하고 있는지, 그리고 김 교수가 왜 H 선생을 눈에 넣어도 아프지 않을 정도로 애지중지하며 나를 눈의 가시처럼 여기는지, 這間의 사정은 이 논문 하나 만으로도 충분히 짐작할 수가 있는 것이다.

8 (목) 맑음

고석규 씨의 박사학위논문을 다시 좀 읽어 보고 있는데, 85년도에 단계 일기를 사진 촬영했던 일본인 原田環 씨는 75년에 『史學硏究』 126호에

「晋州民亂과 朴珪壽」라는 논문을 발표한 사람이며, 이 논문이 82년도에 청아출판사에서 간행된 『封建社會解體期의 社會經濟構造』라는 책에 번역되어 수록돼 있음을 알았다.

9 (금) 맑음

그동안 또 계속 새로 입수된 남의 논문들을 읽고만 있었으므로, 다시 마음을 고쳐먹고서 오후부터 지난번 훈글 2.0 수정판을 넣은 이후 처음으로 컴퓨터를 꺼내 놓고서, 일부 인쇄해 두었던 것을 토대로 처음부터 새로 입력하기 시작했다. 이번에는 별 이상 없이 작동되는 듯하다.

다시 한 번 가능한 한 학교에서는 수업 및 논문 작성과 관련된 작업만을, 귀가 후에는 가사 업무를 돕고 난 후 TV 등을 시청하며 휴식하고서 밤 열 시에 취침하고, 새벽 다섯 시에 일어나서 약 세 시간 정도는 일기나 편지 등을 쓰거나 일반적인 독서를 하기로 마음을 다져 본다.

10 (토) 맑음

어제에 이어 논문을 타이핑하는 작업을 계속했다. 2.0에서는 확장된 한자로써 합계 만육천삼백여 자를 쓸 수 있다고 하더니, 이번에 받은 한자 확장 팩으로 쓸 수 있는 것은 합계 만육천 자에도 꽤 모자라는 것으로 되어 있다. 하자가 있어 수정한다고 하더니 그렇게 하는 과정에 바뀐 모양이다. 그래도 상당히 많은 한자를 쓸 수 있었으나, 확장된 한자는 글자 모양이 좋지 못하고, 논문에서 사용한 한자 중에 역시 없는 것들도 있었다.

11 (일) 맑음

장대동 종합터미널에서 시외버스를 타고 水谷을 향해 출발했다. 수곡면 소재지인 大泉里 다음 정거장 織錦村에서 내려 河宗岳의 옛 집터를 찾았다. 진주에 사는 남명학연구원 이사장 河東根 씨로부터 이 마을 안에 있는 못 터라고 들었지만, 조그만 못은 이미 잡초로 덮여 없어지고 약간의 공터로 변해 있었다. 그 못 바로 옆집에 사는 주민의 말로는, 옛날 하종악이라는 사람이 이곳에 살았는데, 무슨 역적질인가를 하여 집을 헐어 내고 그 자리를 못으로 만들었다고 들었다 한다. 하종악 후처의 음행 사건으로 말미암아 남명 문도들이 毁家黜鄕 사건을 벌인 일이 와전된 것인 듯하여, 이 자리가 하종악의 집터임을 확인할 수가 있었다.

오후 한 시 경에 대천리의 음식점에서 추어탕을 시켜 먹었는데, 반찬들이 내 입맛에 꼭 맞아 이러한 음식을 먹고 지내면 오래 살 수 있을 듯하였다. 터벅터벅 걸어 晦峰 河謙鎭의 德谷書堂이 있는 덕곡마을 앞에 이르러, 콤바인으로 벼를 추수하고 있는 노인에게 지난번 자택으로 방문했다가 출타 중이라 만나지 못한 하영일 씨에 대해 물었더니, 딸기밭에서 일하고 있다고 알려 주므로 왔던 길로 도로 조금 내려가 밭에서 그를 만났다. 그러나 松亭 河受一의 후손도 아닐 뿐 아니라 자신은 옛 조상들에 관해 잘 알지 못한다는 것이었다. 송정이 거주하던 집터가 士谷(삵실) 마을에 있어 기념비가 서 있다고 하므로 사곡에 들러 확인해 보았더니, 그것은 송정의 집터가 아니라 조선 태종·세종조의 武將으로서 15년간 북방의 요지를 수비하는 책임을 맡았고, 『癸丑陳說』이라는 兵書의 편찬을 주도하였던 襄靖公 河敬復이 출생하고 작고한 집터였다.

사곡을 지나 옆으로 구태부락을 바라보며 좀 더 올라간 곳인 士谷橋 아래쪽에 송정이 놀던 곳인 落水巖이 있었다. 거기까지 가는 길은 초행일 뿐 아니라 황금빛 나락이 무르익은 산야의 풍경이 참으로 아름다워 감동적이었다. 낙수암 옆에 侍郎公派 晋陽河氏의 시조인 河拱辰과 송정을 제향하던 재실인 落水菴이 있었다. 목하 개수 공사가 한창 진행 중이었고, 작년쯤엔가 이곳을 방문했던 한문학과의 李商弼 선생이 아직도 이곳에 소장되어 있다고 말하던 『覺齋集』과 『松亭集』의 문집 목판은 그곳으로부터 옮겨진지가 이미 십년 쯤 되었다고 하니, 이 선생의 말은 어떻게 된 셈인지 알 수가 없었다. 落水巖에는 '松亭先生杖屨之所'라는 암각과 '崇禎三乙巳暮春'에 새겨진 『德川書院重修院任錄』의 撰者인 趙輝晉 등 10인의 脩契錄이 새겨져 있었다.

하영일 씨와 송정 후손인 낙수암 인부들의 말을 통해 송정 묘소의 소재지가 元堂의 元內里에서 북쪽으로 조금 떨어진 곳에 있는 효남동, 一名 하촌에 위치하고 있음을 확인할 수 있었다. 이로 미루어 볼 때 송정의 鄕里로서 『송정집』에 보이는 元堂도 이상필 선생의 말과는 달리 현재의 원당마을임을 짐작할 수가 있었다.

15 (목) 맑음

아침 일찍 일어나서 책을 읽는다고 작정했지만, 그것만으로는 시간이 부족하여 읽어야 할 책들이 산적해 있는지라, 별 수 없이 그 책들을 학교로 가져가서 오전 중에 『철학과 현실』 금년 가을호 및 읽다가 두어 둔 고석규 씨의 학위논문 결론 부분을 마저 읽었다.

시내에 나갔던 김에 인사동의 영남백화점 맞은편에서 인쇄소를 경영하고 있는 松亭 河受一의 후손 革堂 河斗根 씨를 찾아갔다. 河翁은 금년 70의 연세라고 하는데, 한학에 밝아 남의 비문이나 기문 등도 자주 지어 주는 모양이다. 서예는 합천 쌍백 출신의 명필 攸堂 鄭鉉복 씨에게 사사했다고 하는데, 자신의 大字 글씨로 된 열 폭 병풍을 보여 주며 王羲之에게도 뒤지지 않는다고 할 만큼 자부가 대단했다. 잘은 모르지만 그렇게 듣고서 유심히 보니 과연 神運이 생동하는 듯했다. 진주에는 아직도 이렇게 초라한 집에 살면서도 구학문에 조예가 깊은 분들이 생존해 있는 것이다. 하 옹으로부터 송정이나 覺齋·喚醒齋 등이 살던 집터며 묘소 등에 관해 들었고, 또 송정 자신이 친필로써 자신의 문집으로 꾸며 둔 『松亭歲課』가 한국전쟁 도중 사곡에 살던 종손이 진주로 가져 나와 망경동에 거주하고 있을 때, 미군의 소이탄 공격으로 진주 시가가 불바다로 변하는 통에 소실되고 만 사정도 들었다.

16 (금) 맑음

보던 책들을 계속 읽었다. 金侖禹 씨가 보내 준 잡지 『민속神藥』 1·2·3·4집 합집본을 읽고 있다. 김 씨 형제는 함양에 거주하며 죽염 제조로 저명한 仁山 金一勳(82세) 옹의 아들이다. 이 잡지는 인산 옹의 의술을 홍보하기 위한 목적으로 조직된 민속신약연구회가 87년 8월부터 부정기로 간행해 오던 것인데, 현재는 『시사춘추』라는 월간종합지로 변모해 있다. 인산 옹은 신흥종교의 교주 비슷한 언동을 하고 있는 것이 눈에 띄며, 김윤우 씨도 그 아들이자 열렬한 신도로서 이 잡지에 자주 글을 싣고 있다.

점심 식사 후 다시 시내의 한국관광에 나가서 2할 할인된 가격으로 항공권을 구입하여 학교로 돌아왔다. 15만원 남짓의 가격 밖에 되지 않으니, 모처럼 일본에 가는 일이 서울 다녀오는 정도로 부담스럽지 않게 느껴진다.

오후에는 4학년 차영석 군이 연구실로 찾아와 오랫동안 교내의 남명학연구소 부설 남명학당의 운영 현황 등에 대한 대화를 나누었다. 차 군은 학부생 가운데서 동양철학에 관해 가장 열성적이며, 남명학당의 수강생 중에서도 고참인 셈이다.

17 (토) 맑음

『민속神藥』 합집본을 다 읽었다. 나는 평소 민간 처방이나 한방 등의 효능이 과학적으로 입증되지 않은 것이라 하여 신뢰를 두지 않는 터이며, 또한 단군의 「天符經」이니 易秘傳이니 하는 것들을 운운하는 仁山 翁의 이른바 철학 혹은 이론이라는 것도 실로 황당하게 느껴지는 터이다. 그러나 그가 제조한 갖가지 약이 현대 의학으로는 해명하지 못한 신비한 효능을 나타내고 있다는 것은 경험적으로 입증된 사실일 것이라는 판단이 들어, 이른바 민간요법에 대한 인식이 달라졌다.

서울대 약대 서무과장을 정년퇴직한 이후 순천공업전문대학에서 서무과장으로 근무하고 있는 澹軒 河禹善의 손자 河有楫 씨가 시외전화를 걸어와 점심을 함께 하자고 하므로, 오후 한 시에 하 씨가 늘 이용하는 장소인 윤양병원 맞은편의 고려다방에서 만나 일신식당에서 불고기로 점심을 들고 다시 고려다방으로 돌아와 대화하였다. 내가 부탁했었던

謙齋 河弘度를 宗川書院에서 黜享할 것과 그의 문집을 불사를 것을 주장하는 정조 실록의 기사 내용과 관계되는 『宗川禍變錄』 한 권을 전해 받았다. 地卷 한 책뿐이었으므로 前後의 책들을 포함한 관계 자료들을 좀 더 찾아서 복사해 주도록 당부했다.

18 (일) 맑음

혼자서 대충 점심을 차려 먹고 집을 나섰다. 수곡면 소재지인 大泉里에서 시외버스를 내려 걷기 시작하여, 먼저 織錦村으로 해서 河松亭의 향리인 우무실, 즉 井谷에 이르렀다. 이곳의 위치는 지난주 河斗根 씨로부터 들었었는데, 河宗岳의 선조 묘소와 재실이 있는 세이봉 마을과는 언덕 하나를 사이에 두고 있으며 같은 孝洞이었다. 효동이란 지명은 喚醒齋 河洛의 系子로 들어간 송정의 막내 동생 梅軒 河鏡輝가 임란 때 尙州에서 부친인 환성재와 함께 순절하였기 때문에 붙여진 이름이라고 한다. 지금의 효자리는 상대적으로 넓은 지역인 요산·중전·효남 및 효동의 네 부락을 포괄하고 있으며, 효동은 다시 세이봉·우무실·월방(달뱅이)의 세 마을로 이루어져 있다. 梅軒의 효자 정려비각은 원래 세이봉 마을에서 문정동으로 넘어가는 고갯길 마루에 위치해 있었던 것인데, 그 길이 이제는 없어지고 직금 마을 앞으로 국도가 생기게 됨에 따라 현재의 위치인 직금의 도로 가로 옮기게 되었던 것이다. 이로 보아 환성재와 覺齋 형제 및 조카인 송정 등은 모두가 이 우무실 및 세이봉 일대에 거주하고 있었음을 알 수가 있는 것이다. 송정의 옛 집터에는 현재 진양군 부군수를 지낸 바 있는 閔丙喆 씨가 살고 있고, 집 바로 뒤 언덕에는 송정이 세운 水谷精舍의 주춧돌이 몇 개 대나무 숲 속에 남아 있으며, 그 옆에 무덤이 하나 있는데, 床石에 '河公諱子溫配孺人晋陽姜氏之墓'라고 새겨져 있는 것으로 보아 송정의 長孫인 하자온의 부인 무덤임을 알 수 있었다. 송정 古基의 부근 대나무 숲 속에 지금은 수도의 보급으로 말미암아 이용하지 않고 있는 오래된 샘이 하나 있으니, 마을 이름을 우무실, 즉 井谷이라 함은 이 샘에서 유래한 것이다.

직금촌에서 大泉里라는 지명의 유래가 된 한샘마을을 지나 德川江 가의 昌村里에 이르렀다. 마을 입구 은행 고목 아래에 창촌 장터에서의 삼일독립만세 사건을 기념하는 근년에 이루어진 비석이 눈에 띄었다. 마을 모퉁이, 두어 해 전에 만들어진 다리 부근에 위치한 상점에서 83세 된 김순이 할머니를 만나 창촌 장터에 관해 물어 보았다. 그 할머니의 증언에 의하면, 무실장이라고 불리던 그 장터는 (지금도 2만5천 분의 1 지도상에 장터나루라고 표기되어 있는) 덕천 강을 가로지르는 다리 아래의 강 한복판에 위치하였으며, 당시로서는 진양군 일대에서 가장 큰 장으로서 30~40채 쯤 되는 상가가 존재하고 있었다는 것이다. 지금은 56세가 된 이 할머니의 셋째 아들이 출생하던 해 7월 중순 경 장날 한밤중에 밀어닥친 큰 홍수로 말미암아 집들과 물건들이 다 떠내려가고 난 이후, 당시에는 밭이었던 지금의 마을 자리에서 한동안 장이 서곤 하다가 마침내 폐장되고 말았다 한다. 이 장터는 진주민란 당시 민란을 일으킨 민중들이 첫 집회를 열어 행진을 시작했던 곳으로 기록되어 있다.

창촌 다리를 건너 추동과 미산마을을 경유하여 河東郡 玉宗面 소재지 옆 良邱里에 사는 李春浩 씨를 찾았다. 이 씨는 올해 66세라고 하는데, 河松亭의 손자인 自渾과 더불어 『남명집』 임술본의 훼판을 감행한 李集과 덕천원장 尹承慶을 비판하는 통문의 狀頭가 된 李如泌은 이 집안의 선조인 것이다. 이 씨로부터 『載寧李氏(主簿公)派譜』 및 李集의 증조부 喜萬, 조부 蕃 등에 관한 기록이 실려 있는 石印本 『李忠武公全書續編』 제6책을 빌렸다. 이 씨를 따라 근처의 青龍洞으로 가서 이 집안의 入鄕始祖인 이집의 고조부 주부공 李琮 등의 묘소가 있는 선산 및 그 아래에 세워진 이집의 父 등 임란 당시 충무공 휘하에서 공적이 있었다는 일족 3인을 향사하고 있는 재실 景茅齋와 사당인 大壯祠를 둘러보았다. 옥종 읍내로 나와서는 임란 당시 절개를 지켜 순절한 南溪 李蕃의 초취 부인 長水黃氏의 정려비각 및 이 집안 근세의 천석군 갑부로서 조옥환 사장의 처조부에 해당하는 분의 정자인 鳴玉亭을 둘러보았다.

19 (월) 맑음

아침 식사 중에 어제 만났던 이춘호 씨에게 전화를 걸어 鉛活字로 인쇄된 『載寧李氏主簿公派譜』도 좀 우송해 줄 것을 부탁하였고, 본교 국민윤리교육과의 손병욱 선생 댁에도 전화하여 손 선생 댁의 족보 등 선조에 관한 문헌들을 좀 빌려 달라고 당부하였다. 京都大學 옆 百萬邊에 새로 생긴 內外學生센터에 국제전화를 걸어 내가 京都에 체재할 예정인 다음 달 3~4 양일간의 숙박을 예약했다.

이충무공의 全書 및 『亂中日記』 정유년 7월의 기록 중 재령이씨와 밀양손씨 문중에 관련된 내용을 검토하며 카드화하였다. 충무공은 원균의 패보를 들은 직후, 백의종군하고 있던 草溪의 元帥 막하로부터 水軍의 현황을 파악하기 위해 소수의 인원을 대동하여 노량으로 향하던 중 진주의 屈洞(혹은 雲谷이라고도 기록되었는데, 지금의 하동군 옥종면 청룡리)에 있던 李希(喜)萬의 집에서 一泊하며, 노량으로부터 돌아오던 중 곤양에서 元帥府에 보고서를 발송한 다음 다시 운곡의 이희만과 그 조카인 弘勛의 집에서 며칠간 투숙하고, 鼎蓋山城 건너편 元溪里에 있는 孫景禮의 집으로 숙박지를 옮겼다가, 거기서 삼도수군절도사에 다시 임명하는 敎旨를 받고 있는 것이다. 『남명집』 임술본을 훼판한 장본인인 河自渾과 李集은 가까운 인척이며, 밀양손씨 가문도 훼판 사건에 깊이 관련되어 있다.

20 (화) 맑음

오전에 시청각관 대형강의실에서 개교기념식이 있었는데, 나도 10년 근속의 표창을 받았다. 내가 첫 직장인 이 대학에 부임한 것은 82년 3월이었으니 이미 십 년 8개월 정도의 세월이 흘렀고, 내 나이 금년에 우리식으로 마흔네 살이니, 어느 듯 이미 생애의 4분의 1 정도를 진주에 와서 보낸 셈이다. 세월의 빠름을 실감할 수 있다.

오랜만에 학교 뒷산을 산책한 후 한문학과의 이상필 선생 연구실에 들러 엊그제의 답사 내용에 관한 대화를 나누었고, 이 선생이 수집해 둔 『晋陽河氏(侍郎公派)族譜』의 복사물도 빌려 왔다.

21 (수) 맑음

『난중일기』와 『재령이씨족보』 등을 뒤적였다. 이춘호 씨가 부탁했던 연활자본 족보를 부쳐 왔다. 조교는 바빠서 매번 수집한 자료의 복사 심부름을 시키기가 미안하므로, 어제부터는 4학년의 차영석 군에게 이 작업을 맡기기로 하고 있다.

22 (목) 맑음

시내에 나간 김에 근속 10주년 기념품으로 받은 상품권으로 지정된 금은방에 가서 넥타이핀을 하나 구입했고, 송정 집안 관계 자료를 빌려 왔던 영남백화점 앞 三協社印刷所로 가서 河斗根 씨에게 빌려 온 책 두 권을 반환했다. 옥종의 이춘호 씨로부터 빌려 온 족보 등도 복사를 마쳤으므로, 등기 우편으로 우송해 보냈다.

23 (금) 흐리고 저녁 한때 비

세 시간 수업을 마친 후, 교수 식당에서 점심을 들고서 잠시 집에 들렀다가, 제5회 전국철학자 연합대회가 열리는 이리의 원광대학교를 향해 출발했다.

24 (토) 맑으나 바람이 불고 제법 쌀쌀함

아침에 원광대학교 숭산기념관 1층에 있는 어제의 리셉션 장에서 조반을 들면서 충남대 李平來 교수, 원광대 동양종교학과의 梁銀容 교수 등 일본 유학 출신 교수 및 인하대의 金洛必 교수와 합석하게 되었다. 알고 보니 양 교수는 京都에 있는 佛敎大學 출신으로서 京都 시절의 나를 잘 기억하고 있는 것이었다.

양 교수는 일본어에 퍽 능숙하여 정신문화연구원에서 그가 鎌田茂雄 교수의 통역을 하는 모습을 보고서 마음속으로 감탄한 바 있었지만, 대인 관계나 사무 처리 능력에도 탁월한 재능이 있어 지금까지 굵직한 기념 논총들을 열댓 종씩이나 편찬 실무를 맡아 왔었으며, 동양종교학과라는 특이한 이름의 학과도 사실상 그가 추진하여 설립한 모양이다. 현재는 이 대학의 韓基斗 교수 화갑기념논총을 준비하고 있는 모양인데, 나에게도 한 편 써 달라는 부탁을 해 왔다. 나도『남명학연구논총』제3집에 실을 忘憂堂 郭再祐 관계 논문을 한 편 부탁했으며, 언젠가 우리 대학 철학과의 초청 세미나에도 한 번 와 달라고 말해 두었다.

26 (월) 맑으나 쌀쌀함

그동안 쓰다 말고 미루어 두었던 坂出祥伸 교수에의 회답을 다 써서 출근하자마자 구내 우체국에 가서 부쳤는데, 퇴근해 보니 다시 20일자 坂出 교수의 편지가 도착해 있었다. 지난 6일자로 眞庵 李炳憲의 생애에 관한 몇몇 내용을 至急으로 알려 달라는 요청 편지가 있었으나, 차일피일하다 오늘에야 회답을 발송했던 것인데, 坂出 선생은 이미 일본의 신문에다 韓國滯在記를 썼다고 하며, 한국에서 배편으로 부쳤던 진암 관계 자료들도 모두 도착되었다고 한다. 그리고 며칠 전 東京에서의 일본중국학회 대회 때 內山俊彦 교수를 만났었는데, 나의 학위 논문 건에 대해 매우 호의적이더라고 하면서, 자신에게도 조언을 구하고 있었으므로 다음 달 초순 동방학회 전국총회 때는 나의 학위 논문 문제를 상의하는 자리에 자신도 同席하기로 했다는 것이었다. 그렇게 되면 나의 학위 논문 심사위원 세 사람 가운데서, 京大 中哲硏究室의 두 선생을 제외한 나머지 한 사람은 坂出 교수가 될 가능성이 매우 높다고 하겠는데, 사람의 인연이란 참 묘한 것이다.

27 (화) 맑으나 쌀쌀함

京都大學 중국철학사 연구실의 현임 조교이자 내가 이 연구실에 유학하고 있던 시절 가장 가깝게 지내던 친구인 小林淸市 군에게 그림엽서를 써서 부쳤다. 서울대학교 동양철학연구회의 후배인 김종인 군으로부터 지난여름 모임 때의 배려에 감사하는 내용의 편지가 왔다. "당연한 일이지만 이번에 수련회를 다녀온 사람들 모두가 즐거운 시간이었다고 하였

습니다. 그저 상투적인 말로써가 아니라 내심으로들 그렇게 여기고 있었습니다. 매년 수련회를 가졌지만, 이번 수련회는 정말 즐거웠다고들 합니다."라고 말하고 있다.

오전 중 『孟子』 梁惠王 下篇의 본문 전체를 다시 읽으며, 강독에서 다룰 章들을 골랐고, 오후에는 도서관에 들러 담당자의 안내를 받으며 한적실과 인문사회과학 도서 진열대를 훑어보면서, 손병욱 교수의 부친이 본교에 기증했다고 하는 密陽孫氏梧谷公派의 족보를 찾아보았다. 결국 도서관에는 그 자료가 소장되어 있지 않음을 확인했을 따름이었다.

오후에는 河斗根 씨로부터 빌려와 복사한 송정 후손 河以泰(字 五兼, 1751~1830)의 『涵淸軒實紀』를 읽으며 카드화하는 작업을 계속하였다.

28 (수) 맑으나 쌀쌀함

坂出祥伸 교수와 후배 김종인 군에의 회답을 그림엽서에 써서 부쳤다. 다섯 시간 수업을 마친 후, 어제에 이어 『涵淸軒實紀』를 계속 읽었다.

29 (목) 맑음

『함청헌실기』를 다 읽고서, 『澹軒集』 가운데서 「六代祖考菊軒處士府君事蹟碑」를 읽고 난 다음, 이어서 함청헌의 증조부인 河世熙(1647~1686)의 『石溪遺稿』, 석계의 5세손인 河鳳運(初名 弘運, 1790~1843)의 『竹軒遺稿』를 읽었고, 그 후손의 『士溪遺稿』를 읽으면서 카드화 하고 있다.

4학년의 차영석 군에게 빌려 온 자료들의 복사와 제본을 부탁했었는데, 오늘 오후 제본이 완료된 『晋陽河氏族譜』와 『載寧李氏主簿公派譜』를 가지고 왔다.

30 (금) 맑음

송정 종손들의 문집을 합집한 『석계유고』 『죽헌유고』 『사계유고』를 다 읽었다. 『사계유고』는 근세의 인물인 河泳奎(1871~1926)의 문집인데, 인자네 집에 들른 김에 그 부근에 있는 송정 후손 하두근 씨 댁에도 다시 들러 『松亭歲稿』가 소실되던 당시의 상세한 정황에 대해 다시 물어 보았다. 예상했던 대로 당시의 종손은 바로 士溪의 장남인 宗根(字 德彦, 號 南洲, 1891~1874)이었음을 확인했다. 그는 6.25 이전 지리산을 중심으로 공산 빨치산들이 한창 출몰하고 있었을 당시, 世居地인 삭실(士谷, 古名 狸谷)에서 주민이 하룻밤 사이에 세 명이나 살해되는 사태가 있자 진주로 이거하여 촉석루 맞은 편 남강 건너 쪽인 世稱 '배건너'의 대밭 마을에 거주했던 것이다. 전쟁이 발발하여 남하한 인민군이 진주를 근거지로 삼고 있던 상황에서 미군의 소이탄 공격으로 진주가 전소될 무렵, 이를 피해 피난 간 사이에 가보로 전해 오던 숙종 기해년(1719)에 간행된 초간본 족보 등과 함께 모두 소실되고 말았다는 것이었다. 마침 하 씨의 인쇄소에서 갓 간행되어 나온 喚醒齋·覺齋 일족의 족보인 『晋陽河氏風月軒公派譜』를 한 권 얻어 왔다.

31 (토) 맑음

오전 중에는 어제 얻어 온 『진양하씨풍월헌공파보』를 읽었다.

아침에 조옥환 사장과 통화했었는데, 원광대의 梁銀容 교수에게 부칠 『남명학연구논총』 제2집과 『남명학연구』 창간호를 보내 주도록 부탁하고, 연구비 1차분을 수령하고서도 지난번에 논문을 보내 주지 못한 중앙대의 노인숙 교수와 경성대의 송긍섭 교수에게도 이미 간행된 논총 제2집을 우송하도록 당부했다. 일본행 여비 조로 백만 원을 양 교수에게 보낼 책과 함께 집으로 보내 왔다.

11월

2 (월) 맑음

오후에 차영석 군이 내가 복사를 부탁했던 남명과 노장사상 관계 자료들의 복사물과 원본들을 들고 왔으므로, 철한 순서를 바로잡고 복사가 잘못된 부분들은 새로 하게 하였다. 네 부를 복사하였는데, 한 부는 남명학 관계 다른 자료들과 함께 원광대의 양은용 교수에게 우송하게 하였으며, 다른 두 부는 일본에 가져가서 坂出祥伸 교수와 三浦國雄 교수에게 각각 한 부씩 제공할 생각이다.

한문학과의 장원철 선생이 내가 부탁했던 지난번 남명학 학술대회 때의 발표 논문집을 세 부 보내왔고, 국민윤리교육과의 손병욱 선생이 『密陽孫氏族譜』 제1책을 보내 왔다. 예상했던 대로 남명집 임술본을 毁板한 측의 첫 통문에 連名한 손 씨 성을 가진 이들은 모두 이 족보에 수록되어 있었으며, 梧谷公派로서 孫景禮의 직계 비속이거나 가까운 일족들이었다. 김윤우씨도 단국대 동양학연구소보 최신호 한 책과 그의 부친이 저술한 『神藥』 가운데서 간질환 관계의 부분을 복사해 동봉하여 보내 왔다.

4 (수) 맑음

오후 한 시부터 吉田 河原町에 있는 京大會館에서 열린 제42회 東方學會 전국회원총회에 참석했다. 일층의 101호실에서 있은 京都大學 중문과 교수 興膳宏 교수의 강연 「말의 이론—중국 문학예술 이론의 한 측면—」에 참석했는데, 강연 도중에 坂出祥伸 교수가 내 옆 자리로 들어와서 나란히 앉아 같이 경청하였다. 그 이후의 학회 일정에는 참석하지 않고서 坂出 교수와 함께 와서 뒷자리에 앉아 있던 內山俊彦 교수, 池田秀三 조교수 및 조수인 小林清市 군과 함께 회관 지하의 다방으로 자리를 옮겨, 차와 약간의 샌드위치를 앞에 두고는 이번 訪日의 주목적인 박사학위 논문과 관련한 문제들을 협의했다. 池田 조교수는 나와 동갑인 小林 군이 알려준 바에 의하면 우리보다 한 살이 더 많다고 하는데, 그 특유의 더부룩한 수염 속에 흰 털이 꽤 많이 섞인 것이 눈에 띄어 나의 넓어진 이마와 더불어 피차 세월이 흘렀음을 실감케 하였다.

池田 씨는 예전부터 나에 대해 퍽 호의적이었고, 小林 군은 나의 둘도 없는 친구이며, 坂出 교수도 나에 대해 좋은 인상을 가지고서 지원해 주고 있으니, 이번까지 합하여 두 번 밖에 만난 적이 없는 內山 교수인들

나에게 비우호적일 아무런 이유가 없는 것이다. 이리하여 대화는 매우 순조롭게 진행되어, 이번 겨울 내가 「『남명집』 이정본의 성립」을 탈고하면 그것과 기왕에 발표한 다섯 편의 논문을 합하여 박사학위논문을 구성하되, 순서대로 한 편씩의 분량이 일본어로 작성되면 그것을 팩시밀리로 전송하여 검토 및 수정의 과정을 거치고, 나는 일본에 와 체재하면서 논문을 다듬는 것이 아니라 진주의 연구실에서 작업을 하되, 만약 팩스로 해결될 수 없는 문제가 있으면 그 때마다 직접 일본에 와서 상의하겠다는 의사를 전했더니 그것으로 대충 이야기가 매듭지어졌다. 문제는 과의 세 전임 중 아무도 팩스를 가진 사람이 없는 점인데, 小林 군은 자기가 한 대 구입하겠노라고 했다.

內山 교수는 앞으로 3년 후에 정년퇴임하게 되므로 늦어도 그 전까지는 학위를 취득해야 할 것으로 생각되는데, 심사에만도 1년 이상의 시일이 소요된다고 하니, 빨라도 2년의 세월은 걸릴 것으로 예상된다. 내가 보낸 논문에 대해서는 小林 군이 일본어로서 매끄럽지 못한 부분들을 다듬어 주기로 했다. 예상했던 바와는 달리 京都大學에서는 문학박사학위의 심사에 참여하는 세 교수 중 외부 대학의 교수 및 학내의 전임 중에서도 조교수는 포함되지 않는다고 하므로, 그 자리에 참석한 사람들 중 內山 교수 외에는 심사위원이 되지 않을 것임을 알았다.

중철 연구실의 두 교수는 나와의 대담이 끝난 후 돌아가고, 나머지 세 명은 다섯 시 반부터 2층의 210호실에서 열린 懇親會에 참석했는데, 坂出 선생은 중문과의 興膳宏 교수가 내 논문의 심사위원이 될 가능성이 대단히 높다고 하면서 그에게 나를 소개시키고, 동양사학과를 곧 정년퇴임할 박종현 교수의 지도교수 竺沙雅章 씨 등에게도 소개해 주었다.

밤 일곱 시에 간친회가 끝나자, 坂出 교수는 나와 小林 군을 대동하여 歌舞技 극장인 南座 부근의 조그만 단골 술집으로 가 위스키 잔을 앞에 놓고서 대화하다가 아홉 시 반 무렵에 그곳을 나와 부근의 지하철역에서 작별했다. 小林 군은 오늘도 나를 숙소까지 바래다주고서 돌아갔다. 京都의 다른 곳들은 거의 예전과 다를 바가 없는데, 京都大學 부근의 出町柳까지 지하철이 연결되어 있는 점은 새로웠다.

10 (화) 초겨울 날씨

김윤우 씨가 월간 『神市』 11월호(통권 19호)를 보내 왔으므로, 그 내용을 대충 훑어보았다. 김 씨의 삼 형제 중 바로 밑의 아우인 윤세 씨가 발행 겸 편집인으로 되어 있는데, 종래의 『시사춘추』는 경영난이 심각했던 모양으로, 이 달부터는 이렇게 제목을 바꾸게 된 취지에 대해 권두언에 적고 있었다. 간질환 치료법에 관한 기사와 윤우 씨가 쓴 『孤臺日錄』에 보이는 鄭慶雲의 시에 관한 소개 기사도 실려 있는데, 지난 10월호에도 정경운과 『고대일록』에 관한 기사가 실렸음을 이 글의 주석을 통하여 확인할 수가 있었다.

13 (금) 맑음

내주의 교육대학원 수업에 대비하여 사전들을 뒤져 가며 『남명집』 임술본 중의 남명이 吳德溪에게 준 편지를 읽고 있다가 깜박 하는 사이에 정오부터 있는 '동양 철학의 이해' 수업 시작 시간을 넘기고 말았다. 종종걸음으로 서둘러 교양학관 쪽으로 가고 있으니, 강의실에 나왔던 학생들이 이미 뿔뿔이 흩어져 도서관 근처까지 걸어오고 있었으므로, 별 수 없이 본의 아니게 한 시간을 휴강하는 수밖에 없었다. 종일 남명의 서신들 가운데서 퇴계와 남명의 인간관계 및 학문적 태도의 차이와 관련된 부분들을 추출하여 카드화 하는 작업을 진행하였다.

14 (토) 오전 중 짙은 안개 낀 후 흐림

하유집 씨로부터 입수했던 『宗川禍變錄』을 읽으며 카드화하고 있다.

15 (일) 흐리고 다소 강한 바람

점심을 들고 난 후 집을 나서서, 水谷 행 시외버스로 元內里 다음의 孝南洞이라는 마을에서 내렸다. 그곳에서 몇 십 미터쯤 걸어 올라간 곳에

松亭 河受一 집안의 선산인 世星山이 있었는데, 국도 가의 야트막한 언덕 위에 안쪽에서부터 송정의 증조부모, 송정 자신 및 효자동 松耳峰에 그 묘소가 있는 송정의 5代祖인 直長 河現의 처, 조부모, 부모, 그리고 송정 부인의 묘가 차례로 배열되어 있었다. 송정의 묘소 옆에만 그다지 크지 않은 墓表가 하나 서 있었는데, 篆刻은 許眉叟의 서체와 유사하였다.

그곳에서 내려와 河一根 씨가 적어 준 지도 및 주민의 말에 근거하여 세성산 뒤쪽 골짜기의 논을 가로질러 산비탈을 조금 올라간 곳에 있는 남명 문인 覺齋 河沆의 묘소를 찾았는데, 각재의 묘소라고 일러지는 곳에는 무덤 앞 양쪽에 오래 된 文人石은 있었으나 무덤 자체에는 아무런 표식이 없어 좀 이상했다. 다시 그곳으로부터 내려와 골짜기를 조금 더 올라간 곳에서 월아곡을 따라 산 능선을 더듬으며 각재의 형인 남명 문인 喚醒齋 河洛과 송정의 막내 동생으로서 환성재의 양자가 된 梅軒 河鏡輝의 묘소를 찾았다. 잔솔을 헤치며 능선의 꼭대기까지 올라가 보아도 도무지 찾을 수가 없어 산에 난 야생 감나무에서 설익은 돌감을 따서 씹으며 왔던 방향으로 도로 내려가려고 시도했으나 빽빽한 수풀 때문에 그리로 갈 수가 없어 길을 잃고 헤매다가 참으로 우연히 이 부자의 무덤을 발견하였다.

월아곡에서 그대로 산을 넘어 中中全 마을 아래편 도로로 빠져서 바느고개를 지나 大坪面 下村里의 관동에 있는 道統祠를 찾았다. 이곳은 진양호의 윗부분에 접해 있는데, 朱子와 安珦을 모신 곳이다. 강당은 몇 해 전 불에 타고 사당을 비롯한 다른 건물들은 잔존해 있었으나, 아무도 살지 않고 있는 퇴락한 곳이었다. 廟庭碑의 비문은 주자의 후손인 중국 사람이 지었는데, 비문 말미에 李道黙·趙鎬來 등이 이 사당 짓는 일을 추진하였다고 적고 있는 것으로 보아 고종 말년쯤에 세워진 것임을 짐작할 수가 있었다.

도통사에서 진양호를 끼고서 호수와 억새풀, 그리고 대나무 숲이 이룬 아름다운 늦가을 경치를 감상하며 내려오다가, 사평동으로 빠져 堂村里를 지나 원당리까지 이르니, 시각은 아직 여섯 시 경 밖에 되지 않았지만 벌써 깜깜한 밤이었다. 이처럼 매주 일요일이면 한 번씩 부근의 시골로 나가, 답사를 겸하여 인적 드문 시골 길을 산책하면서 계절이 변하는 모습을 보고 돌아오는 것이 진주에 사는 보람이라고 하겠다. 일본에 다녀올 무렵까지만 해도 아직 들판에는 추수를 마치지 않은 논들이 제법 보였는데, 오늘은 그러한 논을 한 군데도 보지 못했다.

16 (월) 맑으나 다소 쌀쌀함

학교에 가서 『晋陽河氏風月軒公派譜』의 卷首에 실린 화보를 펼쳐 보았더니, 각재의 묘소는 孝子里 鷹峰에 있는데, 묘소 앞에 晦峰 河謙鎭이 찬한 墓碣銘을 새긴 비석이 있는 것으로 되어 있어, 어제 가 본 곳은 각재의 묘가 아님을 알았다.

17 (화) 맑음

어제 오후 신청한 중국 연수 대상자가 나로 결정되었다는 통지를 받고서, 대학 본부의 연구지원담당관실로 가서 연수 참가비 및 부대 경비 644,000원을 납부하였다.

『宗川書院禍變錄』을 읽으며 카드화 하는 작업을 거의 끝냈다.

18 (수) 맑음

하유집 씨가 본교 교육학과의 李壬相 교수를 통해 부탁해 두었던 『宗川書院禍變錄』의 나머지 부분을 복사하여 보내 주었다. 아마도 지난번에 받았던 地卷의 앞부분인 듯한데, 하겸재의 종천서원 黜享 사건의 전말을 당시의 문서들을 통해 상세히 전하고 있는 문헌이다. 漢籍 자료 한 권을 읽는 데는 빨라도 며칠이 걸리는 것이 보통인데, 한 권을 읽고 있는 동안 여러 권이 새로 입수되곤 하니, 이것들을 대충이라도 훑어보자면 논문 쓸 시간을 마련하기란 참 어려운 것이다. 이 교수로부터 당신의 環曆紀念論叢과 그 문중의 『星州李氏世眞錄』을 얻어 와 읽고 있다.

19 (목) 흐리다가 오후부터 부슬비

종일 『성주이씨세진록』을 읽었다. 星州李氏 문중의 역대 명인들에 관련된 자료들을 묶은 것인데, 남명과 관계되는 내용도 더러 보였다.

22 (일) 맑음

점심을 들고 하동군 옥종면 正水里(舊 淸水里)에 다녀왔다. 『宗川書院禍變錄』에 있어서, 河謙齋의 위패를 종천서원으로부터 출향할 것을 주장하는 등 이 사건을 일으킨 장본인인 鄭祖毅가 아마도 이 마을에 살았던 迎日鄭氏 집안의 인물이었을 것이라고 짐작하여, 그와 관련된 자료를 입수하기 위해서였다. 이 마을은 영일정씨의 집성촌인데, 마을에 물어서 문중의 先代 일에 관해 가장 잘 안다는 鄭午永이라는 노인을 찾았다. 족보를 펼쳐 놓고서 찾아보았으나 그러한 인물은 존재하지 않았고, 영·정조 시대의 이 집안 인물에는 그러한 항렬 자체가 존재하지 않는다는 것을 알았다. 이 마을과 그 이웃인 桐谷에 集居하고 있는 영일정씨 일족은 모두 學圃 鄭暄의 第3子인 계의 후손으로서, 학포가 거주하던 진양군 大坪里로부터 후대에 이거해 온 것인데, 계의 장남인 祥履의 후손은 주로 동곡에 거주하며 당색은 남인이었고, 차남인 景履의 후손은 정수에 거주하며 서인인, 좀 특이한 집안이다. 계의 후손들의 족보인 『迎日鄭氏他石齋公派譜』를 복사해 두기 위해 빌려 왔다.

23 (월) 맑음

아침에 조 사장 댁으로 전화하여, 김윤우 씨가 나에게 부탁한 『남명학연구논총』 1·2집 및 그가 아울러 입수를 희망하고 있는 『남명학연구』 창간호를 김 씨에게 우송하도록 조처했고, 진주 시내에 거주하는 정수리 출신의 한학자 鄭直教 翁에게도 전화하여 내일 오후에 만나기로 약속했다.

여러 차례 그렇게 마음은 먹어 왔으나, 오늘부터는 다시 자정을 기준으로 수면 시간을 전후로 균분하여, 밤 여덟 시 반에 취침하고 다음 날 세 시 반에 기상하며, 조반을 드는 아침 여덟 시까지 네 시간 남짓 혼자

만의 작업 시간을 가지기로 하고, 점심은 정오, 저녁은 오후 여섯 시에 드는, 절간의 승려와 같은 생활을 실천해 보기로 다시 한 번 작심해 본다. 수업과 산책 시간을 제외하고서는 종일 집안에서 혼자 지내며, 작업 시간과 휴식 시간, 그리고 평일과 휴일의 구분도 없이, 하루 7~8 시간의 수면을 취하고, 수업의 의무를 수행하고서 남는 시간은 전적으로 '자유와 고독' 속에서 보내며, 직·간접적으로 창조적인 성취와 관련된 일에다 나의 모든 시간을 쓰려고 하는 것이다.

'尸居而龍見, 淵默而雷聲'

24 (화) 흐림

오후 세 시에 도립의료원 정문 앞의 청탑다방으로 나가 晦汀 鄭直教 옹을 만났다. 회정 옹은 칠순이라 하므로 내 아버지 정도의 연세이신데, 澹軒 河禹善의 子婦이자 하유집 씨의 모친 되는 분이 바로 그의 누이이며, 그는 동시에 愚堂 河東根 옹과 더불어 담헌의 대표적 문인 중 한 사람이기도 하다. 특히 글씨가 典雅하여, 진주 부근에서는 그의 글씨로 된 기문·비문이나 문집 등이 자주 눈에 띄며, 그 다방에도 회정 옹이 쓴 액자가 하나 벽에 걸려 있었다. 그는 정수가 아니라 동곡 출신이라고 하는데, 종천서원 院變의 중심인물인 鄭祖毅는 그의 일족이 아니라 農圃 鄭文孚의 후손인 海州鄭氏이며, 영일정씨로서는 학포의 제4자인 延度의 후손 源益이 정조의와 더불어 이 사건에 깊이 개입한 사실, 관련된 서인 일파의 후손들의 현황, 樊巖 蔡濟恭과 진주 지역 및 이 사건과의 관계 등에 관한 정보를 얻었다.

26 (목) 寒波

엊그제 정직교 씨를 만났을 때, 鄭祖毅의 후손이 종천서원 사건에서 패배한 후 오랫동안 진주를 떠나 하동군 청암면으로 이주해 살고 있다가, 현대에 이르러 鄭泰煥이라는 이가 다시 진주로 들어와 김해김씨 碑閣이 있는 진주성 彰烈祠 바깥의 빗집거리에서 정약국이라는 한의원을 경영하고 있었고, 그 아들 되는 이가 부친의 별세 이후에도 그곳에 아직 살고 있다는 말을 들었으므로, 점심을 차려 먹은 후 산보 삼아 거기까지 걸어가 보았다. 아파트에서 시내의 중심가까지도 걸어서 반시간 정도밖에 걸리지 않으므로, 앞으로는 볼 일이 있어 시내를 왕복할 경우 편도 정도는 버스를 이용하지 말고 걸어 볼까 한다.

그 동네에서 물어물어 한 시간 이상 헤맨 다음 겨우 빗집거리에서 그다지 멀지 않은 대아맨션 뒤쪽으로 이사해 간 정약국의 아들 鄭南根 씨 댁인 듯한 곳으로 찾아갔으나, 대문간에 문패도 달려 있지 않고 아무리 초인종을 눌러도 응답이 없는지라, 별 수 없이 집으로 돌아와 전화번호부에서 그의 자택 전화를 찾아내었고, 이어서 부인이 알려 주는 대로 二峴洞에 있는 信一交通株式會社의 사무실로 전화하여 정 씨와 통화할 수가 있었다.

저녁 식사 후 정 씨가 한 달쯤 전에 이사한 상봉동 형무소 자리에 새로 세워진 韓洲아파트의 1동 805호실로 찾아가 그를 만났다. 그는 지금 80대 정도의 시내버스를 보유한 運輸會社의 대표이사로서, 살고 있는 아파트도 거기서는 가장 넓은 57평형인 것으로 보아 상당히 기반을 잡은 사업가인 모양이었다. 부산대 법대를 나왔다고 하는데, 작고한 그의 부친은 아들이 遺稿로써 문집을 꾸미고자 준비하고 있을 정도로 한학에 조예가 깊었는데 반해 그 자신은 전혀 그 방면에 소양이 없는 듯했으나, 정조의의 것을 비롯한 진주 入鄕 이후의 여러 대에 걸친 선조들의 묘소를 그가 관리하고 있다고 한다. 정 약국이 아들에게 남겨 준 한적들 가운데서 목활자본과 연활자본으로 된 두 종류의 『海州鄭氏族譜』 및 그 부록과 『忠毅公農圃鄭先生設院通文』을 빌려 왔다.

27 (금) 한겨울 날씨

『澹軒集』에 수록된 「昭穆辨」을 다 읽었다. 정직교 씨는 종천서원 院變의 발단은 河謙齋가 양자로 맞이한 河台溪의 아들이 계보 상으로 겸재의 아저씨뻘에 해당하여 후일 昭穆 문제가 제기된 데 있다고 하면서 이 글을 소개하였으나, 읽어 보니 이 속에는 그런 내용이 없고, 내가 보기에 이는 安溪와 台洞 두 하 씨 집안 간의 분쟁으로서 서원의 사건과는 별로 무관한 듯하다.

29 (일) 맑고 포근함

樊巖 蔡濟恭의 유적지라는 곳을 찾아보기 위해, 오전 중 시외버스를 타고서 산청군 단계로 향했다. 며칠 전 정직교 옹을 면담했을 때, 채번암의 부친이 단성 현감으로 부임한 적이 있어 번암은 登科 전에 부친의 임지로 와서 몇 년 간 지냈기 때문에 이 부근의 인사들과는 일찍부터 교분이 있었고, 종천서원의 원변도 번암의 정치적 배경에 의해 남인 측의 승리로 끝나게 되었다고 했으므로, 그러한 사실들이 입증되면 『남명집』 이정본의 간행과 관련된 종래의 의문점들도 명쾌하게 해명될 수 있을 것으로 생각되었기 때문이다.

단계에서 栗谷寺 쪽으로 조금 올라간 곳에 채번암이 당시 공부하던 곳이 있고, 거기에는 아직도 번암을 모시는 사당이 있다고 들었으나, 단계에 내려 몇몇 노인들에게 물어 보아도 그러한 장소를 아는 사람은 좀처럼 만날 수가 없었다. 그 중 자전거를 타고 지나가던 어떤 노인이 자기가 안다고 하면서 東溪 權濤의 종택으로 들어가 젊은 종손을 데리고 나왔는데, 종손의 말에 의하면 번암이 몇 번 다녀간 우서당이라는 장소가 바로 그곳이라는 것이었다. 종손의 막내 동생인 심하게 말을 더듬는 청년을 한 명 대동시켜 안내해 주었으나, 그 청년은 설명을 잘못 들었던지 나를 陽前里의 사계마을 쪽 엉뚱한 곳으로 데려갔다가, 그곳 주민에게 물어서 다시 원계 마을 앞 산 너머 산 위에 있는 서당으로 찾아갈 수가 있었다.

서당에는 현판도 記文도 없고, 아무도 살고 있지 않으므로 퇴락하여 마루의 기둥에까지 칡넝쿨이 감겨 올라와 있었다. 청년을 돌려보내고서 천천히 둘러보고, 포켓에 넣어 간 카메라로 사진을 몇 장 찍어 둔 다음 단계로 내려왔다. 마침 닷새 만에 서는 단계 장날이라, 시장 안을 둘러보다가 거기서 돼지국밥을 한 그릇 시켜서 점심을 때우고, 도로 동계 종택으로 찾아가서 나이든 종손인 權珍赫 씨에게 그 서당에 관한 자세한 내력을 물어 보았다. 그도 별로 아는 바가 없고 다만 『嶠南誌』와 『丹城鄕誌』 등에 그에 관한 기록이 있다고 하므로, 그 댁에 있는 『단성향지』를 펼쳐서 찾아보았는데, 향지에는 이에 관해 盛才庵이라는 항목하에 "新等面 丹溪里 大聖山下에 있으니, 忠康公 東溪 權濤의 杖屨之所다. 宣祖 壬辰 檀紀 三九二五年 創建하다"라고만 적고 있었다.

30 (월) 맑음

도서관 한적실에 들러 『樊巖集』을 대출해 와서 종일 읽었다. 이 문집에는 부록이나 연보가 붙어 있지 않아 채번암의 생애에 대해 자세히 알아볼 수는 없었으나, 權東溪 신도비명이나 「先考府君遺事」, 「鳳巖大師碑銘」 등을 통하여, 번암의 부친이 단성현감으로 있을 당시 번암은 소년의 몸으로 약 6년간 부친의 임지에 따라와서 지낸 사실을 확인할 수 있었고, 당시 丹溪의 권동계 舊基도 한두 차례 방문한 적이 있었음을 확인하였다.

12월

1 (화) 맑음

『번암집』 중 丁茶山의 부친인 載遠의 묘갈명 및 「送趙文然(輝晉)歸德川序」 등을 계속 읽었다. 정재원의 측실 소생 長女가 번암의 庶子 弘謹에게 출가하여 이 두 사람은 서로 오랜 친구일 뿐 아니라 사돈 간이었다는 것, 번암과 덕천서원의 重修院任錄 서문을 쓴 조휘진은 서로 오랜 교분을 가지고 있는 관계였음을 확인하였다.

아침에 정직교 옹 댁에 다시 전화를 걸어, 지난 일요일에 찾아가 본 盛才庵이 과연 채번암이 공부했다는 곳이 맞느냐고 물어 보았는데, 정 옹의 대답은 틀림없다는 것이었다. 이곳은 원래 權東溪의 유적지이지만,

후일 이곳에서 공부한 안동권씨 문중의 인물들 가운데서 대과 급제자가 17~18명 정도나 나왔으며, 번암도 부친의 부임지인 단성현에 와 있는 동안 이곳에서 공부했다는 것은 권 씨 문중의 인사들 중 구학문에 밝은 故 東川 權東赫 옹이나 85세의 나이로 아직도 산청군 시천면 덕산에 생존해 있는 권서현 씨 등에게서 확인할 수 있는 바로서, 확실한 사실이라는 것이었다. 아울러, 동계가 충간공의 시호를 받게 된 것도 채번암이 재상의 직위에 있을 당시였는데, 비록 行職으로 대사간까지 지내긴 했으나 동계가 이렇다 할 드러난 공적이 없이 시호를 받을 수 있은 이면에도 역시 채번암의 배경이 작용하고 있었던 것이라고 했다.

3 (수) 맑음

오전 중 집에서 며칠 전에 우송되어 온 한국철학사상연구회의 기관지 『시대와 철학』 제5호 중 鄧小平과 申箕善에 관한 評傳과 權仁浩 씨의 『소설 토정비결』에 관한 서평을 읽었다.

오후에는 산책로를 따라 학교까지 걸어가, 연구실에서 『번암집』을 계속 읽었다. 오늘은 집에서 학교까지 가는데 40분 정도가 소요되었는데, 주위의 산길 가운데서는 이 오솔길이 가장 운치가 있는 듯하고, 종일 집에만 박혀 있는 것보다는 기분 내킬 때 언제든지 이 길을 걸어 학교에 가서 얼마 동안의 시간을 연구실에서 보내다가, 매 시간마다 (방학 중에는 두 시간 간격으로) 의과대학과 가좌 캠퍼스 간을 연결하는 스쿨버스로 돌아오는 것도 재미가 있을 듯하다. 연구실에 나가 앉아 있으니 학생들이나 방문 판매원 등이 계속 찾아와 심심치는 않으나, 내 시간이 적지 않게 축이 나는 것이다.

4 (목) 맑음

연구실에서 『번암집』을 계속 읽으며 카드화하다가, 오후 세 시 반경에 연구실을 나서서 집으로 돌아왔다.

김윤우 씨가 자신의 부친인 仁山 金一勳 옹의 語錄 『神藥本草』를 우송해 왔으므로 검토해 보고 있다. 인산과 관련된 책들은 그의 세 아들 중 불교신문사에 근무하고 있던 둘째 倫世 씨가 廣濟院이라는 출판사를 설립하여 거기서 간행하고 있는 모양인데, 인산 자신이 스스로 "날 때부터 세상 글을 다 아는" 神人으로 자처하고 있을 뿐 아니라, 그 아들이 자신의 아버지를 "인도의 기바, 중국의 편작을 무색케 하는 이 시대의 전설적 名醫이자 숨은 도인"이니, "위기에 봉착한 인류를 재난으로부터 구할 大悲의 救世 聖者"니 하며 신격화 시키고 있는 것이 어찌 보면 가소롭고, 책의 내용도 신비적이고 황당한 것들이 매우 많아, 신흥종교적인 냄새를 강하게 풍기고 있는 것이다. 나는 평소 오늘날의 우리나라 사람들 중에서 이러한 타입의 인물을 많이 보아 왔으므로, 이것이 우리의 국민성과도 관계가 있는 것이 아닌가 하는 의문을 가져 왔었지만, 어쨌든 그의 처방에 따라 죽을 목숨을 구했다는 구체적 사례와 증언들이 많으므로, 과연 그것이 사실인지 그의 책 곳곳에 간장 질환에 특효가 있는 것으로 설명되어 있는 민물고동으로써 몸소 한 번 실험해 보고 있는 중이다.

11 (금) 흐림

며칠 전 학교에 나갔을 때 한문학과장 崔錫起 선생으로부터 김윤우 씨의 막내아우인 倫壽 씨가 최근 『남명집』의 판본 문제에 관한 새로운 주장들을 담은 논문을 발표했더라는 소식을 듣고서 그 논문을 한 부 복사해 주도록 부탁했었는데, 오늘 연구실 문 안으로 밀어 넣어져 있는 김 씨의 논문 별쇄본을 찾아서 가져 왔다. 제목은 「『南冥集』 冊板系統考」로 되어 있으며, 금년 6월 30일자로 발행된 영남중국어문학회의 기관지 『중국어문학』 제20집에 수록된 것인데, 목차만 대충 훑어보았어도 나의 연구와는 매우 다른 주장을 하고 있음을 알 수가 있었다. 며칠 전 조 사장과 통화할 때도 본교 남명학연구소에서 김윤수 씨에게 위촉한 『남명집』 諸板本들의 교감 작업이 끝났으므로, 그 교감비를 지급할 예정이라는 말을 들은 적이 있다.

12 (토) 흐림

김윤수 씨의 논문을 절반 정도 읽었다. 김 씨는 내가 임인본으로 간주한 해인사 간행본이 바로 갑진본이며, 현존하는 來庵의 갑진년 서문이 들어 있는 판본은 갑진본이 불탄 후 병오년에 再刻된 간본이라고 주장하고 있는데, 이 논문에 이용된 판본 자료들은 내가 발굴 복사하여 조옥환 사장 댁에 보관되어 있다가 현재 본교 남명학연구소로 옮겨져 있는 문헌들이 많았다. 그가 종전의 갑진본으로 소개되어 온 판본을 병오본이라고 주장하는 근거는 이 판본의 공역을 위해 원조를 제공해 준 것으로 되어 있는 순찰사 柳永詢이 『道先生案』에 의하면 을사년 9월에 定平府使로서 부임해 와서 정미년 3월에 체직되어 간 것으로 기록되어 있다는 점이다. 갑진본에 年記가 명시된 서문이 있고, 己酉本의 발문에 임인본 간행에 관한 明文이 있는 이상, 그러한 문헌상의 증거들을 뒤집기에는 논거가 박약한 듯한 감이 들었다.

13 (일) 맑음

김윤수 씨의 논문을 한 차례 다 읽었다.

14 (월) 맑으나 추움

김윤수 씨의 논문을 다시 한 번 정독하며 그의 논거들을 음미하고 있다. 『松亭集』 부록에 의하면 을사년에 柳永詢이 순찰사로 부임해 와서 송정에게 都事의 일을 攝行케 했고, 그가 還朝할 때도 송정을 적극 추천했다는 기록들이 있으며, 『선조실록』 병오년 (39년) 12월 庚申 條에는 경상감사 유영순이 덕천서원 등의 사액을 청하는 啓가 실려 있다. 만약 『道先生案』의 기록이 그가 을사년 9월에 정평부사로 있다가 경상감사로 부임해 왔고, 정미년 3월에 체직되어 갔다는 의미라면, 김 씨의 주장은 확실한 근거를 가지는 셈이 되겠다.

오후 세 시에 민법총칙의 시험 감독에 들어갔다가, 마치고서는 도서관에 들러 景仁文化社에서 영인 간행한 『남명집』 두 책을 빌려 왔고, 아울러 도서관 향토자료실에도 들러 『도선생안』이 소장되어 있는지, 혹은 몇 차례 간행된 『慶尙南道誌』에 그것이 수록되어 있는지 조사해 보았지만 찾아 내지 못했다. 밤에 근년 道誌 편찬에 실무책임자로서 관여한 바 있는 향토사학자 梧林 金相朝 씨 댁에 전화하여 『도선생안』을 소장하고 있는지 물었더니 가지고 있다고 하므로, 모레 만나서 점심을 함께 하면서 그 책을 빌리기로 약속하였다.

15 (화) 맑음

김윤수 씨의 논문을 계속 읽고 있다. 김 씨의 논문 속에 경인문화사에서 영인 간행한 『남명집』이 종래에 알려져 온 판본과는 다른 것이라고 적혀 있으므로, 우선 어제 도서관에서 빌려 온 『남명집』 중의 別集 부분을 기왕에 간행된 아세아문화사 영인본의 그것과 비교해 보았는데, 이것이 내가 그동안 입수하고 싶어 했던 교정 이전의 『산해사우연원록』 간행본 바로 그것임을 확인할 수가 있었다. 서울의 경인문화사에 전화하여 韓國歷代文集叢書의 제204·205 권으로서 영인 간행된 『남명집』 두 책을 주문했다.

16 (수) 맑음

정오 무렵 시청 앞 화랑 다방에 가서 김상조 씨를 만나 1970년에 국회도서관으로부터 양장으로 영인 간행된 『道先生案』을 전달 받았고, 함께 부근의 김 씨가 잘 아는 식당에서 매운탕으로 점심을 들었다.

김윤수 씨의 논문을 두 번째로 완독했다. 김 씨의 논문은 『남명집』 판본 문제를 언급한 과거의 다른 사람들에 비하여 상당히 폭넓은 문헌을 섭렵하여 치밀한 연구를 하고 있어 後生이 可畏라고 한 孔子의 말을 실감케 하지만, 여러 곳에 허술한 구석들이 엿보이고 있어 오류가 많은 듯하다. 특히 관찰사 柳永詢의 재임 기간을 결정적인 근거로 삼아 임인본을 초간본이라고 보는 나의 說을 뒤집고서 갑진본이 초간본이라고 하고, 來庵의 갑진년 9월에 찬한 서문이 붙은 현존 最古의 판본도 갑진본이 아니라 丙午板이라고 주장하고 있지만, 양측 주장의 공통된 근거가 되고 있는 文景虎의 己酉本 발문을 거듭 자세히 검토해 보더라도 임인년간에 해인사에서 『남명집』 초간본이 간행되었다는 의미임이 분명하고, 이 판본이 별로 보급되지 못한 채 소실되고 만지 수년 후에 다시 刊役을 시작하여 일 년 만에 그 작업이 끝났다고 하였으므로, 현존 판본이 병오년에 간행된 것이라는 김 씨의 주장은 시간적 계산의 면에 있어서도 성립할 수 없는 것임을 알았다.

17 (목) 맑음

도서관 향토자료실에 다시 들러 김상조 씨가 『慶尙南道史』 하권 제12편 제2절에 집필했다는 '歷代 道伯의 人物 略傳'을 훑어보았으며, 연구실로 돌아와서는 내가 白雲精舍에서 수집한 重刊本 『남명집』과 경인문화사에서 한국정신문화연구원에 이관되어 있는 藏書閣 소장 도서 중에서 영인한 重刊本 『남명집』 및 『학기유편』을 대조해 보았다. 경인문화사 영인본은 백운정사 소장본과 같은 판본이나 다만 欄外註를 몇 개 지웠을 뿐이며, 『학기유편』은 백운서원 소장본에 있는 『學記類編刊補』 대신 성균관대에서 영인한 『남명집』의 그것과 같은 판본을 썼으나 이 역시 欄外의 동그라미 표식을 몇 개를 지운 것일 뿐임을 확인하였다. 김윤수 씨가 이것을 가지고서 『南冥先生全集』 갑오판 계통이니 을사판 계통이니 하며 거창하게 설명하고 있는 것도 역시 난센스에 속한다고 하겠다.

19 (토) 흐림

아침 열 시에 화랑다방에 나가 다시 金相朝 씨를 만나, 빌렸던 『도선생안』과 김 씨의 요청에 따라 그 책을 복사한 것 한 부를 전하고, 김 씨가 금년에 출판한 단행본 『晋州牧官領遺事 南江의 證言』 및 논문 「駕洛國 讓王(仇衡王) 陵考」를 각 한 부 얻어 왔다. 김상조 씨는 금년 66세인데, 6.25 사변 이후 영관급 장교로 있다가 한때 함양 군수로 부임한 적이 있고, 재임 중에 군청의 여자 사환을 추행한 혐의로 관직에서 물러나, 이후로는 주로 향토사학자로서 활약해 왔다. 88년도에 간행된 『경상남도사』 편찬위원회 常勤委員으로서 편찬 작업의 실무를 맡아, 자기 조상들을 대거 道史에 편입했다 하여 물의를 일으키기도 했다. 인격적으로는 남의 비난을 많이 받아 온 사람이지만, 부지런히 향토사 관계의 문헌을 수집 섭렵하여 그 정도의 연세에 이른 오늘날까지도 왕성한 저술 활동을 하고 있는 점은 평가할 만하다고 하겠다.

24 (목) 맑으나 다소 쌀쌀함

저녁 무렵에 京都의 小林清市 군에게 국제자동전화를 걸어 小林 군의 컴퓨터에도 팩스모뎀을 설치하도록 권하고, 아울러 內山 선생께도 그렇게 권해 주도록 부탁했다. 그렇게만 하면 앞으로 학위논문 작성을 위한 원고 송부 및 연락 면에서 문제가 되는 점들은 깨끗이 해결될 수가 있는 것이다.

며칠 전 조옥환 사장과 통화하여, 미국에 계신 김충렬 교수가 나에게 소개장을 써 주면 이번 중국 가는 길에 김 교수가 사전 연락을 해 둔 중국 교수와 만나 『남명학연구논총』 제3집의 원고 청탁과 관련된 교섭을 해 볼 것을 협의했었는데, 그 이후 연락이 없어 아침에 조 사장 댁에 전화하여 그 이후의 경과를 물어 보았다. 그랬더니 김 교수의 제자 중 北京大學에 유학 중인 사람이 있어 그 사람을 통해 교섭을 추진하기로 하고, 며칠 전에 이미 남명학 관계 자료들을 각 세 부씩 우송했다는 것이었다. 밤에 다시 전화하여 누구를 통해 어떤 사람에게 위촉하기로 했는지를 물었는데, 조 사장도 北京의 청탁 대상인 교수들에 대해서는 알지 못하고, 다만 김 교수의 제자라는 사람은 북경대학 구내 勺園 67-107에 사는 吳相武라는 학생이라는 것과 그의 전화번호만을 확인하였다.